이화여자대학교 한국문화연구원 해제번역총서

근대 수신 교과서 1

|역자|

허재영(許在寧)_건국대학교 국어국문학과를 졸업하고 동대학원에서 석박사 학위를 받았으며 단국대학교 교육대학원 조교수로 재직 중이다.

박병기(朴柄基)_서울대학교 윤리교육과를 졸업하고 동대학원에서 석박사 학위를 받았으며 한국교원대학교 윤리교육과 교수로 재직 중이다.

남정희(南晶熙)_이화여자대학교 국어국문학과를 졸업하고 동대학원에서 석박사 학위를 받았다. 현재 연세대학교, 이화여자대학교 등에서 강의하고 있다.

김수경(金秀卿)_이화여자대학교 국어국문학과를 졸업하고 동대학원에서 석박사 학위를 받았다. 현재 이화여대, 서울시립대, 명지대 등에서 강의하고 있다.

김현미(金賢渼)_이화여자대학교 국어국문학과를 졸업하고 동대학원에서 석박사 학위를 받았다. 현재 이화여대 한국문화연구원 전임 연구원으로 있다.

이화여자대학교 한국문화연구원 해제번역총서

근대 수신 교과서 1

초판 인쇄 2011년 2월 20일 **초판 발행** 2011년 2월 25일

저자 안종화 유근 박정동 이원긍 노병선 진희성 **역자** 허재영 박병기 남정희 김수경 김현미

펴낸이 박성모 **펴낸곳** 소명출판 **출판등록** 제13-522호

주소 서울시 서초구 서초동 1621-18 란빌딩 1층

전화 02-585-7840 **팩스** 02-585-7848 **전자우편** somyong@korea.com **홈페이지** www.somyong.co.kr

값 43,000원

ISBN 978-89-5626-566-7 94810
ISBN 978-89-5626-565-0 (세트)

이화여자대학교 한국문화연구원 해제번역총서

근대 수신 교과서 1

허재영 박병기 남정희 김수경 김현미

소명출판

|일러두기|

1. 번역의 저본은 이화여자대학교 중앙도서관 소장 『初等倫理學教科書』, 『初等修身教科書』, 『初等小學修身書』, 『初等修身書』, 『녀자소학슈신서』, 『初等女學讀本』, 『普通教育國民儀範』을 사용하였다.
2. 편차와 체제는 저본을 따랐다. 단 독자의 편의를 위하여 저본의 내용을 해치지 않는 범위에서 문장 길이를 조정하거나 문단을 나누었다.
3. 번역은 직역을 원칙으로 하되, 문맥이 통하는 자연스러운 현대역의 의의를 살리도록 하였다.
4. 맞춤법과 띄어쓰기는 '한글맞춤법통일안'을 따르는 것을 원칙으로 하였다.
5. 한글 표기를 원칙으로 하고, 고유명사나 이름, 관직, 지명, 기타 전문용어는 한자 또는 원어를 ( ) 안에 표기하였다. 반복되어 나올 경우에는 한글로만 표기하였다.
6. 연대는 원문에 있는 표기 방식을 살려 쓰되, '( )' 안에 서력 기년을 부기한다. 필요에 따라 한국 연호나 역조 임금의 즉위 기년을 환산하여 부기한다. 추정연도는 '[ ]'를 사용한다.
   예) 광무 1년(1897), 673년(문무왕 13)
7. 부호는 다음과 같이 구별하였다.
   ( ) : 음이 같은 한자 표기
   [ ] : 한글과 발음이 다른 한자 표기
   " " : 인용문, 대화
   ' ' : 재인용, 대화 안의 대화
   「 」 : 항목명, 편명, 조명, 논문명
   『 』 : 서명

발간사

이화여자대학교는 한국의 전문 근대교육기관의 선두주자로서, 한국학 연구에 대한 꾸준한 관심을 기울여 왔습니다. 본교가 2005년 이후 지속적으로 지원하고 있는 '한국학특성화사업'은 한국학 연구의 정체성 확립을 위한 새로운 연구방향을 모색하고자 하는 끊임없는 노력의 일환이라 하겠습니다. 이 사업의 결과물로 출간된 『고서해제』 1, 2권과 한국어 · 역사 · 현대문화 · 예술 분야의 국제화 교재들은 본교의 한국학특성화 사업이 '우리 것에 대한 학문적 성찰'이라는 수렴적 방향과 '우리 것의 세계화'라는 확장적 방향을 동시에 지향하고 있음을 잘 보여주고 있습니다.

한국학 연구자들에게 있어서 가장 절실한 연구의 동력은 새로운 자료의 발견과 그에 대한 해석에서 비롯된다고 알고 있습니다. 따라서 아직 학계에 보고되지 않은 자료를 소장하고 있다는 것은 그 자체로 한국학 연구 분야에서는 대단히 중요한 경쟁력이며, 그것의 발굴 및 해석의 선편을 이끄는 것은 곧 한국학 연구 역량을 획기적으로 확장시킬 수 있는 중요한 관건이 될 것입니다. 그런 의미에서 2010년 특성화사업의 결과로 『이화여자대학교 한국문화연구원 해제번역총서－근대 수신 교과서, 근대 역사 교과서』를 출간하게 된 것은 매우 기쁜 일입니다.

2010년 특성화사업은 본교 소장 고서의 특징적 자료군인 근대 귀중본을 대상으로 해제와 번역, 그리고 원문 영인을 동시에 진행하여 자료에 대한 학문적 접근성과 학술적 가치를 체계적으로 드러내주고 있습니다. 특히 그 중에서도 근대 교과서를 특징적으로 부각시킨 본 총서는 최근 한국학 연구 분야에서 매우 민감한 이슈로 떠오르고 있는 근대성 연구 분야에서 중요한 기초 자료를 제공하고 다양한 연구를 촉발시켜줄 것으로 기대합니다.

1년간의 짧은 사업기간에 알차고 내실 있는 성과를 만들어내기 위해 노력한 많은 분들의 수고가 있었습니다. "한국학 · 한국문화 교육의 국제화 사업단"의 단장으로서 본 사업을 실질적으로 기획하고 추진해주신 전혜영 전 원장님, 자료의 지원을 흔쾌히 해주신 문숙재 전 중앙도서관장님께 특별한 감사를 드립니다. 그리고 한국문화연구원의 모든 관계자 선생님들과 사업의 실무를 담당한 연구원들께도 고마운 마음을 전합니다. 또한 본교의 심화된 한국학 연구 역량을 확인시켜준 교내 번역위원님들과 본 사업에 참여하신 번역 · 교열위원 선생님들 한분 한분께 깊은 감사의 말씀을 전합니다.

앞으로도 "한국문화연구원 해제번역총서" 작업이 계속 순조롭게 진행되기를 바랍니다.

2011년 2월

이화여자대학교 총장

김선욱

서문

한국문화연구원－한국학 · 한국문화 교육의 국제화 사업단에서 추진한 2010년 특성화사업은 이화여대 중앙도서관 소장 근대귀중본 중에서 수신 및 역사 분야의 근대 교과서를 해제 · 번역 · 영인하는 것이다. 이는 이전 고서해제사업 과정에서 특히 그 가치를 높이 인정받아 후속 작업의 필요성이 강하게 제기되었던 본교 소장 근대자료를 최대한 활용하여 이를 체계적으로 정리할 수 있는 학술적 결과물을 만들고자 시도되었다.

2010년 3월 1일부터 시작된 2010년 특성화사업의 경과는 다음과 같다. 먼저 본교 소장 근대서 귀중본의 목록과 범주를 정리하고, 타교나 타 한국학 기관의 소장 및 해제 여부를 확인하는 기초 작업을 진행하였다. 다음 단계로 근대 초기의 시대적 전형성과 이데올로기적 영향력 면에서 학술적 중요성과 의의를 고려하여 근대서 귀중본 중 '수신 · 역사 교과서'류를 사업 대상으로 선정하였다. 이후 전문가를 초빙하여 본교에 소장된 '수신 · 역사 교과서' 자료의 가치와 의의에 대한 감수를 진행하고 그에 의거하여 사업대상 목록을 확정하였으며, 전문 집필진을 구성하여 번역과 해제를 진행하였다.

본 근대 교과서 해제 및 번역 사업은 이화여대 소장 귀중본 자료의 존재와 가치를 학계와 일반 대중 누구에게나 그 내용을 읽고 접할 수 있도록 직접 해제, 번역하고 뒤에 원문까지 영인하여 공간(公刊)한 것이다. 이는 자료의 학문적 인지도와 활용도를 높일 수 있는 가장 효율적인 방식이라고 자부하며, 더욱이 최근 들어 높아지고 있는 근대성 논의에 대한 학계의 높은 관심과 학제간적 연구 경향에 비추어 볼 때, 역사적 가치가 높은 근대 교과서를 해제하고 번역한 본 사업단의 결과물은 학계와 일반의 큰 관심과 반향을 불러일으키기에 충분하다고 판단된다.

『이화여자대학교 한국문화연구원 해제번역총서—근대 수신 교과서, 근대 역사 교과서』의 발간으로 본교에 소장된 귀중한 자료들이 지속적으로 소개되고 연구의 대상으로 주목을 받게 되길 바란다. 또한 본서가 한국의 개화기 및 근대의 역사, 문화적 자료에 관심을 갖고 있는 모든 분들과 학계의 연구자들께 작은 도움이 되었으면 한다. 그동안 본서의 발간을 위해 노력을 아끼지 않은 모든 관계자 여러분께 감사의 마음을 전한다.

2011년 2월
한국문화연구원 원장
최준식

근대계몽기 교과서 해제

허재영

1. 근대계몽기 교과서의 성격

교과서는 '교과용 도서(敎科用圖書)'의 준말이다. 달리 말해 교과(敎科) 운영을 전제로 교육용 재료를 모아 편찬한 책이 교과서이다. 교과서는 한 사회의 교육 이념을 반영할 뿐 아니라 그 사회의 구조 및 지식 발전 정도를 반영한다.

우리나라 최초의 근대식 교과서는 1895년 학부에서 편찬한 『국민소학독본』으로 알려져 있다. 이 시기 한성사범학교령, 소학교령이 공포되고 이에 따라 한성사범학교 규칙과 소학교 교칙이 만들어졌다. 학교령과 학교 규칙에서는 학교 운영에 필요한 교과를 제시하고 해당 교과에서 사용할 수 있는 교과서의 범위를 정해 놓았다.

학제 도입 초기의 교과서 개발은 『국민소학독본』, 『소학독본』, 『신정심상소학』과 같이 학부에 의해 편찬되었다. 그러나 편찬한 종수가 많지 않았고 보급도 활발하지 않았기 때문에 대부분의 학교에서는 『사민필지』, 『서유견문』과 같은 서적이나 『고문진보』, 사서 등의 서적을 교과서로 사용하였다.

그러나 학제가 정비되고 교육에서 교과서가 중요한 의미를 갖게 됨에 따라 좀 더 체계적인 교과서 개발이 이루어지기 시작했다. 엄밀히 말하면 초기의 교과서는 학부 편찬의 교과서와 민간 차원의 저술이 공존했다. 학부대신이 인정한 교과서는 전통적인 한문 고전과 『사민필지』(1886~1892년 사이 육영공원 교사였던 헐버트가 지은 지리서), 『서유견문』 같은 책들이었다. 그렇지만 통감시대에 이르러 교과서 편찬이나 보급 과정에서 학부의 역할이 커져갔는데 이 시대는 을사늑약 이후 일제의 식민 지배가 시작되던 시기로 '교과용 도서 검정 규정' 발포(1908.8)와 같은 교과서 통제가 강하게 이루어졌다. 근대계몽기의 교과서 변화를 두 시기로 나누어 그 특징을 표로 나타내면 다음과 같다.

[근대계몽기 교과서 변천사]

시기	특징	비고
제1기 (1895 ~ 1905)	근대식 학제 도입에 따른 교과서 개발기	ㅇ학부 편찬의 교과서 출현 ㅇ개인 저술의 비교적 자유로운 교과서 출현 ㅇ학부대신이 인정한 고전이나 개인 저술
제2기 (1906 ~ 1910)	통감시대 학정 잠식기의 교과서	ㅇ일본인의 학부 관여 및 교과서 편찬 간섭 ㅇ학부 편찬 교과서를 일본에서 발행함(국어독본, 수신서 등) ㅇ교과용 도서 검정 규정 발포와 교과서 검정 조사 사업 실행 ㅇ일본문(日本文) 교과서 편찬 발행(일어독본, 이과서) ㅇ검정 규정에 따른 검정 교과서의 내용 변질 ㅇ기존의 교과서 가운데 국권회복이나 민지 계발과 무관한 교과서만 인정 ㅇ기존의 교과서 가운데 국권회복이나 민지 계발 등이 들어 있을 경우 불인정 도서로 규정

특히 통감시대 이후 학부의 교과서 편찬은 식민 지배를 전제로 하였기 때문에 이 시기 개발된 『보통학교학도용국어독본』(1907, 일본 도쿄의 대일본주식회사에서 인쇄), 『보통학교학도용일어독본』(1908, 일본 도쿄의

대창서점에서 인쇄), 『보통학교학도용수신서』(1908, 일본 도쿄의 삼성당서점에서 인쇄)는 1910년 강제 병합 이후 병합과 관련된 사항을 수정한 정정본(이 정정본에서 국어는 '조선어'로, '일본어'는 '국어'로 책명을 바꾸었음)을 발행할 수 있었다. 이와 같이 통감시대 교과서 통제 정책으로 인하여 학부에서 인정하지 않은 교과서가 늘어났으며, 검인정을 통과한 교과서의 내용에도 적지 않은 변화가 일어났다. 교과용 도서 검정 규정 이후 해마다 실시된 '교과서 조사 사업'의 결과 1910년의 교과용 도서 가운데 학부 검정을 통과한 교과서는 33종 47책이었으며, 인정 교과는 40개 교과 305종이었다. 이에 비해 교과용 도서로 인정을 받지 못한 도서가 70종, 검정 무효 및 검정 불허가 교과용 도서가 13종이었는데 이들 도서의 대부분은 '수신, 국어, 역사' 관련 교과서였다.

이처럼 근대계몽기의 교과서는 근대식 학제 도입과 전개 과정, 근대 한국 사회의 구조와 역사성, 지식 수입 정도를 반영하는 중요한 자료라고 할 수 있다.

2. 근대계몽기 교과서의 양상과 특징

근대계몽기 교과서는 교과별로 다양한 양상과 특징을 보인다. 1895년 소학교령 발표 당시의 소학교 교과목은 '수신, 독서, 작문, 습자, 산술, 본국지리, 본국역사, 외국지리, 외국역사, 이과, 도화, 체조, 외국어'

였는데, 이 가운데 '수신, 독서, 작문, 습자' 교과는 별도의 교과서를 편찬하지 않고 '독본(讀本)' 형태로 개발하였다. 『국민소학독본』(1895, 학부), 『소학독본』(1895, 학부), 『신정심상소학』(1895, 학부)은 모두 소학용 수신 및 독서를 전제로 개발한 교과서이다. 이들 독본류는 과별 편제를 원칙으로 하였으며, 전통적인 수신 윤리와 근대국가의 이념, 서구의 과학 사상, 우화를 중심으로 한 교훈적인 내용 등을 중심으로 하였다.

교과별 교과서의 편찬은 1905년 이후에 본격적으로 이루어졌다. 이 시기 수신과 교과서는 기존의 소학용 독본과는 달리 '수신교과서', 또는 '윤리학교과서'라는 책명을 사용하였다. 이 시기 수신교과서 개발은 대부분 민간 차원에서 이루어졌으며 대표적인 것으로 『윤리학교과서』(1906, 신해영), 『초등윤리학교과서』(1907, 안종화), 『녀자소학슈신서』(1907, 노병희), 『중등수신교과서』(1907, 휘문의숙), 『초등소학수신서』(1908, 유근), 『고등소학수신서』(1908, 휘문의숙), 『초등수신』(1909, 박정동) 등이 있다. 이들 교과서는 개인 저작물로 편제 방식은 과별 편제, 장절식 편제 등 다양한 방식을 취하였으며, 주요 내용은 전통적인 수신 윤리와 근대적 사회 이념 및 국가 윤리를 담고 있다. 다만 1908년 공포된 '교과용 도서 검정 규정' 이후의 교과서에서는 자주 독립을 전제로 한 근대국가 이념은 교과서 통제 정책에 따라 포함될 수 없었다. 이와는 별개로 학부에서 편찬한 『보통학교학도용수신서』(1909, 학부)는 식민 지배를 전제로 만들어진 교과서여서 내용 면에서 개인 저작물과는 차이가 있다. 이 교과서는 강제 병합 직후 일부 내용을 수정한 상태에서 재발행되었다.

역사과 교과서는 근대식 학제 도입 이후 꾸준히 발행되었다. 1895년 학교령 발포 이후 발행된 『조선역사』(1895, 학부), 『조선역대사략』(1895, 학부), 『동국역대사략』(1899, 학부), 『대한역대사략』(1899, 학부) 등은 기존의 역사 편제 방식을 바탕으로 사실 위주의 설명 방식을 취한 학부 편찬의 교과서이며, 『보통학교동국역사』(1899, 현채)는 개인 저작의 교과서이다.

1905년 이후의 역사교과서 편찬은 을사늑약과 통감부 설치라는 시대 상황에서 개인 차원의 저술이 활발하게 이루어졌다. 이 시기 개인 저술의 교과서는 학교별 수준을 고려하여 '초등', '중등'을 구별하였으며, '본국역사'와 '외국역사'를 구분하여 편찬하였다. 『보통교과 대동역사략』(1906, 국민교육회), 『초등본국역사』(1909, 유근), 『초등대한역사』(1908, 조종만), 『초등대한역사』(1908, 정인호), 『초등본국역사』(1909, 안종화), 『초등대동역사』(1909, 박정동), 『초등본국역사』(1909, 홍사단), 『신찬초등역사』(1910, 유근) 등은 초등용 본국역사를 대상으로 한 교과서이며, 『중등교과 동국사략』(1905, 현채), 『신정동국역사』(1906, 원영의, 유근) 등은 중등용 교과서이다. 또한 초등과 중등을 구분하지 않았지만 『역사집략』(1905, 김택영), 『대동역사』(1905, 최경환), 『대동역사』(1905, 정교), 『대한력사』(1908, 헐버트, 오성근) 등이 편찬되기도 하였다. 외국역사를 대상으로 한 『만국사』(1906, 김상연), 『동양사교과서』(1908, 유옥겸), 『만국사물기원역사』(1909, 장지연), 『서양사교과서』(1910, 유옥겸) 등이 편찬되었다.

지리교과서는 주로 개인 차원에서 개발하였는데 본국지리교과서로는 『대한지지』(1899, 현채), 『대한신지지』(1907, 장지연), 『초등대한지지』(1907, 안종화, 유근), 『초등지리교과서』(1907, 국민교육회), 『최신 고등대한지지』(1909, 정인호), 『중등지문학』(1907, 윤태영), 『신찬지문학』(1907, 민대식), 『초학디지』(1906, 밀러) 등이 있으며, 외국지리교과서로는 『중등만국지지』(주영환, 노재연), 『만국지리』(1907, 황윤덕), 『초등만국지리대요』(1909, 안종화) 등이 있다.

산술, 교육학 등과 관련된 교과서도 다수 편찬되었다. 산술교과서에는 『정선산학』(1908, 남순희), 『신정교과 산학통편』(1908, 이명칠), 『중등교과 산술신서』(1908, 이상설), 『신식 산술교과서』(1908, 이상익) 등이 있으며, 교육학교과서로는 『간명교육학』(1908, 유옥겸), 『신찬 보통교육학』(1908, 김상연), 『보통교육학』(1910, 학부) 등이 있다. 그 밖의 박물학이나 위생학, 기하학, 법제와 경제, 광물, 잠업 등의 특수 분야의 교과서도 다수 편찬되었는데, 1909년(융희 3) 3월 20일부터 1910년(융희 4) 7월까지 학부에서 조사한 '교과서 조사 사업'의 결과를 바탕으로 할 때 근대계몽기에 개발 · 보급된 교과서는 대략 440종이 넘을 것으로 추산된다.

3. 이화여자대학교 소장본의 가치

지금까지 근대계몽기 교과서에 대한 기초 연구는 강윤호(1973), 박붕배(1987), 이종국(1992) 등을 통해 이루어져 왔다. 또한 한국교과서연구재단(2000)에서도 전수 조사의 차원에서 근대계몽기 교과서 목록을 작성한 바 있다. 그러나 전수 조사를 목표로 한 앞선 연구에도 불구하고 이 시기 교과서 발행이나 교과서 통제에 대한 체계적인 연구가 충분히 이루어지지는 못했다. 그 주된 이유 가운데 하나는 기초 조사의 차원에서 발행 교과서를 확보하는 일이 쉽지 않았기 때문이다.

이러한 상황에서 이화여자대학교 중앙도서관(이하 중앙도서관)에 소장되어 있는 근대계몽기 교과서는 매우 값진 자료적 가치를 지닌다. 중앙도서관과 이화여자대학교 한국문화연구원의 협력 하에 진행된 조사 결과 이 시기 교과서는 일제강점기를 포함하여 365종에 이른다. 이들 교과서를 교과별로 분류하면 국어 · 일어 · 문학 등의 '어학' 교과서 80종, '역사' 교과서 30종, '지리' 37종, '수신 · 소학 · 윤리서' 36종, '수학 · 산술' 32종, '물리 · 화학 · 과학' 29종, '동식물학' 15종, '생리 · 위생학' 11종, '경제학' 4종, '법학' 4종, '교육학 · 심리학' 6종, '농업 · 광업' 15종, '창가 · 음악' 22종, '가정 · 재봉' 18종, '도화 · 서법' 15종, '박물학 · 기타' 10종으로 나눌 수 있다.

근대계몽기 개발 · 보급되었던 교과서 가운데 이화여자대학교 소장본은 양적으로 방대할 뿐만 아니라 아직까지 학계에 알려지지 않은 것들이 상당수 포함되어 있으므로 이에 대한 체계적인 연구가 시급하다.

4. 번역의 의의

근대계몽기 교과서 연구는 교육학, 국어교육학, 국어학, 국문학, 역사학 등의 모든 분야에 걸쳐 중요한 의미를 갖는다. 교과서의 지식과 언어는 규범적인 성격을 지니므로 그 교과서가 제작된 시대의 사회와 문화를 가장 정확하게 드러내는 자료라고 할 수 있다.

지금까지 근대계몽기의 교과서 연구는 교과서 발행 실태 조사에 그

친 경우가 많았고 그나마 전수 조사의 차원에서 교과서의 제작 · 보급 과정을 파악하는 데도 소홀한 면이 있었다. 이와 같은 입장에서 이화여자대학교 소장본의 교과서를 체계적으로 정리하여 번역 · 소개하는 일은 근대계몽기의 문화 사상사를 이해하는 데 중요한 의미를 갖는다. 이 작업은 이 시기의 언어와 문화를 이해하는 실증적인 작업이 될 것이다.

이에 한국문화연구원에서는 이화여자대학교 중앙도서관 소장본 근대계몽기의 수신과와 역사과 교과서 가운데 교육사적 가치가 높은 것을 선별하여 우선적으로 번역을 하였다. 이번에 번역 · 소개하는 교과서는 다음과 같다.

교과	책명	저자 및 편자	발행 연도	출판사
수신 교과	초등여학독본(初等女學讀本)	이원경(李源競)	융희 2년(1908)	보문사(普文社)
	초등윤리학교과서(初等倫理學教科書)	안종화(安鍾和)	융희 1년(1907)	광학서포(廣學書鋪)
	초등수신교과서(初等修身教科書)	안종화(安鍾和)	융희 3년(1909)	광학서포(廣學書鋪)
	고등소학수신서(高等小學修身書)	휘문의숙(徽文義塾)	융희 1년(1907)	휘문관(徽文舘)
	초등소학수신서(初等小學修身書)	유근(柳瑾)	융희 2년(1908)	광학서포(廣學書鋪)
	보통교육 국민의범(普通教育國民義範)	진희성(陳熙星)	융희 2년(1908)	의진사(義進社)
	윤리학교과서(倫理學教科書)	신해영(申海永)	융희 2년(1908)	보성관(普成館)
	녀자소학슈신서	노병선(盧秉鮮)	융희 3년(1909)	박문서관(博文書館)
	초등수신서(初等修身書)	박정동(朴晶東)	융희 3년(1909)	동문사(同文社)

	보통교과수신서 (普通教科修身書)	휘문의숙 (徽文義塾)	융희 4년(1910)	휘문관(徽文舘)
	중등수신교과서 (中等修身教科書)	휘문의숙 (徽文義塾)	광무 10년(1906)	휘문관(徽文舘)
역사 교과	정선 만국사 (精選萬國史)	김상연 (金祥演)	광무 10년(1906)	황성신문사 (皇城新聞社)
	초등본국역사 (初等本國歷史)	안종화 (安鍾和)	융희 3년(1909)	광덕서관(廣德書館)
	초등대한역사 (初等大韓歷史)	정인호 (鄭寅虎)	융희 2년(1908)	옥호서림(玉虎書林)
	동양사 교과서 (東洋史 教科書)	유옥겸 (兪鈺兼)	융희 2년(1908)	우문관(右文館)
	보통교과 동국역사 (普通教科東國歷史)	현채 (玄采)	광무 3년(1899)	발행지, 발행자 불명
	중등교과 동국사략 (中等教科東國史略)	현채 (玄采)	광무 10년(1906)	중앙서관(中央書館)
	초등대한력사	조종만	융희 2년(1908)	한양서관
	보통교과 대동역사략 (普通教科大東歷史略)	미상	광무 10년(1906)	대한 국민교육회 (大韓國民教育會)

수신서 장르 해제

박병기

1. '수신서(修身書)'의 기본 성격

수신서는 몸과 마음을 갈고 닦아 온전한 성인(聖人)의 경지에 오르는 것을 목표로 삼은 유교의 수신(修身) 개념을 전제로 하는 도덕교과서이다. 몸과 마음을 분리된 것으로 받아들이지 않는 동아시아 도덕교육의 전통 속에서 수신은 단순히 몸을 건강하게 하는 노력을 의미하는 차원을 넘어서 선한 마음의 싹을 갈고 닦아 성인을 지향하고 그 과정의 또 다른 실천적 이상향인 군자(君子) 또는 선비[士]로서의 삶을 올곧게 견지해내고자 하는 노력을 의미하는 개념으로 자리잡았다.

우리 역사 속에서 수신서는 이러한 유학적 전통과 함께 불교의 수행(修行) 전통을 포용하는 도덕교과서이기도 했다. 참선을 중심으로 하는 선불교 전통이 강한 한국불교가 간화선(看話禪)이라는 화두(話頭) 중심의 수행 전통을 확립해서 현재에 이르고 있는데, 그 수행의 전통이 조선 성리학자들에 의해 비판적으로 극복되면서 선비의 수양(修養)은 모든 선비들이 반드시 이행해내야 하는 과제로 자리매김하게 된 것이다.

조선 선비들은 자신의 몸과 마음을 갈고 닦는 수양[修己]과 그 결과를 백성들에게 나눠주기 위한 치인(治人) 또는 안인(安人)의 삶에 대한 지향을 동시에 갖고 있었다. 그 열망이 현실 속에서 좌절되거나 당쟁의 혼란 속에서 소인배로 전락함으로써 그 둘 모두를 포기한 선비들이 없었던 것은 아니지만, 퇴계와 율곡, 남명 등으로 대표되는 진정한 선비들의 삶 속에서 이러한 두 지향점의 만남을 확인하는 일은 어렵지 않다. 남명의 경우 벼슬길로 나가지 않고 자신의 정치적 소신을 펼치는 상소를 올리거나 제자들을 길러 미래를 대비하는 삶을 택함으로써 수기치인의 또 다른 전형을 보여주었다는 점에서 차이가 있을 뿐이다.

이러한 수신은 기본적으로 어린 시절의 스승을 전제로 하여 습관화를 꾀하는 타율적인 단계와 스스로 성인을 목표로 삼아 자발적인 수양을 해나가는 자율적인 단계로 다시 나누어볼 수 있다. 따라서 수신서의 경우에도 각각 타율적인 단계에 맞는 수준의 것과 자율적인 단계에 맞는 수준의 것으로 나누어볼 수 있고, 중국 송나라의 주희에 의해 『소학(小學)』이라는 초등 수준 교과서가 편찬된 이후로는 타율적 단계의 수신서 대부분이 이 '소학'을 준거로 삼아 편찬되었다.

우리 한국에서도 이 주희의 '소학'을 근간으로 삼아 조선의 효행 사례 등을 추가하는 방향으로 재구성된 소학책이 발간되었다. 조선시대를 대표할 만한 수신서로는 율곡 이이가 편찬한 『격몽요결(擊蒙要訣)』과 『성학집요(聖學輯要)』가 있다. 전자는 아동을 위한 수신서이고 후자는 왕을 위한 수신서로 각각 타율적 단계의 수신서와 자율적 단계의 수신서를 대표할 만한 것으로 평가받기에 손색이 없다. 성리학적 질서를 근간으로 삼아 도덕과 정치를 이끌어가고자 했던 조선 성리학자들은 아동뿐만 아니라 왕도 수신교육의 대상으로 설정했음을 알 수 있고, 후자에 속하는 또 다른 수신서로 퇴계 이황의 『성학십도(聖學十圖)』를 꼽을 수 있다.

근대의 수신서들도 대체로 이 책을 근간으로 삼아 저술되었음을 쉽게 확인할 수 있다. '소학'을 저본으로 삼은 근대 수신서들은 명칭에 있어서도 『국민소학독본』, 『초등소학수신서』 등과 같이 '소학'을 구체적으로 드러내는 방식으로 제목과 내용을 정했다.

물론 수신(修身)이 소아(小兒)들에게만 해당되는 것이 아니라 성인(成人)들에게도 계속 해당되는 것이기 때문에 수신서도 타율적 단계에 있는 아동들만을 대상으로 하는 것은 아니지만, 현실적으로 성인들을 위한 수신서는 각자의 자율적인 영역에 맡겨지는 것을 원칙으로 하기 때문에 기본적으로 수신서는 아직 성인이 되지 못한 어린이와 청소년들을 상대로 하여 만들어지는 도덕교과서라고 규정해도 큰 무리가 없을 것이다. 물론 그 대상이 어린이와 청소년들이었기 때문에 글자와 문장의 의미를 정확하게 알게 하는 국어교과서로서의 성격도 동시에 지니고 있었다.

이런 목적으로 편찬된 수신서를 가지고 교사가 중심이 되어 기본예절의 습관화와 도덕적 모형 제시 등의 방법을 활용하여 교육해온 것이 우리 교육의 핵심 전통이고, 그것은 곧 도덕교육과 인성교육을 교육 자체와 동일시해온 역사이기도 했다. 이러한 교육 전통이 바탕이 되어 근대 개화기 이후 서구식 교과목 중심 체제로 학교 교육과정을 개편하는 과정에서 '수신 교과'라고 하는 독립된 도덕 교과가 만들어지게 되었다.

2. '근대 수신서'의 양상과 특징

근대 수신서는 전통적인 수신서의 내용과 체계를 일정 부분 계승하면서도 당시 상황을 적극적으로 반영하는 내용을 담거나 오히려 그것을 중심 내용으로 내세우는 방식으로 그 형태가 변화되기도 한다. 각 학교의 상황에 맞는 교과서를 개발하는 것을 허용하는 교과서 검정제를 채택했던 대한제국기에 대부분의 근대 수신서가 발간되었기 때문에 그 종류가 다양하고 각 교과서마다 내용 전개 방식이 다르지만, 목적과 전통을 공유하고 있었기 때문에 큰 틀에 있어서는 대동소이하다.

이러한 공통 요소를 바탕으로 삼아 근대 수신서들이 보여주는 특징을 정리해 보면 다음과 같다. 첫째는 전통적인 '소학' 중심의 덕목과 함께 서구 근대사상에 기반한 덕목이나 가치를 동시에 중시하는 내용으로 이루어져 있다는 점을 들 수 있다. 유근의 『초등소학수신서』나 안종화의 『초등윤리학교과서』가 그 대표적인 경우이다. 유근은 효와 충, 우애와 같은 전통적인 유교 덕목은 물론 자유나 의무와 같은 민주주의의 핵심 가치를 주제로 삼는 독립된 장을 배치하고 있고, 안종화도 준법[守法]이나 납세(納稅) 같은 민주시민으로서의 의무도 중요한 수신교과서의 내용으로 제시하고 있다.

둘째는 개화기에서 대한제국으로 넘어가서 결국 일본 제국주의에 의해 식민 지배를 받게 되는 당시의 상황이 교과서 내용 구성 원칙의 중요한 축으로 작동하고 있다는 점을 들 수 있다. 국가와 민족의 운명이 바람 앞의 등불과 같이 흔들리고 있음을 근대 수신서 저자들인 당대의 지식인들은 적극적으로 수용하고자 했고, 그러한 위기에 대응할 수 있는 근본적인 방안으로 교육을 택했음을 짐작할 수 있게 하는 내용들을 대부분의 수신교과서에서 발견할 수 있다. 위에서 언급된 수신서들은 말할 것도 없고, 여학생들을 대상으로 하는 노병선의 『녀자소학수신서』에도 적은 부분이기는 하지만 '가사노동의 전담자로서 가정을 이끌고 자녀를 잘 교육하여 애국적 인재로 육성시키기 위한 역량을 축적하는 것'을 목적으로 삼는 내용이 담겨있을 정도이다.[1]

셋째는 근대 수신서가 보여주고 있는 통합적 성격에 주목할 필요가 있다. 근대 수신서는 기본적으로 사범학교나 소학교 등의 교과목으로 설정된 수신교과(修身教科)의 교과서로 편찬되었다. 그런 점에서 근대 수신교과서는 독립된 도덕 교과를 전제로 하는 유교문화권 특유의 도덕 교과서로서의 성격을 지니고 있었다고 보는 것이 타당할 것이다. 그러나 일부 수신서는 그 내용으로 다른 사람의 재산에 대해 다루거나 헌법의 종류와 같이 법교육과 관련한 내용을 담고 있기도 하다. 다시 말해서 현재의 우리 교과를 기준으로 해서 보면 경제교과서나 법교과서 같은 내용을 포함하고 있다는 것이다. 신해영이 편찬한 『윤리학교과서』가 그 대표적인 경우이다.[2]

네 번째 특성으로는 역시 당시의 상황을 담고 있는 것으로 남녀차별적 전제를 여전히 떨치지 못한 채 교과서 내용을 구성하고 있는 점이다. 아예 여성을 위한 수신서를 따로 편찬할 정도로 강한 차별성의

1 김수경, 「녀자소학슈신서 해제」 참조.
2 이 교과서 해제자인 김민재는 이러한 특성을 감안하여 '학제적 특성이 강한 책'이라고 평가하고 있다. 김민재, 「신해영의 『윤리학교과서』 해제」 참조.

전제 위에서 교과서가 개발되었고, 그렇게 개발된 교과서의 내용도 당연히 여성의 역할을 주로 가정 안에 한정시키는 한계를 노정시키고 있다. 이미 언급된 노병선의 수신서 이외에도 이원경의 『초등여학독본』의 경우에도 대동소이한 내용을 담고 있다. 이 책은 "지금에 와서 풍습이 크게 열리고 여자의 권리가 비로소 해방을 맞았으니, 남자를 가르치는 것보다 여자를 가르치는 것이 더욱 급하다"라는 분명한 문제의식을 담고 있다는 점에서 노병선의 교과서보다 진일보한 내용을 담고 있기는 하지만, 여전히 주된 내용으로는 여자로서의 행동이나 시부모와 남편 봉양 등을 강조하고 있어 질적인 차이까지 확보하지는 못하고 있다.

이러한 특징과 한계들을 명확하게 인식하는 것이 근대 수신서의 현재성을 함께 견지해낼 수 있는 기본자세일 것이다. 그러나 그와 함께 근대 수신서들이 지니고 있는 역사성에도 우리는 함께 주목할 필요성을 느낀다. 당시의 상황 속에서 민족과 국가의 현실과 미래를 걱정하는 선각자들이기도 했던 교과서 저자들이 한편으로는 교육을 통해 국난극복의 주인공들을 길러내고자 하는 장기적인 독립운동을 하고자 했다는 점을 먼저 인식할 필요가 있고, 다른 한편으로는 그럼에도 성리학적 교육 전통 속에서 성장했던 자신들의 한계를 온전히 극복할 수는 없었다는 점을 함께 인식할 필요가 있다. 유교적 덕목과 민주주의적 가치를 조화시키고자 하는 의도를 분명히 갖고 있었지만, 그것을 구체화할 수 있는 수준이나 능력은 갖추지 못했던 우리 근대 지식인들과 당시 학문적 담론 자체의 한계를 동시에 확인할 수 있는 지점이기도 하다.

그럼에도 일제 식민지 통치가 본격화하기 이전에 자유발행제와 검정제라는 제도적 기반 위에서 발간된 다양한 형태의 수신교과서들은 우선 전통 교육의 긍정적 유산을 독립된 도덕교과로 계승하면서 새로운 시대를 준비하기 위한 치열한 노력들의 산물이라는 점에서 중요한 의미를 지닐 뿐만 아니라, 그러한 노력을 구체화하기 위한 다양한 방법들을 선보이고 있는 도덕교육 방법론의 경연장을 보여주고 있는 점에서도 실천적 의미를 지닌다. 그림을 활용하는 것은 말할 것도 없고, 각 장마다 화두적 성격의 질문을 던짐으로써 학생들의 창의적인 사고와 의지를 함께 유도해 내고자 하는 방법들이 전통적인 소학교육의 방법론과 어깨를 나란히 하면서 등장하고 있다.[3]

3. 이화여대 소장본 '근대 수신서'의 가치와 번역의 의의

이번에 번역 · 해제되는 10권의 수신서를 포함하여 이화여자대학교 도서관은 다수의 근대 수신서를 역사서 등과 함께 소장하고 있다. 개화기 이후 우리의 국민교육 체제가 대한제국의 출범과 함께 구체화되었지만, 그 과정에서 기독교 선교사들이 중심이 된 사립학교의 비

3 전통 수신교과서인 『소학』에 담겨 있는 도덕교육 방법론적 의미와 구체적인 방법들에 대해서는 졸고, 「초등 도덕교육론의 텍스트로서의 『小學』 읽기」, 『초등도덕교육』 창간호, 한국초등도덕교육학회, 1996, 1~22면을 참조할 수 있다.

중과 위상은 독립지사들이 중심이 된 민족학교의 비중과 더불어 공립학교 체제에 결코 뒤지지 않았고, 이러한 전통은 현재까지 이어져 우리의 중등학교와 대학은 다수의 사립과 소수의 국공립이 병존하는 형태를 유지하고 있다.

그 과정에서도 특히 주목받을 만한 학교가 기독교 선교사들이 중심이 되어 설립한 이화전문학교와 연희전문학교인데, 이들 학교는 오늘날 우리나라를 대표하는 명문사학으로 자리잡아 중요한 역할을 담당하고 있다. 특히 이화전문학교는 이화여자대학교로 발전하여 우리나라 여성교육의 중심축 역할을 충실히 수행하는 수준을 넘어서서 세계 속의 대학으로 자리잡아가고 있는 중이기도 하다. 이러한 대학의 도서관에 개화기와 대한제국기, 일제 식민지 통치기의 수신서가 다수 소장되어 있다는 사실은 그 역사적 전통을 잘 보존해 왔다는 증거로 평가받을 만하다.

이번에 번역되는 수신서들이 물론 이화여대 도서관에만 소장되어 있는 것은 아니다. 그 중의 일부는 이미 1970년대에 '한국학문헌연구소'에서 편집하여 한국교원대학교를 비롯한 다수 대학의 도서관에 소장되어 있기도 하고, 일부 개인적으로 소장하고 있는 경우도 없지 않다. 그러나 이화여대 소장본은 우선 그 숫자에 있어서 다른 경우를 압도하고 있을 뿐만 아니라, 보존 상태도 양호하여 실천적인 연구를 함에 있어 질 높은 자료를 제공해 줄 수 있는 여건을 갖추고 있다.

이번 번역에 포함된 수신서 이외에도 번역할 만한 가치가 높은 자료들이 많이 남아 있기 때문에 여건이 닿는 대로 지속적인 관심을 가질 필요가 있고, 가능한 범위 안에서 영인본 등의 형태로 많은 사람들이 접근할 수 있도록 할 수 있었으면 좋겠다. 학문 연구와 교육을 위한 자료의 가치는 소장 자체로서의 의미보다는 그것이 어떻게 또 얼마나 활용되느냐에 의해 평가될 수 있을 것이기 때문이다.

그럼에도 이번 번역과 해제를 통하여 그 중 중요한 수신서 일부가 공식적으로 연구 자료와 교육 자료로 활용될 수 있게 된 점은 개화기와 근대의 교육 내용과 목표, 성격 등에 관한 연구가 현저하게 부족한 우리 교육계에 참신한 연구와 교육의 열망을 불러일으킬 수 있는 계기가 될 수 있을 것이다. 또한 현재 우리가 처해 있는 어려움을 인식할 수 있는 준거는 물론 바람직한 대응 방법을 찾아가는 데 좋은 참고 자료로서의 역할도 할 수 있을 것으로 기대한다.

이번 번역은 직역을 원칙으로 하면서도 현재의 관점에서 이해할 수 있는 수준으로 재구성하는 노력도 함께 기울였기 때문에 단순한 역사적 자료로서 과거 교과서를 확인하는 정도를 넘어서서 현재 우리 도덕교육의 좌표와 지향점을 찾는 과정에도 중요한 시사점을 제시하여 줄 수 있을 것으로 기대한다. 번역자 개인의 문투를 존중하면서도 전문가들이 주관하는 치밀한 감수의 과정을 거쳤기 때문에 가독력이나 완성도 측면에서도 일정한 완결성을 갖추고 있다는 점도 이번 번역본의 장점으로 꼽을 수 있다. 특히 학교 현장의 도덕 교사들이 적극적으로 활용하여 도덕교육의 새로운 활로를 열 수 있는 좋은 수업 자료로 평가받을 수 있었으면 한다.

삶의 일정 영역에서 여전히 전통이 살아있으면서도 경제성장과 민주화 과정을 비교적 성공적으로 이끌어낸 우리의 현대사는 가치관 영역에서의 극심한 혼란과 함께 세계화와 지역화를 동시에 이룩해내야 한다는 새로운 시대적 사명을 부여받고 있다. 이런 시점에서 500년 역사를 간직한 조선이 붕괴하고 세계의 열강들이 모두 자신들의 이득을 위해 한반도로 몰려오던 19세기 말과 20세기 초반 민족과 국가의 좌표를 고민했던 당대 선각자들의 화두(話頭)를 현재적 관점으로 만나는 일은 그 자체로 미래를 위한 단단한 기반이 되어줄 것이다.

차례

발간사 3
서문 5
근대계몽기 교과서 해제 7
수신서 장르 해제 16

초등윤리학교과서

『초등윤리학교과서』 해제 38

자서(自序) 46
목차 48
제1장 자신을 수양함 50
제1절 건강을 지키는 법 51
제2절 도덕심을 기름 53
제3절 지식과 능력을 다함 56
제2장 가족 58
제1절 부모 58
제2절 형제 59
제3절 부부 59
제4절 주인과 종 60
제5절 친척 60
제3장 스승과 벗 61
제1절 스승과 제자 61
제2절 벗 61
제4장 타인 65
제5장 공동체에 기여함 71
제6장 지역 사회 75
제7장 국가 78

초등소학수신서

『초등소학수신서』 해제 86

목차 92
제1과 살아갈 방법을 생각함 94
제2과 모욕당하는 삶의 비참함 94
제3과 지혜 95
제4과 진정한 능력 96
제5과 재물욕심을 경계함 96
제6과 효성스런 아이 97
제7과 올바름을 아는 것 98
제8과 용서 98
제9과 교만한 마음 99
제10과 잘못을 뉘우침 100
제11과 맡은 일을 다함 100
제12과 효성스런 행동 101
제13과 우월함과 열등함 102
제14과 용기를 기름 102
제15과 지혜로움과 어리석음 103
제16과 진실한 교제 104
제17과 사기인가, 지혜인가? 104
제18과 자유 105
제19과 의존하는 삶 106
제20과 마땅히 할 일 106
제21과 학생의 의무 107
제22과 나라 사랑 108
제23과 조심하는 마음 108
제24과 약함이 강함을 이김 109
제25과 자주권이 없음 110
제26과 형제 사이의 우애 110
제27과 권위를 가장함 111
제28과 친구 사귀기의 도리 112
제29과 뜻을 세움 112
제30과 적당한 분량 113
제31과 욕심내지 않음 114
제32과 무능하면 당하는 모욕 114
제33과 허망한 것을 믿지 않음 115
제34과 어려운 상황에 처한 사람을 도와줌 116
제35과 출입하는 때를 삼가함 116
제36과 마음을 다함 117
제37과 공익을 훼손하는 일을 경계함 118

제38과 공덕심 118
제39과 적절한 힘을 헤아림 119
제40과 우상을 믿지 않기 120
제41과 경쟁심 120
제42과 친구 사귐의 도리 121
제43과 무능한 사람이 당하는 희롱 122
제44과 스스로 허물을 자초함 122
제45과 지나친 욕심을 경계함 123
제46과 자비로운 마음 124
제47과 담력 124
제48과 자애 125
제49과 용서 125
제50과 나라와 민족을 사랑함 126
제51과 천한 생각 127
제52과 강한 무사로서의 기백 127
제53과 뜻에 맡김 128
제54과 거짓된 생각과 행동 129
제55과 쓸모 있음을 취함 129
제56과 남에게 의지함 130
제57과 지혜 있음 131
제58과 거짓으로 꾸미는 것을 경계함 131
제59과 놀이의 중요성 132
제60과 의로운 벌레 132

초등수신서

『초등수신서』 해제 136

목차 143
제1장 신체 144
제1 귀 144
제2 눈 144
제3 입 144
제4 코 144
제5 얼굴 145
제6 두뇌 145

제7 목 145
제8 팔 145
제9 손 145
제10 가슴 146
제11 배 146
제12 등 146
제13 다리 146
제14 머리카락 147
제15 치아 147
제16 걸음걸이 147
제17 잠 148
제18 운동 148
제19 거처 149
제20 음식 149
제21 의복 150
제22 목욕 150
제2장 윤리 151
제1 부모 151
제2 형제 152
제3 자매 152
제4 조손 153
제5 숙질 153
제6 친척 154
제7 친구 154
제3장 잡저 155
제1 가정교육 155
제2 스승공경 155
제3 학문 156
제4 사회 157
제5 공익 157
제6 타인의 명예 157
제7 타인의 재산 158
제8 애인(愛人) 158
제9 자선 158
제10 지식 159
제11 뜻 160
제12 언어 160
제13 직업 161

제14 자영 161
제15 은혜 162
제16 궁리 162
제17 시간 163
제18 과실 163
제19 예의 164
제4장 가언(嘉言) 164
제1 효 164
제2 경애 165
제3 몸가짐 165
제4 공부 166
제5장 선행 166
제1 천교(踐敎) 166
제2 학교 167
제3 청렴 168
제4 침정(沈靜) 169
제5 격물 170
제6 천약(踐約) 170
제7 공직 171
제8 의용 172
제9 병공(秉公) 173
제10 자성 173
제11 시혜 173
제12 치가 174
제13 도량 174

초등여학독본

『초등여학독본』 해제 176

머리말 181
목차 183
명륜에 대한 장 186
제1과 인륜(人倫)(1) 186
제2과 인륜(2) 186
제3과 인권(人權) 187

입교에 대한 장 187
제4과 여자를 가르치는 법 187
제5과 정(貞)과 열(烈)의 중요성 188
제6과 여자는 한 집안의 근본 188
제7과 배워야 하는 도리 189
여자의 행실에 대한 장 189
제8과 여자가 지켜야 할 행실 네 가지(1) 189
제9과 여자가 지켜야 할 행실 네 가지(2) 190
제10과 여자의 덕(德) 190
제11과 여자의 말[言] 190
제12과 여자의 용모[容] 191
제13과 여자의 일솜씨[功] 191
마음을 다하는 것에 대한 장 192
제14과 마음을 다할 것(1) 192
제15과 마음을 다할 것(2) 192
제16과 내외(內外)하는 법 192
제17과 마음을 닦는 법 193
제18과 몸을 닦는 법 193
부모 섬기기에 대한 장 194
제19과 부모님께 효도하는 법 194
제20과 음식을 드릴 때 194
제21과 뜻을 받들 때 195
제22과 무남독녀(無男獨女)일 때 195
제23과 병환이 나셨을 때 196
제24과 꾸짖으실 때 196
제25과 미워하실 때 196
제26과 귀하게 기른 딸이 교만할 때 197
남편 모시기에 대한 장 197
제27과 지아비와 지어미 사이 197
제28과 신행(新行)할 때의 마음가짐 198
제29과 공경하고 순종할 것 198
제30과 늘 함께 있으면서도 방자(放恣)하지 않을 것 199
제31과 남편이 밥벌이를 잘 못할 때 199
제32과 남편을 업수이 여기지 않을 것 199
제33과 남편에게 말할 때 200
제34과 남편이 화를 낼 때 200
제35과 남편이 병이 났을 때 201
제36과 남편이 외출했을 때 201

제37과 게으른 지어미를 본받지 않을 것 201
제38과 현명한 지어미를 본받을 것 202
제39과 친정 나들이를 자주하지 않을 것 202
제40과 남편에게 너무 의존하지 말 것 202
시부모 모시기에 대한 장 203
제41과 문안 드리기 203
제42과 뜻을 굽혀 순종할 것 203
제43과 시부모의 사랑이 중요한 까닭 204
제44과 여헌(女憲)에 이른 말 204
제45과 맏며느리의 소임 204
제46과 음식 주관하는 법 205
제47과 며느리를 학대하는 시어머니 205
제48과 버릇없는 며느리 206
시동생 시누이와 화목하기에 대한 장 206
제49과 시동생과 시누이 206
제50과 시비를 가리지 말 것 207
제51과 겸손하고 순종할 것 207

녀자소학슈신서

『녀자소학슈신서』 해제 210

목차 215
제1과 얌전 216
제2과 알맞게 절제할 것 217
제3과 악한 동무 217
제4과 여자의 배울 것(1) 218
제5과 여자의 배울 것(2) 218
제6과 씻고 닦는 일 219
제7과 의복 219
제8과 본분 220
제9과 어진 부인들 221
제10과 예절 222
제11과 아내의 도리 223
제12과 삼강과 오륜 223
제13과 화평(和平) 224

제14과 신부(新婦) 225
제15과 어진 아내(1) 225
제16과 어진 아내(2) 226
제17과 어진 아내(3) 227
제18과 어리석은 아내(1) 228
제19과 어리석은 아내(2) 229
제20과 어진 어머니(1) 230
제21과 어진 어머니(2) 232
제22과 어진 어머니(3) 232
제23과 시어머니 233
제24과 하인 부리는 법 234
제25과 죄에 대한 형벌(1) 235
제26과 죄에 대한 형벌(2) 235
제27과 본받을 일(1) 236
제28과 본받을 일(2) 237
제29과 교사 공경(1) 237
제30과 교사 공경(2) 238
제31과 시간 239
제32과 운동 239
제33과 어른 공경 240
제34과 학교 240
제35과 친구 사귀는 것 241
제36과 약속 241
제37과 말하는 것 242
제38과 게으른 것 242
제39과 즐거운 것 243
제40과 가정 244
제41과 참는 것 244
제42과 깨끗하게 할 것 245
제43과 손님 대접 245
제44과 편지(1) 246
제45과 편지(2) 246
제46과 용서 247
제47과 교육 247
제48과 공부 248
제49과 학문 248
제50과 마음 249
제51과 겸손 250

제52과 나라 250
제53과 여자 수신 총론 251

보통교육 국민의범

『보통교육 국민의범』 해제 254

목차 259
제1장 총론 262
제2장 예의의 필요 263
제3장 예의는 옛 예의, 옛 실상에만 의지할 것이 아니다 265
제4장 예의에 관하여 일반적으로 주의할 것 267
제5장 신체 270
제1절 두발과 수염 270
제2절 눈과 코와 귀 271
제3절 입과 이 271
제4절 손발과 손톱 272
제6장 복장 273
제1절 복장의 방법 273
제2절 예복 275
제3절 제복 276
제7장 언어 276
제1절 대화 277
제2절 대화[接語]의 재료 278
제3절 교어(教語)할 때에 피할 일 278
제4절 연설과 토론 280
제8장 자세 281
제1절 직립 자세 282
제2절 정좌 자세 282
제3절 의자에 앉을 때의 자세 283
제4절 보행자세 284
제9장 경례 284
제1절 입례 285
제2절 좌례 286
제3절 악수례 287
제4절 경례할 때 주의할 일 287

제5절 남의 앞을 지나는 경우의 예　288
제6절 나의 앞을 다른 사람이 지나가고자 하는 경우의 예　288
제7절 길을 가다가 만난 예　288
제8절 답례　290
제10장 방문과 접객(接客)　291
제1절 방문의 종류　291
제2절 방문의 시각　292
제3절 명첩　293
제4절 집안사람과 보내고 맞음　294
제5절 착석　294
제6절 찻잔과 과자그릇과 담뱃갑과 그 나머지에 대해서 주의할 일　295
제7절 방문의 시간　297
제8절 작별과 손님 보내기　297
제9절 답례　298
제10절 남녀 간의 방문　298
제11장 향응　299
제1절 청첩　299
제2절 모임 참여 시각　299
제3절 복장　300
제4절 착석　300
제5절 식사　301
제6절 헤어짐　307
제7절 답례　308
제12장 집에 살기[居宅]　308
제1절 집의 소제와 정돈　309
제2절 거실의 장식　309
제13장 문[障子]과 창호의 열고 닫기　310
제14장 물품을 내고 거두는 법　310
제1절 일반 방법　311
제2절 화로와 담뱃갑을 내는 법　312
제15장 물품을 주고받는 법　313
제16장 물품을 빌고 빌리기　314
제17장 서간　315
제1절 용지　315
제2절 문자와 문법　316
제3절 쓰는 법　316
제4절 봉하는 법　317
제5절 주의　317

제18장 선물 318
제1절 선물하는 사람의 주의 319
제2절 선물을 받는 사람의 주의 320
제19장 집회 320
제1절 참회 시간 320
제2절 자리의 순서 321
제3절 좌상에서의 이야기 321
제4절 개회사와 답사 321
제5절 연회 322
제20장 소개 323
제1절 언어로 하는 소개 323
제2절 편지로 하는 소개 324
제21장 의식 324
제1절 식장 324
제2절 의식 시간 325
제3절 의식 순서 325
제4절 칙어 봉독과 국가를 부르는 때의 예법 326
제5절 고하는 말과 축사 326
제22장 공중에 대한 예법 327
제1절 여러 사람이 모인 경우에 대한 예법 328
제2절 공공물에 대한 예법 330
제3절 나머지 331
제23장 장례의식 333
제24장 나머지[雜件] 333
제1절 생신 축하[賀壽] 333
제2절 학교에 대한 예 334
제3절 여행 중의 주의 335
제4절 평생 침식할 동안의 주의점 335

■ 찾아보기 337
■ 영인
초등윤리학교과서 347
초등수신교과서 381
초등소학수신서 407
초등수신서 457
초등여학독본 497
녀자소학슈신서 535
보통교육 국민의범 579

초등윤리학교과서

『초등윤리학교과서』 해제

허재영

1. 저자

안종화(安鍾和 : 1860~1924)는 근대계몽기 역사학자이자 교육자이다. 광주 안씨 사간공파의 후손으로 자는 사응(士應), 호는 함재(涵齋)라고 하였다. 고종 31년 갑오년(1894)에 식년시 진사과에 합격한 뒤 궁내부 낭관, 법부 참서, 중추원 의관 등을 거쳤다. 1905년 을사조약이 체결되자 민영환 등과 함께 이를 계기할 것을 주장하다가 뜻을 이루지 못하자 낙향하였다.

안종화의 대표적인 저서로는 『국조인물지(國朝人物志)』(1909년 간행), 『동사절요(東史節要)』, 『광릉세고(廣陵世稿)』, 『초등본국역사(初等本國歷史)』가 있다.

『국조인물지』는 조선 건국 이래 철종 때까지의 주요 인물의 사적을 기록한 책으로 모두 3책으로 구성되었다. 제1책은 태조에서 중종 때까지의 인물 900여 인을 기록하였으며, 제2책은 중종에서 인조 때까지의 인물 1000여 인, 제3책은 인조에서 철종 때까지의 인물 1100여인을 기록하였다. 『동사절요』(1905년 간행)는 5권 1책으로 구성된 역사서로 각 권은 군왕, 왕실, 종실, 공주, 상국(相國), 장수, 경사, 직신, 절의 등의 주제를 중심으로 편제되었다. 『광릉세고』는 사간공파의 문집을 엮은 책이며, 『초등본국역사』(1909, 광덕서포)는 초등용 교과서로 편찬된 책이다.

2. 구성

『초등윤리학교과서』는 안종화가 찬술한 수신과 교과서로, 본래 중국 오상(吳尙)이라는 사람이 쓴 『초등윤리학교과서』를 번역하여 수정한 것이다. 이에 대해 저자는 서문에서 다음과 같이 밝히고 있다.

> 近得吳尙氏所述初等倫理教科書, 盥手讀之畢, 喟然歎曰 天然性質, 捨此書, 何以復其初哉. 是誠爲, 幼穉徒, 初等倫理學科之眞訣也. 遂, 定其句讀, 補其微奧 以供海內同志諸君之觀覽焉. (自序에서)

이 책은 1907년 9월 광학서포에서 발행되었으며, 표지에는 안종화가 역술하고 원영의(元泳義)가 교열한 교과서임을 밝혀 놓았다. 발행처를 '대한 황성 광학서포(大韓 皇城 廣學書舖)'라고 표시한 것으로 볼 때, 통감시대 발포(發布)된 교과용 도서 검정 규정 이전에 저작된 책임을 알게 한다.

책의 구성은 양지(洋紙) 양장본(洋裝本) 전일권(全一卷) 일책(一冊)으로 이루어져 있으며, 모두 54쪽의 분량으로 판형은 국판(菊版)이다. 편제는 제1장 수기(修己), 제2장 가족(家族), 제3장 사우(師友), 제4장 타인(他人) 제5장 선군(善羣 : 사회), 제6장 지방(地方), 제7장 국가(國家)로 이루어져 있으며, 일부의 장은 대단원과 그에 따른 소단원의 분절 형식을 취하였다.

『초등수신교과서』는 『초등윤리학교과서』의 개정판이다. 개정의 사유는 뚜렷하지 않으나 이화여자대학교 소장본의 표지에 "학부 검정(學部檢定) 사립학교 초등 수신과 교과서(私立學校 初等 修身科 敎科書) 융희 사년 삼월 이십육일(隆熙四年 三月 二十六日)"이라는 검정 낙인을 고려할 때 '교과용 도서 검정 규정'에 따라 개정하였을 것으로 추정된다.

3. 내용

『초등윤리학교과서』는 전통적인 수신(修身)을 바탕으로 근대적 사회 윤리와 국가 윤리를 가미한 초등용 교과서이다. 개인의 건강이나 도덕심을 바탕으로 가족과 사제, 친구, 타인, 사회, 국가 윤리에 해당하는 기본적인 내용을 평이하게 서술하고자 하였다. 책 전체의 구성은 장마다 차이가 있는데 절을 나누고 하위 항목을 설정하여 설명한 장이 있는가 하면 중심 주제를 하나의 장으로 설정한 경우도 있다. 구체적인 내용은 다음과 같다.

제1장 수기(修己) : 保康强(貴淸潔, 守節度, 戒嗜慾, 勤操練), 養道德(誠實, 勤勉, 强毅, 羞恥), 盡知能(普通之知能, 職業之知能, 好尙之知能)

제2장 가족(家族) : 父母, 兄弟, 夫婦, 主役, 親戚

제3장 사우(師友) : 師弟, 朋友(忠, 信, 恕, 義)

제4장 타인(他人)

제5장 선군(善羣)

제6장 지방(地方) : 分責任, 盡責任

제7장 국가(國家) : 守法, 納稅, 當兵

제1장의 '수기'는 자신에 대한 수양을 의미하는 것으로 청결, 절도, 취미, 운동과 같은 '보강법'과 성실, 근면, 강의, 수치와 같은 '도덕심', 보편적 지능, 직업적 지능, 취미에 필요한 지능을 설명한 '진지능'으로 이루어졌다. 제2장의 '가족'은 전통적인 윤리에 가까운 내용이며, 제3장의 '사우'는 스승과 벗에 관련된 덕목을 서술한 내용이다. 제4장에서는 타인과의 관계에서 필요한 윤리적 덕목을 설명하였으며 제5장의 '선군(善羣)'에서는 사회 윤리를 설명하였다. 제6장의 '지방'은 지역 사회와 관련된 내용이며, 제7장의 국가 윤리는 준법정신과 납세, 병역의 의무를 설명한 장이다.

『초등수신교과서』의 내용과 체제는 『초등윤리학교과서』와 크게 다르지 않다. 그러나 용어를 다듬고 일부 내용을 삭제하였다. 두 교과서의 차이를 비교하면 다음과 같다.

	초등 윤리학 교과서	초등 수신 교과서
제1장 수기(修己)	제1절 '보강법(保强法)'의 넷째 항목을 '조련(操練)'으로 설명함	'조련(操練)'을 '운동(運動)'으로 고침
	제2절 '도덕심(道德心)'의 셋째 항목을 '강의(剛毅)'로 설명함	'규칙(規則)'으로 고침
제4장 '타인(他人)'	프랑스 윤리학자 가남(迦南)의 여섯 가지 항목을 제시하고 다른 사람의 자유, 명예, 신체를 존중할 것을 서술함	여섯 가지 항목을 간결하게 줄이고 '자유', '박애'와 관련된 설명을 삭제하거나 수정함
제5장 '선군(善羣)'	군(羣)에 선(善)한 일을 하는 조건을 서술하였으며, 자유와 부자유의 관계를 설명함	제목을 '사회(社會)'로 수정하고, 사회에 대한 의무로서 직업(職業), 공익(公益), 공덕(公德)을 강조함
제6장 '지방(地方)'	단체와 지방의 구성원으로서 사람의 책임을 서술하고 애향과 애국심을 강조함	이 장을 삭제함
제7장 '국가(國家)'	국가의 구성원으로서 지켜야 할 의무를 '수법(守法)', '납세(納稅)', '당병(當兵)'으로 설명함	제목을 '국민(國民)'으로 수정하고, 국민의 의무를 '수법(守法)'과 '납세(納稅)'로 한정함

두 교과서를 비교할 때 삭제하거나 수정한 내용은 주로 '국가', '자유', '책임', '병무' 등과 관련된 것들이다. 이러한 내용을 삭제하거나 수정한 이유는 '교과용 도서 검정 규정'(1908.8.28)이 공포된 직후 실시된 '교과서 검정 조사' 사업의 결과를 반영한 결과라고 할 수 있다.

4. 가치

『초등윤리학교과서』는 근대식 학제 도입과 학과의 개념이 정립되어 가는 과정에서 찬술된 교과서이다. 이 시기 상당수의 교과서가 민간 차원에서 개발되었고 그 과정에서 일부 교과서는 번역 편찬 또는 역술(譯述) 형태로 저술되었다. 이처럼 역술된 교과서의 특징은 전통적인 수신 윤리와 서구식 근대 사상이 동시에 반영되어 있다는 점이다.

일반적으로 전통적인 수신서는 개인 윤리를 기본으로 한다. 송대 주희에 의해 편찬된 『소학』은 '입교(立敎)', '명륜(明倫)', '경신(敬身)', '계고(稽古)'의 내편과 '가언(嘉言)', '선행(善行)'의 외편으로 구성되어 있는데, '입교'는 태교(胎敎), 보전(保傳), 학교군정(學校君政), 사제자(師弟子)를 기본 세목(細目)으로 삼았다. '명륜'에서는 부자(父子), 군신(君臣), 부부(夫婦), 장유(長幼), 붕우(朋友)의 오륜(五倫)을 기본 세목으로 하였으며, '경신'은 심술(心術), 위의(威儀), 의복(衣服), 음식(飮食)을 기본 세목으로 하였다. '계고'와 같이 옛일을 상고하여 교훈을 얻거나 '가언'과 같은 명언, '선행'과 같은 실천 덕목들도 개인의 수양을 지향하고 있다. 이러한 전통은 근대계몽기에 이르기까지 지속되어 왔는데 다양한 소학용 교과서들이나 『내훈(內訓)』, 『여사서(女四書)』와 같은 여학용 교재들도 마찬가지이다.

이에 비해 근대식 학제가 도입된 이후 수신 교과에서 사용할 목적으로 역술된 교재들은 '개인', '가족', '사회', '국가' 등의 윤리 사상을 체계적으로 담아내기 시작했다. 특히 안종화의 『초등윤리학교과서』는 중국의 오상 편술의 교재를 역술한 것으로 전통 윤리와 근대 사상이 조화를 이룬 교재라고 할 수 있다.

또한 『초등윤리학교과서』와 수정본인 『초등수신교과서』는 1907년 이후 통감시대의 교과서 제도의 특징을 보여주는 가치 있는 자료라고 할 수 있다. 왜냐하면 『초등윤리학교과서』는 '교과용 도서 검정 규정'이 발포되기 이전에 발행된 데 비해 『초등수신교과서』는 이 규정이 발포된 이후 학부 검정을 통과한 교과서이기 때문이다. 통감시대 '교과용 도서 검정 규정'은 본격적인 일제의 교과서 통제 정책에 따라 발포된 규정으로, 이 규정을 근거로 '교과서 검정 조사 사업'이 진행되었다. 당시 교과서 검정 조사의 기준은 '정치적 방면', '사회적 방면', '교육적 방면'의 세 차원으로 진행되었는데 그 기준은 다음과 같다.

▲ 정치적 방면

(1) 한일관계 및 양국 친교를 저해하고 또는 비방하는 일이 없는지

(2) 한국 국시에 어긋나고 질서와 안녕을 해치며 국리민복을 무시하는 듯한 설명이 없는지

(3) 한국 고유의 나라 정서에 어긋나는 듯한 기사가 없는지

(4) 기교하고 편협한 우국심을 고취하는 일이 없는지

(5) 배일사상을 고취하거나 한국인이 일본인 또는 기타 외국인에게 대하는 나쁜 감정을 기르게 하는 기사 또는 어조가 없는지

(6) 기타 말과 논설이 시사를 논평하는 일이 없는지

▲ 사회적 방면

(1) 음란하고 외설스러우며 혹은 풍속을 괴란케 할 만한 언사 또는 기사가 없는지

(2) 사회주의와 기타 사회 평화를 해치는 듯한 기사가 없는지

(3) 허무맹랑하고 믿어서는 안 될 미신에 속한 기사가 없는지

▲ 교육적 방면

(1) 기재 사항에 오류가 없는지

(2) 정도, 분량 및 재료의 선택은 교과서에서 목적한 사건에 적절한지

(3) 편술의 방법이 적절한지

— '교과서 검정 조사의 착안점', 『대한매일신보』, 1909.3.13~14
(국한문을 국문으로 번역함)

『초등수신교과서』는 이와 같은 기준이 어떻게 적용되었는지 잘 보여준다. 교과서 검정 조사 사업의 결과 '자유, 독립, 박애, 애국심' 등의 용어를 사용할 수 없었으며, '지역 사회'나 '병역의 의무' 등과 관련된 내용을 삭제하지 않을 수 없었다. 아울러 두 교과서에 쓰인 용어나 설명 방식, 문체 등은 근대계몽기의 국어 변화 과정을 살피는 데도 큰 기여를 할 수 있다.

참고문헌

박붕배, 『국어교육전사』, 대한교과서주식회사, 1987.

송인자, 「개화기 남녀 수신 교과서의 지향점 분석」, 『한국문화연구』 13집, 이대한국문화연구원, 2007, 113~152면.

차석기, 『한국 민족주의 교육의 생성과 전개』, 태학사, 1999.

허재영, 「근대계몽기 여성의 문자 생활」, 『사회언어학』 14-1호, 한국사회언어학회, 2006, 187~206면.

허재영, 『통감시대 어문 교육과 교과서 침탈의 역사』, 경진, 2010.

자서(自序)

무릇 양지(良知)와 양능(良能)[1]은 천부적인 자질이니, 어린아이라 해도 부모님을 사랑하고 형님을 공경할 줄 모르는 이는 없다. 그러므로 인간의 도리를 추측하건대 여기에서부터 도의(道義)가 일어나게 된다. 이것이 윤리학이 그 본성을 따라 개도시켜 배움과 마음을 왕성하게 하고 교화와 지혜를 성장케 하고자 하는 까닭이다. 그 효과가 지닌 위대함은 천지를 다하고 우주에 이르므로, 윤리학은 교육자들의 유일무이한 최대의 법문이라 할 것이다.

오늘날 세계는 모든 나라가 위로는 왕궁과 수도에서부터 아래로는 민간에 이르기까지 배움이 없는 곳이 없다. 그것의 성취가 확장되느냐 융성하고 쇠퇴하느냐에 따라 그 나라 운세의 강약과 흥폐를 엿볼 수가 있다. 그러니 더욱 소학교에 힘을 쏟아 훗날에 나라의 위엄과 영광을 온 세계에 드날릴 수 있는 기초로 삼아야 한다.[2] 아! 이것은 내가 '옛날의 소학(小學)[3]에서 사람을 가르치던 방법'이라고 말했던 것인데, 이제 이를 다시 보게 되니 이 사람이 아니라면 내가 누구와 더불어 돌아가겠는가!

---

1 양지양능(良知良能) : 양명학에서 양지(良知)는 마음의 본성을, 양능(良能)은 타고난 재능을 가리키는 말이다. 경험이나 교육에 의하지 않고도 선천적으로 알고 행할 수 있는 마음의 작용을 말한다.

2 1910년 개정판에서 이 문장은 '그러니 더욱 소학교에 힘을 쏟아야 한다'로만 되어 있고, 문장의 뒷부분인 '훗날에 나라의 위엄과 영광을 온 세계에 드날릴 수 있는 기초로 삼아야 한다[以爲異日國威國光, 揚于四海之基礎]' 부분은 삭제되었다.

3 소학(小學) : 대학(大學)과 구별되는 의미에서 전통시대의 아동교육을 일컫는 말이다.

근래에 오상(吳尙) 씨가 지은 초등윤리교과서를 얻어 대야에 손을 씻고 읽기를 마친 뒤에 한숨을 쉬며 이렇게 감탄하였다.

"하늘로부터 부여받은 본성에 대해 만약 이 책이 없다면 어떻게 처음의 순수한 마음을 회복할 수 있겠는가! 이는 진실로 어린 학생들의 초등윤리학 교과의 참된 비결이로다."

그래서 마침내 구두(句讀)를 정하고 그 심오한 뜻을 보완하여 세상의 동지와 여러분들에게 제공하여 열람하게 한다.

정미년(1907) 5월,[4] 한산병부(漢山病夫) 안종화(安鍾和)가 목서산방(木犀山房)에서 쓴다.

4　5월 : 원문에는 '유하(榴夏)'라고 되어 있다. 5월을 가리키는 말 중 하나이다.

목차

제1장 자신을 수양함

제1절 건강을 지키는 법[5]

1. 청결을 귀하게 여김
2. 절도를 지킴
3. 탐닉을 경계함
4. 운동을 열심히 함[6]

제2절 도덕심을 기름[7]

1. 성실함
2. 근면함
3. 굳셈[8]
4. 수치심

제3절 지식과 능력을 다함

1. 보편적 지식과 능력
2. 직업적 지식과 능력
3. 취미의 지식과 능력

제2장 가족

제1절 부모

제2절 형제

제3절 부부

제4절 주인과 종

제5절 친척

---

5 원문은 '보강강(保康强)'이다. 1910년 개정판 즉, 『초등수신교과서』에서는 '보건강(保健康)'으로 단어가 바뀌었다.

6 원문은 '근조련(勤操練)'이다. 1910년 개정판에서는 '근운동(勤運動)'으로 단어가 바뀌고 내용도 변화되었다. 바뀐 내용은 해당 본문에 따로 소개하였다.

7 원문은 '양도덕(養道德)'이다. 1910년 개정판에서는 '수도덕(修道德)'으로 글자가 바뀌었다.

8 원래 목차는 '굳셈[剛毅]'인데, 1910년 개정판에서는 '규율(規律)'로 절 제목이 바뀌면서 내용도 변화되었다. 바뀐 내용은 해당 본문에 따로 소개하였다.

제3장 스승과 벗

제1절 스승과 제자

제2절 벗

1. 충실함
2. 믿음
3. 관용
4. 의로움

제4장 타인

제5장 공동체에 기여함[9]

제6장 지역 사회[10]

제1절 책임을 나눔

제2절 책임을 다함

제7장 국가[11]

제1절 법을 지킴

제2절 납세

제3절 병역

---

9 원문은 '선군(善羣)'이다. 1910년 개정판에서는 이 장이 통째로 삭제되고, 장(章)의 제목도 '사회(社會)'로 바뀐다. '사회'장의 하위 절(節) 목차는 '(1) 직업(職業), (2) 공익(公益), (3) 공덕(公德)'이다. 바뀐 내용은 해당 본문에 따로 소개하였다.

10 원문은 '지방(地方)'이다. 이 장은 1910년 개정판에서 완전히 삭제되었다.

11 원문은 '국가(國家)'이다. 이 장은 1910년 개정판에서 '국민(國民)'으로 바뀌었다. '국민' 장의 하위 절 목차는 '(1) 수법(守法), (2) 납세(納稅)'로, 원본에서의 세 번째 절인 '(3) 병역[當兵]'은 삭제되었다.

초등윤리학교과서

함재(涵齋) 안종화(安鍾和) 역술(譯述)
장은(漳隱) 원영의(元泳義) 교열(校閱)

제1장 자신을 수양함

한 나라에 태어나면 한 나라의 사람이 되며 한 무리에 태어나면 한 무리 중의 사람이 되므로 따로 떨어져 고립되어 살 수 없다. 따라서 사람이 사람과 더불어 서로 사귀는 도리가 있게 된다.

사귀는 도리를 다하고자 한다면 자신을 수양하는 것이 반드시 우선되어야 한다. 자신의 수양에는 세 가지 중요한 것이 있으니, 몸을 건강하게 유지하며, 도덕을 기르며, 지혜와 능력을 다함이 그것이다. 몸이 건강하되 도덕이 없으면 사납고 드세지고, 몸이 건강하되 지혜와 능력이 없으면 우매하고 어리석게 되며, 도덕과 지혜와 능력이 있되 몸이 건강하지 못하면 연약하고 쓸모가 없게 되어, 하늘이 준 수명을 다할 수 없다.

포악하고 사납게 구는 것과 어리석고 게으른 것은 불가하며 연약함은 더욱 불가하니, 몸의 건강, 도덕, 지혜와 능력이라는 세 가지를 다 갖추어야 비로소 완전한 인격을 얻을 수 있다.

제1절 건강을 지키는 법

(1) 첫째는 청결을 귀하게 여김이다. 사람의 삶에서 빼놓을 수 없는 것이 음식과 거처와 의복이다. 음식으로 몸을 기르며, 거처에서 편안히 쉬며, 의복으로 보호하는 것이 모두 생명을 위하는 바이다. 그런즉 이 세 가지를 더럽히면 안 되니, 만일 이것을 더럽히면 생명을 보호하지 못하고 오히려 해치게 된다. 그러므로 맛있는 음식과 사치스러운 거처와 화려한 의복을 꼭 바라서는 안 되며, 다만 마땅히 청결함을 구할 따름이다.

(2) 둘째는 제도를 지키는 것이다. 기거에 법도가 있고 먹고 마시는 일에 절제가 있어야 한다는 것은 옛 성인의 밝은 가르침이다. 법도가 없고 절제가 없는 것은 몸을 가장 해치는 일이니, 반드시 때를 정하고 양을 정하여 스스로 지켜야 한다. 늦게 일어나는 것은 마땅하지 않으므로, 저녁에 휴식하고 아침에 일어나되 여덟 시간을 기준으로 한다. 많이 먹는 것도 마땅하지 않으니, 배고픔이 8할쯤 되면 먹고, 배부름이 7할에 이르면 멈추되,[12] 먹는 때를 정하여 그때가 아니면 분별없이 먹지 말아야 한다. 이는 재물을 아낄 뿐만 아니라 섭생하는 도리이기도 하다.

(3) 셋째는 좋아하고 탐닉하는 마음[13]을 경계함이다. 공자께서 말씀

---

12 배고픔이~멈추되 : 원문은 '飢가 八分에 至ᄒᆞ거던 食ᄒᆞ고 飽가 七分에 至ᄒᆞ거던 止호ᄃᆡ'이다. 이 구절은 1910년 개정판에서 삭제되었다.

하시기를, "좋아하는 마음이 많으면 어찌 굳셈을 얻으리오" 하셨다.[14] 좋아하고 탐닉하는 마음은 족히 몸과 마음에 누를 끼치니, 담배와 술이 특히 심하다. 태서의 과학자들이 새를 대상으로 담배의 독을 시험했는데, 담배 한 개비에 새 스무 마리를 죽일 수 있으니 그 독을 가히 알 수 있다. 술을 많이 마시는 사람은 연약하고 성내기 쉬우며 또 여러 종류의 병이 있게 된다. 나이 어린 사람이 담배를 피우고 술을 마시면 그 성장하는 기관과 몸이 삭고 잠식되니 마땅히 가장 경계하고 삼가야 한다.

(4) 넷째는 운동[15]을 열심히 함이다. 동서 각국의 사람들은 모두 날마다 운동을 한다. 그 외에도 검도, 말 달리기, 축구, 씨름, 활쏘기, 창 던지기, 수영, 조정(漕艇)[16] 등 여러 종류를 연습하여 유희와 즐거움으로 삼는다. 그러므로 그 인종이 강하고 나라가 또한 강한데, 약한 나라의 어린이들은 이러한 체육을 알지 못함으로 눈이 몽롱하며 등이 구부정한 자들이 모두 이와 같다. 『홍범(洪範)』의 여섯 가지 불행[17] 중에 하나가 '약함'이다. 나라가 약하면 망하고 사람이 약하면 죽는다. 사람

---

13 좋아하고 탐닉하는 마음 : 원문에는 '기욕(嗜慾)'이라고 되어 있다. 무엇인가를 즐겨하고 좋아하는 마음의 욕심을 말한다.

14 출전은 다음과 같다. 子曰, 吾未見剛者. 或對曰, 申棖. 子曰, 棖也慾, 焉得剛. 『論語』「公冶長」.

15 운동 : 원문에 '조련(操練)'이라고 되어 있다.

16 검도~조정 : 원문의 단어들은 각각 '격검(擊劍), 치마(馳馬), 축국(蹴鞠), 각지(角觝), 습사(習射), 격창(擊槍), 유영(遊泳), 경도(競渡)'로 되어 있다.

17 『홍범』에서 말한 여섯 가지 불행 : 원문에는 '홍범육극(洪範六極)'이라고 되어 있다. 『서경(書經)』 제4편 「주서(周書)」의 '홍범(洪範)' 제13에 나오는 여섯 가지 극단적인 불행으로, '흉한 재난을 만나 일찍 죽는 것, 질병, 근심, 가난, 악행, 약함(一曰凶短折, 二曰疾, 三曰憂, 四曰貧, 五曰惡, 六曰弱)'을 일컫는다.

이 약해지면 죽게 되니 장차 나라가 누구에게 의지하겠는가. 청년 제군들은 스스로 아끼기를 잘할지어다.

● 1910년 개정판

(4) 넷째는 운동[18]을 열심히 함이다. 앞에 서술한 일이 능히 그 도리에 맞아도 만약 운동을 게을리 할 때는 위장의 작용이 둔하고 소화력이 약해져 마침내 신체를 허약하게 한다. 그러므로 늘 적당한 정도의 운동을 하지 않으면 안색이 점점 창백하고 신체는 점점 수척하고 쇠약해져 결국 병을 야기하는 일도 있게 된다. 그러니 학도(學徒)들은 매일 적당한 정도의 운동을 게을리 하지 마라. 성실히 노동함도 또한 운동의 한 방법이니 결코 싫어하거나 꺼리지 말고 즐겨 부지런히 일을 해야 한다.

제2절 도덕심을 기름

(1) 첫째는 성실함이다. 몸을 세워 행동하는 데에는 성실함이 중요하다. 공자께서 말씀하시기를, "말은 반드시 믿음이 있어야 한다"[19]라고 하셨고, 『곡례(曲禮)』[20]에 이르기를 "속이지 말라"[21]고 하였으니, 이

18 운동 : 원문에 '운동(運動)'이라고 되어 있다.

19 출전은 다음과 같다. 子曰, 人而無信, 不知其可也. 大車無輗, 小車無軏, 其何以行之哉. 『論語』「爲政」.

20 곡례(曲禮) : 『예기(禮記)』의 다른 이름.

21 속이지 말라 : 원문에는 '무광(毋誑)'이라고 되어 있다. 출전은 다음과 같다. 幼子常視毋誑, 童子不衣裘裳. 立必正方. 不傾聽. 長者與之提攜, 則兩手奉長者之手, 負劒辟咡詔之, 則掩口而對. 『禮記』「第一」.

모두는 성실함을 일컬음이다. 속이고 신의가 없으면 반드시 악인이 될 것이다. 남이 자기를 속이면 자기가 분명 그 악함을 아는 것처럼, 자기가 남을 속일 때 남이 어찌 그 악함을 모르겠는가. 맹자께서 말씀하시기를, "자신을 반성하여 성실하면 즐거움이 이보다 큰 것이 없다"고 하셨다.[22] 성실로써 실천하지 않아 화와 욕을 당한 자들을 어찌 헤아릴 수 있겠는가. 배우는 자들은 가히 스스로 경계해야 한다.

(2) 둘째는 근면함이다. 문공(文公) 한유(韓愈)[23]께서 말씀하시기를, "학업은 근면함으로 인해 정밀해지고 제멋대로 즐기는 데서 황폐해지며, 행동은 생각하는 데서 이루어지고 게으른 데서 나태해진다"[24]라고 하셨으니, 이는 도를 수양하게 하고 덕을 나아가게 하는 지극한 말씀이다. 학업이 거칠어지고 행동이 나태해지면 모든 일이 피폐하고 해이해져 못난 마음이 깨닫지 못하는 중에 점차 조금씩 자라고 커져, 맹자께서 가르치신 것처럼 금수에 가깝게 될 것이다. 『서전(書傳)』에 이르기를, "뜻을 겸손하게 하여 때에 민첩하기에 힘쓴다"[25] 하였으며, 공자께서 말씀하시기를, "민첩함으로써 옛 도를 구하였다"[26]고 하셨으니, 모두 근면함을 일컬은 것이다. 소인(小人)이 착하지 못한 행실을 하는 것은 게으름과 편안함 때문인 것이 많으니, 우리 청년들은 힘쓸지어다.

---

22 출전은 다음과 같다. 孟子曰, 萬物皆備於我矣. 此言理之本然也. 大則君臣父子, 小則事物細微, 其當然之理, 無一不具於性分之內也. 反身而誠, 樂莫大焉. 『孟子』「盡心」上.

23 한유(韓愈, 168~824) : 당(唐) 문장가. 자는 퇴지. 시호는 문공. 문집으로 『한문공집(韓文公集)』이 있음.

24 학업은~나태해진다 : 원문에는 '業은勤에精ᄒᆞ며嬉에荒ᄒᆞ고行은思에成ᄒᆞ며惰에怠ᄒᆞᆫ다'라고 되어 있다. 한유(韓愈)의 『진학해(進學解)』 중 일부이다.

25 뜻을~힘쓴다 : 원문에는 '志을遜ᄒᆞ야時敏을務ᄒᆞ라'라고 되어 있다. 『書經』「說命下」.

26 출전은 다음과 같다. 子曰, 我非生而知之者, 好古敏以求之者也. 『論語』「述而」.

(3) 셋째는 강하고 굳센 것이다. 공자께서 말씀하시기를, "강하고 굳센 것은 어짊에 가깝다"[27] 하셨고, 증자께서 말씀하시기를, "선비는 도량이 넓고 의지가 굳지 않으면 안 된다"[28]고 하셨다. 강하면 꺾이지 않고 구부러지지 않으며, 굳세면 능히 참고 능히 결단할 수 있다. 이 두 힘이 있으면 큰 어려움이 닥치거나 날카로운 칼날이 목에 들어온다 해도, 눈도 깜짝하지 않고 마음도 동요되지 않을 것이다. 맹자께서 말씀하시기를, "스스로 반성하여 곧으면 비록 천만 인이라도 내가 가서 대적하리라"[29] 하셨으니, 무릇 일이 클수록 이루기 어렵고 어그러짐도 심하니[拂戾愈象], 진실로 강하고 굳세지 않으면 어찌 능히 이기겠는가.

● 1910년 개정판

(3) 셋째는 규칙이다. 무릇 일을 완성하는 데 가장 필요한 것이 규칙이다. 가령 학도가 매일 쓰는 책과 도구들을 정리하여 어지럽게 하지 않으며, 학교에 가고 집에 오는 시간을 잘 지켜 어기지 않으며, 공부에 힘쓰고 유희하는(비록 큰 어려움이 닥치거나 날카로운 칼날이 목에 들어온다 해도)[30] 때를 헤아려서 어지럽히지 않는 것 등이 곧 규율이다. 성장한 후에 여러 가지 사업을 이룰 기반을 만드는 것이니, 어릴 때부터 노력하여 이러한 습관을 길러야 한다.

---

27 출전은 다음과 같다. 子曰, 剛毅木訥, 近仁. 『論語』「子路」.

28 출전은 다음과 같다. 曾子曰, 士不可以不弘毅, 任重而道遠. 『論語』「泰伯」.

29 출전은 다음과 같다. 昔者, 曾子謂子襄曰, 子好勇乎. 吾嘗聞大勇於夫子矣. 自反而不縮, 雖褐寬博, 吾不惴焉. 自反而縮, 雖千萬人, 吾往矣. 『孟子』「公孫丑」上.

30 비록~해도 : 이 부분은 1910년 개정판에서 새로 쓰인 부분인데, 원본에 있던 '雖大難이 當前ᄒᆞ며 利刃이 加頸ᄒᆞ야도' 라는 구절이 삽입되어 있다. 정황으로 보나 문맥으로 보나, 빼는 것이 옳을 듯하다.

(4) 넷째는 부끄러움을 아는 것이다. 맹자께서 말씀하시기를, "부끄러움이 사람에게 큰 것이니라 남과 같지 않음을 부끄럽게 여기지 않으면 어찌 남과 같음이 있겠는가"[31] 하셨고, 공자께서는 "자신의 몸가짐에 부끄러움을 알아야 한다"[32] 하셨으니, 부끄러움이란 악에서 떠나 선을 따르게 하는 관문이다. 자기의 선하지 않음을 스스로 알지 못하는 자는 없으나, 알면서도 부끄럽게 여기지 않는다면 다시 선함을 행할 날이 없을 것이다. 그러므로 비록 지극한 악인이라도 진실로 부끄러운 마음이 한 번 싹트면 반드시 예전에 행한 바를 회개하여 날로 선함에 나아갈 것이다. 『시전(詩傳)』에 이르기를, "사람이 부끄러움이 없으면서 어찌 빨리 죽지 않는가"[33] 하였으니, 이는 부끄러움이 없는 사람을 증오함이다.

제3절 지식과 능력을 다함

(1) 첫째는 보통의 지식과 능력이다. 보통의 지식과 능력이란 사람마다 당연히 갖고 있는 지식과 기능을 말한다. 동서 각국의 사람들은 모두 보통교육을 받아서 비록 지극히 어리석고 비루한 사람일지라도 보통의 지식과 능력을 갖고 있다. 대개 세상에 나서 사람이 됨에, 그 몸을 스스로 일으키고 그 가정을 스스로 지켜야 비로소 국민됨을 얻

31 출전은 다음과 같다. 孟子曰, 恥之於人, 大矣. 爲機變之巧者, 無所用恥焉. 不恥不若人, 何若人有. 『孟子』「盡心」上.

32 출전은 다음과 같다. 子貢問曰, 何如斯可謂之士矣. 子曰, 行己有恥, 使於四方, 不辱君命, 可謂士矣. 『論語』「子路」.

33 출전은 다음과 같다. 相鼠有皮, 人而無儀, 人而無儀, 不死何爲. 相鼠有齒, 人而無止, 人而無止, 不死何俟. 相鼠有體, 人而無禮, 人而無禮, 胡不遄死. 『詩經』「鄘風」「相鼠」.

을 수 있으니, 이는 보통의 지식과 능력을 가벼이 여겨서는 안 되는 까닭이다. 이는 특히 직업의 기초가 되며 그 정도가 가장 낮은 것이다.

(2) 둘째는 직업에 필요한 지식과 능력이다. 사람은 전문으로 하는 하나의 직업이 반드시 있어야 한다. 선비와 농부와 장인과 병사와 관리[34]를 자기가 선택하여 수행하되 반드시 정밀히 연구하고 열심히 탐구하여 지극한 상태에 나아갈 수 있다. 그러므로 직업에 있어서의 지식과 능력을 다함은 직업상의 본분이자 의무이다. 만약 의사가 의술을 깊게 연구하지 않고 교사가 가르치는 기술을 깊이 탐구하지 않으면, 그 일을 이룰 수 있는 자가 없으니 무릇 모든 직업이 다 이와 같다.

(3) 셋째는 취미생활에 필요한 지식과 능력이다. 노나라 사람들이 사냥한 결과물의 많고 적음을 비교하며 즐기자 공자께서도 그것을 즐기셨고,[35] 제갈량 또한 남양에 살며 무릎을 껴안고 양보음(梁甫吟)을 지었다.[36] 만약 날마다 애써 직업에만 종사하고 실익에만 마음을 쏟아서, 마음에 한 번 치밀어 오르는 것도 얻지 못하고, 생각이나 눈과 귀에 한 번 즐거울 만한 것도 얻지 못한다면 세상에 무슨 즐거움이 있겠는가. 그러므로 일상생활이나 직업에 필요한 지식과 능력을 이미 갖

---

34 선비와~관리 : 원문에는 '사자(士者)와 농자(農者)와 공자(工者)와 병자(兵者)와 리자(吏者)'라고 되어 있는데, 1910년 개정판에서는 이 중에서 '兵者'만 삭제되어 있음을 알 수 있다.

35 노나라~즐기셨고 : 공자가 노나라의 관리로 있을 때 사람들이 사냥물을 비교하는 놀이 풍습에 함께 했다는 뜻. 출전은 다음과 같다. 孔子之仕於魯也, 魯人獵較, 孔子亦獵較. 『孟子』「萬章」下.

36 제갈량~지었다 : 제갈량이 유비를 만나기 전 남양(南陽)에서 직접 농사를 지으며 살 때 〈양보음(梁甫吟)〉이라는 노래를 스스로 지어서 즐겨 불렀다고 한다.

추고 국민의 자격이 이미 온전하다면, 그 남은 힘과 한가한 날에 즐기는 바를 따라 유익하고 무해한 지식과 능력을 구하는 것은 또한 인생에서 가볍게 여기지 못할 바이다.

제2장 가족

제1절 부모

『시경(詩經)』에 이르기를, "아버지가 안 계시면 누구를 믿으며, 어머니가 안 계시면 누구를 믿겠는가"[37] 하였으니, 부모를 어찌 믿고 의지하기만 하겠는가. 몸소 기르며 가르치고 훈계함으로써 낳고 기르며, 노심초사하여 그 자식을 사랑하시는데, 자식이 불효한다면 어찌 사람이라 하겠는가. 효의 덕목이 세 가지가 있으니 순종과 사랑과 공경이다. 공자께서 말씀하시기를, "부모를 섬길 때 조용히 여쭈어야 하니, 부모께서 내 뜻을 따르지 않으셔도 또한 어기지 말고 공경하며 수고롭더라도 원망하지 말라"[38] 하셨고, 맹의자(孟懿子)가 효에 대해 묻자 공자께서 말씀하시기를, "부모님의 뜻을 어기지 말라"[39]고 하셨다.

37 출전은 다음과 같다. 無父何怙, 無母何恃. 『詩經』「小雅」「谷風」.

38 출전은 다음과 같다. 子曰, 事父母 幾諫 見志不從 又 敬不違 勞而不怨. 『論語』「里仁」.

39 출전은 다음과 같다. 孟懿子問孝, 子曰, 無違. 『論語』「學而」.

제2절 형제

형제는 형체를 나누고 기운을 이은 사람이다. 어려서는 부모가 왼쪽에서 끌고 오른쪽에서 안으며, 앞에서 옷깃을 잡고 뒤에서 옷자락을 끌어당기며 다니고, 같은 밥상에서 밥을 먹고 옷을 물려 입으며, 배울 때는 그 공부를 이어서 하고, 놀 때도 한 곳에서 함께 한다.[40] 그러므로 속담에 말하기를, "인생에서 가장 얻기 어려운 것은 형제다" 라고 하였다. 당 현종은 동생을 위하여 약을 달일 때 불에 그 수염을 태웠으며, 이적(李勣)[41]은 누나를 위하여 죽을 끓일 때 불이 그 구레나룻을 태웠지만 기뻐하고 괴롭게 여기지 않았으니,[42] 대개 친애하는 정에서 나온 것이다.

제3절 부부

부부는 한 가정의 근본이니 『역경(易經)』에 이르기를, "부부가 있은 연후에 부자가 있고 부자가 있은 연후에 형제가 있다"[43] 하였으며, 『예기(禮記)』에 이르기를, "부부의 화합은 가정을 풍요롭게 한다"[44]라고 하

---

40 해당 부분은 다음 문집에 실려 있으며, 원문은 다음과 같다. 方其幼也, 父母左提右挈, 前襟後裾. 食則同案, 衣則傳服, 學則連業, 遊則共方. 『顔氏家訓』「兄弟」.

41 이적(李勣, 594~669) : 당나라 때의 무장. 돌궐을 격파하고 고구려 정벌에 나섰으며, 하북과 하남을 통일하는 등 당나라의 대제국 건설에 많은 공헌을 했다.

42 누나를 위하여~않았으니 : 이적(李勣)이 복야(僕射)의 높은 지위에 있었는데도 그의 누이가 앓자, 몸소 불을 지펴 죽을 쑤어 먹였는데 한번은 그만 수염을 태우고 말았다고 한다. 『新唐書』「李勣傳」.

43 출전은 다음과 같다. 有天地然後有萬物, 有萬物然後有男女, 有男女然後有夫婦, 有夫婦然後有父子, 有父子然後有君臣, 有君臣然後有上下, 有上下然後禮義有所錯. 『周易』「序卦傳」.

였다. 부부는 인도(人道)의 큰 윤리라 삼가지 않을 수 없으니, 시집가고 장가드는 것을 너무 일찍 해서는 안 되며 배우자를 가리지 않아서도 안 된다. 남편은 바깥일에 나아가 그 가정을 맡게 하며, 아내는 안살림을 맡아 남편을 돕는 것이 부부의 바른 역할이다.

제4절 주인과 종

종은 비록 한 집안 혈통의 사람은 아니지만, 기거와 음식을 함께 하며, 주인을 위하여 이익과 손해를 돌아보고 근심과 기쁨을 나누는 자이다. 오로지 순종하고 충실하여 일을 부지런히 함은 종의 본분이요, 관용하고 용서하여 가혹하게 꾸짖지 않는 것은 주인의 본분이다. 순한 말로 이끌고 부드러운 음성으로 명령하며, 완고하게 막혀 교화되지 않을 자는 좋은 말로 보내야 한다. 대개 사람은 본래 평등하여 빈부는 있어도 귀천은 없으니 주인이라고 하여 스스로 높여서는 안 된다.

제5절 친척

형제와 자매가 이미 각자 독립하면 한 집안에 함께 살기 어렵다. 이에 장가가고 시집가서 친척을 만드는 것이니, 친척은 관계가 매우 밀접하고 긴밀한 이들이다. 좋은 일이나 흉한 일에 서로 축하하고 조문하며 질병에 서로 위문하고 궁핍에 서로 구제하는 것은 또한 사람의

---

44 출전은 다음과 같다. 四體旣正, 膚革充盈, 人之肥也. 父子篤, 兄弟睦, 夫婦和, 家之肥也. 大臣法, 小臣廉, 官職相序, 君臣相正, 國之肥也. 『禮記』「禮運」.

정리로서 당연한 바이다. 비록 그러하나 자립하지 못해 친척을 의지하여 생활하고자 하면 이것은 스스로를 망쳐 수치를 알지 못하는 것이라고 말할 수 있다.

제3장 스승과 벗

제1절 스승과 제자

스승은 사회를 위하여 자제를 교육하며 국가를 위하여 좋은 백성을 만드는 사람이니, 무릇 후생으로 그 교화와 인도를 입고자 하는 자가 어찌 존경을 더하지 않겠는가. 『국어(國語)』에 이르기를, "부모가 낳으시고 스승이 가르치신다"[45] 하니, 대저 부모는 자식을 가르쳐야 할 책임이 원래 있으나, 일 때문에 겨를이 없거나 학술이 미치지 못하기 때문에 교사의 힘을 빌리지 않을 수 없다. 그러므로 교사는 그 부모를 대신하여 교육하는 자이니, 그 은혜와 의리가 부모와 다름이 없으므로 마땅히 부모를 섬기는 마음으로 섬겨야 한다.

제2절 벗

옛 사람이 벗으로써 오륜의 하나로 삼았으니, 이는 옛 사람이 벗을

45 출전은 다음과 같다. 民生於三, 事之如一. 父生之, 師教之, 君食之. 『國語』「晉語」.

중시한 것이다. 벗이 중요한 것은 학문을 서로 연마하고 도덕을 서로 보완하며 환난에 서로 구제하기 위함이다. 공자께서 말씀하시기를, "자기만 못한 사람을 벗하지 말라"[46] 하셨고, 또 "유익한 벗이 셋이요, 손해를 입히는 벗이 셋이다"[47]라고 하셨으니, 벗을 가리지 않을 수 없는 것이다.

그러므로 세력과 이익으로 사귀는 것이나 유희를 위한 사귐은 모두 벗의 사귐이 아니니, 아침에는 술잔을 들다가 저녁에 흰 칼날을 어루만지는 자는 대개 시초에 삼가지 못하여 끝을 좋게 하지 못하게 된다. 공자께서 안평중(晏平仲)을 칭하시기를, "사람들과 사귐을 잘 하는구나 사귄 지 오래되어도 사람들이 그를 공경한다"[48] 하셨다. 공경함은 특히 벗을 사귀는 도리의 한 실마리지만 안평중이 능히 사귐을 잘하여 그 도를 능히 온전하게 하였으니, 이에 그 유익함을 알 수 있다. 이를 바탕으로 벗을 사귀는 도리의 중요한 의리를 열거하고자 한다.

(1) 첫째는 충실함이니, 잘못이 있으면 서로 바로잡아주고 선함이 있으면 서로 권하는 것은 벗의 도리이다. 그러므로 충고하며 선도하여 선함으로써 서로 권함은 벗의 도리로 대하는 것이다. 남이 자기의 허물을 알려주면 기뻐하며 자신을 심하게 책망하되 남을 책망하기는 조금만 하도록 처신하는 것이 좋다. 만일 서로 의심하고 아첨하면서 지

46 출전은 다음과 같다. 子曰, 君子不重則不威, 學則不固. 主忠信, 無友不如己者. 『論語』「學而」.

47 출전은 다음과 같다. 孔子曰, 益者三友, 損者三友. 友直, 友諒, 友多聞, 益矣. 友便辟, 友善柔, 友便佞, 損矣. 『論語』「季氏」.

48 출전은 다음과 같다. 子曰, 晏平仲, 善與人交, 久而敬之. 『論語』「公冶長」.

기(知己)라고 하고, 서로 비방하고 들추어내면서 바른 도리라고 하는 것은 군자가 부끄러워해야 할 바요, 벗의 도리를 해친다고 할 수 있다. 그러므로 공자께서 말씀하시기를, "말을 공교롭게 하고 얼굴빛을 꾸미며 지나치게 공경하는 것을 나는 부끄러워한다" 하셨으며, "원망을 감추고 그 사람을 벗함을 나는 부끄러워한다"[49]고도 하셨다. 또한 자공은 말하기를, "들추어냄으로써 곧은 척 하는 것을 미워한다"[50]고 하였다.

(2) 둘째는 믿음이니, 자하가 말하기를, "벗과 사귐에 있어서 말에 믿음이 있어야 한다"[51] 하였고, 공자께서 말씀하시기를, "오래된 약속일지라도 평소에 한 말처럼 잊지 않는다"[52]라고 하셨다. 또 말씀하시기를, "약속이 의로움에 가까우면 그 말을 실천할 수 있다"[53]고 하셨으니, 믿음이란 것은 사람에게 없어서는 안 될 것이다. 하물며 벗과의 사귐에서 지키지 않을 수 있겠는가. 말이 귀에 남아있는데 배신하며 진심에서 말미암지 않고 속이면, 어찌 능히 죽을 때까지 함께 하기를 바랄 수 있겠는가. 내가 남을 저버리고자 하면 다른 사람이 나를 저버리려 하지 않더라도 어찌 그것이 가능하겠는가. 그러므로 벗으로서의 도리는 믿음이 가장 중요하다.

---

49 출전은 다음과 같다. 子曰, 巧言令色足恭, 左丘明恥之, 丘亦恥之. 匿怨而友其人, 左丘明恥之, 丘亦恥之. 『論語』「公冶長」.

50 출전은 다음과 같다. 賜也亦有惡乎. 惡徼以爲知者, 惡不孫以爲勇者, 惡訐以爲直者. 『論語』「陽貨」.

51 출전은 다음과 같다. 子夏曰, 賢賢易色, 事父母, 能竭其力, 事君, 能致其身, 與朋友交, 言而有信. 雖曰未學, 吾必謂之學矣. 『論語』「學而」.

52 출전은 다음과 같다. 見利思義, 見危授命, 久要不忘平生之言, 亦可以爲成人矣. 『論語』「憲問」.

53 출전은 다음과 같다. 有子曰, 信近於義, 言可復也, 恭近於禮, 遠恥辱也. 因不失其親, 亦可宗也. 『論語』「學而」.

(3) 셋째는 관용이니, 자공이 여쭙기를 "한 마디로써 종신토록 행할 것이 있습니까?" 하니 공자께서 말씀하시기를 "그것은 너그러이 대하는 것이다 자기가 하고 싶지 않은 바를 남에게 시키지 말라"[54] 하시니, 성인이시도다, 이 말씀이여. 가히 벗의 도리로 삼을 것이다. 비록 그러하나 공자께서도 그 전체를 말씀하지 않으셨으니, 자기도 능하지 않은 것에 남을 책망하지 않는 것이 또한 관용의 시작일 것이다. 사람이 크게 무도(無道)한 지경에 이르지 않을지라도 가끔 삼가지 않으면 작은 허물을 면하기 어렵다. 송나라의 범순인(范純仁)이 말하기를, "요즘 사람들은 남을 책망하는 데에는 밝으나 자기를 탓하는 데에는 어둡다"[55]고 하였으니, 남의 마음으로 자기를 책망하며 자기를 관용하는 마음으로 다른 사람을 관용해야 마땅하다.

(4) 넷째는 의리이니, 의리는 일의 마땅함이다. 위급하면 서로 구하고 어려우면 서로 구제하니, 『역경(易經)』에 이르기를, "남과 들판에 함께 있으니 큰 내를 건너는 것이 이롭다"[56] 하였으니, 사람이 벗에게 의지하는 바는 의리일 뿐이다. 그러나 의리는 급박한 어려움에 빠진 이를 구제하는 것이라고 하여 재물을 융통하기를 요구한다든지, 의리는 재난을 구제하는 것이라고 하여 같이 죽는 것으로써 구제한다든지 하

54 출전은 다음과 같다. 子貢問曰, 有一言而可以終身行之者乎. 子曰, 其恕乎. 己所不欲 勿施於人. 『論語』「衛靈公」.

55 출전은 다음과 같다. 范忠宣公戒子弟曰, 人雖至愚, 責人則明, 雖有聰明, 恕己則昏. 『小學』「嘉言」.

56 이섭대천(利涉大川) : 『周易』「同人」 괘에 나오는 말로, '同人于野亨 利涉大川'에서 온 말이다. '넓은 들판에서 여러 사람들과 함께 있으므로 큰 내를 건너는 것이 이롭다'라고 풀이할 수 있는데 문맥상 사람들 사이에 서로 돕는다는 의미로 해석된다.

는 것은 마땅한 도리가 아니다. 서양의 속담에 이르기를, "오래 사귀려면 빛진 것을 간직하지 말라" 하였으며, 우리말에도 이르기를, "선비는 뜻이 각자 있다" 하였으니[57] 벗을 사귀는 자가 모르면 안 된다.

제4장 타인

자기 이외에는 모두 타인이다. 그러나 가족과 스승과 벗은 자기에게 특별한 관계가 있으므로 타인의 일반적인 예로 말할 수 없다. 그 밖에 같은 나라나 다른 나라에 똑같이 인류가 되었으면 남을 대하는 도리가 마땅이 있을 것이니, 남을 대하는 도리를 어떻게 해야 할 것인가. 그것은 남을 대하는 것과 자신의 처신, 자기를 대하는 것과 남들 속에서의 처신이니,[58] 이는 개인과 개인이 교제하는 중요한 의리이다.

한 나라의 사람이라도 직업이 같지 않으며 온 세상 사람들도 인종이 같지 않다. 그러나 사람의 정리(情理)는 같지 않음이 없으니, 맹자가 말씀하시기를, "남을 사랑하는 자는 남들도 항상 그를 사랑하고 남을 공경하는 자는 남들도 항상 그를 공경하지만, 이와 반대로 남을 업신여기는 자는 남들 또한 그를 업신여기며 남을 모멸하는 자는 남들 역시 그를 모멸한다"[59]고 하셨다. 그러니 남들 속에 처하고 자기 처신을 하는 사이

---

57 우리 말에도~하였으니 : 원문에는 '국어(國語)에 운(云)호딕 사(士)는 지(志)가 각유(各有)ᄒᆞ다 ᄒᆞ니'라고 되어 있다. 1910년 개정판에서 이 구절은 삭제되었다.

58 남을~처신이니 : 원문에는 각각 '대인(對人), 처기(處己), 대기(對己), 처인(處人)'이라는 말을 썼다.

59 출전은 다음과 같다. 愛人者, 人恒愛之, 敬人者, 人恒敬之. 『孟子』「離婁」下.

에서 그 도리를 잘할 것을 구한 뒤에야 가히 이 세상에서 살아갈 것이다. 그러나 또 시골의 위선자의 풍속을 함께하고 시골 위선자[60]의 속됨을 같이하며 더러운 세상에 영합하여 아첨하는 것과는 다르다.

자기가 하고자 하지 않는 바를 남에게 시키지 말라 함은 중국의 명언이요, 자기가 원하는 바를 남에게 베풀라 함은 서양의 명언이다. 앞의 말은 의(義)에 합치되고 뒤의 말은 인(仁)에 부합하니, 남을 대하는 도리는 인의(仁義) 외에는 없다. 프랑스의 윤리학자 가남(迦南)[61]이 일찍이 이 뜻을 여섯 가지 의리로 풀이하여 밝혔으니 지금 그 의리를 열거하고자 한다.

첫째는 원한으로 덕을 갚지 않음이니, 이는 상식이라 이상할 것이 없는 말이요, 확고하고 당연하여 바꿀 수 없는 이치이다. 그러므로 선을 행하였다고 칭찬하거나 능히 행하기 어렵다고 할 수는 없는 것이다. 세상에 은인을 죽이지 않고 이로운 벗을 속이지 않았다고 하여 착한 사람이나 군자라고 하는 것을 들어본 바는 없지만, 도덕이 타락하고 풍속이 나쁘게 변하여 은인을 죽이고 이로운 벗을 속이는 자도 있다. 이 같은 사람은 인면수심이니 하루라도 세상에서 용인할 수 없는 자이다.

둘째는 덕도 없고 원한도 없는 자에게 원한을 주지 않음이니, 원한도 없고 덕도 없으면 풍마우불상급[62]하듯 아무 관계가 없도록 서로

---

60 시골 위선자 : 원문에는 '향원(鄕愿)'이라 되어 있다. 시골에서 인정(人情)에 영합하여 군자(君子) 소리를 듣는 위선자를 말한다.

61 가남(迦南) : 미상.

62 풍마우불상급(風馬牛不相及) : 구애(求愛)하는 암수의 말과 소가 서로 만나기 어려울 정도로 멀리 떨어져 있다는 뜻으로 서로 아무런 관계가 없음을 말한다.

미치지 않게 하는 것이 마땅하다. 길에서 우연히 만난 사람을 죽이지 않고 그의 돈을 빼앗지 않는 것은 상식적인 일이니 어찌 족히 일컫겠는가. 그러나 사회 질서는 남을 침해하지 않음으로써 시작되는 것이므로 국법으로 반드시 유지해야 하며, 사람된 명분과 의리는 반드시 남을 해치지 않음으로써 시작되는 것이니 공공 도덕으로 기초를 삼아야 한다.

셋째는 큰 원한으로써 작은 원한을 갚지 않으며 무거운 원한으로 가벼운 원한을 갚지 않는 것이다. 이는 작은 원한[63]은 갚으라는 말이지만 대소(大小)와 경중(輕重)의 양을 비교하는 것이다. 비록 앞에 말한 두 가지 의리에 비하면 조금 나아간 것이지만, 오히려 공자께서 말씀하신 '정직함으로써 원한을 갚는다'[64]는 말씀만은 못한 것이다.

넷째는 덕으로써 덕을 갚는 것이니, 이것은 공자의 말씀과 같으며[65] 의로움의 당연한 바이다. 셋째와 넷째 의리는 이른바 벗을 삼으면 덕으로 대하며 원수를 삼으면 원수로 대해야 한다는 뜻으로, 은혜와 원한이 분명한 관념이라 할 것이다.

다섯째는 원한도 없고 덕도 없는 자에게 덕을 베푸는 것이니, 이것은 넷째 의리에 비한다면 조금 높은 차원이다. 넷째 의리는 은혜를 받았으면 되돌려 갚는 일이 빚을 지고 있다가 갚은 것과 같지만, 이것은 곧 온화한 어진 자의 마음이 재난을 가엾게 여겨 구휼하고 구제하며, 위험을 슬퍼하여 구하고 도우며, 질병을 불쌍히 여겨 부축하고 도와

---

63 작은 원한 : 원문에는 '애자(睚眦)'라고 되어 있다. 눈을 치뜨면서 흘기는 것을 가리키는 말로, 작은 혐의나 원망을 말한다.

64 출전은 다음과 같다. 或曰, 以德報怨何如. 子曰, 何以報德. 以直報怨, 以德報德. 『論語』「憲問」.

65 앞에서 말한 구절의 '以德報德'을 말한다.

주는 것이다. 도움을 받는 자는 요구할 권리가 없고 베푸는 자도 또한 마땅히 해야 할 책임이 없으며, 갚기를 바라는 것이 아니라 순전히 자비에서 나온 것이니, 중국의 묵자[66]와 서방의 부처가 이에 가깝다.

여섯째는 덕으로써 원한을 갚는 것이니, 이것은 노자의 말[67]과 같이 지극히 높은 의리이며 능히 행하기 어려운 일이라고 일컬을 것이다. 무릇 원수를 갚는 것과 은혜에 감사하는 것은 인지상정이다. 그러므로 능히 다섯 번째 의리에 나온 것이 이미 귀한 것인데, 이에 원한이 될 일을 당하고 그것을 잊었으며 잊었을 뿐만 아니라 덕으로 갚음은 동서고금에 그런 사람이 간혹 있기는 했으나 오늘날의 세계에서는 능히 행할 수 있는 것이 아니다. 그러므로 공자께서도 오히려 그것을 병으로 여기셨다.

가남의 여섯 가지 의리에서 앞의 네 가지 의리는 의(義)라고 할 수 있으니, 사람마다 이 의리가 있어야만 세상에 악인이 없을 것이다. 뒤의 두 가지 의리는 인(仁)이라고 할 수 있으니, 사람마다 이 인이 있으면 세상 사람들이 모두 선한 사람이 될 것이다. 악인이 없으면 조금 편안한 세상[68]이요, 모두 선한 사람이 되면 대동(大同)한 세상[69]이니, 세상이 다스려짐이 날로 진보하고 사람의 도리가 날로 융성하여 의를 지키고 인에 힘쓰는 것은 배우는 사람의 일에 속한 바이다.

---

66 묵자(기원전 470~기원전 391?) : 중국 춘추전국시대 송나라 출신의 철학자. 겸애설로 널리 알려짐.

67 출전은 다음과 같다. 爲無爲, 事無事, 味無味, 大小多少, 報怨以德, 圖難於其易, 爲大於其細. 『老子』 「道德經」 63章.

68 조금 편안한 세상 : 원문에는 '소강(小康)'이라고 되어 있다. 소란이나 분란 따위가 그치고 조금 평안한 세상을 말한다.

69 대동(大同)한 세상 : 온 세상이 번영하여 화평한 세상.

사람이 사람됨에 잠시라도 잃어서는 안 될 것들이 있으니 자유, 지력, 신체, 명예, 재산이 그것이다. 이 다섯 가지의 귀함을 알면 마땅히 자기를 스스로 귀히 여기고 타인을 해치지 말아야 한다. 그러므로 남의 자유를 침범하거나 남의 지력을 억제하거나 남의 신체를 상해하거나 남의 명예를 훼손하거나 남의 재산에 손실을 입하는 것은 매우 의롭지 못하다. 그 폐단은 자기가 있음만 알고 다른 사람이 있음은 모르기 때문이다.

박애하는 사람은 이와 달라 남이 있음만 알고 자기가 있음은 알지 못한다. 따라서 자기의 자유와 지력과 신체와 명예와 재산을 버려서 다른 사람에게 유익하게 하니, 공자께서 말씀하시기를, "자신을 죽여 인을 이룬다"[70] 하시며, 맹자께서 말씀하시기를, "삶을 버려 의를 위한다"[71] 하신 것은 모두 박애를 일컬음이다. 무릇 천하가 물에 빠졌는데 구원하지 않으며 중생이 불에 뛰어드는데 구제하지 않으면, 비록 내 한 몸의 자유와 지력과 신체와 명예와 재산이 있을지라도 어디에 쓰겠는가. 그러므로 자기를 세움으로써 다른 사람을 세우고 자기가 도달함으로써 다른 사람을 도달하게 하는 것은 어진이가 해야 할 바이다.

그 다음에 재물로써 남의 배움을 돕고, 유복자와 고아를 진휼하며, 남의 예상하지 못한 화를 구제하며, 혹은 권면과 깨우침으로 사람들을 도덕에 나아가게 하며, 사람들의 지식을 이롭게 함은 군자의 일에 속한 바이다.

---

70 출전은 다음과 같다. 子曰, 志士仁人, 無求生而害仁, 有殺身而成仁. 『論語』「衛靈公」.

71 출전은 다음과 같다. 孟子曰, 魚我所欲也, 熊掌 亦我所欲也 二者 不可得兼 舍魚而取熊掌者也 生亦我所欲也 義亦我所欲也 二者 不可得兼 舍生而取義者也. 『孟子』「告子」上.

● **1910년 개정판**[72]

첫째는 원한으로써 덕을 갚지 않는 것이며, 둘째는 덕도 없고 원한도 없는 자에게 원한을 베풀지 않는 것이다. 이는 공히 당연한 일이니 만약 이와 반대로 하면 악인이 됨을 면하지 못할 것이다.

셋째는 큰 원한으로써 작은 원한을 갚지 않음이니, 원한을 원한으로 갚는 것은 소인배의 일이다. 우리는 처음부터 행하지 않을 일이다.

넷째는 덕으로써 덕을 갚음이니, 이는 공자의 말과 같이 의로움의 당연한 처사이나, 아직 완전한 일이라 말할 수는 없다.

다섯째는 원한도 덕도 없는 자에게 덕을 베푸는 것이니, 가령 재앙을 가엾게 여겨 진휼하고 구제하며, 질병을 불쌍히 여겨 부축하고 도와주는 것이다. 이는 받는 자는 요구할 권리가 없고 베푸는 자는 당연한 책임이 없는데 스스로 나아가 행하는 일이니, 곧 자선(慈善)이다. 그러므로 진실로 어진 자의 행실이라 말할 수 있다.

여섯째는 덕으로 원한을 갚음이니, 이는 노자(老子)의 말과 같이 진실로 지극히 높은 의리이다. 우리는 앞의 다섯 가지의 영역에서 시작하여 이를 실행할 것을 힘써 계획해야 하니, 이는 진실로 군자의 행실이 되기 때문이다.

신체, 재산, 명예 등은 모두 사람들이 중히 여기는 것이니, 결코 타인의 신체를 상하게 하거나 재산을 손상시키거나 명예를 훼손하는 등의 일을 해서는 안 되며, 자기의 물건을 애중하는 것처럼 타인의 물건도 존중해야 한다.

---

72 이 부분은 가남의 여섯 가지 윤리설을 1910년 개정판에서 축약하고 변화시킨 대목으로, 가장 긴 분량의 변용이 일어나 있는 부분이다.

사해(四海)는 모두 동포이니, 편협하고 사적인 일이 없이 널리 무리를 사랑하고 어여삐 여기는 것이다. 제곡(帝嚳)[73]이 말씀하시기를, "널리 사람을 사랑하는 것보다 높은 덕은 없다" 하였고, 공자께서 말씀하시기를, "널리 사랑하고 어진 이를 친하게 지내라"[74] 하였으니, 우리는 친하거나 소원하거나, 알거나 알지 못하거나를 막론하고 널리 사랑해야 한다. 특히 가난한 자, 병든 자, 다친 자, 불구자는 세상에 가장 가련한 자들이니 나아가 이를 구하고 도와야 한다. 그러나 자기가 먼저 성실하게 재화를 쌓지 않으면 남의 급한 사정을 구해줄 수 없기 때문에 말하기를, "자기를 세움으로써 남을 세우고, 자기에 도달함으로써 남에게 도달함이 어진 이가 행하는 바이다"[75]라고 하는 것이다.

제5장 공동체에 기여함

공동체란 것은 공동으로 연합한 단체이다. 그 범위가 혹은 크고 혹은 작으니 근세에 이른바 사회가 그것이다. 사람은 사회를 떠나 홀로 설 수 없기 때문에 자기 한 몸의 즐거움과 이익을 공동체와 함께하지 않을 수 없으니, 공동체에는 즐거움과 이익이 없는데 자기만 즐거움과 이익을 홀로 얻을 수는 없으며, 공동체가 이미 즐겁고 이익이 있는

73 제곡(帝嚳) : 고대 중국 오제(五帝) 중 한 사람으로, 황제(黃帝)의 증손(曾孫)이자, 요(堯)의 할아버지라고도 한다. 전욱을 보좌하여 그 공으로 신(辛) 땅에 봉하였다가 다시 그 뒤를 이어서 박(亳) 땅에 도읍(都邑)하였으므로 고신씨(高辛氏)라 일컬었다.

74 출전은 다음과 같다. 子曰, 弟子入則孝, 出則弟, 謹而信, 汎愛衆而親仁. 行有餘力, 則而學文. 『論語』「學而」.

75 출전은 다음과 같다. 夫仁者, 己欲立而立人, 己欲達而達人. 『論語』「雍也」.

데 자기만 홀로 그렇지 않음도 없을 것이다. 그러므로 자기를 굽혀 공동체를 위함이 자기를 위하는 것이니, 그러므로 공공의 이익을 꾀하며 공적인 일을 급히 함으로써 그 공동체에 이롭게 하는 것은 가히 조종(祖宗)을 받드는 것이며 가히 자손을 편안하게 하는 것이다.

그러나 그 공동체에 이롭게 하고자 하면 반드시 자기를 먼저 이롭게 해야 하니, 자기에게 이롭게 하는 것은 그 공동체에 대한 본분을 지키는 것이다.

내가 사회의 한 사람이 되었으니 나의 한마디 말과 하나의 행실이 공동체 전체에 관계가 있다. 그러므로 한 사람이 명예를 얻으면 공동체의 영광이요, 한 사람이 명예를 잃으면 공동체의 치욕이다. 곧 학교로 말한다면 생도가 우연히 행실을 잃어도 곧 다른 학교를 대할 때 부끄러운 일이 된다.

어리석고 못난 사람은 혹 자유를 핑계 삼아 공동체를 해치니, 이는 사회의 죄인이다. 서로 모이는 시간이 반드시 있는데 일부러 늦고, 함께 할 규율이 반드시 있는데 일부러 어기며, 자기 뜻을 임의로 하고, 하고 싶은 대로 한다. 『예기(禮記)』에 이르기를, "좋고 싫음이 사람의 본성을 거스르면 반드시 재앙이 그에게 이른다"[76]고 하였으니, 더러움과 게으름과 나태함과 방자함과 탐욕스러움으로 공동체를 해치고, 공공기물을 훼손하고 공공의 이익을 손상시켜 공동체를 자유롭지 못한 데에 빠뜨리는 것이 가장 나쁜 것이다.

---

76 출전은 다음과 같다. 好人之所惡, 惡人之所好, 是謂拂人之性, 菑必逮夫身. 是故君子有大道, 必忠信以得之, 驕泰以失之. 『禮記』「大學」.

● 1910년 개정판[77]

제5장 사회

사람은 가족 속에서 나고 자라며 또 그 속에서 살며, 동시에 한 동(洞), 면(面), 군(郡), 도(道)의 주민이 되어 다수의 사람들과 함께 이 세상에 생활하는 자이며, 또 공동으로 생활하는 이러한 다수의 집합체를 사회라고 이른다. 가족과 사회는 우리의 생존에 있어서 잠시도 분리할 수 없는 것이니 가족을 대함과 같이 사회를 대해도 또한 당연한 의무가 있을 것이다.

지금 사회에 대해 다해야 할 중요한 근본적 의무를 대략 설명하려 한다.

첫째는 직업이니, 사람이 일정한 직업에 힘쓰는 것은 자기와 가족의 생존에 필요한 옷과 밥의 생활 기반을 얻는 것을 위주로 하지만 또 한편에서는 이에 의지하여 사회의 진보와 발달을 꾀하는 생각을 잃어서는 안 된다. 저 놀고 먹고 게으르며 자는 것을 탐하고 아무런 직업도 성실히 하지 않는 자는 홀로 자기 한 몸의 행복을 얻을 수 없을 뿐 아니라, 사회의 각 사람들이 힘쓰고 노력하여 만든 것을 헛되이 쓰는 자이니, 사회를 위하여 해만 끼치고 이익이 없다. 그러므로 우리는 자기에게 가장 적합한 직업을 선택하거나 혹은 선조로부터 전해 내려온 가업을 따라, 자기와 가족을 위해 의식(衣食)의 생계를 꾀하는 동시에 사회를 위해 힘쓰고 노력하는 각오가 있어야 한다.

---

77 원래 판본에서 제5장은 '무리를 이롭게 함[善羣]'이었으나, 1910년 개정판에서 제5장은 '사회(社會)'라는 제목으로 바뀌고 내용도 완전히 바뀌었다.

둘째는 공익이니, 공익이라 함은 넓게는 사회의 이익이 되는 일을 말함이다. 우리는 농공상업(農工商業)과 기타 여러 가지 사업을 일으켜 널리 사회의 이익을 계획하지 않으면 안 된다. 또한 세상의 개명(開明)은 사람마다 여러 가지 사업을 여는 것에 말미암아 나아가는 것이니, 사람은 홀로 그 몸의 이익을 꾀할 뿐 아니라 또 크게 사회의 실익을 흥하게 하려는 생각을 필요로 한다. 다리를 보수하여 교통을 편하게 하며, 제조 공장을 세워 다수의 사람들에게 직업을 흥하게 하며, 학교를 세워 지방의 백성들에게 교육의 혜택을 받게 함과 같은 것이 이것이다.

셋째는 공덕(公德)이니, 사회의 일원으로 생활을 영위하면서 다만 자기 한 몸을 수양하는 것은 부족하다 하여 널리 사회에 대해 덕과 의리를 지키는 것이니, 이것을 공덕이라고 이른다. 공덕에는 두 가지 종류가 있으니 첫째는 공공의 무리 전체에 방해될 일을 행하지 않음을 말한다. 예를 들어 학교에서 학교의 기구 등을 파괴하거나 더럽히고 망가뜨려 동무들을 헤매게 만들 것 같은 일을 삼가고, 또는 약속한 시간은 반드시 힘써 지켜 남을 헷갈리게 하지 않는 것 같은 일이다. 둘째는 다시 나아가 공공의 무리 전체의 편익을 꾀함을 말한다. 예를 들어 주거를 청결히 하여 전염병을 예방하고 매일 길을 청소하여 통행하는 사람들의 편의를 도모하는 종류의 일이 이것이다. 우리는 일정한 직업에 힘쓰고, 나아가 이러한 단체를 위하여 공익을 꾀하여 공덕을 중요하게 여겨야 한다.

제6장 지역 사회

지역 사회는 일정한 지역과 일정한 거주민이 있어 그에 맞는 법률을 만들어 자치 단체를 이루는 것이니, 도(道), 부(府), 군(郡), 청(廳), 면(面), 동(洞)이 모두 그러한 것이다. 사람이 하나의 지방단체에 이미 거한다면 자치의 공직을 마땅히 집행하고, 튼튼하게 설 수 있는 기초를 경영하고, 정치적 업무 기관을 움직이게 함으로써 국가 전체의 일부가 되도록 해야 한다. 그러므로 지방단체의 거주민이 되어 이 단체를 대하기를 그 나라를 대함과 같이 하니, 애국은 반드시 애향하는 마음에서 시작한다 함이 이를 일컬음이다.

(1) 첫째는 책임을 나누는 것이다. 한 지역 사회에 거처하면서 권리를 갖게 되면 반드시 그에 따른 의무가 있으니 의무라는 것은 책임이다. 무릇 사람이 각각의 힘으로 그 자신과 가족을 스스로 살피는 것은 진실로 그러하다. 그러나 지역 사회는 한 사람, 한 가족만의 사회가 아니며, 지역 사회의 일은 한 사람, 한 가족이 할 수 있는 바가 아니니, 반드시 각각 힘을 내어 함께 일으켜야 한다. 도로를 평탄하게 하고, 다리를 놓고, 도랑을 통하게 하며, 학교를 세우고, 병원을 건립하며, 공원을 열고, (안전을) 수호할 기관을 설치하는 등의 제반 사업에 대해, 부자는 그 재물을 내놓고 가난한 자는 그 힘을 내놓은 후에 이룰 수 있다. 만일 문을 닫고 팔짱을 끼고는 시골 구석에서 스스로 만족한다면, 다만 권리만 누리고 의무를 다하지 않음이니 지역 사회의 적이라고 일컬을 것이다.

(2) 둘째는 책임을 다하는 것이다. 사람이 어른이 되어 아내를 두면 스스로 한 가호(家戶)를 구성하여 곧 공공의 권리를 가진 백성이 된, 이른바 공민(公民)이 그것이다. 일본은 25세 이상이 되면 스스로 한 가호를 구성하는데, 치산이 금지된 자는 그렇지 못하지만, 해마다 토지세와 국세 2원 이상을 낸 자는 모두 공민이 된다 무릇 공민은 지역 사회에 피할 수 없는 책임이 있으니, 책임을 졌으면 반드시 정밀함과 힘을 다하며, 부지런히 힘쓰고 근면하게 노력함으로써 그 직무를 완전히 해야 한다. 더욱이 바르지 못한 일을 끊고 전횡하기를 경계하며 한결같이 정성스런 의리에서 나와야만 현명하고 능력 있는 선비라고 말할 만하다.

● 1910년 개정판[78]

第6장 국민

사람은 사회의 일원인 동시에 또 국가의 한 백성이므로, 선량한 국민이 되려면 먼저 사회의 선량한 일원이 됨을 명심해야 한다. 그러니 사람은 국민이 되어 직업에 힘쓸 수 있고 공익을 꾀할 수 있으며 공덕을 중히 여길 수 있다는 것은 다시 말할 필요도 없거니와, 오히려 남의 국민됨의 중요한 의무가 있으니 지금 다시 이를 열거하려고 한다.

(1) 첫째는 법을 지킴이니, 법령은 백성의 안녕을 유지하고 또 그 복리를 증진하기 위하여 정부가 발표하여 알린 것이다. 그러니 국민된

78 원래 판본에서 제6장은 '지역 사회[地方]'였으나, 1910년 개정판에서 제6장은 '국민(國民)'이라는 제목으로 바뀌고 내용도 완전히 바뀌었다. 개정판에서는 제6장이 맨 마지막 장이다.

자는 이를 따르며 이를 지킴이 당연한 의무이다. 가령 법령에 마련되지 않은 점이나 따르기 어려운 점이 있을지라도 법을 고치기 전에는 이를 깨는 일을 해서는 안된다. 그렇지 않으면 마침내 국가의 질서를 어지럽히고 사회의 안녕을 해치게 될 것이니 크게 주의해야 한다.

(2) 둘째는 납세이니, 국민의 안녕을 유지하기 위하여 여러 종류의 설비가 필요하기 때문이다. 그 복리를 증진하기 위해서는 식산, 흥업 등의 여러 가지 많은 시설이 필요하므로 이를 위해서는 많은 비용이 요구되는 것이다. 그러므로 국민된 자는 기쁘게 조세를 납부하여 이 비용을 분담해야 하니, 이는 국민된 자의 큰 의무이다.

그러나 이 의무를 분별하지 않고 이를 싫어하고 피하는 것은 심히 무리한 일이라 이를 것이다.

그러니 선량한 국민된 자는 충실하게 업무에 따라 어느 정도의 조세라도 자진하여 납부하여, 국민의 복리와 편익을 도모하는 비용을 부담하여 얻을 실력을 기르지 않으면 안 된다.

세상에는 가끔 국민된 자의 의무를 잘못 알고, 착실한 생업을 경영하지 않으며 외람되이 교만하고 오만한 말과 행위를 일으키면서 지사(志士)며 의인(義人)이라고 생각하는 자가 있다. 이들은 국가의 안녕에 이로운 바가 털끝만큼도 없고 도리어 국가의 큰 재앙을 야기하는 일이 없지 않으니, 국민된 자는 이 점을 깊이 유의하여 근검하게 산업을 닦고 앞에 열거한 큰 벼리들을 잘 지켜 잊지 않음으로써 선량한 국민이 될 것을 명심해야 한다.

제7장 국가

사람은 가족에 매여 있고 가정은 국가에 매여 있으니, 나라가 없으면 가정도 없고 가정이 없으면 사람도 의지할 곳이 없다. 유태인이 재산 경영을 잘해 재물이 많이 넉넉하였지만, 나라가 망하여 러시아로 가니 러시아인들이 살육하며 프랑스로 가니 프랑스가 모욕하여 망망한 세상에 돌아갈 곳이 없었다. 심하도다, 망국민이 삶을 의지하지 못함이여. 폴란드와 인도는 나라가 이미 멸망하여 천만의 민족이 종과 첩이 되며 노예와 하인이 되어 한 번도 머리를 들고 눈썹을 펴서 인생의 즐거움을 누릴 자가 없다. 그러므로 자신을 사랑하는 자는 그 가족을 사랑하고 그 가족을 사랑하는 자는 반드시 그 나라를 사랑해야 한다.

나라는 토지와 백성만으로 성립된다고 일컫기 어려우니, 관중이 말하기를, "나라에 정치가 없으면 토지가 크고 백성이 많아도 나라가 아니다"라고 하였다. 또 "나라는 빛나고 영광스러운 역사가 있는데, 그 국위를 손상하고 그 국권을 떨어뜨리며 그 국토에 다른 나라가 식민(殖民)하며 그 민족을 해치는 것은 정치가 없는 까닭이다"라고 하였다.

정치는 입법자도 있고 사법자도 있고, 의정자도 있고 행정자도 있으며, 다스리는 자도 있고 다스림 받는 자도 있다. 무릇 한 나라 사람 가운데 정치의 범위에 속하지 않는 자가 없으며, 한 나라의 일이 정치하에 얽혀 있지 않은 것이 없으니, 정치라는 것은 국가의 기관(機關)이다. 국가의 정치가 없음이 어찌 한두 관리의 허물이겠는가. 그 국민이 모두 나라가 있음을 알지 못하기 때문이니, 나라가 있음을 알지 못하기 때문에 정치가 있음도 모르는 것이다. 세상 사람 중에 오직 방탕한 자만이 가족을 알지 못하니 가족을 알지 못하는 자는 반드시 가족을 망하게 하고, 세상 사람 중에 오직 야만스러운 민족이 나라를 알지 못하니 나라를 알지 못하는 자는 나라를 반드시 망하게 한다.

가족을 알면 곧 가족을 사랑하고 나라를 알면 나라를 사랑할 것이다. 나라를 안다는 것은 유기체(有機體)와 같아서 백성이 모인 힘으로써 조직한 것이니, 그 나라에 태어난 자는 곧 그 나라의 한 분자(分子)가 된 것이며 그만한 책임이 있다. 이 책임이란 것은 본분을 말하는 것이다.

사람마다 한 분자로서의 책임을 다하면 그 나라가 강하게 되고, 사람마다 한 분자로서의 책임을 다하지 못하면 그 나라가 망하게 된다. 책임에는 여러 가지가 있지만 그 가운데 중대한 것 세 가지는 법을 지키는 것과 세금의 납부와 병역의 담당이다.

(1) 첫째는 법을 지키는 것이니, 나라에 법이 없으면 이는 나라가 아니요, 사람에게 법이 없어도 이는 사람이 아니니, 법은 한 나라 사람들이 공동의 뜻을 모아 제정하여 인가한 것이다. 법이 확립되지 않으면 국가가 바로 서지 못하며 법이 없으면 오래도록 유지되지 못하는 까닭에 법의 제정이 국가의 급무(急務)가 된다. 만일 법이 확립되었으면 마땅히 사랑하고 보호하며 복종하는 것은, 다름이 아니라 내가 제정하고 내가 인가한 바이기 때문이니 옛말에 이르기를, '법을 스스로 제정하여 스스로 지킨다' 함이 이것을 말하는 것이다.

(2) 둘째는 세금의 납부이니, 수백 수천만의 사람들이 모여 나라가

이루어지는데 관리와 병사들이 반드시 있는 것은 무엇 때문인가. 이는 여러 사람들의 일을 개개인이 주관할 수 없으며 여러 사람들의 근심을 개개인이 방비할 수 없으나, 아무도 주관하지 않고 방비하지 않는다면 목숨과 재산을 다 보존하지 못할 것이기 때문이다. 이에 몇몇 사람들로 하여금 관리를 삼고 몇몇 사람들로 병사를 삼아, 그들로 하여금 직무를 전담하게 하여 여러 사람들의 일을 주관하게 하고 근심을 방비하게 한 것이다. 그러니 관리와 병사라는 자들은 내가 위탁한 책임이 있는 자이다.

관리와 병사가 그 직무를 전담하여 그로써 내가 위탁한 책임을 다하면, 그 공적인 일에 요구되는 바의 비용이 반드시 있게 된다. 그들이 또 다른 일을 하여 생계를 도모할 수 없으니, 이에 그 나라 사람들이 그 해의 수입의 일부분을 각자 덜어서 납부함으로써 그 필요한 바에 응하며 또 봉급을 이바지하여 그로써 관리와 병사를 양성하는 것이다. 그러므로 세금이라는 것은 국가에 각자 분담하여 내는 돈이다. 국가의 이익을 누리고자 하는 자는 이 각자 분담하는 세금을 내지 않을 수 없다.

그러나 세금을 내는 이들은 반드시 그 쓰이는 바를 알아야 할 것이니, 만약 세금을 냈는데 쓰인 바를 알지 못하고 다만 낙책(諾責)[79]낙(諾)은 '그래라' 책(責)은 '워그래나'을 온전히 하며, 추호(追呼)[80]추(追)는 이리 오너라, 호(呼)는 저리 가거라를 늦출 뿐이라면, 이는 납세하는 원리와 국민의 천직을 알지

79 낙책(諾責) : 원문에 '낙(諾)은 글에라 책(責)은 워글에나'라고 풀이하였다. '낙책'은 승낙하고도 실행하지 않아 책망을 당하는 일이다.

80 추호(追呼) : 원문에 '추(追)는 오나라 호(呼)는 져로 가거라'라고 풀이하였다. '추호'는 서리(胥吏)들이 집집마다 다니며 세금 납부를 독촉하는 일이다.

못하는 것이다. 만약 이와 같다면 저 관리가 개인의 주머니를 살찌우며 사욕을 다 채우고 나라의 공적인 일을 주관하지 않는 데 이르러도 우리가 알지 못할 것이다.

(3) 셋째는 병역의 담당이니, 옛말에 이르기를, '사람마다 병역을 담당하는 의무가 있다' 하였다. 진실되도다, 그 의무여. 사람들이 각기 병역을 맡지 않는다면 목숨과 재산을 누구와 함께 보존하며 나라를 누구와 함께 지키겠는가. 옛날에는 병역을 백성에게 맡겨서, 갑자기 나라의 강역에 일이 생기면 창과 방패를 잡고 전투에 임하였다. 소융(小戎)『시전(詩傳)』「진풍(秦風)」[81]의 시에는 부인으로 큰 의리를 밝혔으며,[82] 유신의 부인김유신의 부인은 아들이 죽지 않고 돌아오자 만나지 않았고,[83] 왕기(汪錡)의 죽음은 어린 아이가 국난을 위해 순절한 것이며,[84]왕기의 일은 『공자가어(孔子家語)』에서 볼 수 있다 관창의 용기는 삼군(三軍)의 사기를 북돋게 했다.[85]관창은 신라인 지금 동서 각국의 사람들은 대개 군대에 종사함

---

81 출전은 다음과 같다. 小戎俴收, 五楘梁輈, 遊環脅驅, 陰靷鋈續, 文茵暢轂, 駕我騏馵, 言念君子, 溫其如玉, 在其板屋, 亂拿心曲. 四牡孔阜, 六轡在手, 騏駵是中, 騧驪是驂, 龍盾之合, 鋈以觼軜, 言念君子, 溫其在邑, 方何爲期, 胡然我念之. 俴駟孔群, 厹矛鋈錞, 蒙伐有苑, 虎韔鏤膺, 交韔二弓, 竹閉緄縢, 言念君子, 載寢載興, 厭厭良人, 秩秩德音. 『詩經』「小戎」.

82 소융의~밝혔으며 : 『시경』의 「소융(小戎)」 3장(章)의 시는 진(秦)나라가 서융(西戎)을 칠 때 부역을 하러 떠난 남편들을 그리워하는 부인들의 심정한 노래한 것이다. 3장 중 첫 장의 내용은 특히 부역을 따라간 부인들이 전장에서 먼저 수레와 갑옷의 성함을 자랑하였다는 내용을 담고 있다.

83 유신의~않았고 : 김유신의 둘째 아들 원술(元述)은 672년 당이 말갈과 연합하여 신라를 침공했을 때 출전했다가 부하의 만류로 후퇴하여 살아 돌아왔다. 이를 왕명을 어기고 가문을 더럽힌 것으로 여겨 스스로 숨어살았는데 673년 아버지인 김유신이 죽은 뒤 어머니 지소부인을 찾아갔으나 그 어머니도 그를 만나주지 않았다.

84 왕기의~것이며 : 왕기(汪錡)는 노나라 애공(哀公)의 폐동(嬖童)이다. 제나라가 노나라를 쳤을 때 애공의 수레에 함께 타고 있다가 국서(國書)의 난에 죽었다. 공자는 왕기의 죽음에 대해 '창과 방패를 잡고 사직(社稷)을 호위하였으니 어린 아이의 장례로 치를 수 없다'고 하였다.

을 기꺼이 하니 이는 국가가 강한 까닭이다. 일본의 징병령은 남자 17세 이상 40세 이하는 모두 병역의 의무를 담당한다. 병사는 네 부류로 나누니, 상비병(常備兵), 후비병(後備兵), 보충병(補充兵), 국민병(國民兵)이라 한다. 상비병은 또 현역과 예비로 나누는데, 현역은 육군 3년, 해군 4년으로 만 20세인 자들로 충당한다. 예비병은 육군 4년 4개월, 해군 3년으로 현역 기간을 다한 자로 충당한다. 후비병은 5년으로, 예비 기간을 다한 자로 충당한다. 보충병에서, 육군제일보충병은 현역병 중 남는 사람으로 충당하며, 제이보충병은 제일보충병 중 남는 사람으로 충당한다. 제일보충병은 7년 4개월, 제이보충병은 1년 4개월이다. 해군보충병은 또한 현역병 가운데 남는 사람으로 충당하며 3년이다. 국민병은 둘로 나누어, 제일후비병 및 제일보충병의 임기를 다한 자로 충당한다. 제이는 부재한 상비, 후비, 보충 및 제일 국민병인 자들로 충당한다

나라 사람들 중에 병역을 맡는 것을 두려워하는 자는 죽음을 두려워하는 자이다. 그러나 나라가 망하면 병역을 맡지 않아도 또한 죽을 것이니, 월남과 인도 민족 중에 죽은 자가 어찌 병사뿐이겠는가. 나라가 흥하면 비록 내가 병역을 맡아 죽더라도 나의 죽음으로 인해 살게 된 자가 전국의 사람들이 될 것이며, 하물며 반드시 죽는 것도 아니니 어찌 두려워하겠는가. 옛날에 스파르타 인들이 종군할 때에 그 어머니가 자식을 훈계하여 말하기를, "원컨대 너는 방패를 지고 돌아오라 아니면 방패에 너(의 시체)를 싣고 돌아오라" 하였으니 용감하구나, 그 어머니는 의무를 알았도다.

그러나 공자께서 말씀하시기를, "가르치지 않은 백성과 함께 싸움에 임하면 이는 버리는 것이다"[86] 하셨으니, 그러므로 나라에 훈련된

---

85 관창의~했다 : 관창은 신라 태종 무열왕 때의 화랑으로, 나당연합군이 백제를 쳤던 황산벌 싸움에서 단신으로 적진에 뛰어들었다. 백제의 계백이 그의 용기를 높이 사 돌려보냈으나 다시 적진에 돌입했고 이에 계백은 그의 목을 베어 말안장에 매달아 돌려보냈다. 신라군은 관창의 죽음에 고무되어 백제군을 대파했다.

병사가 없으면 군사가 없는 것과 같다. 만일 군적(軍籍)이 소략하고 군비(軍備)가 갖추어지지 않았는데 갑자기 일이 생겼을 때 임시로 소집함에 곧 응하는 자는 다 유민이나 걸인들일 것이니, 어찌 능히 다른 나라와 응전하겠는가. 그러므로 이 의무를 아는 자는 병역을 맡아 예비하지 않을 수 없으니, 몽롱한 눈과 굽은 등[87]얌전한 모양에 걸음이 굽고 느린[88]팔자보법 이들은 대포를 쏘아도 맞힐 수 없으며 창을 던져도 적중시킬 수 없는 자이다.

미리 준비하자면 어찌해야 하는가. 체조(體操)가 답이다. 지금 각국 학교가 초등학교에서 고등학교까지 이 일을 서두르니, 다만 한 몸을 강하게 할 뿐 아니라 한 나라를 강하게 함이요, 한 나라를 강하게 할 뿐만 아니라 종족을 강하게 함이니, 근본을 아는 것일 말할 수 있다.

어렸을 때부터 체조도 하고 멀리뛰기와 씨름을 배움은 힘을 준비하는 것을 숭상함이니, 전 민족이 이 의무로 마음을 다하면 나라를 흥하게 하고 이름을 날리지 않을 자가 없을 것이다.

---

86 출전은 다음과 같다. 子曰, 以不敎民戰, 是謂棄之.『論語』「子路」.

87 몽롱한~등 : 원문에는 '몽목구배(朦目佝背)'라고 되어 있다. 원문 주에 '얌전한 모양'이라고 하였으나 뜻이 잘 연결되지는 않는다.

88 걸음이~느린 : 원문에는 '행보우서(行步紆徐)'라고 되어 있다.

초등소학수신서

『초등소학수신서』 해제

박병기

1. 저자

이 책의 저자 유근(柳瑾, 1861~1921)은 개화기에서 일제시대에 걸쳐 살았던 인물로 언론인이자 애국계몽 운동가이기도 했다. 경기도 용인 출신으로 1910년 한일강제합방이 이루어질 당시에 『황성신문』 주필로 활동하면서 장지연의 「시일야방성대곡」 집필에 관여하기도 했다. 이런 인연으로 장지연이 이 책의 교열자로 참여했을 것으로 보인다.

유근이 망해가는 나라의 미래를 지키기 위한 대안 중의 하나로 교육을 생각했음을 이 책 전반을 통해서 충분히 짐작할 수 있다. 그는 주희가 편찬한 이후로 동아시아 수신교육의 대표적인 교과서로 자리잡은 『소학(小學)』의 핵심 내용을 빠뜨리지 않으면서도 학동들로 하여금 힘을 길러야 하고 만약 그렇게 하지 못하면 어떤 모욕을 당하게 되는지를 곳곳에서 사실적인 그림을 덧붙여가며 강조하고 있다. 그와 함께 국가와 민족을 사랑하는 일이 얼마나 중요한지를 학생들 스스로 생각해볼 수 있는 장들을 다수 마련하고 있는 것으로 보아 애국계몽

운동의 중요성을 충분히 인지하고 있었던 실천적 지식인이었다는 평가도 가능하다.

그럼에도 유근은 우선 유교경전을 중심으로 하는 전통교육을 충실히 이수한 당시의 선비였던 것으로 보이지만, 그러면서도 과거에 얽매이지 않고 일제에 의해 국권을 상실해가고 있는 대한제국의 현실에 대한 적극적인 인식과 실천이 가능할 정도의 현실감각도 지녔던 선각자였다고 판단할 수 있다.

2. 구성

이 책은 소학교육과 관련된 주제를 60개의 과(課)로 분류하여 제시하는 형식을 택하고 있다. 제1과는 '살아갈 방법을 생각함[謀生]'이고 제60과는 '의로운 벌레[義蟲]'이다. 덕목 중심의 접근과 함께 주제 중심의 접근법도 병행함으로써 단순히 유교의 주요 덕목을 강조하여 전달하는 데 그치지 않고 당시 상황 속에서 꼭 생각해 보아야 하는 문제들을 스스로 생각하여 실천할 수 있게 하는 데 초점을 맞춘 살아있는 교과서이기도 하다.

하나의 과(課)에서 다루어지는 주제를 대체로 다음 주제와 연계시켜 놓음으로써 생각의 정도를 심화시키려는 의도로 책을 구성하고 있는 점도 이 책의 특징이다. 예를 들어 제2과에서 모욕당하는 삶이 얼마나 비참한 것인가를 고양이의 비유를 통해 말한 후에 제3과에서 지혜가 부족해서 사람에게 부림을 당하는 소 이야기를 다루고 이어 제4과에서는 그런 모욕과 부림을 피하기 위해 필요한 진정한 능력이 무엇인가를 다룸으로써 사유과정의 심화를 목표로 하고 있음을 쉽게 알 수 있다.

이 책은 또한 각 과의 핵심 내용에 해당하는 것을 만화와 같은 그림으로 함께 제시하는 구성 방식을 택하고 있기도 하다. 조선시대에 편찬된 『삼강행실도(三綱行實圖)』와 같은 도덕교과서에서 이미 채택했던 방법이지만, 당시의 상황에 맞고 현실감 있는 그림을 배치함으로써 책의 내용을 좀 더 정확하고 확실하게 이해할 수 있도록 의도하고 있는 것으로 보인다.

마지막으로 주목해볼 만한 이 책의 구성 방식은 바로 각 과의 마지막 부분에 내용을 이해하고 난 후에 고민해 보아야 하는 질문을 제시하고 있는 것이다. 단순히 책의 내용을 이해하는 수준에 그치지 않고 그 이해를 바탕으로 더 생각해 보아야 하는 문제를 질문 형식으로 구성해 제시함으로써 보다 심화된 이해는 물론 일상생활 속에서 그것을 어떻게 구현할 것인지와 관련된 실천적 대안을 모색해 보게 하는 방식의 구성이라는 점에서 돋보이는 부분임에 틀림없다.

도덕교육의 화두적 접근(話頭的 接近)이라는 이름으로 우리 도덕교육학계에서도 이미 논의되고 있는 이러한 질문 제시 방식은 그러나 관련 내용과의 유기적인 연관성은 물론 학생들의 발달 수준에 맞는 질문을 만들어서 제시해야만 비로소 그 효과를 기대할 수 있다는 점에서 조심스런 접근을 필요로 하는 것이다. 이 책의 저자도 이러한 문제의식을 충분히 공유하고 있는 것으로 보이지만, 그 질문 중에는 지나치게 추상적이거나 아니면 질문 자체가 거의 의미가 없을 정도로 답을 찾기 쉬운 것들도 포함되어 있는 점은 아쉬움으로 남는다. 그러나 이런 시도가 벌써 백여 년 전 우리 땅에서 시도되었다는 사실 자체는 결코 소홀히 다룰 수 없는 도덕교육의 역사로 평가되어야 마땅하다.

3. 내용

전체 60개의 과(課)를 통해 제시되어 있는 이 책의 내용은 대체로 다음과 같은 두 가지 중 하나로 분류될 수 있다. 첫째는 주로 유교(儒教)를 사상적 배경으로 삼아 도출된 덕목과 함께 민주주의의 핵심 덕목을 다루는 내용이고, 둘째는 당시 상황에서 요구되는 마음가짐이나 자세를 이끌어내기 위해서 실천 주제를 중심으로 제시된 내용이다. 물론 이 둘 사이에 일정한 연계성이 확보되어 있지만, 기존의 소학체계(小學體系)에서는 찾아보기 어려운 새로운 주제들을 다수 제시하고 있는 점에서는 분명한 차별성이 드러난다.

전자, 즉 유교와 민주주의를 배경으로 형성된 덕목으로는 효도와 우애, 우정, 자유, 의무 등을 다루고 있다. 20세기 초반 입헌군주국이었던 대한제국이 무너지고 일제 식민지 통치자들에 의한 강압적 지배가 시작된 시기였음을 감안하면, 전통과 근대를 조화시켜야 한다는 저자의 목표 설정은 올바른 방향이었다는 평가가 가능할 것이다. 그러나 자유로 상징되는 민주주의의 가치들과 효도와 우애로 상징되는 전통적 가치를 어떻게 조화시킬 것인가 하는 문제에 대해서는 그다지 관심을 기울이지 않고 있다는 한계 또한 드러내고 있다. 당시 상황의 긴박성을 감안해보면 이해할 수 있는 일이지만, 그럼에도 이미 이때 시작된 두 수준의 가치들 사이에서 생길 수밖에 없는 충돌이 현재에 이르기까지 온전히 해소되지 않고 있다는 점을 감안하면 아쉬움이 남는 부분이기도 하다.

당시 상황과 관련지어 더 주목해볼 만한 내용은 이 책 내용의 상당한 부분을 차지하고 있는 '국가의 힘을 기르는 일의 중요성'과 관련된 부분이다. 처음 시작 부분부터 타인에게 모욕당하는 삶의 비참함을 말하면서 자주권이 없다는 것이 어떤 의미인지, 또 강한 무사로서의 기백을 강조하기도 하고 쓸모있는 것을 강조하는 실용주의적 사고를 강조하고 있기도 하다. 이런 내용들은 우리 민족이 처한 국권 상실의 비극은 힘을 기름으로써만 극복할 수 있다는 저자와 같은 당시 지식인들의 문제의식이 적극적으로 반영된 것들임에 틀림없다.

4. 가치

이 책은 대한제국에서 일제 식민지 통치로 넘어가던 20세기 초반 나라가 처한 위기를 교육을 통해 극복해 보고자 했던 선각자들이 펼친 교육운동의 구체적인 산물이라는 점에서 우선 중요한 실천적 의미를 지닌다. 나라가 힘이 없고 국제 정세를 제대로 볼 수 있는 안목이 부족해서 국권을 잃고 말았다는 선각자들의 통한의 자각이 이 책과 같은 도덕교과서를 만들게 했고, 그 내용으로 전통덕목은 물론 자유와 같은 민주주의의 핵심 가치와 쓸모있음과 같은 현실적 가치를 강조하는 방향으로 이끌었던 것으로 보인다. 전통을 계승하면서도 새로운 세계사의 흐름에도 적극적으로 대응하겠다는 이러한 적극적인 자세는 일제 식민지 통치에 저항할 수 있는 정신적 기반이 될 수 있었다.

이 책의 두 번째 가치는 도덕교과서로서의 체계성과 완성도에서 찾아볼 수 있다. 덕목과 주제를 동시에 활용하여 단원을 구성해 놓은 점과 각 단원의 말미에 그 단원에서 공부한 내용을 심화시킬 수 있는 질문을 제시하고 있는 점, 마지막으로 비교적 세련된 만화 형태의 관련 그림을 제시하여 시각적 효과를 극대화하고 있는 점 등이 이 책의 교과서로서의 체계성과 완성도를 확보하게 해주는 장치가 되고 있다. 특히 그 중에서도 단원의 마지막 부분에 질문을 제시하는 방식의 구성은 그 후 100여 년의 시간이 흐른 21세기 한국의 도덕교과서에 와서야 비로소 채택하고 있다는 점에서 시대를 앞선 교과서 모형의 제시였다는 평가를 받을 만하다.

이 책은 조선의 선비정신을 바탕으로 삼아 20세기라는 새롭고 곤혹스런 시대를 맞아 민족의 미래를 교육에서 찾고자 했던 한 선각자의 도덕교과서이다. 충효를 근간으로 삼았던 유교윤리와는 다르게 효도와 우애를 내세우면서도 자유와 평등의 가치도 동시에 강조하는 이 도덕교과서를 통해 그의 삶의 지향점이 무엇이었을지를 짐작하기 어렵지 않고, 또 이 교과서를 통해 배운 학생들이 혹독한 일제 식민지 통치를 극복할 수 있는 주체가 되었을 것이라는 상상을 해보면서 이 책의 시대적 가치를 다시 떠올리게 된다.

목차

제1과 살아갈 방법을 생각함[謀生]
제2과 모욕당하는 삶의 비참함[侮弄]
제3과 지혜(智慧)
제4과 진정한 능력(能力)
제5과 재물욕심을 경계함[戒貪財]
제6과 효성스런 아이[孝兒]
제7과 올바름을 아는 것[知義]
제8과 용서(容恕)
제9과 교만한 마음[驕矜]
제10과 잘못을 뉘우침[悔改]
제11과 맡은 일을 다함[職分]
제12과 효성스런 행동[孝行]
제13과 우월함과 열등함[優劣]
제14과 용기를 기름[養勇]
제15과 지혜로움과 어리석음[智愚]
제16과 진실한 교제
제17과 사기인가, 지혜인가?[詐智]
제18과 자유(自由)
제19과 의존하는 삶[依賴]
제20과 마땅히 할 일[當務]
제21과 학생의 의무(義務)
제22과 나라 사랑[愛國]
제23과 조심하는 마음[謹愼]
제24과 약함이 강함을 이김[弱者勝强]
제25과 자주권이 없음[無自主權]
제26과 형제 사이의 우애(友愛)
제27과 권위를 가장함[借威]
제28과 친구 사귀기의 도리[交際]
제29과 뜻을 세움[立志]

제30과 적당한 분량[適宜한 分量]
제31과 욕심내지 않음[不貪]
제32과 무능하면 당하는 모욕[無能의 受侮]
제33과 허망한 것을 믿지 않음[虛妄을 不信]
제34과 어려운 상황에 처한 사람을 도와줌[救助]
제35과 출입하는 때를 삼가함[出入可戒]
제36과 마음을 다함[專心]
제37과 공익을 훼손하는 일을 경계함[壞損公益]
제38과 공덕심(公德心)
제39과 적절한 힘을 헤아림[不量力]
제40과 우상을 믿지 않기[勿信偶像]
제41과 경쟁심(競爭心)
제42과 친구 사귐의 도리[友道]
제43과 무능한 사람이 당하는 희롱[無能者의 受弄]
제44과 스스로 허물을 자초함[自取其咎]
제45과 지나친 욕심을 경계함[貪慾을 可戒]
제46과 자비로운 마음[仁心]
제47과 담력(膽力)
제48과 자애(慈愛)
제49과 용서(容恕)
제50과 나라와 민족을 사랑함[愛國愛同種]
제51과 천한 생각[卑賤의 思想]
제52과 강한 무사로서의 기백[强武]
제53과 뜻에 맡김[任其志]
제54과 거짓된 생각과 행동[妄度]
제55과 쓸모 있음을 취함[取用]
제56과 남에게 의지함[依賴]
제57과 지혜 있음[有智]
제58과 거짓으로 꾸미는 것을 경계함[作僞를 可戒]
제59과 놀이의 중요성[遊戲]
제60과 의로운 벌레[義蟲]

초등소학수신서

제1과 살아갈 방법을 생각함

둥근 수박을 가지고 수도 없이 선을 그어 놓으니 그 모습이 지구와 같게 되었다. 이것을 물에 띄워 개미를 잡아다가 그 위에 놓았더니, 개미가 먹을 것을 찾지 못해 죽을 지경이 되었다. 너희 학생들은 생각해 보아라. 사람이 사는 방법을 생각하지 않으면 어떻게 이 지구상에서 살 수 있겠는가?

〔질문〕 개미가 어떤 이유로 죽을 지경에 처하게 되었을까? 사람이 이 지구상에서 살면서 마땅히 무엇을 추구해야 할까?

제2과 모욕당하는 삶의 비참함

고양이 한 마리가 상 위에 엎드려 있어서 고기를 주니 머리를 긁으면서 가지 않고 계속 쳐다보자, 그 꼬리를 잡아당겼더니 소리를 지르면서 도망갔다. 세상에서 가장 견디기 어려운 일이 어떤 사람에게 모욕당하는 일이다. 비록 고양이라고 해도 이러하거늘 하물며 사람의 경우는 더 말할 나위가 있을까?

〔질문〕 고양이의 꼬리를 잡아당겼을 때 왜 그 고양이가 소리지르며 도망갔을까? 고양이가 어째서 사람의 모욕과 희롱을 견디지 못했을까?

제3과 지혜

소가 부지런히 밭을 갈지 않자 농부가 채찍으로 때리니, 소가 "내가 매우 괴롭다"라고 말했다. 농부가 대답하기를 지혜가 사람만 못해서 사람에게 부림을 당하는 신세가 되었다고 말했다. 소만 그런 것이 아니라 사람도 지혜가 없으면 소처럼 될 수도 있는 일이다.

〔질문〕 소가 어째서 사람에게 부림을 당하는 신세가 되었을까? 세상에서 어떤 사람이 가장 괴로울까?

제4과 진정한 능력

이씨 성을 가진 어떤 사람이 눈을 뭉쳐서 사람의 형상을 만들었는데, 눈과 귀, 코, 입은 물론 손과 발까지 제대로 만들어 놓은 후에 함께 이야기를 나누고자 했다. 그러나 말을 걸어도 응답하지 않고 움직이게 해도 제대로 움직이지 못했기 때문에, 그 사람이 크게 웃으면서 모든 것이 다 사람만 같지 못하니 어찌 세상에 제대로 설 수 있겠는가 라고 말하면서 발로 차자 곧 무너져 버렸다.

〔질문〕 눈사람이 어째서 그 사람의 물음에 답을 하지 못하고 움직이지도 못했을까? 우리가 어떻게 해야 이 세상에 제대로 설 수 있을까?

제5과 재물욕심을 경계함

박씨 집안에 꽃을 심은 동산에 인공으로 만든 산이 있었는데 경사가 매우 가팔랐다. 박씨의 아이가 다른 아이들에게 누구든지 저 동산에 오르면 내가 돈을 주겠다고 말하자, 많은 아이들이 서로 다투어 그곳에 오르려고 했다. 그때 한 아이가 나는 기술을 팔아먹는 사람이 아닌데 어찌 재물을 중요하게 여기고 사람의 목숨을 경시할 수 있겠는가라고 말했다.

〔질문〕 여러 아이들이 서로 오르려고 다툰 이유는 무엇일까? 재물과 목숨 중에서 어떤 것이 더 중요한가?

제6과 효성스런 아이

9월 9일 중양일(重陽日)에 함께 공부하고 있는 아이들이 산에 오르는데 해가 떨어져 어두워지기 시작하자 한 아이가 집으로 돌아가려고 했다. 그런데 다른 아이들이 옷을 잡으며 허락하지 않자 옷을 그대로 놓아두고 돌아가려고 했다. 아이들이 비난하자 그 아이는 우정이 멀어진다고 해도 집에서 기다리시는 어머니의 마음 걱정을 끼쳐드릴 수는 없다고 말했다.

〔질문〕 친구와 어머니 중에서 누가 더 가까운가? 그 아이는 어떤 이유에서 우정이 멀어지는 것을 감수하려 했을까?

제7과 올바름을 아는 것

언덕길에 개미 두 마리가 기어가고 있었는데 한 아이가 그 중 한 마리를 죽였더니 나머지 한 마리가 구멍으로 피했다가 다시 다른 개미들과 함께 나와서 죽은 개미의 시체를 묻어주었다. 이처럼 개미도 의로움을 아는데, 사람이야 더 말해 무엇하겠는가?

〔질문〕 왜 그 살아남은 개미는 구멍으로 숨었다가 다시 나와서 죽은 개미를 묻어주었을까? 사람 중에서 그 개미만도 못한 사람이 있을 수 있을까?

제8과 용서

갑동이와 을동이라는 두 아이가 공놀이를 하고 있었다. 그런데 갑동이가 공을 잘못 던져서 을동이의 얼굴에 맞았는데 그 고통이 매우 컸다. 갑동이는 을동이가 크게 화를 낼까봐 무서워하고 있는데, 을동이는 일부러 그런 것도 아닌데 괜찮다고 하면서 화난 표정을 짓지 않았다.

〔질문〕 갑동이가 왜 을동이를 무서워하고 있었을까? 을동이는 갑동이게 맞았는데도 왜 화난 표정을 짓지 않았을까?

제9과 교만한 마음

거북이와 토끼가 달리기 시합을 했는데, 토끼가 거북이에게 "나는 너보다 달리기를 훨씬 더 잘하기 때문에 조금만 시간을 내면 너를 쉽게 따라잡을 수 있다" 라고 말했다. 그런 후에 교만한 마음으로 한참을 잔 후에 깨어보니 벌써 거북이가 결승점을 통과하고 있었다. 사람들 중에서 교만함 때문에 일을 그르치는 사람은 바로 이 어리석은 토끼와 같다.

〔질문〕 토끼가 만일 잠을 자지 않았다면 거북이가 먼저 도착할 수 있었을까? 교만한 사람은 어째서 일을 그르치게 되는 것일까?

제10과 잘못을 뉘우침

어떤 아이가 옆집에 노란 국화가 활짝 핀 것을 보고 가지 하나를 꺾었다. 그런데 마침 벽에 앵무새가 있어 이것을 보자마자 "도둑이 들었다 도둑이 들었다"라고 큰 소리로 사람의 말을 흉내 냈다. 그 일을 겪고 나서 그 아이가 부끄럽기도 하고 후회가 되기도 해서 다시는 다른 사람의 물건에 손을 대지 않았다.

〔질문〕 옆집에 핀 노란 국화를 꺾는 것이 허락될 수 있는 일일까? 그 아이가 어떤 이유에서 다음부터는 다른 사람의 물건을 훔치지 못하게 되었을까?

제11과 맡은 일을 다함

한 집에 고양이 한 마리와 개 한 마리가 있었다. 개가 고양이에게 "나는 도둑을 막고 너는 쥐를 잡는 직분을 맡았으니 그 직분을 소홀히 하지 말자"라고 했다. 어느 날 도둑이 들어 주인의 물건을 훔쳐 달아나자 고양이가 개에게 "너는 나보다 몸집도 큰데 맡은 일을 제대로 하지 못했으니 부끄러운 일 아니냐?"라고 말했다.

〔질문〕 고양이와 개가 각각 맡은 일이 무엇인가? 직분을 다하지 못하는 것이 왜 부끄러운 일일까?

제12과 효성스런 행동

이씨 집안의 여섯 살 먹은 아이가 매일 정오가 되면 제사를 지내는 그릇에 과일과 채소를 조금씩 담아 상을 차려놓고 공손히 예를 갖추어 절을 했다. 한 사람이 그것을 보고 왜 그렇게 하는지를 묻자 그 아이가 "저의 어머니가 돌아가셔서 제가 추모의 마음을 다하고자 하는 것입니다"라고 대답했다.

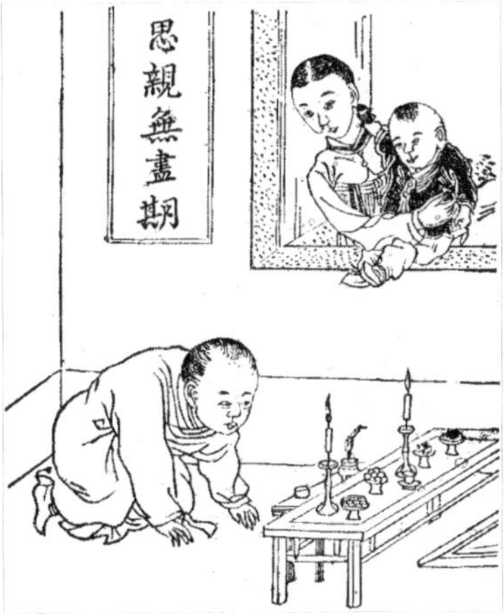

〔질문〕 이 아이가 상을 차려놓고 절할 때 어떤 마음이었을까? 만약 그 아이의 어머니가 돌아가시지 않았다면 그 아이는 어떻게 효도를 했을까?

제13과 우월함과 열등함

가을에 귀뚜라미가 많이 나타나자 그 중에서 수컷들을 잡아 도자기로 만든 항아리에 넣어두었더니, 서로 싸우다가 이긴 놈이 크게 우는데 그 모습이 매우 위엄이 있어 보였다. 이처럼 귀뚜라미조차 우월한 힘을 갖춘 것은 이기고 열등한 것은 지는데, 하물며 사람의 경우는 어떻겠는가?

〔질문〕 싸움에서 이긴 귀뚜라미가 어째서 더 크고 활발하게 우는 것일까? 사람의 경우에도 왜 우월한 힘을 갖춘 자는 이기고 열등한 자는 지는 것일까?

제14과 용기를 기름

어떤 아이가 나팔 한 쌍을 구해서 같이 공부하는 학생 수십 명을 모아 보행법을 가르쳤다. 앞으로 나갈 때와 뒤로 돌아갈 때, 빨리 갈 때와 천천히 갈 때를 모두 그 소리에 맞춰 할 수 있게 되었다. 그러자 아이들이 기뻐하면서 "누가 감히 우리나라를 해칠 수 있겠는가, 어린 아이들도 군대가 되어 싸운다 하니 장하고 용감하다"라고 말했다.

〔질문〕 아이들 군대가 왜 나라를 해치는 자들과 싸우고자 하는 것일까? 아이들이 어떤 이유에서 용감하다고 했을까?

제15과 지혜로움과 어리석음

원숭이가 토란을 난로에 넣고 익히고 있으면서 고양이에게 말하기를 "토란이 익으면 네게 줄 것이니, 다 익으면 끄집어 내거라"라고 했다. 고양이가 다 익은 토란을 꺼내다가 손바닥이 뜨거워 땅에 팽개치니, 원숭이가 식기를 기다려 그 토란을 다 먹고 말았다. 어리석은 자는 지혜로운 자에게 이처럼 당하는 것이다.

〔질문〕 원숭이와 고양이 중에서 누가 더 지혜로운가? 지혜로운 자도 어리석은 자에게 당할 수 있을까?

제16과 진실한 교제[1]

한 어리석은 학생이 있었는데, 가면을 사서 쓰고 동료 친구를 놀렸다. 놀림을 당한 그 친구가 "나는 진실로써 너와 사귀었는데 너는 마침내 참된 모습을 잃어버렸으니, 이같이 흉한 모습을 어디에 쓸 것인가?"라고 말했다. 그러자 그 학생이 크게 후회했다.

〔질문〕 진실한 모습으로 친구와 사귄다는 것이 어떤 의미인가? 가면을 썼던 그 친구는 어떤 이유에서 후회했을까?

제17과 사기인가, 지혜인가?

쥐 한 마리가 상자 속에 담긴 쌀을 먹다가 사람이 다가오는 소리를 듣고 엎드려 조금도 움직이지 않았다. 그러자 그 사람이 나갔고 쥐는 계속해서 쌀을 먹었다. 쥐가 조그마한 동물인데 꾀를 내어 사람을 속이는 것을 알고 그 주인이 간교함을 꾸

1 16과는 본래 저자가 붙인 제목이 없는 유일한 장인데, 이 제목은 번역자가 내용을 고려해서 붙인 것이다.

짖으며 고양이를 길러 쥐를 잡아 죽였다.

〔질문〕 쥐가 사람을 속인 일을 지혜라고 할 수 있을까? 쥐의 꾀를 용서할 수 있을까?

제18과 자유

새들이 밭에서 먹을 것을 찾아 돌아다니는 것을 보고 망을 놓아 그 중 한 마리를 잡아 새장 속에 넣어두었는데, 먹을 것을 먹지 않고 죽어버렸다. 새는 본래 하늘을 날아다니며 높이 솟았다가 내려오는 일을 자유롭게 하였는데, 사람에게 잡혀 자유롭지 못하게 되니 차라리 죽는 것만 못했을 것이다.

〔질문〕 새도 새장 속에 갇히자 억지로 먹지 않아 죽었는데, 사람이 자유롭지 못하면 어떻게 될까?

제19과 의존하는 삶

수탉은 새벽을 알리고 암탉은 계란을 생산하지만, 그 목숨이 사람의 처분에 달려있기 때문에 명절이나 복날에 잡아서 제사상에 올리거나 손님을 접대하곤 한다. 그렇게 본다면 나를 살릴 수 있는 자는 또한 동시에 나를 죽일 수도 있다는 말이 되는데, 다른 사람에게 의존하면서 사는 사람은 이 교훈을 꼭 잊지 말아야 한다.

〔질문〕 나를 살리는 사람이 어떻게 나를 죽일 수도 있을까? 다른 사람에게 의존하여 사는 사람은 이 닭의 삶에서 어떤 교훈을 얻어야 할까?

제20과 마땅히 할 일

당나귀가 소금 가마니를 지고 강을 건너다가 발굽을 주춤거리다가 소금을 물에 빠뜨렸다. 그랬더니 그 무게가 절반이나 가벼워지자 당나귀가 뒤따라오는 노새를 바라보면서 이 사실을 말해주었다. 양모를 지고 오던 노새가 이 말을 듣고 자신도 양모를 물에 빠뜨렸더니 그 무게가 두 배나 늘어나 버렸다. 사람이 자신에게 부여되는 임무를 면해보고자 다른 사람의 잔꾀를 따라하다가는 오히려 그 노고를 더하게 될 뿐이다.

〔질문〕 노새가 당나귀의 행동을 따라했을 때 그 결과가 어떻게 나타났는가? 사람이 자신이 마땅히 해야 할 일을 피해보고자 하면 그 결과가 어떻겠는가?

제21과 학생의 의무

한 학생이 대나무를 깎아 창을 만들고 흙을 뭉쳐 총알을 만든 후에, 친구들을 모아서 적군과 아군으로 나누어 각 군에서 장수를 뽑아 전쟁놀이를 했다. 그 모습을 본 어떤 사람이 "너희가 장난을 좋아하는구나"라고 말하자 장수 역할을 하는 학생이 "장난이 아닙니다. 학생들에게도 군인이 되어야 하는 의무가 있습니다"라고 답변했다.

〔질문〕 장수를 맡은 그 학생이 어떤 이유에서 장난이 아니라고 말했을까? 어떤 점에서 학생에게도 군인이 되어야 하는 의무가 있다고 말할 수 있을까?

제22과 나라 사랑

한 학생이 작은 배를 만들어 인형으로 만든 병사를 실은 후에 물 항아리에 띄웠다. 그 배가 조금씩 항아리 둘레 쪽으로 오자 큰 소리로 적함이 오고 있다고 말하면서 대나무 관에 진흙 총알을 넣어 쏘자 배가 뒤집어졌다. 그러자 그 학생이 승리를 알리면서 우리나라가 이로써 굳건해질 것이라고 말했다.

〔질문〕 이 학생의 놀이가 어떤 의미가 있는 것일까? 이로써 나라가 굳건해졌다는 말은 어떤 뜻일까?

제23과 조심하는 마음

어떤 아이가 밤에 글을 읽다가 심한 피곤함을 느끼자 휴지로 심지를 만들어 불을 붙여 놀다가 그 불꽃이 방 안의 휘장에 옮겨 붙어 하마터면 집을 다 태울 뻔 했다. 그러자 그 어머니가 놀라서 "일의 크고 작음을 막론하고 항상 조심해야 한다. 만약 작은 일이라고 소홀히 하다가는 큰 화를 당할 수도 있다"라고 경계했다.

〔질문〕 그 아이가 어쩌다가 방 안 장식물에 불을 붙게 했을까? 신중해도 화를 당하는 경우가 있을 수 있을까?

제24과 약함이 강함을 이김

어린 아이 셋이 서로 힘겨루기를 하며 놀기로 약속했다. 그런데 그 중 한 아이는 본래 힘이 없는 아이였기 때문에 다른 두 아이가 서로 겨루면서 힘이 빠지기를 기다렸다가 둘을 밀어붙이자 두 아이 다 패하고 말았다. 이와 같이 모든 일에는 다 때가 있기 때문에 그 때를 잘 살리면 약함으로 강함을 이길 수 있다.

〔질문〕 본래 힘이 없던 한 아이가 어떻게 이길 수 있었을까? 모든 일의 때를 놓치지 않으면 그 결과가 어떻게 나타날까?

제25과 자주권이 없음

소와 말이 수레를 메고 쉬지도 못하고 일만 하는데 잠시라도 지체하면 주인은 사정없이 채찍으로 때린다. 힘든 일을 하면서도 매를 맞으며 큰 고통을 당하고 있는 것이다. 사람의 경우에도 자주권을 잃으면 이 소나 말과 같은 신세가 된다.

〔질문〕 왜 소나 말은 그렇게 힘든 일을 하면서도 매를 맞는 고통을 당하는 것일까? 자주권이 없는 사람은 어떤 방식으로 당하게 되는 걸까?

제26과 형제 사이의 우애

형과 아우가 학교에서 돌아오는 길에 형이 길에서 배 하나를 샀다. 동생이 그 배를 보고 자기도 먹고 싶다고 하는데도 형이 주지 않자 동생이 아버지에게 일렀다. 그러자 아버지가 형에게 "너는 크고 동생은 아직 어리니 마땅히 동생을 사랑해야 할 것 아니냐?"라고 말하면서 배를 빼앗아 반으로 나누어 동생에게 주었다.

〔질문〕 동생이 왜 형에게 그 배를 달라고 했을까? 형이 동생을 어떻게 대하는 것이 바람직할까?

제27과 권위를 가장함

쥐가 고양이의 권위를 빌려 다른 쥐들을 제압하고 싶어서 고양이에게 "내가 쥐의 왕이 되었으니 내 말을 믿지 못하겠거든 나와 함께 쥐굴로 가서 확인해 보자"라고 말했다. 고양이가 그 쥐를 뒤를 따라 쥐의 굴로 들어갔는데, 이를 본 다른 쥐들이 놀라 숨어버리자 고양이는 그 쥐의 왕을 잡아먹어 버렸다고 한다. 이처럼 사람도 다른 사람의 권위를 빌려 행세하고자 하다가는 도리어 큰 곤경을 당할 수 있다.

〔질문〕 다른 사람의 권위를 빌리는 일이 가능할까? 다른 사람의 권위를 빌렸다가 스스로 목숨을 잃는 일이 어떤 동물의 경우와 비슷한 것일까?

제28과 친구 사귀기의 도리

동쪽에 사는 갑동이와 서쪽에 사는 을동이가 서로 친구가 되었다. 어느 날 을동이가 갑동이 집을 방문했을 때 갑동이가 반갑게 맞으며 방석 위에 앉게 한 후 좋은 나무로 만든 밥그릇과 대나무로 만든 제기(祭器)를 내놓고 손님을 맞는 예의를 갖췄다. 이것이 비록 아이들의 놀이이기는 하지만 친구 사귀기의 도리를 아는 것이라고 칭찬할 만하다.

〔질문〕 여기서 갑동이와 을동이 중 누가 주인 노릇을 하고 누가 손님 노릇을 했는가? 어떻게 하는 것이 친구 사귀기의 도리를 다하는 것일까?

제29과 뜻을 세움

어떤 사람이 아이를 데리고 등을 파는 시장에 가서 등 하나를 사려고 하는데 아이에게 적당한 등이 없어 그냥 돌아왔다. 그런데 그 아이가 스스로 등을 만들어 우측에는 '이 시대의 영웅'이라고 쓰고 좌측에는 자기의 이름을 썼다. 그것을 본 아버지가 "내 아들이 큰 뜻을 가지고 있으니 진정 아름답구나"라고 말했다.

〔질문〕 뜻을 세우는 것이 어떤 점에서 아름다운 것일까? 만약 사람이 뜻을 세우지 못한다면 어떤 사람이 되고 마는 것일까?

제30과 적당한 분량

검부러기를 물이 담긴 잔에 던지니 떠돌아다니는 모습이 배와 비슷했다. 그런데 복숭아 잎사귀를 하나 따서 같은 잔에 던졌더니 물위에 딱 붙어서 움직이지 않았다. 우리가 하고자 하는 일을 성공적으로 마무리하기 위해서도 이와 같이 반드시 적당한 무게와 분량을 취해야 한다. 만약 그 가볍고 무거운 것과 크고 작음을 가리지 않고 억지로 이루고자 하면, 결코 이루지 못할 것이다.

〔질문〕 우리가 하고자 하는 일이 성공적인지 그렇지 못한지를 어떻게 판단할 수 있을까? 억지로 일을 하고자 하면 왜 도움이 되지 못할까?

제31과 욕심내지 않음

큰 거북이가 작은 거북이에게 "매일 진흙밭에만 있어서 풍부한 먹을거리를 얻지 못하니 내가 뭍으로 나가 먹을거리를 구하고자 한다"라고 말했다. 그런 후에 뭍으로 나가 여러 곳으로 돌아다니면서 풍부한 먹을거리를 구하다가 사람에게 잡혀 죽임을 당한 후에 그 껍데기가 시장에서 팔리는 신세가 되었다. 슬프다. 부귀를 억지로 구하다가 몸을 망치는 일이 가난하게 살면서도 편안한 마음을 갖는 것만 못한 것이다.

〔질문〕 부귀를 쫓는 일이 어떤 이유로 몸을 망치게 할까? 가난하게 사는 것이 어째서 더 편안할 수 있는 것일까?

제32과 무능하면 당하는 모욕

한 아이가 큰 개를 안고 놀다가 귀를 칼로 베어버리자 그 개가 미친 듯이 짖기 시작했다. 그 소리를 듣고 아이의 형이 가위를 하나 들고 와서 아이에게 "저 개가 무능하여 너에게 희롱과 모욕을 당했다. 사람도 무능하면 다른 사람에게 모욕을 당할 수 있다. 내가 너의 귀를 잘라 그 경험을 하게 해주고 싶다"라고 말했다. 형의 말을 들은 아이가 큰 깨달음을 얻었다.

〔질문〕 큰 개가 어떤 이유로 작은 아이에게 희롱과 모욕을 당했을까? 어떻게 해야 다른 사람에게 모욕을 당하지 않고 살아갈 수 있을까?

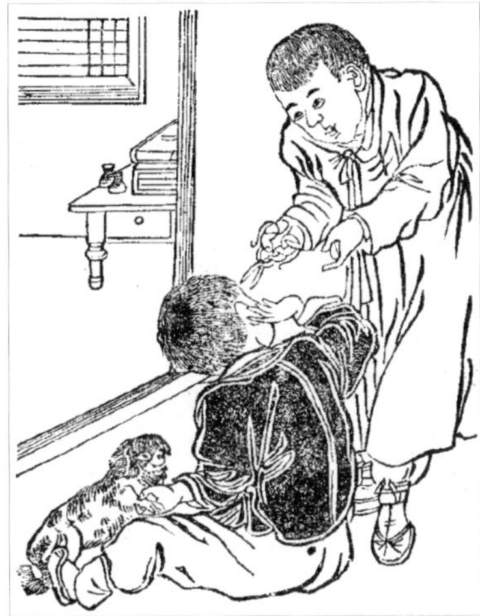

제33과 허망한 것을 믿지 않음

어떤 아이가 다음날 소풍을 앞두고 있는데 비가 그치지 않자 하늘로 향해 내일은 꼭 밝은 날씨가 되게 해달라고 빌었다. 옆에 있던 다른 아이가 비웃으며 하늘이 저 높은 곳에 있는데 어떻게 너의 소원을 알 수 있을 것이며, 또 빈다고 해도 날씨의 맑고 흐림은 하늘이 좌우하는 것이 아니라고 말했다. 이처럼 제대로 알지 못하면서 허망한 것을 믿으면 아무리 많이 빌어도 소용이 없는 것이다.

〔질문〕 어떤 것을 빈다고 다 이루어질 수 있을까? 사리에 밝은 사람도 허망한 것을 믿을까?

제34과 어려운 상황에 처한 사람을 도와줌

어떤 아이가 누이와 함께 놀고 있었는데 갑자기 누이가 땅에 넘어져 울기 시작했다. 그런데 오빠의 힘이 약해서 넘어진 동생을 쉽게 일으켜주지 못하고 있는데, 마침 다른 아이가 지나가다가 도와주어 일으켜 세우고 괜찮은지 묻기도 했다. 그 오빠가 몇 번이나 고맙다고 인사를 하자, 그 지나가던 아이는 사람이 위급한 상황에 처하면 도와주는 것이 마땅한 도리인데 새삼스럽게 무슨 인사냐고 말했다.

〔질문〕 도움을 받은 아이는 어떤 마음으로 고맙다고 했을까? 지나가던 아이는 왜 고맙다는 인사를 받기 어렵다고 말했을까?

제35과 출입하는 때를 삼가함

쥐가 낮에 집안 마루를 돌아다니다가 마침 지나가던 주인에게 발견되어 죽임을 당했다고 한다. 쥐는 본래 낮에는 숨어 있다가 밤에 나타나는 법인데 이를 잊어버리고 돌아다니다가 죽임을 당했으니 이 사건을 통해 마땅한 때를 헤아리고 삼가는 자세에 대해 배울 수 있다.

〔질문〕 쥐가 돌아다니는 시간으로는 어느 때가 적당할까? 때를 모르고 드나들면 어떤 해를 입게 될까?

제36과 마음을 다함

학생들이 책을 읽고 있을 때 교사가 학생들의 마음 씀씀이를 시험해보려고 갑자기 "학이 날아온다"고 말하니 모든 학생들은 다 쳐다보았다. 그러자 그 스승은 "학은 일생을 홀로 단정한 자세를 갖고 쉽게 움직이지 않는다. 사람이 일을 할 때도 이처럼 한꺼번에 두 가지 마음을 쓰면 안 된다. 일생을 마음을 다해 공부에만 힘써야 한다"고 말했다.

〔질문〕 일생을 어떤 마음과 자세로 살아가야 쉽게 흔들리지 않을 수 있을까? 어떤 일에 마음을 다하는 것과 마음을 다하지 않는 것이 공부하는 것과 어떤 관계가 있다는 것일까?

제37과 공익을 훼손하는 일을 경계함

학교 동산에 꽃이 만발했는데, 어떤 아이가 하굣길에 가지 하나를 꺾는 것을 보고 교사가 꾸짖으며 다음과 같이 말했다. "학교는 모든 학생들의 집과 같고 학교 동산의 꽃은 모든 학생들의 눈을 즐겁게 하는 것인데 어째서 너는 이렇게 꽃을 훼손하는 것이냐? 이는 공익을 훼손하는 것이다. 공익을 제대로 지키지 않으면 너는 사회에 나가서도 제대로 살아갈 수 없을 것이니, 다음부터는 그러지 않도록 해라."

〔질문〕 학교 동산의 꽃을 어떤 이유에서 공익이라고 하는 것일까? 공익을 손상시키는 사람은 사회에 대해 어떤 말을 할 수 있을까?

제38과 공덕심

어떤 학생이 여름날에 밖에 나가 돌아다니다가 수박껍질을 밟아 미끄러져 넘어졌다. 그는 아픈 것도 잊고 일어나자마자 바로 수박껍질을 지붕 위로 던지면서 다음과 같이 말했다. "나는 이미 넘어졌으니 하는 수 없고 다음에 이 길로 가는 사람은 넘어지지 않게 하려는 것이다." 이 학생은 공덕심을 갖춘 사람이라고 칭찬받을 만하다.

〔질문〕 그 학생은 어떤 이유에서 급히 자신이 밟아 넘어진 수박껍질을 지붕 위로 던졌을까? 이 학생의 행동을 보고 어떤 점에서 공덕심이 있다고 말할 수 있는 것일까?

제39과 적절한 힘을 헤아림

어떤 아이가 돼지 오줌통으로 북을 만들어 두드렸는데 그 소리가 크지 않아 좀 더 큰 소리를 내보려고 강한 힘을 주어 두드리자 북이 찢어져 버렸다. 그것을 본 아이가 반성하며 다음과 같이 말했다. "북의 크기가 작으면 소리가 작은 것이 당연한데 내가 그 힘의 양을 제대로 생각하지 못해 북이 찢어지는 결과를 맞고 말았다."

〔질문〕 북이 어째서 찢어졌을까? 적당한 힘을 헤아리지 않으면 어떤 결과가 나올까?

제40과 우상을 믿지 않기

한 아이가 나무로 만든 인형을 보고 있는데, 그 생김새가 너무 사람과 닮은 것을 보고 형에게 인형이 사람과 너무 비슷하다고 말했다. 그러자 그 형은 사람이 귀한 것은 마음과 정신 때문인데 이 인형은 그 마음과 정신을 갖고 있지 않다고 대답했다. 동생은 다시 그러면 모든 신의 모양을 한 상들이 이 나무인형과 같은 것이냐고 물었고 형은 당연하다고 대답하면서 그런 신상을 믿는 사람은 어리석은 사람이라고 말했다.

〔질문〕 나무인형과 사람을 구별시켜주는 것은 무엇일까? 신을 믿는 자는 어떤 사람일까?

제41과 경쟁심

갑동이가 나무탁자 한 개를 내놓고 을동이에게 뛰어넘기 놀이를 하자고 말했다. 갑동이가 먼저 뛰어넘었는데 을동이는 넘지 못하자 분하게 여겨 집에 돌아와서 매일매일 연습하더니 갑동이가 할 수 없는 나무탁자 두 개를 뛰어넘을 수 있는 실력을 갖추게 되었다. 을동이는 진실로 경쟁심을 갖춘 아이라고 할 만하다.

〔질문〕 을동이가 뛰는 연습을 계속 하지 않았으면 갑동이를 이길 수 있었을까? 무엇을 진정한 경쟁심이라고 말할 수 있을까?

제42과 친구 사귐의 도리

물로 흙을 반죽해서 전병과 사탕을 만들어 장난으로 친구에게 주었는데, 그 친구가 내던져 버렸다. 그러자 준 친구가 다음과 같이 말했다. "물건이 귀하고 천한 것과 관계없이 다른 사람이 주는 것은 반드시 그 정을 깊이 생각하여 받아야 하는데 지금 너의 행동은 그렇지 못했다. 너와는 더불어 친구 사귐의 도리를 말하지 못하겠다."

〔질문〕 다른 사람이 내게 어떤 물건을 준다면 어떻게 해야 할까? 어떤 점에서 친구를 사귀는 데도 따라야 할 도리가 있다고 말할 수 있을까?

제43과 무능한 사람이 당하는 희롱

어떤 아이가 메뚜기를 잡아 그 꼬리 부분에 철사줄을 넣은 다음 골풀을 매달아 날지 못하게 만들었다. 메뚜기가 움직일 때마다 마치 춤을 추는 것처럼 보이자 그 아이가 말하기를 "메뚜기가 무능하여 내 장난감이 되었다"고 하였다. 만약 나도 무능하다면 다른 사람의 장난질로부터 자유로울 수 없을 것이다.

〔질문〕 메뚜기가 아이의 장난감이 된 이유가 무엇일까? 한 사람이 다른 사람에게 희롱을 당하는 것은 어떤 이유에서일까?

제44과 스스로 허물을 자초함

한 어린 아이가 거울 앞에 서서 거울 속의 아이를 발견하고 말을 걸었는데 대답이 없었다. 그러자 이번에는 주먹을 들어 보여주니 거울 속의 아이도 주먹을 들어 위협하였다. 그 아이가 화가 나서 거울 속의 아이를 향해 주먹을 휘두르니, 거울은 깨지고 그 아이는 손에 상처를 입었다. 이를 본 그 아이의 아버지가 다음과 같이 말하면서 아이를 깨우치고자 했다. "거울 속의 아이가 도대체 너에게 무슨 해를 끼쳤느냐?

거울 속의 아이가 곧 너 스스로의 모습일 뿐인데 누구를 탓할 수 있단 말이냐?”

〔질문〕 그 아이가 어째서 손을 다치고 거울을 깨는 잘못을 저지르게 되었을까? 아이의 잘못은 어떤 것을 쫓다가 얻게 된 것일까?

제45과 지나친 욕심을 경계함

한 아이가 새벽에 일어나 모기장에 붙어있는 모기를 보았다. 그 중 배가 가득 찬 것은 손으로 누르니 배가 터져 죽었는데, 배가 아직 차지 않는 것은 손을 가까이 가져가면 곧 날아가 목숨을 건지곤 했다. 모기도 배를 가득 채우도록 피를 빨면 그 배가 터져 죽는데, 사람도 화를 입지 않으려면 지나친 탐욕을 경계해야 한다.

〔질문〕 모기가 먹을 것에 지나친 욕심을 내면 어떻게 되는가? 사람이 지나친 욕심을 부리면 어떤 화를 입게 될까?

제46과 자비로운 마음

정씨 성을 가진 학생이 하천에 낚싯줄을 내려서 고기 한 마리를 잡아 그 배를 보니 알이 가득 차 있어 도로 놓아주었다. 지나던 사람이 놓아준 이유를 묻자 "어찌 물고기 한 마리를 잡자고 수많은 새끼들을 함께 죽일 수 있겠는가"라고 대답했다.

〔질문〕 이 학생이 어떤 이유에서 그 물고기를 놓아주었을까? 이 학생의 마음이 자비로움의 도리에 부합하는 것이라고 볼 수 있을까?

제47과 담력

나무 하나로 다리를 만들었는데 매우 좁았다. 몇몇의 아이가 그 위에서 걷는 내기를 하는데, 한 아이는 무서워서 건너지 못했다. 그러자 많은 아이들이 "이것이 비록 놀이이기는 하지만 담력을 연습하는 것인데, 이것조차 하지 못한다면 어떻게 큰일을 할 수 있겠는가"라고 말했다.

〔질문〕 한 아이가 어째서 좁은 다리를 건너지 못했을까? 담력을 길러야 하는 이유는 무엇일까?

제48과 자애

늙은 고양이가 다섯 마리의 새끼를 낳았다. 어느 날 주인이 새끼 한 마리를 감추자 그 어미가 찾으려고 노력했지만 찾지 못하면서 몹시 슬퍼하고 기운을 잃어 버렸다. 고양이도 이처럼 그 자애로움의 도리를 아니, 우리 사람들도 부디 생명이 있는 것들을 쉽게 해치지 않도록 해야 한다.

〔질문〕 사람의 자애로움이 고양이의 그것과 같을까 다를까? 생명이 있는 것을 해치는 일이 가능할까?

제49과 용서

복숭아꽃이 만발한 봄날 형이 아우와 함께 복숭아 꽃밭에서 놀고 있었다. 갑자기 나비 한 마리가 날아오자 동생이 손으로 잡았다. 그러자 형이 "너도 꽃을 사랑하고 나비도 꽃을 사랑해서 날아오는 것인데 왜 잡는 것이냐? 용서하기 어려운 일이다"라고 말했다.

〔질문〕 사람과 나비가 꽃을 사랑하는 정이 같을까 다를까? 어떻게 하는 행동을 용서라고 할 수 있을까?

제50과 나라와 민족을 사랑함

꿀벌들이 집을 만들고 회의를 해서 만일 우리 집을 허물거나 우리 꿀벌들을 해치는 자가 있으면 모두 달려들어 침으로 쏘자고 결의했다고 한다. 사람에게 나라가 있다는 것이 꿀벌에게 집이 있다는 것과 같으니, 너희 학생들은 마땅히 나라를 사랑하고 동족을 사랑해야 한다.

〔질문〕 같은 민족과 나라가 어떤 관계가 있을까? 나라를 사랑하고 같은 민족을 사랑하는 사람은 어떻게 해야 할까?

제51과 천한 생각

장씨 집안의 아이가 대나무로 만든 지팡이를 짚고 구부렁거리면서 거지 흉내를 내며 사람을 만나면 돈을 달라고 했다. 이씨 집안의 아이가 이를 보고 장난으로 동전을 던져 주자 장씨 집안 아이가 주머니에 넣고 가려고 했다. 돈을 준 아이가 크게 화를 내면서 "남자가 세상에 나가 영웅호걸이 될 준비를 해야 하거늘 너는 어찌하여 거지가 될 준비를 하는 것이냐?"라고 말했다.

〔질문〕 영웅호걸과 거지 중에서 누가 우월한가? 남자가 마땅히 무엇이 되려는 준비를 해야 할까?

제52과 강한 무사로서의 기백

어떤 아이가 나무로 말을 만들어 수없이 채찍질을 해도 움직이지 않자 화가 나서 "말이 채찍질을 해도 움직이지 않으니 어떻게 적군을 물리칠 수 있겠는가?" 라고 말하면서 손으로 말을 들고 적진으로 돌격하는 연습을 했다. 이 아이가 비록 장난으로 한 행동이기는 하지만 그 강한 무사로서의 기백은 가상하다.

〔질문〕 이 아이가 어떤 뜻으로 나무로 만든 말을 몰았을까? 이 아이의 행동을 어떤 점에서 강한 무사의 기백이라고 할 수 있을까?

제53과 뜻에 맡김

휴일을 맞아 교사가 학생들에게 공부를 할지 아니면 놀지를 물었다. 그러자 모든 학생들이 놀겠다고 대답하는데, 유독 한 학생만 일어나 자신은 학과공부를 복습하겠다고 말했다. 이에 교사는 학교 교칙에 어긋남이 없다면 자신의 뜻에 따라 놀든지 공부하든지 하면 되지 강제로 어떤 일을 하라고 할 필요는 없다고 말했다.

〔질문〕 노는 것과 공부하는 것이 그 뜻에 있어 같은 의미를 갖는 것일까? 각 학생의 뜻을 강제로 통일하는 일이 가능할까?

제54과 거짓된 생각과 행동

유씨 성을 가진 학생이 귀신을 종이에 그려서 친구들에게 보여주었다. 친구들이 모두 진짜 귀신같다고 하자 그 학생이 진짜 귀신을 본 적이 있는지 물었다. 모두 보지 못했다고 말하자 그 학생이 그런데 어떻게 내가 그린 귀신이 진짜 귀신 같다는 것을 알았느냐고 호통치면서 이 그림은 귀신의 형상을 가짜로 그려본 것에 불과하고 실제로 귀신은 없다고 말했다.

〔질문〕 이 학생이 그린 귀신 그림이 진짜 귀신과 정말로 비슷할까? 세상에 과연 귀신이 있는 것일까?

제55과 쓸모 있음을 취함

가을에 오동나무가 서리를 맞아 잎사귀가 모두 노랗게 변했다. 한 아이가 장대로 두드려 그 잎사귀를 땅에 떨어뜨린 후에 들판에 버렸는데 다른 아이가 그것을 집으로 가져가 땔감으로 썼다고 한다.

세상에 버릴 나무가 없으니 마땅히 그 쓸모를 취해 활용해야 한다.

〔질문〕 이 두 아이 중에서 어떤 아이가 나무를 제대로 활용한 것일까? 나무의 쓸모를 어떻게 활용하는 것이 좋을까?

제56과 남에게 의지함

가뭄이 계속되어 물이 말라 고기가 제대로 살 수 없게 되자 물을 관장하는 하백신에게 물을 내려달라고 빌었다. 이에 하백신이 "하늘이 비를 내려주지 않으면 자신도 어쩔 수 없다"고 대답하면서 계곡의 물을 끌어오는 방법을 스스로 생각해 보라고 충고했다. 그러지 않고 누군가에게 의지하는 마음을 갖게 되면 살아가기 어려워질 수밖에 없다는 것이다.

〔질문〕 물고기가 어떤 이유에서 하백신에게 물을 달라고 간청했을까? 다른 사람에게 의지하는 마음을 품는 사람은 왜 살기 어려워지는 것일까?

제57과 지혜 있음

학교에서 돌아온 후에 갑동이가 숨바꼭질을 하자고 아이들에게 제안했다. 모두들 은밀한 곳에 숨으면 자신이 술래가 되어 찾겠다는 것이다. 그러자 아이들이 모두 은밀한 곳에 숨었는데 갑동이는 하나하나 찾아낸 후에 기뻐하면서 자신의 지혜가 충분히 정탐대장이 될 만 하다고 자랑했다.

〔질문〕 갑동이가 어떻게 숨은 아이들을 모두 찾을 수 있었을까? 정탐대는 군대에서 어떤 일을 하는 부대일까?

제58과 거짓으로 꾸미는 것을 경계함

쥐 한 마리가 작은 고양이 가죽을 쓰고 다른 쥐들을 놀리려고 하는 것을 진짜 고양이가 보고 가까이 다가와 말을 걸었다. 그러자 그 쥐가 무서워서 도망쳤는데, 이 모양을 본 다른 쥐들이 그 쥐를 비웃고 경멸했다고 한다. 이 쥐만 그런 것이 아니다. 가짜로 진짜를 혼란스럽게 하는 자는 다 이 쥐와 같은 존재들이다.

〔질문〕 이 쥐가 왜 두려움을 느끼고 도망쳤을까? 가짜로 진짜를 혼란스럽게 하면 어떤 결과가 나타날까?

제59과 놀이의 중요성

학교 안에 풀로 덮힌 운동장이 있어 학생들이 수업이 끝나면 이곳에 가서 걷거나 체조를 하면서 운동을 하거나 좋은 공기를 들이마시며 정신을 맑게 했다. 이것이 바로 놀이가 가장 유익한 것임을 증명해 준다.

〔질문〕 무엇이 유익한 놀이일까? 어떤 시간이 놀이를 하는 시간일까?

제60과 의로운 벌레

화단 밑에 개미 수백 마리가 모여서 큰 나뭇잎 한 조각을 끌고 가는 것을 한 학생이 보고 교사에게 다음과 같은 질문을 했다. "저 나뭇잎 한조각은 기껏해야 몇 마리 개미가 먹을 정도밖에 되지 않는데, 왜 수백 마리가 함께 끌고 가고 있는 것입니까?" 그러자 그 교사는 "개미는 의로운 곤충이어서 굴에서 나와 수백 마리씩 무리를 지어 서로를 보호하고 외부의 공격을 함께 막으면서 먹을 것을 찾는다"라고 대답했다.

〔질문〕 개미는 어떤 곤충인가? 개미가 무리를 이루어 어떻게 서로를 지켜주는 것일까?

초등소학수신서 끝

저작자 유 근

교열자 장지연

발행자 김상만

인쇄소 휘문관

발매소 광학서포 김상만

융희 2년 오월 이십일 인쇄

2년 오월 삼십일 발행

2년 12월 이십일 재판인쇄

2년 12월 이십오일 재판발행

초등수신서

『초등수신서』 해제

남정희

1. 저자

박정동(朴晶東 : ?~1919)은 개화기의 교육자이다. 본관은 순천(順天)이며 아버지는 헌릉참봉(獻陵參奉)이었던 박해규(朴海奎)이다. 개화기에 신식 교육을 받았고 그 후로는 계속 경성의 각 중학교에서 교원으로 재직하였다. 그 과정에서 수신교과서, 역사서만이 아니라 자연과학 관련 저술도 다수 포함하는 활발한 저작활동을 전개하였다.

박정동은 1896년에 한성사범학교에서 수업을 받고 1897년에 제3회로 졸업을 했다. 그 후 그의 교원 경력은 『대한제국관원이력서』를 통해서 알 수 있다. 졸업 후에는 바로 1897년에 남원군 공립소학교에 교원으로 부임했고, 1898년 11월3일에 관립소학교에 전임하였고, 같은 해에 다시 사범학교에 교원으로 전임하였다. 1903년에도 이 한성사범학교에서 물리 교관으로 재직하며 다수의 졸업생을 배출하였다.

교원으로서의 경험이 축적된 후부터는 저술활동을 병행하였다. 1909년부터 1910년 사이에 『교남교육회잡지』에 물리학에 관한 그의 글이 다수 수록되어 있고, 1908년부터 1909년 사이에는 『기호흥학회월보』에 지도(地圖)와 지문(地文)에 관한 다수의 글이 실려 있다. 그리고 바로 이 때 『개정신선이화학(改定新撰理化學)』을 함께 저술하였다. 『공립신보』 내보에 의하면 1908년에는 이응종과 더불어서 각국에서 통용되는 새 옥편을 개간할 예정이었다. 1909년에는 『초등대동역사(初等大東歷史)』와 『초등수신』을 저술하였다. 1910년대에는 시천교 활동을 하였고 그 과정에서 『시천교종역사(侍天敎宗繹史)』, 『시천교조유적도지(侍天敎祖遺蹟圖志)』, 『천경정의(天經正義)』, 『용담결석찬(龍潭訣釋贊)』 등을 편찬하였다. 저술가이자 교육자로 일하던 중 1919년 5월에 숨졌다.

2. 구성

『초등수신』은 1909년 학부 검정 사립학교 수신서로서 초등교육 과정에 있는 학도를 위해서 저술된 것이다. 이 책은 1909년 4월에 학부 검정을 받아서 1909년 7월 12일에 출판되었다. 책의 서지 사항을 살펴보면 다음과 같다. 판은 활자본[新鉛活字]이고 경성(京城) 동문사(同文社)에서 1909년에 발행하였다. 1책 65면에 삽도가 포함되었으며 국한문혼용으로 표기되어 있다. 표지의 표제는 '初等修身書, 全'이고 기타 표제는 '隆熙三年四月十五日 學部檢定 私立學校修身科(初等教育學徒用)'이다.

『초등수신서』는 전체가 5장으로 구성되어 있고, 각 장에서는 신체, 윤리, 인간사의 예절 및 도리, 지켜야 할 가치들을 주로 사례를 인용하면서 차례로 기술하고 있다. 각 장은 신체, 윤리, 잡저, 가언, 선행의 다섯 가지 항목으로 크게 구분되고, 각 장별로 다시 세부 항목으로 나뉘어서 그것이 총 65개 항목을 이루고 있다. 책은 전체적으로 가족 관계를 유지하거나 사회생활을 영위하기 위해서 갖추어야 하는 기초적인 수준의 윤리적인 덕목들을 쉽게 기술한 내용으로 구성되어 있다.

3. 내용

『초등수신』은 초등 단계의 학생들을 위한 수신 교과서이다. 그러므로 이 책의 저자는 초보적인 수준의 윤리를 주로 서술하고 있으며, 다양한 사례를 통해서 구체적인 이해를 도모하고 있다. 각 장에 수렴되는 구체적인 항목들을 나열해 보면 다음과 같다.

제1장 身體 : 耳, 目, 口, 鼻, 面, 腦, 項, 臂, 手, 膏, 腹, 背, 脚足, 毛髮, 齒牙, 行步, 寢眼, 運動, 居處, 飮食, 衣服, 沐浴 (22항목)

제2장 倫理 : 父母, 兄弟, 姊妹, 祖孫, 叔姪, 親戚, 朋友 (7항목)

제3장 雜著 : 家庭敎育, 敬師, 學問, 社會, 公益, 他人의 名譽, 他人의 財産, 愛人, 慈善, 知識, 志, 言語, 職業, 自營, 恩惠, 窮理, 時間, 過失, 禮儀 (19항목)

제4장 嘉言 : 孝, 敬愛, 持身, 工夫 (4항목)

제5장 善行 : 踐敎, 學校, 淸廉, 沈靜, 格物, 踐約, 公直, 義勇, 秉公, 自省,

施惠, 治家, 度量 (13항목)

1장은 신체와 관련을 맺는 내용들로 이루어져 있다. 먼저 얼굴의 각 부분과 사지 등 신체 각 부분의 기능을 설명하였다. 그리고 건강한 신체를 유지하는 데 필요한 조건들을 설명하였다. 충분한 수면과 운동, 음식, 거처, 의복과 목욕 등이 왜 필요한지를 지적하였다.

2장은 가족관계와 사회생활에서 필요한 초보적인 윤리를 설명하고 있다. 부모, 형제로부터 출발하여 친척과 붕우로 확장되는 관계망에서 필요한 윤리 도덕과 질서를 지적하고 연장자에 대한 존경과 구성원 사이의 화목을 강조한다. 그 과정에서 전근대적인 편협한 가족주의만이 아니라 타인에 대한 배려와 더불어서 가족 속에서도 각 구성원의 역할을 주목했다.

3장에서는 다양한 주제가 혼합되어 있으면서 공동체적인 문제와 사회적인 덕목이 다수 드러나고 있다. 학문을 배우고 스승을 존경하고 뜻을 세우고 지식을 얻고 시간을 이용하며 개인적인 성품을 닦고 자질을 함양해야 함을 거론한다. 또한 사회가 성립되고 그 속에서 구성원들은 공익을 위해 노력해야 하며 타인의 명예와 재산을 고려해야 한다는 사회적 덕목들을 서술한다. 동시에 직업을 선택하고 자립심을 키우고 개인적인 처신의 문제를 구체적으로 언급하면서 교훈을 주고 있다.

4장은 가언으로 선인들의 지혜로운 말들을 네 가지 주제에 편입해서 서술한다. 효, 경애, 지신, 공부의 각각에 대해서 이이, 이황, 조광조, 강희맹의 말을 가져와서 인용했다.

5장은 옛 조상들이 실행한 선한 행동들을 초등 학도들을 위한 모범으로 모아 놓았다. 고인들이 생존했던 시대적 흐름에 따라서 신라, 고려, 조선의 순서로 항목의 주제에 맞는 인물들의 이야기를 서술하였다. 그러므로 신라의 귀산, 고려의 안향 · 최석 · 정몽주, 조선의 서경덕 · 조식 · 이순신 · 곽재우 · 이후백 · 황종해 · 이지함 · 하진의 일화가 나타났다. 민족사의 중요한 인물들을 부각시켜서 교훈과 더불어서 자국 역사의 이해를 도왔다.

4. 가치

『초등수신』은 개화기의 역사적 조건 속에서 발행된 수신 교과서이다. 개화기는 조선이라는 국가가 존립하기 어려운 정치 사회적 상황이 점점 악화되는 시기였다. 따라서 이러한 위기 속에서 근대적인 교육기관의 설립과 근대교육의 실행 역시 국권회복을 위한 것이었다. 특히 1895년 이후부터 한일합방에 이르는 시기에는 신식 교육을 위한 법령이 제정되고 교육제도가 정비되고 구체화되고 있었다. 바로 이 시기에 각각의 관립 · 사립학교에서 사용될 수신서들이 저술되었고 『초등수신』 역시 이때 출판되었다.

이때 신교육기관에서 이루어지는 수신 교육은 새로운 시대를 이끌 공민을 육성하기 위한 목표를 지향하고 있었다. 근대 교육 체계에서 『초등수신』은 초등 교육의 단계에서 필요한 기초적인 윤리 교육을 위한 교과서로 등장하게 된다. 그러므로 이 교과서는 근대 윤리 교육의 첫 단계를 가장 정확하게 보여주는 매우 의미 있는 자료이다.

이런 관점에서 볼 때, 『초등수신』은 개화기 교육 과정과 교육 내용, 그리고 당대 교육이 지향하는 인간상을 연구할 때 매우 중요한 근거가 된다. 먼저 『초등수신』에서는 부모, 형제, 자매, 숙질 간의 가족 내에서 필요한 기본적인 예절을 가르치고, 도덕적인 성품을 갖춘 훌륭한 언행이 바람직한 인간의 바탕임을 지적한다. 한편 개인이 갖추어야 하는 사회적인 덕목을 언급하지만, 국가에 대한 의무와 개인의 권리를 분명하게 인식하는 시민 의식으로까지 발전된 형태를 보여주고 있지는 않다. 이러한 내용들을 통해서 개화기에 초등 단계 학생들에게 부여되었던 윤리적 덕목들을 검토하고 수신 교육을 통해서 육성하려 한 새로운 인간상을 알 수 있다. 동시에 이 책을 전근대 사회의 유교적 수신서와 비교해서 달라진 점들을 지적할 때, 격동기의 변화된 사회상을 짐작할 수 있다.

『초등수신』은 중등, 고등 수신서와 연계된 분석을 통해서 시민 교육의 초기적 형태가 교과 과정 속에서 형성되는 모습을 추론할 수 있게 해 준다. 대체적으로 수신서에서 유추되는 개화기 시민 교육은 주로 교육의 목표와 교수 내용은 분명하지만, 교육 방법과 평가는 구체적이지 않다. 더욱이 과거의 일화를 나열하거나 덕목을 반복해서 주입하는 태도는 효과적이지 않다.

『초등수신』에서는 기술적, 생산적인 것을 중시하고 직업 교육 및 직업의식을 강조함으로써 근대사회에서 요구하는 새로운 윤리관을 제시한다. 그러나 『초등수신』에서는 국가나 민족 단위의 분명한 이념이나 담론은 나타나고 있지 않다. 이것은 당대 일제의 의도가 개입

된 것이다. 1908년에 사립학교령, 교과용 도서 검정 규정령 등을 통해서 일제는 정치적, 교육적 방면에서 교과서 출판의 검정 방침을 제시하였다. 이러한 일제에 의해서 『초등수신』 교과서에서도 자립, 자강, 근대화, 민주화와 같은 개화기 시대의 구체적 이념은 명료하게 기술될 수 없었다. 이는 이 책이 학부 검정 교과서로 발행되었으므로 민족의식을 고양하거나 근대 국가의 일원으로서 독립적인 정체성을 드러내기는 어려웠음을 보여준다. 그리고 이러한 역사적 조건은 개화기의 수신서에 반영되어 있는 시대적 한계라고 할 수 있을 것이다.

참고문헌

송인자, 「개화기 남녀 수신 교과서의 지향점 분석」, 『한국문화연구』 13집, 이대 한국문화연구원, 2007.

김승주, 「구한말 〈수신서〉와 〈바른생활〉의 교과서에 대한 연구」, 한국교원대학교 대학원 석사학위논문, 1995.

이진석, 「1906~1910년 수신서 내용분석-시민교육과의 연관을 중심으로」, 서울대학교 대학원 석사학위논문, 1986.

손길환, 「개화기와 현행 초등학교 윤리도덕 교육과정의 비교연구」, 동국대학교 교육대학원 석사학위논문, 2000.

이해명, 『개화기 교육개혁 연구』, 을유문화사, 1991.

한기언, 이계학 공저, 『일제의 교과서정책에 관한 연구』, 한국정신문화연구원, 1993.

허재영, 『일제강점기 교과서정책과 조선어과 교과서』, 경진, 2008.

목차

제1장 신체
1. 귀
2. 눈
3. 입
4. 코
5. 얼굴
6. 두뇌
7. 목
8. 팔
9. 손
10. 가슴
11. 배
12. 등
13. 다리
14. 머리카락
15. 치아
16. 걸음걸이
17. 잠
18. 운동
19. 거처
20. 음식
21. 의복
22. 목욕

제2장 윤리
1. 부모
2. 형제
3. 자매
4. 조손
5. 숙질
6. 친척
7. 친구

제3장 잡저
1. 가정교육
2. 스승공경
3. 학문
4. 사회
5. 공익
6. 타인의 명예
7. 타인의 재산
8. 애인(愛人)
9. 자선
10. 지식
11. 뜻
12. 언어
13. 직업
14. 자영
15. 은혜
16. 궁리
17. 시간
18. 과실
19. 예의

제4장 가언(嘉言)
1. 효
2. 경애
3. 몸가짐
4. 공부

제5장 선행
1. 천교(踐教)
2. 학교
3. 청렴
4. 침정(沈靜)
5. 격물
6. 천약(踐約)
7. 공직
8. 의용
9. 병공(秉公)
10. 자성
11. 시혜
12. 치가
13. 도량

초등수신서

제1장 신체

제1 귀

귀는 소리를 듣는 기관이다. 소리는 좋은 것과 나쁜 것이 있어서 정신을 움직이게 하므로 좋은 소리를 들으면 정신에 이롭고 나쁜 소리를 들으면 정신에 해롭다.

제2 눈

눈은 사물을 보고 색을 판별하는 기관이다. 마음이 시켜서 보기도 하며 우연히 사물을 접하여 마음에 느끼는 일도 있다. 그러므로 사람을 곁눈으로 보지 말고 사물을 흘려보지 않는다.

제3 입

입은 밥을 먹고 말을 하는 기관이다. 길흉과 화복이 입을 통해서 이르니 정당하지 않은 말을 하지 말고 먹을 때가 아닌데 음식을 탐해서는 안 된다.

제4 코

코는 공기를 호흡하며 냄새를 분별해서 신체를 보호하는 기관이다.

그러므로 나쁜 공기와 독한 냄새를 호흡해서는 안 된다.

제5 얼굴

귀와 눈과 입과 코는 얼굴에서 모든 부분을 이루는 것이니 귀 눈 입 코를 항상 단정하게 하며 매일 씻어야 한다.

제6 두뇌

두뇌는 한 몸의 주인이어서 지각이 이곳에서부터 연유하며 팔다리와 모든 신체에 전선과 같은 신경이 있어서 움직임과 통증을 느끼게 한다. 그러므로 항상 과열케 하지 않는다.

제7 목

목은 머리 부분을 움직이고 돌려 상하좌우로 향하게 한다. 그러나 목은 항상 바로 선 자세를 유지하게 한다.

제8 팔

팔은 사람 몸에서 날개가 되니 전체를 보호할 수 있고 또 근육과 힘을 주관하는 것이다. 그러므로 자주 자주 움직여서 몸을 굽혀야 한다.

圖 臂

圖 手

제9 손

손은 만들고 쓸 때에 편리한 기관이다. 능

히 물건을 제조하여 삶을 꾸려가며 문자를 베껴 써서 의사를 드러내므로 잠시라도 게을러서는 안 된다.

제10 가슴

가슴은 좌우에 있는 갈빗대가 서로 잇대어서 허파를 보호하고 또 호흡을 돕는 부위이다. 그러므로 가슴은 항상 죽 펴서 허파를 느슨하게 이완할 수 있도록 해야 한다.

제11 배

배는 내장 부분을 둘러싸고 있으면서 오그라들거나 늘어난다. 또한 추위와 더위를 잘 느끼기 때문에 과식해서 부르고 띵띵하지 않도록 하며, 배의 겉부분을 노출하지 말아야 한다.

제12 등

등은 전신의 골격이 연결되고 이어지는 곳이다. 또한 사람 몸의 중심이 등에 있으므로 근력도 등에 있다. 그러므로 사람이 누워있는 것을 좋아하면 힘이 약해지고 또 골격이 연해진다.

제13 다리

다리와 발은 신체의 윗부분을 지지해 걷게 하는 기관이다. 전체 몸을 움직이고 멈추고 느리게 하고 빠르게 하는 것을 다 마음대로 한다. 그러므로 자주자주 움직여서 혈기를 흐르고 통하게 해야 한다.

제14 머리카락

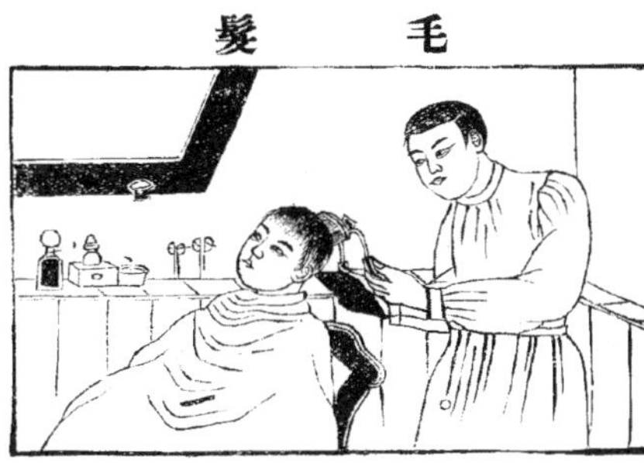

머리카락은 신체의 기와 혈을 밖으로 몰아내는 것이다. 풀과 나무가 땅 위에서 살아가는 것과 같으니 풀과 나무가 무성한 장소는 그 땅이 척박해지므로 머리카락을 자주 자르면 정신이 상쾌하여 귀가 잘 들리고 눈이 밝다.

제15 치아

치아는 음식을 씹어서 내려가도록 하는 기관이다. 그러므로 찌꺼기가 붙어서 상하기 쉬우며 냄새가 나므로 우리들은 소금 가루로 자주 닦아서 찌꺼기를 없애고 냄새를 제거해야 한다.

제16 걸음걸이

우리들의 걸음걸이는 온몸의 체중을 한 발에 맡겨 두고 한 발을 이동하는 것이어서 자세가 심히 위태로워서 엎어지기 쉽다. 그러나 걸음은 잠시라도 멈추지 못하는 것이어서 느리게 걸을 때도 빨리 걸을 때

도 있으니 만일 주의하지 않고 단지 발 가는 대로만 걸어가면 엎어지는 것을 면키 어려울 것이다.

이 세계는 문명 위에 나아가면서 서로 경주하는 시대이니 우리들은 뜻을 모아서 한 걸음이라도 전진하고 한 걸음이라도 후퇴해서는 안 된다.

제17 잠

잠은 밖으로 일어나는 정신을 모아서 거둬들이며 소모한 혈기를 기르기 위해서 돌아와 쉬는 것이니 이것은 하늘과 땅이 낮과 밤을 나누어서 도리를 행하는 것과 같다. 긴 시간을 일하며 긴 시간을 생각하여 잠을 자지 않으면 혈기(血氣)와 정신이 함께 결핍될 것이요, 잠자는 시간이 지나치게 길면 신체가 연약해지고 정신이 흐려질 것이다.

이 때문에 생리학에서는 하루 밤낮에 여덟 시간은 일을 하고 여덟 시간은 놀고 여덟 시간은 잠을 자는 것이 적당하다고 한다.

제18 운동

動　運

운동은 혈기를 흐르고 통하게 하여 신체를 단단하고 건강하게 만드는 제일 중요한 일이다. 대체적으로 보아서 사람의 몸은 귀, 눈, 입, 코와 팔다리 및 온갖 부분의 각종

기계로 조직되니 기계는 자주 움직이고 돌려야 병이 없다.

이 때문에 동서양의 현철(賢哲)들이 입을 모아 혈맥을 보양해야 한다고 말하는 것이다.

제19 거처

거처는 신체를 휴식하여 심신을 즐겁게 하는 곳이기 때문에 있는 장소를 깨끗하게 해서 누추한 기운이 사람에게 닿지 말도록 해야 하며 또 때에 맞게 온갖 종류의 꽃과 식물을 길러서 신선한 공기를 호흡하도록 해야 하며 일기가 온화한 날에는 창문을 열어서 공기를 통하게 해야 한다. 그러므로 이학사(理學士)가 말하기를 "물고기가 물을 떠나지 못하는 것처럼 사람은 공기를 떠나지 못한다"고 했다.[1]

제20 음식

음식은 오로지 입과 배를 채울 뿐이 아니다. 원기를 조절하고 길러 몸을 완전하게 보호하는 원래의 바탕이니 하루라도 끊어서는 안 되는

1 물고기가 물을 떠나지 못한다는 말은 '수어지교(水魚之交)'를 이름인데, 아주 친밀하여 서로 떨어질 수 없는 사이를 뜻한다. 결국 인간의 삶에서 공기의 필수불가결함을 비유한 것이다. 여기서 이학사(理學士)는 물리학, 화학, 천문학, 생물학, 지질학 따위의 자연과학을 연구하는 학자인데 이 말을 누가 했는지는 분명치 않다.

것이다. 그러나 반드시 양을 적당히 하고 깨끗하게 할 것이니, 만일 양이 지나치면 총명이 덜해지고 깨끗하지 않으면 질병이 생긴다.

제21 의복

의복은 신체를 덮고 보호하는 아주 가까운 물건이다. 동서양 고금의 제도와 사치하고 검소함은 다를지라도 그 몸을 보호하는 주장은 똑같다. 계절의 변화에 따라서 베옷을 입을 때도 있고 가죽옷을 입을 때도 있는데 신체에 적당하게 하면 된다. 자주 세탁하여 때때로 바꿔 입을 것이니 만일 한 가지 옷을 너무 길게 입으면 악취가 생겨서 다만 위생상에 해가 있을 뿐이 아니다. 사람과 더불어 교제함에 편치 못함이 심할 것이다.

그러므로 옛날 사람이 말하기를, "의복은 검소하나 깨끗하게 함이 중요하다"고 하였다.

제22 목욕

목욕은 신체의 더러움을 제거하여 위생에 도움을 주는 방법이다. 사람이 세상에서 생활함에 하늘과 땅 사이에서 만물의 각종 티끌 먼지가 날아들어 신체의 진액에 붙어 때가 되니 자주 씻어 신체의 외부를 청결하게 해야 한다. 또 이 목욕하는 방법을 미루어 마음 안의 악덕을 씻어 제거함을 생각해야 한다.

이로써 옛 성인이 목욕하는 큰 대야에 새기되, "날로 새롭고 또 날로 새로워진다"[2]고 한 것이다.

제2장 윤리

제1 부모

부모는 나를 낳아 길렀으니 이는 하늘과 땅이 만물을 낳아서 성장케 함과 같은 것이다. 그러므로 아버지를 하늘이라고 말하고 어머니를 땅이라고 이르는 것이다. 양손으로 이끌어 주어 신체를 보호하시며 당연한 도리와 정대한 언행으로 가르치고 인도하여 덕행을 가르치시며 밝고 지혜로운 행위와 특별한 사적을 가리켜 보여서 지혜를 계발시켜 주심으로 내가 세상에 서서 모든 사업을 할 수 있으니 이보다 큰 은혜가 없다.

대개 하늘과 땅이 만물을 낳음에 금수와 같은 것도 호랑이는 아비

2 출전은 다음과 같다. 湯之盤銘曰, 苟日新, 日日新, 又日新. 『大學』「傳文」 2장.

와 아들의 정이 있고 까마귀는 반포의 효성[3]이 있으니 사람이 어버이를 효성스럽게 봉양하지 않는다면 짐승보다 못한 것이다. 그러므로 효는 모든 행동의 근본이 된다.

제2 형제

형제는 나와 같이 부모의 뼈와 살을 받아서 태어나니 나보다 먼저 태어난 자가 형이고 나보다 늦게 태어난 자가 동생이다. 같은 뿌리에서 태어나 기(氣)가 같고 가지가 이어졌으므로 형제는 한 몸이라고 한다.

대개 형은 우애하고 동생은 공경하여 화목하며 즐거워하여 분노를 품지 말고 원망을 묵히지 말아야 한다.

제3 자매

자매는 형제와 같이 부모의 뼈와 살을 받은 여형제이다. 나보다 나이가 많은 자를 자(姊)라 이르고 나보다 나이가 어린 자를 매(妹)라고 부른다. 대개 부모에게 생명을 받음도 같으며 부모가

3 반포지효(反哺之孝) : 까마귀 새끼가 자라서 늙은 어미에게 먹이를 물어다 주는 효라는 뜻으로, 자식이 자란 후에 어버이의 은혜를 갚는 효성을 이르는 말.

보살피고 키움도 다름이 없으나 남자형제에 비해 경중에 차이가 있다고 하는 것은 여형제가 일차적으로 남에게 시집을 가면 부모와 형제를 멀리하기 때문이다.

제4 조손

조손은 즉 부자의 연원이다. 아버지의 아버지가 할아버지가 되며 아들의 아들이 손자가 되니 할아버지는 아버지의 뿌리이고 아버지는 나의 뿌리이며 손자는 아들의 가지이고 아들은 나의 가지이다. 비유하자면 나무가 뿌리가 없으면 가지와 잎이 살지 못하는 것이 자연스러운 정해진 이치인 것과 같다. 뿌리가 있고도 가지와 잎이 말라죽으면 뿌리까지 부패할 것이니 사람의 자손된 자는 당대의 사업을 열심히 해서 선조의 기업을 잃지 말아야 하며 자손의 앞길을 열고 이끌어주어야 한다.

이러한 이유로 옛날 사람들이 말하기를, "너의 선조를 욕되게 하지 말며 또한 자손에게 복됨을 전하라"고 하였다.

제5 숙질

숙부와 조카는 간접적으로 친밀한 사람이니 아버지의 형제가 숙부가 되며 형제의 아들이 조카가 되니 이로 말미암아 아무 관계없는 타인에게까지 멀어지게 되는 것이다.[4] 부모와 형제를 사랑하는 자는 마땅히 이것을 생각하여 숙부를 공경하며 조카를 어루만져 편안하게 한다. 이런 이유로 숙부를 유부[5]라 하며 조카를 유자[6]라고 한다.

제6 친척

친척은 아버지 일가와 어머니 일가이니 같은 성의 친척을 족(族)이라 이르고 다른 성의 친척을 척(戚)이라고 이르니, 족을 사랑하여 척에 미치며 척을 사랑하여 이웃에 미치게 해야 한다. 이렇게 함으로써 가족이 화목하고 이웃이 친하게 되는데 이는 모두 애정으로 되는 것이다.

제7 친구

친구는 나와 동등한 사람이다. 그 말이 정직하며 몸가짐이 단정하여 내가 진실로 본받아서 모범을 삼을 만한 일이 있으면 이는 도움이 되는 친구가 될 것이고 그 말이 가볍고 몸가짐이 단정하지 못해서 내가 진실로 본받아서 모범을 삼을 만한 일이 없으면 이는 해가 되는 친구가 될 것이다. 그러나 세상에 나가서 사람을

---

4 유가의 가족 윤리는 효제(孝悌)를 중심으로 성립된다. 사람은 누구나 본능적으로 자기의 가족을 귀중히 여긴다. 그러므로 부자자효(父慈子孝)나 형우제공(兄友弟恭)은 배우고 생각하지 않아도 능히 알고 행하는 것이다. 이러한 본능적인 사랑을 미루어 남의 가족도 역시 소중함을 깨닫고 그들에게까지 사랑을 미루어 나가라는 논리이다. 이것은 친애의 실천이 가까운 곳에서부터 먼 곳으로 이루어져서 확장됨을 말한다. 결국 유가에서는 자신의 일가친척에 대한 사랑만이 아니라, 궁극적으로는 공동체 모두에 대한 박애를 주장하고 있는 것이다.

5 유부(猶父) : 아버지와 같다는 뜻으로, 아버지의 형제인 삼촌을 달리 이르는 말.

6 유자(猶子) : 자식과 같다는 뜻으로, 조카를 달리 이르는 말.

교제할 때에는 결코 사람의 장점과 단점을 평가하여 사랑과 미움을 망녕되게 더하지 말아야 하며, 또 사람을 사귐에 가깝고 친밀할수록 공경하여야 영원히 오래도록 친밀할 것이다.

제3장 잡저

제1 가정교육

교육은 인생의 필요한 것이다. 학생이 나이가 어려 학교에 들어가기 전에는 부모에게 가르침을 받아 여러 일에 필요한 행동을 먼저 배우고, 학교에 들어간 후에는 교사의 교육을 받아야 한다. 비유하자면 나무를 길러서 목재를 이룸과 같으니 그 재배하며 양육하는 것은 교사와 부모가 맡은 것이다. 안으로 현명한 부모와 형제가 있으며 밖으로 엄한 교사와 친구가 있는데도 학문을 이루지 못하는 것은 자제의 허물이다.

제2 스승공경

사람은 가정에서는 부모의 명령을 따르고 학교에 들어가서는 선생의 명령을 따르는 것이다. 부모가 나를 낳아 학교에 갈 나이에 미치면 학교에 보내어 학문을 닦게 함에 스승이 받아서 노고를 꺼리지 않고 나를 사랑하고 보호하며 나를 교육하여 착한 사람이 되기를 희망한

다. 그 애써 생각함이 부모와 같으며 또 제자가 학문을 이루어 명예를 얻어서 부모를 현양하는 것도 대개 스승의 공이다. 그 공경함을 어찌 부모보다 작게 하겠는가.

제3 학문

학문이란 것은 배우고 물음을 이르니 배워서 능치 못한 것을 방치해 두지 말며 물어서 알지 못하는 것을 방치해 두지 말아야 한다. 다른 사람이 한 번에 능히 하거든 나는 백 번을 하며, 다른 사람이 열 번에 능히 하거든 나는 천 번을 할 것이니,[7] 천하에 학문이 그 종류가 많으나 하나라도 쉽게 얻을 수 있는 학문은 없다. 마땅히 성실한 노력을 유지하여 노고를 싫어하지 말고 세월을 쌓고 또 쌓은 후에야 철저히 이해하게 될 것이다.

7 출전은 다음과 같다. 有弗學, 學之, 弗能, 弗措也, 有弗問, 問之, 弗知, 弗措也, 有弗思, 思之, 弗得, 弗措也,有弗辨, 辨之, 弗明, 弗措也, 有弗行, 行之, 弗篤, 弗措也, 人一能之, 己百之, 人十能之, 己千之. 『中庸』 20장.

제4 사회

사회는 인민의 한 단체를 이름이니 가족 사회로부터 모든 사회가 성립하여 각종 이익이 있는 것이다. 제일 주의할 것은 공동의 힘이다. 사회가 성립함도 공동의 힘이고 사회를 유지함도 공동의 힘이니 내가 세상에 태어나 공동의 힘을 잃으면 비유컨대 가옥에 기둥이 부러진 것이며 자동차에 바퀴가 없는 것과 같다. 이러한 이유로 사람은 마땅히 자기의 본분을 닦아 사회 공동의 힘을 완전하게 해야 한다.

제5 공익

공익은 어떤 사람이든지 그 몸의 상당한 힘을 내서 공중의 이익을 도모하는 것이다. 예를 들면, 공업을 배운 사람이 좋은 질의 물건을 만들어내어 공학이 발달하면 세상에 큰 이익이 있을 것이며 교육가가 세상에 유익한 책을 써서 풍속을 개량하며 청년을 가르쳐서 인재를 만들어내면 이것은 공익됨이 작지 않은 것이다. 그러나 자기의 힘을 헤아리지 못하고 익숙하지 못한 사업에 착수하여 실패를 당하는 것은 결코 명예로운 일이 아니다. 오로지 자기가 할 수 있는 사업을 해서 자신과 사회에 이익됨을 도모할 것이다.

제6 타인의 명예

다른 사람의 명예를 소중히 함은 자기의 명예를 소중히 함이니 만일 다른 사람의 과실을 지적하여 명예를 떨어뜨리면 이로부터 질투의 마음이 생기며 그 갈라짐의 화가 일어나 같은 무리의 공생하는 의리가 끊어질 것이니 어찌 문명의 모습을 보겠는가. 그러한즉 우리가 이 세상에 존재하여 자신의 명예를 소중하게 여길진대 먼저 다른 사람의 명예를 소중히 여겨야 한다.

제7 타인의 재산

재산은 사람의 생활하는 명맥이다. 자기의 재산을 귀중히 여기는 자는 먼저 타인의 재산을 가볍게 여겨서는 안 된다. 만일 타인의 승낙을 얻지 못하고 그 재산을 사용하거나 혹 타인의 물건을 빌려서 되돌려 주지 않으면 이로 인해 싸움과 소송과 도둑질이라는 문제가 일어날 것이니 이것은 자기의 재산을 스스로 버림이다. 어찌 사회에서 신용을 얻어서 안전하게 생활하겠는가.

제8 애인(愛人)

무릇 사람이 서로 사랑함은 자연스러운 이치니 형제만을 이 사랑할 뿐이 아니다. 서로 알지 못하는 타인이라도 그 근본을 거슬러 구하면 모두 나의 동포이다. 어찌 서로 사랑하지 않겠는가. 어려서 의탁할 곳이 없는 자와 가난하여 생계를 유지하지 못하는 자와 신체가 불구한 자 등을 보면 가엾고 불쌍한 마음이 자연스럽게 일어나니 우리는 반드시 힘을 내서 적당한 방법으로 보호해야 한다.

제9 자선

사람이 세상에 살아감에 질병으로 신체가 완전하지 못한 자도 있으며 혹 천재지변과 홀아비, 과부, 고아, 독신의 곤궁함으로 빌어먹는 처지에 떨어진 자도 있으니 이러한 것들에 대하여 자선을 베풂은 세계의 보편적인 사업이고 삶의 당연한 의리이다. 그러므로 우리나라에도 옛적에 혜민서[8]와 활인서[9]가 있었으며 근년에는 제중원[10]과 혜민원[11]과 광제원[12]과 고아원과 대한의원[13]과 적십자사[14] 등이 이에 해당한다.

제10 지식

지식은 인생의 앞길을 열고 인도하는 기초이다. 어떤 사업을 영위하든지 그 지식의 정도를 따라서 이루게 되니 천하 사업의 종류가 지극히 많아서 한 사람의 정신과 체력으로는 다 하기가 어려운즉 마땅히 시세에 필요한 학문을 강구하여 다른 날의 사업을 이루는 기초가

---

8 혜민서(惠民署) : 조선시대 의약과 서민의 질병을 구료(救療)하는 일을 담당하던 관청.

9 활인서(活人署) : 조선시대 빈민의 구료사업을 맡아보던 관청. 활인서는 일반 의료활동 이외에 무의탁 환자를 수용하고, 전염병이 발생했을 때는 병막을 가설하여 환자를 간호하며 음식과 의복 · 약 등을 배급하기도 하고, 사망자의 매장까지 담당했다. 조선 후기에는 활인서의 활동이 축소되어 1709년에 혜민서(惠民署)로 이속되고 관원도 감소되었으며 1743년에는 완전히 혁파되기에 이르렀다.

10 제중원(濟衆院) : 1885년 서의(西醫) N. 앨런이 고종의 윤허를 받아 활인원(活人院)과 혜민원(惠民院)을 개편해 한성(漢成)의 제동(齊洞)에 세운 최초의 근대식 국립 병원. 광혜원(廣惠院)의 새로운 이름.

11 혜민원(惠民院) : 조선 말기에 빈민의 구휼(救恤)에 관한 사무를 맡았던 관아. 1901년에 설치하였고 재정조달을 위하여 사창기관인 총혜민사(總惠民社)를 별도로 운영하였으며, 각 군에는 구휼 · 환곡을 담당하는 분혜민사를 설치하였다.

12 광제원(廣濟院) : 조선 말기에 세워진 내부(內部) 직할의 국립병원. 1899년 4월에 설립된 내부병원이 1900년 6월에 보시원(普施院)으로 발족하였다가 곧 광제원으로 개칭되었다. 일반 환자들의 진료를 담당하는 것이 주 업무였으나 죄수들에 대한 진료와 전염병을 취급하는 별도의 시설도 있었다. 1907년에 광제원의 제도가 폐지됨에 따라 병원업무는 대한의원(大韓醫院)으로 이관되었다.

13 대한의원(大韓醫院) : 1907년에 대한제국 내부 소관의 서양식 병원인 광제원, 학부 소관인 경성의학교 부속병원, 그리고 궁내부 소관인 적십자병원을 통합, 설립되었으며, 의정부 직속으로 운영된 국내 최고의 의료기관.

14 적십자사(赤十字社) : 적십자에 관한 조약과 국제적십자회의에서 결의된 모든 원칙에 입각하여 인도주의적인 사업의 수행을 목적으로 조직된 특수법인. 우리나라의 적십자운동은 1902년 고종황제의 훈령으로 주불공사(駐佛公使)가 제네바에서 개최된 국제적십자회의에 참석한 것이 시초이며 1903년 제네바 조약에 가입, 1905년 대한적십자사가 설립됨.

되게 해야 한다. 소년 시절에는 마음과 힘이 한창 왕성하여 기억력이 좋으니 만일 이 좋은 때에 이르러서 학문을 강구하지 않으면 지식이 없을 것이니 어찌 앞길을 열고 이끌 것인가.

제11 뜻

뜻은 기운의 머리요 생각의 초점이다. 사람이 어떤 사업을 영위하든지 뜻을 세우지 못하면 일을 하다가 중간에 그만둠을 면치 못할 것이다. 학업을 닦는 자는 먼저 그 뜻을 확립하여 분발하려는 생각과 인내하는 능력을 가진 후에야 외물의 이끌림을 당하지 않으며 여러 가지 곤란을 당하더라도 강하고 굳은 뜻과 기운이 꺾이지 않고 능히 그 목적지에 도달한다.

제12 언어

언어는 인생의 가장 큰 형체 없는 중요한 기관이다. 이 기관을 한 번 씀에 길흉과 영욕이 즉시 응하니 말을 꺼낼 때에 십분 자세하게 살피지 않으면 망발의 폐단이 없지 않으며, 또 말소리가 낮고 쇠잔하고 분명하지 않으면 듣는 자가 오해하기 쉬우며, 높고 부르짖고 소란스러우면 듣는 자와 충돌하기 쉽다. 타인과 대화할 때 가부를 관찰하지 못하고 시비를 헛되이 논의하거나 사람을 대하여 타인의 장단점을 망령되게 논의함은 말을 할 때 가장 피해야 하는 것이다.

제13 직업

직업은 사람의 생활상에 하루라도 없어서는 안 될 것이니 사농공상 중 무엇에 종사하든지 일차 직업의 방향을 정한 후에는 경솔히 변화해서 변경치 말아야 한다. 한마음으로 근면하고 성실하여 어려움을 인내하면 세상의 모든 일에 무엇을 이루지 못하겠는가. 만일 항심(恒心)[15]이 없어 오늘이 직업에 종사하다가 다음날에 바꾸고 변경하여 분수 밖의 일을 망령되이 하면 실패함을 면하기 어려울지니 마땅히 먼저 자기의 재주와 힘을 헤아린 후에 한 가지 직업을 선택하고 정하여 일신의 경영을 도모하며 사회의 공적인 이익에 한발 더 나아가야 할 것이다.

제14 자영

사람이 자신의 생활을 자신의 힘으로 영위함은 자연 그대로의 공리(公理)이다. 하늘이 사람을 태어나게 하여 팔다리와 온몸을 다 갖추어 준 것은 각기 생활을 경영하게 함이다. 만일 나의 팔다리와 온몸을 버려두어서 못쓰게 되어 헛되이 타인에게 의뢰한다면 다만 사업만 이루지 못할 뿐이 아니다. 하늘이 부여한 본분을 잃을 것이다.

15 항심(恒心) : 늘 지니고 있는 떳떳한 마음.

제15 은혜

사람이 타인에게 은혜를 받음에 감사의 마음이 생기는 것은 자연스러운 이치다. 그러나 그 감사의 마음을 폐부에 새겨 일생을 잊지 아니하는 자도 있으며 혹 당장에는 감사하게 여기다가 인하여 망각하는 자도 있으니 다른 사람의 은혜를 받고 보답하기를 잊음은 옳지 않다.

대개 은혜를 베푸는 자는 비록 보답을 기대하지 않으나 은혜를 받은 자는 결코 보답을 잊지 못할 것이다.

그러므로 옛사람이 말하기를, "아주 먼 옛날에는 덕을 귀히 여겼으며 그 다음으로 베풀고 보답함에 힘쓴다"고 하였다.[16]

제16 궁리

궁리라 하는 것은 어떤 사물을 대하든지 그 이치를 끝까지 연구하는 것이다. 널리 말하면 하늘과 땅 사이에서 동식물 및 광물이 각각 그 진실된 이치를 가지고 있음이나, 비근하게 말하면 한 기계를 대하여 어찌하면 움직이고 어찌하면 움직이지 않는지를 관찰하여 그 이치를 궁구하는 것이다. 이로 말미암아 어떤 학문을 연구하든지 그 진리를 드러내어 밝혀서 세계에 이로운 쓰임을 만든다면 어찌 문명사회에 상등의 사람이 되지 못하겠는가.

---

16 출전은 다음과 같다. 太上貴德, 其次務施報. 『禮記』「曲禮」上.

제17 시간

시간은 인생에서 제일 아까운 것이다. 사람이 세상에 생존하는 기한이 백년을 넘지 못할 것인데 백년 사이에 우환질병이 걸리고 어려서 어리석고 늙어 쇠약한 시간을 제외하면 사업을 할 시간이 짧다. 이와 같이 짧은 시간으로 한이 없는 사업을 이루고자 할진대 어찌 잠시인들 헛되이 소비할 것인가. 오늘의 이 시간은 한 번 보내면 다시 보지 못하는 것이다. 학문을 닦는 청년은 시간을 귀하고 중하게 여겨서 짧은 시각도 마땅히 아껴야하며 또 타인을 대하여서도 시간을 낭비하지 말라. 권고할지니, 만일 쓸데없는 말이나 이야기로 시간을 헛되이 보내거나 타인을 방문하여 긴급한 일이 없는데도 오래 앉아 있게 되면 자신의 나쁜 행동이 타인에게 영향을 미칠 것이다.

제18 과실

과실은 무심한 가운데 나와 사체[17]를 위반함이니 세상의 온갖 일에서 쉽게 있는 것이다. 그 과실이 됨을 스스로 알든지 아니면 다른 사람이 알려줌으로써 깨닫든지 깨달은 후에는 고쳐야 한다. 과실을 고치면 처음에 없었던 것과 같거니와 만일 과실을 알고 고치지 않으면 이것은 악행을 짐짓 지어서 하등에 스스로 돌아감이니 다른 사람이 자신의 과오를 말하거든 반드시 마음을 비워 성찰해야 할 것이다.

---

17 사체(事體) : 일의 사리와 체면.

제19 예의

예의는 적당한 용의[18]를 가져 타인을 존중하며 자기를 공경함이니 우리나라에서 오늘날에 필요한 문제이다.

대체로 보아서 사람을 사귐에 낡은 옷과 때 묻은 얼굴로 검약을 빙자하며, 소광[19] 방탕함으로써 활달하다고 자처하면서, "대장부가 마땅히 작은 예절에 얽매이지 아닐 것이니 어찌 구구한 예절에 맞는 태도를 꾸미리오" 하니 이것은 평소에 적당한 의용[20]을 닦고 기르지 못한 거칠고 경솔한 습관이다. 어찌 문명사회에 들어가겠는가. 우리는 이 세상에서 사람을 상대함에 적당한 예의가 없으면 안 될 것이다.

제4장 가언(嘉言)

제1 효

율곡 이이[21] 선생께서 말씀하시기를, "사람이 태어남에 성명과 피와 육신을 모두 부모가 남겨 주신 것이니 어찌 감히 그 신체를 스스로 가진다고 하겠는가"고 하였다.[22]

---

18 용의(容儀) : 예의에 맞는 기거동작(起居動作).

19 소광(疎狂) : 언행이 너무 거칠어 상규에 벗어남.

20 의용(儀容) : 몸을 가지는 태도. 또는 차린 모습. 용의와 유사한 말.

21 이이(李珥, 1536~1584) : 본관은 덕수(德水). 자는 숙헌(叔獻), 호는 율곡(栗谷) · 석담(石潭) · 우재(愚齋). 아버지는 사헌부감찰 원수(元秀)이며, 어머니는 사임당(師任堂) 신씨(申氏)이다. 1564년 호조좌랑에 처음 임명된 뒤 예조좌랑 · 정언 · 이조좌랑 · 지평 등을 지냈고 이어서 우부승지 · 병조참지 · 대사간을 지낸 뒤 사직하고, 율곡과 석담에서 학문연구에 전념하여 조선 성리학의 일가를 이루었다. 저서로는 『격몽요결(擊蒙要訣)』, 『성학집요(聖學輯要)』 등이 있다.

제2 경애

퇴계 선생 이황[23]께서 말씀하시기를, "나의 어버이를 존중함과 나의 연장자를 공경함으로부터 나머지 사람에게 미치게 되는 것이다. 다만 그 공경하는 예가 혹 사람에 따라 차등이 있을지나 동포의 의리로 말하면 무릇 천하의 나이 많은 사람은 모두 내 한 집의 어른이다. 어찌 나의 형을 모시는 마음을 미루어 섬기지 않겠는가"고 하였다.[24]

제3 몸가짐

정암 선생 조광조[25]께서 말씀하시기를, "몸가짐은 마땅히 엄한 가운데 공손함이 있고 공손한 가운데 엄함이 있게 해야 한다"고 하였다.

---

22 해당 부분은 다음 문집에 실려 있으며, 원문은 다음과 같다. 凡人, 莫不知親之當孝, 而孝子甚鮮, 由不深知父母之恩故也. 天下之物, 莫貴於吾身, 乃父母之所遺也. 今有遺人以財物者, 則隨其物之多少輕重, 而感恩之意, 爲之深淺焉, 父母, 遺我以身, 而擧天下之物, 無以易此身矣. 父母之恩, 爲如何哉, 豈敢自有其身, 以不盡孝於父母乎, 人能恒存此心, 則自有向親之誠矣. 李珥, 『擊蒙要訣』「事親章」弟5.

23 이황(李滉, 1501~1570) : 본관은 진보(眞寶). 자는 경호(景浩), 호는 퇴계(退溪) · 퇴도(退陶) · 도수(陶搜). 좌찬성 식(埴)의 7남 1녀 중 막내아들로 태어났다. 1534년 문과에 급제하여 승문원부정자로 등용된 이후 박사 · 전적 · 지평 등을 거쳐 충청도어사, 성균관사성, 성균관대사성을 역임하였다. 사직 후 저술과 제자 양성에 전념하였고 이동설(理動說) · 이기호발설(理氣互發說) 등 주리론적 사상을 형성하여 영남학파의 이론적 토대를 마련했다. 저서로는 선조에게 바친 『성학십도(聖學十圖)』 등이 있다.

24 해당 부분은 다음 문집에 실려 있으며, 원문은 다음과 같다. 先生曰所論事長之禮, 大槩得之, 大抵君子於吾父兄, 篤盡孝悌之道, 尊吾親以及人之親, 敬其長以及人之長, 年長以倍則父事之, 十年以長則兄事之, 五年以長則肩隨之, 非假設而彊爲之, 皆自尊吾親敬吾長而推其餘以及之, 但其敬之之禮, 或隨其人而有差等耳, 況以西銘父乾母坤民吾同胞之義言之, 天下爲一家, 中國爲一人, 凡天下高年之人, 皆吾一家之長也, 吾安得不推吾事兄之心而事之乎. 李滉, 『退溪集』「言行錄」2「處鄕」.

25 조광조(趙光祖, 1482~1519) : 본관은 한양(漢陽). 자는 효직(孝直), 호는 정암(靜庵). 조선 개국공신 온(溫)의 5대손이며, 아버지는 감찰 원강(元綱)이다. 중종 대에 등용되어 8도에 여씨향약(呂氏鄕約)을 시행하여 향촌의 상호부조를 꾀했고 소격서(昭格署)를 혁파했다. 새로운 제도의 실시와 전래 제도의 개혁, 교화의 보급 등을 통해 도학정치의 이상을 실현하고자 했으나 훈구파의 반발을 사 죽임을 당했다. 저서로 『정암집(靜庵集)』이 있다.

제4 공부

문량공 강희맹[26]이 말하기를, "옥을 쪼고 갈지 않으면 그릇을 이루지 못하고 금을 단련하지 않으면 검을 주조하지 못하니 옥을 쪼고 갈 때에는 반드시 모래와 돌로 하며 금을 단련할 때에는 반드시 화로의 숯불로 한다. 만일 옥과 금이 모래와 돌 그리고 숯불이 거칠고 나쁘다 하여 부끄러워하여 함께 하지 않으면 옥은 돌덩이에 들어있을 뿐이고 금은 구덩이에 숨어있을 뿐이다. 어찌 호련[27]을 이루며 용천[28]을 주조하여 세상에 기이한 물품이 되겠는가" 하였다.

제5장 선행

제1 천교(踐敎)

귀산[29]은 신라 정평왕[30] 때의 사람이다. 어렸을 적에 추항[31]과 함께

---

26 강희맹(姜希孟, 1424~1483) : 본관은 진주. 자는 경순(景醇), 호는 사숙재(私淑齋) · 무위자(無爲子). 지돈녕부사 석덕(碩德)의 아들로, 희안(希顔)의 동생이다. 1447년(세종 29) 18세에 별시문과에 장원급제했고, 예조정랑 · 병조판서가 되고, 이어 우찬성, 좌찬성에 이르렀다. 경사(經史)와 전고(典故)에 통달한 문장가였고 민요와 설화에도 깊은 관심을 가졌다. 저서로는 『금양잡록(衿陽雜錄)』이 있고, 서거정이 편찬한 유고집 『사숙재집(私淑齋集)』이 있다.

27 호련(瑚璉) : 은대에 종묘에서 서직을 담던 제기로 주대의 보궤와 같은 것. 공자가 자공의 인물됨을 평하여 '호련'이라고 한 데서, 우수한 인물의 비유로 쓰임.

28 용천(龍泉) : 고대의 명검.

29 귀산(貴山, ?~602) : 신라 진평왕 때의 군인. 왕경(王京) 사량부(沙梁部) 출신. 아찬(阿飡) 무은(武殷)의 아들이다. 추항(箒項)과 함께 원광법사(圓光法師)에게 화랑도의 계율인 세속오계(世俗五戒)를 받았다. 또한 602년(진평왕 24) 8월에 백제군이 아막성(阿莫城 : 지금의 남원군 운봉)을 공격할 때 소감(小監)으로서 출전하여 공을 세웠으나 격전 중에 입은 상처로 돌아오는 도중에 죽었다. 이후 나마(奈麻)에 추증되었다.

30 정평왕(貞平王) : 신라의 진평왕(眞平王)을 이른다.
진평왕(眞平王, 579~632 재위). 신라의 26대 왕. 성은 김씨(金氏). 이름은 백정(白淨). 아버

그 스승의 계를 받았으니 그 첫째는 임금을 충으로 섬김이고 둘째는 어버이를 효로 섬기고 셋째는 친구를 믿음으로 사귐이고 넷째는 전쟁에 임하여 물러나지 않음이고 다섯째는 살생을 하되 선택함이 있음이다. 백제가 와서 침입함에 미쳐서 귀산과 추항이 소감[32]이 되어 적을 막을 때에 신라의 병사들이 힘이 다하여 퇴각하고자 하였는데, 귀산이 "내가 스승의 계를 받을 때에 전쟁에 임하여는 물러나지 말라고 하였으니 어찌 가르침을 무너뜨리겠는가"고 말하고 추항과 더불어서 함께 힘써 싸우다가 마침내 죽었다.

제2 학교

회헌 선생 안유[33]는 고려 충숙왕 때의 사람이다. 학교가 날로 쇠퇴

지는 진흥왕의 태자인 동륜(銅輪)이며, 어머니는 입종갈문왕(立宗葛文王)의 딸인 만호부인 김씨(萬呼夫人金氏 : 또는 萬內夫人金氏)이다. 진평왕은 왕권의 성장에 힘을 기울여 관제를 정비하였고, 불교 진흥에도 힘써 지명(智明) · 원광(圓光) · 담육(曇育) 등 중국 유학승들을 지원하여 국사에도 참여하도록 했다. 한편 재위 기간 동안 삼국 간의 항쟁이 격화되어 전쟁이 빈발했고 이런 상황에서 중국과 외교관계를 강화하였다.

31 추항(箒項, ?~602) : 신라 진평왕 때의 군인. 왕경(王京) 사량부(沙梁部) 출신. 어려서부터 귀산(貴山)과 깊이 사귀었는데, 함께 원광법사(圓光法師)로부터 세속오계(世俗五戒)를 받고 이 계율을 지키기로 다짐하였다. 백제군이 아막성을 공격했을 때 소감(少監)으로서 출전하여 큰 공을 세우고 돌아오다가 격전 중에 입은 상처 때문에 길에서 죽었다. 이에 진평왕이 신하들과 함께 아나(阿那) 들판에서 맞이하여 예를 갖추어 장사지내 주었고 대사(大舍) 벼슬에 추증(追贈)하였다.

32 소감(少監) : 신라시대 무관직. 562년(진흥왕 23)에 처음 설치했으며, 명칭으로 보아 대감(大監)을 보좌하는 일을 담당했을 것으로 보인다. 6정(六停) · 9서당(九誓幢) · 10정(十停) · 5주서(五州誓) 등에 모두 합쳐 372명을 두었다. 관등은 대사(大舍) 이하로 했다.

33 안유(安裕, 安珦, 1243~1306) : 본관은 순흥(順興). 초명은 유(裕). '향'(珦)자가 조선 왕조 문

해짐을 걱정하여 양부[34]에 건의하기를, "청컨대 백관들이 돈과 곡식을 내서 학비를 부담하게 하고자 합니다" 하니 양부가 좇아서 왕께 아뢰어 왕이 내탕전[35]을 내놓아 도왔다. 이에 학교를 널리 설립하여 인재를 교육하였다.

제3 청렴

최석[36]은 고려 순효왕[37] 때의 사람이다. 일찍이 승평부[38]에 수장이 되었더니 부의 옛 습속이 읍쉬[39]가 번갈아 교대로 돌아가면 여덟 마리 말을 주어서 좋은 것을 선택하게 하는 것이었다. 석이 돌아갈 때 읍의 사람들이 전례를 따라서 여덟 마리 말을 늘어놓고 선택하라고 하자

종의 이름자와 같았으므로 후세 사람들이 모두 초명인 유로 불렀다. 자는 사온(士蘊), 호는 회헌(晦軒). 아버지는 밀직부사 부(孚)이다. 문과에 급제하여 교서랑(校書郎)을 거쳐 직한림원(直翰林院), 감찰어사, 판도사좌랑(版圖司左郎), 좌승지를 지내고, 좌우사낭중(左右司郎中)이 되었다. 안향은 원나라를 왕래하며 직접 주자서(朱子書)를 베껴오고, 섬학전(贍學錢)을 설치하는 등 성리학의 도입과 보급에 힘썼다.

34 양부(兩府) : 고려 문하부(門下府)와 밀직사(密直司)의 합칭.

35 내탕전(內帑錢) : 임금이 사사로이 쓰는 돈.

36 최석(崔碩, 생몰년 미상) : 고려 충렬왕 때의 문신. 1277년 탐라(耽羅)에 크게 기근이 들었을 때 위무차 순시하였다. 이후 벼슬이 누진하여 승평부사(昇平府使)가 되었다가 임기가 차서 1281년에 비서랑(祕書郎)이 되었다. 승평부사 시절의 덕행을 칭송하는 비석인 팔마비(八馬碑)를 세웠는데 현재는 순천시 죽도봉공원에 그를 기리는 팔마탑이 세워져 있다.

37 순효왕은 고려의 충렬왕을 이른다.
충렬왕(忠烈王, 1236~1308) : 고려 제25대왕. 재위 1274~1308년. 본관은 개성(開城). 이름은 거(昛), 초명은 심(諶)·춘(賰). 재위 기간 동안 몽고풍이 유행하였고, 원세조의 강요에 의한 1, 2차의 일본 정벌이 있었다. 원의 간섭이 심화되었고 정사를 돌보지 않고 왕위를 둘러싼 분란이 자주 일어났으며 국고의 고갈과 관리와 귀족의 적폐가 심각한 수준에 이르렀다.

38 승평부(昇平府) : 전라남도 순천시의 통일신라시대와 고려시대 이름.

39 읍쉬(邑倅) : 고을의 장관.

석이 웃으며 말하기를, "어떤 말이라도 능히 서울에 도착할 것이니 어찌 반드시 좋은 말을 선택하겠는가"라고 하였다. 암말을 타고 집에 이르니 말이 망아지를 낳거늘 그 망아지까지 아울러서 읍의 사람들에게 돌려주었다. 이로부터 말을 주는 폐단이 마침내 끊어졌다.

제4 침정(沈靜)[40]

포은 선생 정몽주[41]가 일찍이 바다에 배를 띄워 중국에 사행을 갈 때였다. 바람과 파도가 위험함에 배 안의 사람들이 놀라 움직이며 모두 어찌 할 바를 몰랐다. 그런데 선생은 뜻과 생각이 더욱 가지런하고 정신은 더욱 맑아 옷깃을 모으고 높이 두 손을 맞잡아 방 가운데에 앉아 있는 것과 같았다.

40 침정(沈靜) : 마음이 차분한 상태.

41 정몽주(鄭夢周, 1337~1392) : 본관은 영일(迎日). 초명은 몽란(夢蘭) 또는 몽룡(夢龍), 자는 달가(達可), 호는 포은(圃隱). 운관(云瓘)의 아들이다. 관로에 나가 우산기상시(右散騎常侍), 전공사(典工司)·전법사(典法司)·판도사(判圖司)의 판서를 역임하였다. 여진과 왜구의 토벌에 참여했으며 배명친원의 외교 정책을 폈고 이학(理學)에 조예가 깊었다. 정승에 올랐으나 이성계의 왕위 추대를 반대하여 이방원의 문객 조영규(趙英珪) 등에게 살해되었다. 저서로 『포은집(圃隱集)』이 전하고 있다.

제5 격물

서경덕[42]은 어린 시절에 집안이 가난하여 밭 사이에 가서 채소를 캘 때 날마다 늦게 돌아갔는데 채소가 광주리에 가득 차지 못하였다. 부모가 그 이유를 묻자 말하기를, "밭 사이에 새가 있어 첫 날에는 땅에서 한 치 정도 떨어져서 날았고 두 번째 날에는 두 치였고 세 번째 날에는 세 치였다. 점차 위를 향하여 날아감에 이 새를 관찰하고 그 이치를 깊이 생각하므로 날마다 지체하게 되었으며 채소가 광주리를 채우지 못하였던 것입니다"고 하였다. 그 새는 이름이 종종이라 봄이 오자 땅의 기운이 상승함을 좇아서 점차 높게 날았던 것이다.

제6 천약(踐約)

문정공 조식[43]이 속리산에 들어가 성제원[44]을 방문하고 다음 해 팔

42 서경덕(徐敬德, 1489~1546) : 본관은 당성(唐城). 자는 가구(可久), 호는 복재(復齋) 또는 화담(花潭). 31세 때 조광조에 의해 채택된 현량과(賢良科)에 추천을 받았으나 사양하고 개성 화담(花潭)에 서재를 세우고 연구와 교육에 더욱 힘썼다. 그 후 생원시에 장원급제하였으나 벼슬을 단념하고 더욱 성리학의 연구에 힘썼다. 송대의 주돈이(周敦頤) · 소옹(邵雍) 및 장재(張載)의 철학사상을 조화시켜 독자적인 기일원론(氣一元論)의 학설을 제창하였다. 저서로는 『화담집(花潭集)』이 있다.

43 조식(曹植, 1501~1572) : 본관은 창녕(昌寧). 자는 건중(楗仲, 健中), 호는 남명(南冥). 승문원판교 언형(彦亨)의 아들이다. 여러 차례 왕의 부름을 받았지만 나가지 않았고, 오직 연구와 교육에만 힘썼다. 그는 단지 학문을 알기보다는 반궁체험(反躬體驗)과 지경실행(持敬實行)이 더욱 중요하다고 주장하였다. 특히 경의(敬義)를 높이 여겼고, 그의 문인들은 임진왜란이 일어나자 의병활동에 참여, 국가의 위기 앞에 투철한 선비정신을 보여주었다. 저서로는 『남명집(南冥集』, 『파한잡기(破閑雜記)』 등이 있다.

44 성제원(成悌元, 1506~1559) : 본관은 창녕(昌寧). 자는 자경(子敬). 성여완(成汝完)의 고손

월 십오일에 가야산 해인사에서 만나기로 기약하였는데 그 기일에 이르러 큰 비가 날마다 연속해서 내렸다. 조공이 비를 무릅쓰고 가서 절의 문에 이르니 제원이 이미 도착하여 도롱이를 바야흐로 벗고 있었다.

제7 공직

충무공 이순신[45]은 발포 만호[46]로 있을 때에 좌수사[47] 성단이 관아 뜰에 있는 오동을 베어 갖고자 하였다. 공이 따르지 않고 말하기를, "이것은 조정의 물건이거늘 사적인 욕심으로 베는 것이 어찌 옳겠는가" 하였다.

(高孫)으로, 아버지는 장흥부사(長興府使) 성몽선(成夢宣)이다. 유우(柳藕)의 문하에서 수학하였고, 과거공부보다는 고도(古道)를 익히는데 힘썼다. 산경(山經) · 지지(地誌) · 의학(醫學) · 복술(卜術)에도 관심을 기울였다. 1552년에 관찰사(觀察使)가 효행으로 조정에 아뢰고, 유일(遺逸)로 천거하여 1553년 6품관에 제수되었다가 이어서 보은현감(報恩縣監)에 보직되었다.

45 이순신(李舜臣, 1545~1598) : 본관은 덕수(德水). 자는 여해(汝諧). 아버지는 정(貞)이다. 1576년 식년무과에 병과로 급제하였고, 만포첨사, 진도군수, 정읍현감 등을 거쳐 47세가 되던 해에 전라좌도수군절도사가 되었다. 임진왜란이 발발된 후, 여러 해전에서 빛나는 승리를 이루어냈고 삼도수군통제사가 되었다. 1597년 정유재란이 일어나자 원균과 왜군의 모략으로 백의종군하였으나, 원균의 칠천량 패배 이후에 다시 통제사로 기용되었고 명량대첩 이후에 노량해전에서 순국하였다. 저서로는 『난중일기(亂中日記)』가 있다.

46 만호(萬戶) : 조선시대 각도(各道)의 진(鎭)에 딸린 종사품(從四品) 무관직(武官職).

47 좌수사(左水使) : 조선조 좌수영(左水營)의 수사(水使). 좌수영은 수군절도사가 머무르는 영으로 9대 성종 10년 이후에 전라도 순천에 전라 좌수영, 17대 효종 이후에 경상도 동래에 경상 좌수영을 두었다.

그러자 성단이 비록 마음으로는 화가 났으나 수행하지 못하고 그 후 전최[48]에서 공을 폄하하고자 하였다. 그러자 도사[49] 조헌[50]이 반대하기를, "이순신의 공적이 한 도에 으뜸이니 차라리 여러 진을 다 폄하할지언정 순신은 가히 폄하할 수 없다"고 하여 이에 멈추었다.

제8 의용

충익공 곽재우[51]는 임진란에 모든 도가 연속해서 함락되어 여러 진의 주장과 방백,[52] 수재[53]가 모두 깊은 산으로 피난했다는 소식을 듣고 이에 성내고 꾸짖어서 말하기를, "성조께서 여러 신하를 기르신 지 이백여 년이다. 하루 아침에 위급하게 되자 모두 자신만을 보전할 계책을 만들고 국가의 난을 돌아보지 않으니 오늘날에 초야에서 일어나지 않으면 전국에 한 명의 남자가 없다고 할 것이다. 어찌 만고의 부끄러움이 아니겠는가" 하였다. 그리고 병사를 일으켜 큰 공을 세웠다.

---

48 전최(殿最) : 고려 · 조선 시대에, 관찰사가 각 고을 수령의 치적을 심사하여 중앙에 보고하던 일. 전(殿)은 맨 아래 등급을, 최(最)는 맨 위 등급을 말하는데, 고과 평정의 뜻으로 썼으며, 해마다 음력 유월과 섣달에 시행하였다.

49 도사(都事) : 조선조 때 주로 관리의 감찰과 규탄을 맡아보는 종5품의 벼슬.

50 조헌(趙憲, 1544~1592) : 본관은 배천(白川). 자는 여식(汝式), 호는 중봉(重峯) · 도원(陶原) · 후율(後栗). 응지(應祉)의 아들이다. 등과하여 호조좌랑 · 사헌부감찰을 거쳐, 다시 공조좌랑 · 전라도도사를 역임하였다. 관직에서 물러난 뒤에는 옥천군 안읍밤티로 들어가 제자 양성과 학문탐구에 전념하였다. 임진왜란이 일어나자 옥천에서 문인 이우(李瑀), 김경백(金敬伯) 등과 의병 1,600여명을 모아, 영규(靈圭)의 승군(僧軍)과 합세하여 청주성을 수복하였다. 그 후에 금산 전투에서 분전하다가 전사하였다.

51 곽재우(郭再祐, 1552~1617) : 본관은 현풍(玄風). 자는 계수(季綏), 호는 망우당(忘憂堂). 황해도관찰사 월(越)의 아들이고, 조식(曺植)의 외손서이다. 1585년 별시(別試)의 정시(庭試) 2등으로 뽑혔으나, 글이 왕의 뜻에 거슬려서 발표한 지 수 일 만에 무효가 되었다. 임진왜란이 일어나자 곧 의병을 일으켜 관군을 대신해서 싸웠다. 의령을 중심으로 이웃인 현풍 · 창녕 · 영산 · 진주까지를 그의 작전지역으로 삼고 2천 인의 의병을 휘하에 두고, 많은 전공을 세웠다. 저서로는 『망우당집(忘憂堂集)』이 있다.

52 방백(方伯) : 관찰사를 이름.

53 수재(守宰) : 수령을 이름.

제9 병공(秉公)

문청공 이후백[54]은 재상이 되어서 공도를 숭상하고 청탁을 받지 않았다. 매번 한 관직을 상량하면 반드시 그 사람의 마땅함의 여부를 널리 물었으며 혹 합당하지 못한 사람을 잘못 제수하면 밤이 다하도록 잠들지 못하여서 말하기를, "내가 국사를 잘못하였다"고 하였다.

제10 자성

황종해[55]는 다른 사람과 더불어 사귐에 그 착하지 못함이 있으면 반드시 말하되 고치지 아니 하면 스스로 반성하여 말하기를, "말을 믿지 않음은 나의 허물이다"고 하고 성의로써 스스로 근면하였다.

제11 시혜

문강공 이지함[56]은 모산수의 데릴사위가 되었는데 제사를 지내는 다음날에 나갔다가 해가 져서 돌아오자 집안 사람들이 그 새 두루마

---

54 이후백(李後白, 1520~1578) : 조선 중기의 문신. 본관은 연안(延安). 자는 계진(季眞), 호는 청련(靑蓮). 관찰사 숙함(淑瑊)의 증손으로, 현감 원례(元禮)의 손자이며, 국형(國衡)의 아들이다. 1555년 식년문과에 병과로 급제하여 승문원주서를 거쳐, 형조판서가 되고 다음해 평안도관찰사가 되어 선정을 베풀었다. 그 뒤 이조판서와 양관(兩館)의 제학과 호조판서를 역임했다. 문장이 뛰어나고 덕망이 높아 사림의 추앙을 받았다. 저서로는 『청련집(靑蓮集)』이 있다.

55 황종해(黃宗海, 1579~1642) : 조선 중기의 학자. 본관은 회덕(懷德). 자는 대진(大進). 조부는 황윤림(黃潤琳)이고, 부친은 황덕휴(黃德休)이다. 1613년(광해군 5)에 광해군이 대비를 서궁(西宮)에 유폐하자 과거 공부를 폐하고 세상에 나오지 아니하였다. 이후 장유(張維)와 최명길(崔鳴吉) 등이 천거했으나 벼슬하지 않았다. 도학(道學)에 깊은 관심을 가져 김장생(金長生)을 만나 예(禮)를 논하고 묻기도 하였다. 저서로는 『후천집(朽淺集)』이 있다.

56 이지함(李之菡, 1517~1578) : 본관은 한산(韓山). 자는 형백(馨伯) 또는 형중(馨仲), 호는 수산(水山) 또는 토정(土亭). 서경덕의 문하에서 큰 영향을 받았다. 주민의 추천으로 청하(淸河 : 지금의 포천)현감이 되어 재직 중에 임진강의 범람을 미리 알아 많은 생명을 구제하였고, 아산현감으로 부임하여 걸인청(乞人廳)을 만들어 걸인과 노약자를 구호하였다. 토정이 복서에 밝다는 소문이 점차 퍼져 신수를 보아달라는 요구가 많아서 지은 책이 『토정비결(土亭秘訣)』이라고 알려져 있다. 저서로는 『농아집(聾啞集)』이 있다.

기가 없어짐을 보고 물었다. 그러자 대답하여 말하기를, "사제교를 지나다가 구걸하는 아이가 동상에 걸린 것을 보고 칼로 베어내어 세 아이에게 옷을 입혔다"고 하였다.

제12 치가

유정모는 글을 읽고 집안을 다스림에 허식을 제거하고 실질을 좇아서 발을 짜고 새끼를 꼬며 가지 한 두둑 그리고 포도 한 시렁을 파종하여 때로 팔았다. 집안 식구 열 명이 그 건장하고 허약함을 따라서 직업이 모두 있음으로 각각 그 삶을 위한 바탕으로 삼으니 집안의 일이 질서 정연하게 법도가 있어서 가난하나 굶주리지는 않았다.

제13 도량

하진[57]은 진주인이다. 어린 시절에 함께 공부하던 아이가 한 번 성이 나서 다투다가 공의 신을 빼앗아 우물에 던져 넣었는데 공은 성난 얼굴빛이 거의 없었다. 다른 사람이 물어 보니 "이러한 일이 처음부터 없었다"고 하였다.

초등수신 마침

57 하진(河瑨, 河溍, 1597~1658). 본관은 진주(晋州). 자는 진백(晋伯), 호는 태계(台溪). 대사간 결(潔)의 7세손으로, 공효(公孝)의 아들이며 이각(李殼)의 문인이다. 1633년 증광문과에 갑과로 급제, 사재감직장(司宰監直長)에 임명되었으나 부모봉양을 이유로 취임하지 않았다. 병자호란이 일어나자 의병장에 추대되어 상주에 이르렀다가 아버지의 상으로 집으로 돌아갔다. 그 후 병조낭관 · 헌납 · 지평을 거쳤으나 김자점(金自點)의 전횡을 탄핵하고 사직하였다. 저서로 『태계문집(台溪文集)』이 있다.

초등여학독본

『초등여학독본』 해제

김수경

1. 저자

저자인 이원긍(李源兢, 1849~미상)은 구한말의 교육자이다. 1873년 진사 시험에 합격하여 총리교섭사무아문(總理交涉事務衙門)의 주사(主事)로 근무했고, 1906년부터 1907년까지 평리원(平理院)재판장(裁判長)서리(署理)를 겸임한 바 있다.[1] 1904년에는 이준(李儁), 유성준(兪星濬), 전덕기(全德基), 박정동(朴晶東) 등과 함께 국문교육회를 조직하여 교육구국운동을 전개하였다고 한다.[2] 『초등여학독본』은 그가 53세에 저술한 책으로, 그의 교육관은 '지식을 기르는 것과 몸을 기르는 것을 쓰임[用]으로 삼고, 덕을 기르는 것을 기반[基]으로 삼는다'는 지 · 덕 · 체의 합일을 중요시하였고, 특히 여성교육은 그 가운데 덕이 가장 중요하다고 생각하였다.[3]

---

1 국사편찬위원회, 『大韓帝國官員履歷書』, 464면.

2 유자후, 『이준(李儁)선생전』, 동방문화사, 115면. 정경숙(1988), 37면에서 재인용.

3 이원긍, 『初等女學讀本』, 「序言」, 1~2면.

2. 구성

1권 31면으로 되어있으며 명륜편(明倫篇), 입교편(立敎篇), 여행(女行), 전심(專心), 사부모(事父母), 사부(事夫), 사구고(事舅姑), 화숙매(和叔妹) 등 큰 제목이 8편, 각각의 편목에 다시 세부 항목이 나뉘어 들어가 총 51개의 단원으로 되어있다. 전체적으로 『소학(小學)』의 구성을 본받고 있으며, 장의 구성으로 볼 때 전통적인 가족 관계 내에서 가족적 질서의 존중, 겸양, 예절, 순종 등을 여성의 기본적인 덕목으로 파악한 것으로 생각된다. 토만 달려있는 정도의 국한문혼용체이며, 바로 옆에 한글로 풀어쓴 내용을 병기하였다.

3. 내용

서언(序言)에서 우리나라의 여자들은 교육받을 기회가 매우 적어 스스로 자립할 줄을 모른다는 점을 지적하고 '1) 배우는 것이라고는 다만 재봉과 요리뿐으로 다른 사람에게 이바지할 수 있는 기술만 중요하게 생각하거나, 연지분을 발라서 얼굴을 꾸미는 데만 힘을 쓴다. 2) 글을 아는 여자가 있더라도 음풍농월(吟風弄月)하거나 흥청거리는 말 짓기를 즐겨서 재주 많은 여자라는 이름만 경박하게 얻고자 한다. 3) 결국 민족의 반이나 되는 수(數)를 쓸모없는 사람이 되게 만들었다. 4) 지금에

와서 풍습이 크게 열리고 여자의 권리가 비로소 해방을 맞았으니 남자를 가르치는 것보다는 여자를 가르치는 것이 더욱 급하다' 라고 이 책의 편찬 동기를 말하고 있다. 이어서 저자는 '덕, 지, 체' 가운데 '덕'을 가르치는 것이 여자교육의 기반이 되어야 한다는 인식에서 '여계(女戒)', '내칙(內則)', '가훈(家訓)' 가운데 일상생활에서 지켜야 하는 도리와 관련된 것을 채집하여 독본을 짓는다고 밝힘으로써 당시의 여자교육이 전통적인 수신 교육의 연장선상에 있음을 분명히 하고 있다.

전체의 내용은 명륜편(明倫篇), 입교편(立教篇), 여행(女行), 전심(專心), 사부모(事父母), 사부(事夫), 사구고(事舅姑), 화숙매(和叔妹) 등 8개의 장으로 나누어져 있고, 각 장은 다시 몇 개의 세부 항목으로 나뉘어 전체는 51개의 과로 구성되어 있다. 앞 부분의 '명륜(明倫)'장에서는 삼강오륜에 나오는 부부유별(夫婦有別)과 부화부순(夫和婦順)을 언급하면서 '음과 양이 서로 성질이 다르고 남과 여가 서로 행함이 다르니, 남자는 양의 굳센 것으로 덕을 삼고 여자는 음의 부드러운 것으로 쓰임을 삼는다. 사람이 처음 생겨났을 때, 사람의 권리는 남자와 여자가 동등하여 본디부터의 자유가 있는 것이고 지적인 능력 역시 남녀가 같아서 각각 잘하는 바가 있다. 그런데도 남자만 중요하게 여기고 여자는 중하게 여기지 않으니 공평치 못하다'고 천명하여, 인권에 있어서는 남녀가 동등함을 확연하게 밝히고 있다. 그러나 이후에 전개되는 2장 '입교(入教)'장에서는 여자가 출가하기 전 「여범(女範)」을 배우고 부녀자로서의 예를 숙지하여, 친정부모에게 폐가 되지 않게 하고, 가정을 책임지며 자녀를 잘 교육시켜야 한다고 하여, 여성 교육의 가장 큰 목적이 훌륭한 어머니나 순종적인 며느리, 아내가 되는 데 있다는 것을 강조한다.

이어 3장 '여행(女行)'과 4장 '전심(專心)'장은 『내훈(內訓)』에서 말하는 여자가 지켜야할 네 가지 행실[四行]을 그대로 옮겨서 스스로의 행실을 닦을 것을 말하고 있으며, 5장 '사부모(事父母)'도 『소학』, 『내훈』, 『우암선생계녀서』등에 있는 내용을 가져와 부모님께 효도하는 구체적인 방법을 8가지로 분류 서술하고 있다. 제6장 '사부(事夫)'장이 부부(夫婦), 경순(敬順), 불경(不敬), 불순(不順)등 14과로 가장 많은 부분을 할애하고 있다. 장 제목에서도 알 수 있듯 이 장은 아내가 남편 섬기기를 의(義)로는 신하가 임금 섬기듯 하고, 친(親)으로는 아들이 아비 섬기듯 하고, 정(情)으로는 아우가 형을 대하듯 하는 것이 마땅한 도리라고 하였다. 이어 7장 '사구고(事舅姑)'는 시부모를 섬기는 방법이, 8장 '화숙매(和叔妹)'는 시동생 시누이와 화목하게 지내는 방법이 서술되어 있다.

4. 가치

『초등여학독본(初等女學讀本)』은 서언(序言)에서 밝힌 대로 전통사회 여성의 수신 교육이라는 맥락을 그대로 답습하고 있다. '명륜(明倫)'장에서 남녀가 동등(同等)하고 동권(同權)을 누릴 수 있는 사회를 말하거나, 제14과 '의뢰(依賴)'에서 '여성에게는 남에게 의존하고자 하는 마음이 많이 있는데, 오늘날에는 남녀의 권리가 같으니 여자라도 학문을 닦으면 장사도 하고 벼슬도 할 수 있다'고 하여 여성의 독립심을 촉구한 부분에서는, 간혹 근대적 여성의 권리나 남녀가 동등한 이상사회에 대한 언급을 찾아볼 수는 있다. 여성의 권리가 해방된 당시의 상태에서 더 나아가 남녀의 권리가 동등한[男女同權] 사회로 전환될 것까지를 강조한 점은 이채롭기까지 하다. 그러나 그렇게 되기까지의 과정은 시가(媤家) 중심의 전통적인 가족 질서를 잘 지켜나가고, 겸양, 예절, 순종적 태도를 강요하는 것으로 결국 여성교육은 좋은 어머니, 좋은 아내, 좋은 며느리가 되기 위한 목적에 집중되어 있음을 알 수 있다.

이렇게 『초등여학독본(初等女學讀本)』은 전통사회의 여성교육서를 대체로 답습하고 있어 남녀 구분이 엄격하게 남아있던 20세기 초반의 분위기를 잘 반영하고 있는 여학생용 수신 교과서이다. 남녀의 권리가 같다는 점이나 여성의 독립성, 또는 학문의 필요성을 역설하고는 있으나, 기존의 전통적 수신서가 고수하고 있는 여성의 역할을 그대로 반영하고 더욱 강조했다는 점에서 새롭다고 볼 수는 없을 것이다. 이렇게 현재의 관점에서 재해석이 필요한 부분이 많고 어떤 내용은 시대의 흐름과 정면으로 배치되기도 하지만 당시의 여성교육이 지향하고자 했던 목표와 내용을 확인할 수 있다는 점, 그리고 자기 수행의 구체적인 측면을 상세하게 제시해 놓았다는 점에서 의의가 있다고 하겠다.

목차 앞쪽에 '초등여학(初等女學) 제1년1학기 독본(讀本)'이라고 쓰여진 것으로 미루어볼 때, 소학교에 입학한 첫 학기 여학생들을 대상으로 삼고 있다는 것을 알 수 있다. 본문은 한문 문장에 한글로 토를 달아놓은 국한문혼용체이며, 바로 옆에 순한글로 번역문을 병행하여 게재하였다. 이는 한문의 교육 배경이 없는 여학생이라도 쉽게 읽을 수 있도록 배려한 것으로, 비교적 폭넓은 계층의 여성을 대상으로 한 저술이라는 점도 함께 지적해야 할 것이다.

초등여학독본

머리말

교육은 지혜를 기르는 것과 몸을 기르는 것으로 쓰임을 삼고, 덕을 기르는 것으로 기반을 삼는다. 무릇 교육을 하고자 하는 사람은 모두 이를 모범으로 하되, 여학생에게 덕을 가르치는 것이 더욱 중요하다. 그 까닭은 우리나라의 여자들은 교육받을 기회가 매우 적어 스스로 자립할 줄을 모르기 때문이다. 배우는 것이라고는 다만 재봉과 요리뿐으로 다른 사람에게 이바지할 수 있는 기술만 중요하게 생각하거나, 연지분을 발라서 얼굴을 꾸미는 데만 힘을 쓰니, 이런 가운데 덕을 어찌 기를 수 있겠는가. 이따금 글을 읽을 수 있는 여자가 있기는 하지만, 음풍농월(吟風弄月)하거나 홍청거리는 말 짓기를 즐겨서 재주 많은 여자라는 이름만 경박하게 얻고자 하여 보는 사람의 마음을 어지럽게 만들 따름이다. 이런 정도라면 아무런 득 되는 바가 없을 뿐 아니라 교화(教化)의 측면에서도 어긋나니, 그런즉 여자는 재주가 없는 편이 오히려 덕이 있다고 여기게 된다. 이에 따라 여자를 꼭꼭 가두어두고 이천만 민족의 반이나 되는 이들을 아무 소용도 없는 사람으로 만들어 버리는 것이다. 아아, 지금에 와서 풍습이 크게 열리고 여자의 권리가 비로소 해방을 맞았으니 남자를 가르치는 것보다는 여자를 가르치는 것이 더욱 급하다. 처음 배우기를 시작할 때 수신(修身)을 마땅히 먼저 가르쳐야 덕을 기르는 교육으로써 기반이 잡힌다 할 것이다. 덕의 가르침이 제대로 이루어진 다음에 지식과 몸의 가르침이 서로 보완되어 간다면 여자들의 성장이 남자들과 더불어 장차 같아질 것이다. 이런 까닭으로 여계(女誡)와 내칙(內則)과 가훈(家訓)에서 여자가 매일매일 행하는 도리를 채취하여 여학독본(女學讀本)을 엮어내니, 각 과에서 말하는 바가 모두 반드시 행해야 할 것들이다. 이는 옛사람의 말과 행동만 미련하게 서술한 것이 아니니 스스로 고루함을 무릅쓰고 여학생들에게 일말의 도움이라도 되기를 간절히 바란다.

융희(隆熙)2년 2월 토한(土澣) 저자 씀.

목차

명륜에 대한 장[明倫章]

제1과 인륜(人倫)(1)
제2과 인륜(2)
제3과 인권(人權)

입교에 대한 장[立教章]

제4과 여자를 가르치는 법
제5과 정(貞)과 열(烈)의 중요성
제6과 여자는 한 집안의 근본
제7과 배워야 하는 도리

여자의 행실에 대한 장[女行章]

제8과 여자가 지켜야 할 행실 네 가지(1)
제9과 여자가 지켜야 할 행실 네 가지(2)
제10과 여자의 덕(德)
제11과 여자의 말[言]
제12과 여자의 용모[容]
제13과 여자의 일솜씨[功]

마음을 다하는 것에 대한 장[專心章]

제14과 마음을 다할 것(1)
제15과 마음을 다할 것(2)
제16과 내외(內外)하는 법
제17과 마음을 닦는 법
제18과 몸을 닦는 법

부모 섬기기에 대한 장[事父母章]

제19과 부모님께 효도하는 법
제20과 음식을 드릴 때
제21과 뜻을 받들 때
제22과 무남독녀(無男獨女)일 때
제23과 병환이 나셨을 때
제24과 꾸짖으실 때
제25과 미워하실 때
제26과 귀하게 기른 딸이 교만할 때

남편 모시기에 대한 장[事夫章]

제27과 지아비와 지어미 사이
제28과 신행(新行)할 때의 마음가짐
제29과 공경하고 순종할 것
제30과 늘 함께 있으면서도 방자(放恣)하지 않을 것
제31과 남편이 밥벌이를 잘 못할 때
제32과 남편을 업수이 여기지 않을 것
제33과 남편에게 말할 때
제34과 남편이 화를 낼 때
제35과 남편이 병이 났을 때
제36과 남편이 외출했을 때
제37과 게으른 지어미를 본받지 않을 것
제38과 현명한 지어미를 본받을 것
제39과 친정나들이를 자주 하지 않을 것
제40과 남편에게 너무 의존하지 말 것

시부모 모시기에 대한 장[事舅姑章]

제41과 문안 드리기
제42과 뜻을 굽혀 순종할 것
제43과 시부모의 사랑이 중요한 까닭
제44과 여헌(女憲)에 이른 말

•

제45과 맏며느리의 소임
제46과 음식 주관하는 법
제47과 며느리를 학대하는 시어머니
제48과 버릇없는 며느리

시동생 시누이와 화목하기에 대한 장[和叔妹章]

제49장 시동생과 시누이
제50장 시비를 가리지 말 것
제51장 겸손하고 순종할 것

초등여학 제1학년 제1학기 독본

명륜에 대한 장

제1과 인륜(人倫)(1)

사람이 지켜야 할 도리로서 다섯 가지의 인륜(人倫)이 있다. 아버지와 아들은 친근함이 있으며, 임금과 신하는 의리가 있으며 부부 사이에는 분별이 있으며 나이가 많은 사람과 적은 사람은 차례가 있으며 벗 사이에는 신의가 있으니, 이를 다섯 가지 인륜이라고 말한다. 대개 인륜이란 것이 부부로부터 시작되었으니, 태초에 하나님께서 한 남자와 한 여자를 만드시고 축복하기를 '낳아서 길러 땅에서 번성하라'고 하셨다.

제2과 인륜(2)

임금은 의롭고 신하는 충성하며, 아비는 자애롭고 아들은 효도하며, 지아비는 화평하고 지어미는 지순하며, 형은 우애하고 아우는 공손하며, 벗 사이는 어짊으로 서로 도우니, 오륜(五倫)은 하나님이 내리신 어진 성품이요, 사람이라면 마땅히 갖춘 아름다운 덕이다. 사람이 오륜을 모른다면 새와 짐승과 다름이 없을 것이다.

제3과 인권(人權)

음(陰)과 양(陽)이 서로 성질이 다르고 남과 여가 서로 행함이 다르니, 남자는 양의 굳센 것으로 덕을 삼고 여자는 음의 부드러운 것으로 쓰임을 삼는다. 사람이 처음 생겨났을 때, 사람의 권리는 남자와 여자가 동등하여 본디부터의 자유가 있는 것이고 지적인 능력 역시 남녀가 같아서 각각 잘하는 바가 있다. 그런데도 남자만 중요하게 여기고 여자는 중하게 여기지 않으니 공평치 못하다.

입교에 대한 장

제4과 여자를 가르치는 법

『예기(禮記)』에 이르기를, 남녀가 여섯 살이 되면 숫자와 각 방향의 이름을 가르치고 일곱 살이 되면 남녀가 한자리에서 먹지 않으며 한자리에 같이 있지 않는다. 여덟 살에는 예의를 지키고 공손한 태도를 지니도록 가르치며 열다섯 살이 되면 비녀를 꽂고 스무 살이면 시집을 가니, 시집가기 전에 모름지기 여자가 지켜야 할 범절을 배워야 한다. 어려서 배우는 것은 성장한 후에 잘 행할 수 있도록 하는 것이다.

제5과 정(貞)과 열(烈)의 중요성

무릇 여자라면 먼저 자기의 기반을 확립하는 법을 배워야 하니, 여자가 자기의 기반을 확립하는 법은 정(貞)과 열(烈)뿐이다. 정(貞)이란 뜻이 한결같다는 것이고, 열(烈)이란 행실이 온전하다는 것이니, 옛적 덕이 높고 어진 여자들의 정(貞)한 지조와 열(烈)한 행실이 역사 속에 적혀 있으니 본받아 힘써 행해야 할 것이다.

제6과 여자는 한 집안의 근본

한 나라의 근본은 백성에게 있고 한 집안의 근본은 여자에게 있으니, 여자가 배우지 못하면 집에 어진 아내가 없고 어진 아내가 없으면 또한 어진 어미가 없어 가정교육을 받을 곳이 없다. 그러므로 여자의 배움이 남자의 배움보다 급하다고 하는 것이다.

제7과 배워야 하는 도리

여자가 점점 나이 먹으면 장차 시집을 가야 하니 지금 배우지 않으면 안 된다. 시부모를 모시는 법이나 며느리로서 지켜야 할 도리를 배우지 않은 채 남의 집에 시집을 가게 되면 체모를 잃게 되고, 일이 돌아가는 이치에 통달하지 못하면 업수이 여김을 받고 부모에게까지 욕을 끼치게 된다. 아아, 그러니 여자들이여 어찌 배우지 않느냐?

여자의 행실에 대한 장

제8과 여자가 지켜야 할 행실 네 가지(1)

여자가 반드시 지켜야 할 행실이 네 가지 있으니, 첫째 덕(德)이요, 둘째 말[言]이요, 셋째 용모[容]이요, 넷째 일솜씨[女功]이다. 마음을 베푸는 것이 덕(德)이니 마음을 쓸 때는 늘 순(順)해야 한다. 입이 베푸는 것이 말이니 늘 삼가야 한다. 용모를 꾸미는 것이 얼굴[容]이니 늘 단정해야 한다. 몸의 힘쓰는 것이 공(功)이니 늘 부지런해야 한다.

제9과 여자가 지켜야 할 행실 네 가지(2)

재주와 지혜가 총명한 것이 여덕(女德)이 아니니, 재주가 뛰어나면 덕이 부족하다. 입이 빠르고 말을 잘한다고 여언(女言)이 아니니, 말이 많으면 실수가 많다. 안색이 아름답고 고운 것이 여용(女容)이 아니니, 지극히 아름다우면 반드시 악한 데가 있다. 손재주가 정교하다고 여공(女功)이 아니니, 바늘 하나로 쌍룡(雙龍)을 수놓은들 궁상(窮狀)을 면치 못할 수도 있다.

제10과 여자의 덕(德)

맑고 한가하고 곱고 고요한 것이 성품의 덕이요, 효도하고 공경하고 부드럽고 순한 것이 행실의 덕이다. 예절을 깍듯이 지켜서 모범이 될 만하고, 행동이 지극히 공손하여 법도가 있는 것이 여덕(女德)이니, 덕이 있는 사람은 복도 있어서 일생이 평강(平康)하다.

제11과 여자의 말[言]

말을 가려서 하되 악한 말은 하지 않고, 입을 다물고 마음을 닦아서 예가 아니면 말을 하지 않고 말을 하면 반드시 절조에 맞는 것이 여언(女言)이다. 그런 까닭에 '말은 마음이 내는 소리다'는 말이 있다. 착한 사람의 마음에는 착한 것이 쌓여 착한 말이 나오고 악한 사람의 마음에는 악한 것이 쌓여 악한 말이 나오는 법이다.

제12과 여자의 용모[容]

때맞춰 목욕하여 몸에 때가 없고, 때맞춰 빨래하여 옷이 항상 깨끗하고 조촐하며, 분을 바르지 않아도 얼굴이 단정한 것이 여용(女容)이다. 이런 여자는 색(色)을 자랑하지 않고 그 얼굴이 늘 덕에 있다. 무염[1]이 비록 못생겼지만 제(齊)나라의 왕비로 택함을 받아 나라가 크게 다스려졌다.

제13과 여자의 일솜씨[功]

다섯 가지 밥을 정갈하게 마련하며 술과 장을 잘 담그고 옷을 꿰매고 만들며 다만 규방 안을 쓸고 닦을 뿐 문 밖에는 뜻이 없는 것이 여공(女功)이다. 무릇 여자가 시집오기 전 친정에 있을 때 너르게 일을 배워, 키질 빗질 물긷기 절구질까지 다 할 수 있어야 시집을 가서도 살림을 잘 할 수 있다.

---

1 무염(無鹽) : 중국 제나라의 지명. 못생긴 것으로 이름 높은 제나라 선왕(宣王)의 비 종리춘(鍾離春)이 태어난 고장이다.

마음을 다하는 것에 대한 장

제14과 마음을 다할 것(1)

여자의 귀한 바는 그 마음이 하나의 전체로서 통일되는 데 있다. 용모를 단정히 하여 귀는 엿듣지 말고 눈은 엿보지 말며 나들이할 때 지나치게 치장하지 말고 들어와서도 너무 꾸밈없이는 말 것이다. 무리를 지어 모여서 다른 사람을 손가락질하거나 비웃고 떠들지 말고 동네방네 다니면서 쓸데없이 시시비비를 따지지 말 것이다.

제15과 마음을 다할 것(2)

다닐 때 머리를 두리번거리지 말고, 말할 때 입술을 내밀지 말고, 앉을 때 무릎을 움직이지 말고, 설 때 치마를 만지지 말고, 기뻐도 크게 웃지 말고, 성이 나도 소리를 지르지 말 것이다. 이것들은 모두 천하고 가벼운 여자들이 하는 행동이니, 조심해서 어기지 말도록 해야 한다.

제16과 내외(內外)하는 법

남자는 밖에 거하고 여자는 안에 거하니, 남녀는 무리를 달리 하고 밖과 안에 각각 처해야 한다. 여자가 별다른 일도 없이 바깥에 나가지 말 것이며, 혹 손님이 오더라도 문틈으로 엿보아서는 안 된다. 밖에 나갈 일이 있거든 고개를 숙이고 내 걸음만 보면서 몸가짐을 잃어서는 안 될 것이다. 밤나들이를 갈 때는 반드시 촛불을 잡고 가야 하니 만일 촛불이 없다면 나들이를 그만두어야 한다.

제17과 마음을 닦는 법

마음은 머리나 얼굴과 같으니, 머리는 꾸미지 않으면 헝클어지고 얼굴은 씻지 않으면 더러워진다. 마음 또한 날마다 닦지 않으면 악해지는 것을 어찌 생각하지 못하는가.

거울을 보면서 얼굴을 씻을 때 그 마음도 깨끗해지기를 생각할 것이며, 얼굴에 분을 바를 때도 그 마음이 화평해지기를 생각하며, 머리에 기름을 바를 때도 그 마음 또한 윤택해지기를 생각하며, 머리를 빗을 때도 그 마음 다스리기를 생각하며, 땋은 머리를 바로잡을 때도 그 마음 바르기를 생각할 것이며, 머리카락을 살짝 뽑을 때도 그 마음에서 더러운 것을 물리치고 정돈하기를 생각할 것이다.

제18과 몸을 닦는 법

하루 세 때 목욕하는 것이 몸을 닦는 길이 아니요, 오색비단으로 좋은 옷을 해입는 것이 몸을 닦는 길이 아니다. 몸을 닦는 길은 덕(德)을 힘쓰며 말[言]을 삼가며 얼굴[容]을 닦으며 여자로서의 일[功]을 부지런히 하는 것이니, 이 네 가지 중에서 하나라도 빠지면 여자로서의 행실이 제대로 갖추어지지 못한 것이다. 여자로서의 행실을 갖추고자 한다면 마땅히 몸부터 닦을 것이요, 몸을 닦고자 하거든 마땅히 마음부터 온전하게 해야 한다.

부모 섬기기에 대한 장

제19과 부모님께 효도하는 법

부모님께 효도하는 것은 남자와 여자가 다름이 없으니, 집에 있을 때는 닭이 울거든 세수하고 머리 빗고 부모님의 침소에 가서 문안하며 아픈 데와 가려운 데를 주무르고 긁어 드려야 하며, 문밖을 출입할 때 부축해드리며 대야의 물을 받들어 세수하게 도와드리고 세수를 다 하시면 수건을 드려야 한다.

제20과 음식을 드릴 때

무엇을 잡수시겠는가 여쭈어 밥과 미음과 술과 단술과 잡탕과 그 밖의 것들을 원하시는 대로 드리고, 이불과 요를 개키고 방과 마루를

쓸어, 앉으려 하시거든 방석을 받들고 어느 방향으로 향하실 것인가를 여쭙고, 누우시기를 청하거든 이부자리를 받들고 어느 방향으로 발을 뻗으실 것인가 여쭐 것이다. 부모님의 베개와 안석과 지팡이와 신발은 일정하게 두는 곳이 있어서 옮기지 말도록 해야 한다.

제21과 뜻을 받들 때

음식은 입과 몸을 채우고 웃어른의 말씀에 순종하는 것은 어버이의 뜻을 채우는 것이니, 음식은 드리면서 공경하지 않는다면 한갓 먹이기만 하고 채우는 것이 아니요, 섬기면서 순종하지 않는다면 한갓 채우기만 하고 효도하는 것이 아니다. 음식은 달고 맛난 것으로 드리고, 대할 때는 가르치고 시키는 대로 순종할 것이다. 부모를 받들어 모시기에는 딸이 아들보다 낫다.

제22과 무남독녀(無男獨女)일 때

외동딸로 다른 형제가 없다면 부모가 의지하는 바는 오직 딸 하나뿐이니, 더욱 힘을 다해서 부모를 섬겨야 한다. 옛적에 딸이 늙도록 시집가지 않고 부모를 섬기는 일이 있었지만 이런 일을 반드시 본받아야 하는 것은 아니다. 다만 집에 있으면서 딸 노릇할 날[日]은 적고, 출가해서 며느리 노릇할 해[年]는 많다는 것을 잊지 말 것이다.

제23과 병환이 나셨을 때

부모가 병환이 나시거든 곁을 떠나지 말고 밤에도 옷을 벗지 말며 눈을 감고 졸지 말 것이다. 탕약(湯藥)을 손수 달여 찬지 더운지 입으로 맛보아 잡수시기를 권하며 깊은 밤 골방에서 하나님께 간절히 기도하여 회복하시기를 바라야 할 것이다. 지극한 정성은 하늘도 감동하신다.

제24과 꾸짖으실 때

부모가 꾸지람하시거든 발끈 성내지 말고 머리를 숙여 공손히 들어야 한다. 또 그러기 전에 허둥지둥하면서 잘못을 저지르지 말 것이다. 내 마음에 스스로 물어보되 어떻게 하면 잘못과 실수가 없으며 어떻게 하면 부모가 꾸지람을 하시지 않게 할까 하여 지은 죄를 회개하고 어머니의 마음을 위로하도록 해야 한다.

제25과 미워하실 때

부모가 나를 미워하시면 두려워하면서도 그 마음을 원망하지 말고, 부모가 나를 사랑하시거든 기뻐하면서도 그 마음을 잊지 말아야 한다. 부모가 명하시는 대로 순종하여 어기지 말 것이며, 그 뜻을 거스르면서 스스로 똑똑한 체하지 말 것이다. 혹 알지 못할 일이 있거든 조용히 어머니께 어떻게 할지를 물어보아야 한다.

제26과 귀하게 기른 딸이 교만할 때

귀하게 기른 딸은 교만하거나 응석부리기가 쉽다. 부모의 말씀을 듣지 않고 그대로 따르지 않으며, 어쩌다가 꾸지람이라도 하게 되면 울며 말대답하기 일쑤이다. 설날이 되면 옷감을 끊어달라고 해서 시가 식구들의 옷만 장만하고, 사사롭게 재물을 모아놓고 부모는 돌아보지 않으니 이런 여자를 절대로 본받아서는 안 된다.

남편 모시기에 대한 장

제27과 지아비와 지어미 사이

지아비는 다만 하나의 지어미가 있을 뿐이요, 지어미는 다만 하나의 지아비가 있을 뿐이니, 이는 하나님이 명하신 바와 같다. 여자가 남편을 좇는 것은 남편이 몸의 주인이기 때문이니, 그 의가 군신(君臣)과 같다. 남편이 죽은 뒤 삼년상을 입으니 그 친함이 부자(父子)와 같고, 부모를 함께 섬기니 그 정이 형제와 같고, 이성(異姓)이 서로 합하였으니 도의(道義)가 벗과 같다. 그런 까닭에 사람이 지켜야할 다섯 가지 인륜이 모두 부부 사이에 갖추어져 있다고 할 수 있다.

제28과 신행(新行)할 때의 마음가짐

여자가 친정을 떠나 시댁으로 올 때, 어머니가 문 앞에서 말하기를, '반드시 공경하고 경계하는 마음을 가지고 남편의 뜻에 거스르지 말고 시부모를 잘 섬기라' 하셨으니, 아내가 마땅히 그 남편의 뜻에 복종할 것이요, 남편 역시 마땅히 아내를 제 몸처럼 사랑할 것이다. 아내가 스스로의 몸을 제 뜻대로 움직이지 못하고 다만 남편이 주장하는 대로 따를 것이니, 아내가 그 남편을 잠시라도 떠나지 못할 것이요, 남편 역시 그 아내를 떠나지 못할 것이다.

제29과 공경하고 순종할 것

공경하고 순종하는 마음은 여자의 도리요, 남편을 섬기는 근본이다. 남편을 손님처럼 공경하며 접대한다면 고맙고 사랑하는 마음이 스러지지 않을 것이고, 신하가 임금을 대하듯 순종하고 복종한다면 마음과 뜻이 서로 맞을 것이다. 이렇게 되면 집이 혹 가난하더라도 조강지처를 꺼리지 않으며 몸이 비록 늙고 초췌하더라도 살림살이의 수고로움을 사양하지 않을 것이다. 그러면 부부가 서로 사랑하고 화합함이 거문고와 비파를 타는 것과 같으리라.

제30과 늘 함께 있으면서도 방자(放恣)하지 않을 것

부부 사이에 좋은 일이 언제나 서로 떠나지 않고 함께 있는 것이지만, 늘 한방에서 지내다보면 지나치게 서로 가까워져서 버릇이 없어지고 무례하게 된다. 이렇게 무례하게 되면 말을 막 하게 되고, 말을 막 하게 되면 방자하게 되고, 방자해지면 남편을 업수이 여기는 마음이 생기니, 이는 서로 공경하지 않는 데서 비롯된다.

제31과 남편이 밥벌이를 잘 못할 때

남편이 제 밥벌이를 하지 못하고 아내가 살림을 제대로 꾸리지 못해서 땔나무와 쌀이 떨어지고 입을 옷이 없어지면, 공연히 성을 내어 아들을 때리며 딸을 꾸짖게 된다. 또 문득 말끝에 남편도 나무라게 되고, 남편 역시 분이 치밀어 성을 내게 되니, 이는 순종하지 않은 데서 비롯된다.

제32과 남편을 업수이 여기지 않을 것

남편 업수이 여기기를 그치지 않으면 꾸짖고 책망하는 일이 반드시 생길 것이요, 분이 치밀고 성내는 것을 그치지 않으면 때리고 욕하는 일이 반드시 생길 것이다. 꾸짖고 책망하면 무슨 의가 있겠으며 때리고 욕하면 무슨 은혜가 있겠는가. 공경하지 않고 순종하지 않으면, 마침내 불화해서 부모님께 불효하고 하나님께 죄를 얻게 된다.

제33과 남편에게 말할 때

이런 까닭에 부부 사이의 말은 아주 작은 데까지도 조심하고, 부부 사이의 예는 처음과 끝이 한결같도록 할 것이다. 남편이 말하면 모두 좇되 다만 예가 아닌 일을 행하라고 하거든 넌지시 말하여 내 남편이 죄악에 빠지지 않도록 해야 한다. 성경에 말씀하시기를, '아내가 남편을 어찌 구원하지 않겠으며, 남편이 아내를 어찌 구원하지 않겠느냐' 하였으니 부부가 서로 죄악에서 구원해주는 것이 부부의 의(義)다.

제34과 남편이 화를 낼 때

남편이 성을 내면 더욱 조심하여 순한 얼굴과 부드러운 빛으로 머리를 숙이고 따르며 은근히 밥을 권하면서 그만 성 내기를 청해야 한다. 화를 그치는 데는 아무런 변명도 하지 않는 것이 상책이다. 어느 집 난봉난 계집은 언제나 일의 꼬투리를 끄집어내서 제 서방과 싸우니 이런 계집은 경계해야 한다.

제35과 남편이 병이 났을 때

남편이 병이 나거든 밤낮으로 마음을 졸이면서 약과 의원을 찾고, 천지신명께 기도를 올릴 것이다. 병이 조금 낫거든 음식과 옷에 더욱 조심하여 조리에 게을리 말 것이다. 어느 집 못난 계집은 병난 서방을 내버려두고 전혀 돌보지도 않는다.

제36과 남편이 외출했을 때

남편이 먼 곳으로 가서 오랫동안 돌아오지 않으면 바깥일까지 돌보아 집안을 정돈해야 하며, 가까운 곳에 가서 날이 저물어도 돌아오지 않거든 등불을 켜고 밥을 따뜻이 묻어놓고 문소리를 기다릴 것이다. 어느 집 게으른 지어미는 서방이 나가 돌아오지 않는데 등불을 끄고 먼저 잠을 잔다.

제37과 게으른 지어미를 본받지 않을 것

게으른 지어미는 잠자기만 좋아하여 해질녘에 벌써 문을 닫고 해가 높이 솟도록 일어나지 않아서 남편이 나무라고 시어미가 꾸짖으니 잠에서 깨어도 기운이 없고 세수할 겨를이 없다. 간신히 부엌에 들어가니 손발이 허둥대서 밥 짓는 것은 때를 놓치고 반찬도 정갈하지 못하다.

제38과 현명한 지어미를 본받을 것

아, 현명한 부인은 매일 일찍 일어나서 얼굴 씻고 머리 빗고 잠깐 단장한 다음 부엌에 들어가 솥을 씻고 나무를 때서 불을 붙여 밥을 짓고 국을 끓이니, 지극히 정결하며 하루 세끼 때를 한 번도 놓치지 않고 몸의 수고를 사양하지 않는다.

제39과 친정 나들이를 자주하지 않을 것

여자가 행해야 하는 길이 자기의 부모와 형제를 멀리하는 것이니, 한번 남편의 집에 들어가면 친정을 자주 찾지 말아야 한다. 시집살이가 매우니 쓰니 말하는 데서 친정부모께 걱정을 끼치고, 데려오고 보내는 데서 형제에게 수고를 끼치게 된다. 살림하는 여자는 집을 떠날 수 없고, 더욱이 가난한 집에서 모든 일은 현명한 아내에게 달려 있는 것이다.

제40과 남편에게 너무 의존하지 말 것

여자는 남에게 의존하고자 하는 마음이 많아서, 남편이 귀하게 되지 못하거나 시집살이를 견디지 못하겠으면 중매쟁이를 꾸짖으며 부모를 원망하여 '왜 나를 시집 보냈나요?' 한다. 이제 세상은 남녀의 권리가 같으니, 여자라도 학문을 닦으면 능히 장사도 하고 벼슬도 할 것이니 어찌 남편만 의지하리요?

시부모 모시기에 대한 장

제41과 문안 드리기

여자가 남편을 좇으니, 시부모님 섬기기를 제 부모처럼 할 것이다. 시부모께 아침저녁으로 문안드리고, 시부모께서 하시는 말씀을 조금도 거역하지 말고, 무슨 일이든 시키시면 이내 하여 지체하지 말아야 한다. 먼저 마음부터 즐겁게 하고 그 뜻을 순하게 하여 모든 일을 반드시 여쭙고 시부모의 뜻대로 따라야 한다.

제42과 뜻을 굽혀 순종할 것

시부모를 섬기는 데도 일정한 법이 있으니, 모든 일에 반드시 뜻을 굽혀 순종해야 한다. 시어머니가 그른 것을 가지고 옳다 하시면 그른 걸 알면서도 옳다고 하시는 것을 좇으며, 굽은 것을 가지고 곧다 하시거든 굽은 걸 알면서도 곧다고 하시는 것을 좇을 것이다. 옳으니 그르니 곧으니 굽으니 하는 것을 시어머니와 다투지 않는다면 시어머니 마음을 얻을 수 있을 것이다.

제43과 시부모의 사랑이 중요한 까닭

시어머니가 며느리를 사랑하면 시아버지는 저절로 며느리를 사랑하게 되고 시부모가 사랑하면 남편은 저절로 아내를 사랑하게 되니, 남편의 사랑을 얻고자 하면 시부모의 사랑부터 얻을 것이다. 시부모의 사랑을 얻고자 한다면 시부모의 뜻에 부디 몸을 굽혀 순종해야 한다. 시부모가 사랑하지 않는다면 남편의 사랑을 보전(保全)하기 어려울 것이다.

제44과 여헌(女憲)에 이른 말

여헌(女憲)에서 말하기를, '시부모께 순종하기를 그림자가 형상을 따르는 것처럼 하고 울림이 소리에 응하는 듯하면 어찌 둘의 마음이 서로 맞지 않으며 어찌 서로 칭찬하지 않겠는가' 하니 시부모께서 사랑하는 것을 며느리도 사랑하며 시부모께서 좋아하는 바를 며느리도 좋아하면 능히 효부(孝婦)가 될 수 있다.

제45과 맏며느리의 소임

남의 집 맏며느리가 되면 며느리의 직분이 더욱 중하니, 시부모의 의복은 가볍고 따뜻한 것으로 준비하고 음식은 시부모께서 즐기고 좋아하는 것으로 이바지하되, 모두 손수 하고 다른 사람에게 미루지 말 것이다. 살림을 맡았으니 매일 사용하는 반찬과 일상용품들을 아무쪼록 절약하고, 시동생 시누이 동서들을 잘 거느리며 친척과 손님을 잘 대접해야 한다.

제46과 음식 주관하는 법

집에서 안살림을 맡아 음식에 관한 모든 것을 돌보는 것[2]이 며느리의 소임이다. 주발, 대접, 쟁반, 종지 등 여러 가지 그릇을 항상 정갈하게 다루고, 밥, 국, 김치를 아무쪼록 얌전하게 해야 한다. 밥은 마땅히 무르게 지을 것이요, 고기는 마땅히 나른하게 다질 것이니, 늙은 시부모는 배가 쉬 고프고 쉬 부르나니 하루 세 때 끼니와 밤참이 때를 잃어서는 안 된다.

제47과 며느리를 학대하는 시어머니

세상에 시어미들 가운데 며느리를 학대하는 사람이 많아서 말 한마디나 사소한 일에도 늘 꼬투리를 잡고 흉을 찾으니, 이런 시어미를 만나면 어떻게 섬길 것인가. 며느리된 도리로서 오직 참고 견딜 뿐이

---

2 본문에는 '중궤(中饋)'라고 되어 있다. 중궤는 주궤(主饋)라고도 한다.

니 학대할수록 더욱 공순하여 지성으로 섬길 것이다. 오늘의 며느리가 훗날 시어미가 되니 이로써 거울을 삼아 앞을 경계하고 뒤를 삼가야 한다.

제48과 버릇없는 며느리

버릇없는 며느리는 행동이 방자하고 꺼리는 일이 없어 시부모 앞에서 옳으니 그르니 지껄이면서 시부모의 말을 들은 체도 아니하고, 시부모가 춥거나 배고픈 것을 전혀 아는 체하지 않고 제 서방만 먹이고 입히니, 이런 며느리는 경계해야 한다.

시동생 시누이와 화목하기에 대한 장

제49과 시동생과 시누이

어린 시동생과 시누이가 항상 어버이 곁에 있어 몸은 비록 어리지만 명분은 높고 은혜는 성글어 분한 마음이 생기기 쉽다. 시동생과 시누이들은 눈을 흘겼다는 혐의와 순간의 말실수를 낱낱이 속닥거려 잘한 일은 숨기고 잘못한 일은 드러내곤 한다. 세상에서 하는 말이 '세살 먹은 아이 말도 귀 넘어 듣지 말라'고 하였으니, 시부모께서 어찌 믿으시지 않겠는가.

제50과 시비를 가리지 말 것

시동생과 시누이가 형수를 칭찬하면 시부모가 며느리를 사랑하고, 시부모가 며느리를 사랑하면 남편이 아내를 사랑하게 된다. 이로써 보건대, 형수가 착한지 착하지 않은지 칭찬할 만한지 그렇지 못한지 하는 것은 모두 시동생과 시누이에게 달려 있고, 시동생 시누이가 칭찬할 만한지 그렇지 못한지 옳은지 그른지 하는 것 역시 형수에게 달려 있으니, 시동생과 시누이의 마음을 잃지 않도록 해야 한다.

제51과 겸손하고 순종할 것

시동생을 공경하는 마음으로 대접하여 예의와 체모를 잃지 말고, 시누이와 우애 있게 지내어 마치 친동기간처럼 정을 나누어야 한다. 오로지 겸손하고 공순하게 행동한다면 그 마음을 얻을 수 있으니, 시동생 시누이와 사이가 좋아지면 주변에 이간질하는 사람이 없어져 고부 사이에 서로 마음이 합하고 즐거움만 가득할 것이다. 시부모와 남편을 섬기려 하거든 먼저 시동생과 시누이를 잘 섬겨야 한다.

녀자 소학슈신서

『녀자소학슈신서』 해제

김수경

1. 저자

『녀자소학슈신서』는 1909년(隆熙 3) 2월 박문서관에서 발행된 책으로 저술자는 노병선(盧秉鮮), 교열자는 이화학당장인 부라이(富羅伊), 진명여학교감 여메례황(余袂禮黃), 양원여학교장 윤고라(尹高羅)이며 발췌자는 노익형(盧益亨)으로 되어있다. 저자인 노병선은 1859년생으로, 상동(尙洞)소학교와 진명(進明)여학교 교사를 지냈고 협성회(協成會) 부회장을 역임[1]하였다. 『녀자소학슈신서』에는 서문이 따로 붙어있지 않아 그의 교육관을 구체적으로 파악하기는 어려우나, 그가 상동교회(尙洞敎會) 소속의 학교와 진명여학교 교사를 역임한 것으로 볼 때 근대 교육에 적극 참여한 계몽사상가로 짐작된다.

---

1 김동면, 「협성회 연구」, 단국대 석사학위논문, 1980.

2. 구성

1권으로 되어있으며 총 73면, 53개의 단원으로 구성되어 있다. 그 내용은 '얌전', '씻고 닦는 것', '의복', '본분', '어진 부인', '예절', '삼강오륜', '화평', '어진 아내', '어리석은 부인', '어진 어머니', '시어머니', '하인 부리는 법' 등 기존 여훈서(女訓書)의 형식과 용어를 상당 부분 탈피하여, 쉬운 용어와 나열식 구성을 취하고 있는 점이 특징이다. 그러나 총 53개 과 가운데 가정 내 여성역할에 관한 단원이 23개과이며 각 단원에 할애된 분량도 다른 단원에 비해 많아 가정에서의 여성의 역할을 강조하고 있음을 알 수 있다. 한글전용문체이고 어려운 한자어 옆에는 한자를 달아 이해를 돕도록 되어있다.

3. 내용

책 말미에 적혀 있는 총론에 의하면 "사람이 세상에 태어나 마땅히 해야 할 일은 도(道)와 덕(德)이다. 그러나 도와 덕을 닦는 공부가 없으면 도와 덕을 행하기가 어려운 까닭에 인륜에 깨달아 행하는 것을 (…중략…) 좋은 여자가 되려 하여도 이 책을 공부할 것이요, 좋은 어머니, 좋은 시어머니, 좋은 며느리와 동서, 좋은 올케와 좋은 자녀가 되려 하여도 이 책을 공부할 것이다"라고 하여 도와 덕을 스스로를 닦는 데서

부터 출발하여 여자로서 지켜야 할 생활규범적인 측면을 강조하고 있음을 알 수 있다.

이 책에서 강조하고 있는 내용은 숙덕(淑德), 가사(家事), 의복(衣服), 예절(禮節) 등 여자가 배우고 지켜야 할 생활규범이 중심이다. 주목되는 단원은 본받을 일, 교사 공경, 학교, 즐거운 것, 교육, 공부, 학문 등의 제목으로 인지적 측면에서의 발달을 매우 중시한다는 점과 신체발달의 측면까지(제32과 '운동') 염두에 두고 있다는 점이다. 그러나 이 책의 대부분을 차지하고 있는 것은 수신 및 스스로의 몸가짐에 대한 것과 효친 및 부부 사이에 지켜야할 것에 관한 내용으로, 결국 남편과 시집 식구들을 잘 받드는 것이 바람직하다는 측면과 어머니로서의 역할을 강조되고 있다. 부분적으로 사회 국가적 성원으로서의 여성에 대한 인식이 포함되어 있기는 하지만, 결국 남성중심의 가부장적 문화에서 이상적 여성이 갖추어야 할 부덕(婦德)을 기르기 위해 저술된 책이라고 할 수 있다.[2]

4. 가치

이 책은 소학교 여학생을 위한 교과서로서 순한글로 쓰여져 독자의 이해를 우선적으로 고려했다는 점이 특징이다. 또한 전체 구성이 '얌

2 송인자, 「개화기 남녀 수신교과서의 지향점 분석」, 『한국문화연구』 13집, 이화여대 한국문화연구원, 2007, 133면.

전', '악한 동무', '배울 것', '씻고 닦는 것', '의복' 등 나열식으로 되어 있어 기존 여훈서(女訓書)류의 형식과 용어를 탈피한 점 역시 특징이라고 볼 수 있다.[3] 20, 21, 22과는 '어진 어머니'라는 제목으로 중국의 열녀전에 등장하는 훌륭한 여성의 일화를 다루고 있는데, 이어 제시된 23과는 '시어머니'로 "남의 시어머니 된 이는 며느리가 아들을 위해 얻은 사람임을 명심하고, 먼저 너그럽게 용서하라"고 말하고 있어 전통적 사고와는 다른 근대적 면모를 나타낸다. 그러나 이런 부분적인 새로움을 제외하면, 여성 교육의 궁극적인 목적은 역시 시댁 식구를 봉양하고 시가 사람들과의 관계를 화목하게 만들며 살림을 규모 있게 꾸려나가는 등 아내와 어머니로서의 역할을 준비하는 데에 모아지고 있다는 한계를 볼 수 있다.

같은 시기에 발행된 『초등수신』, 『윤리학교과서』, 『고등소학수신서』 등은 남성을 교육의 주체로 삼고 있는 만큼 개인의 성품과 언행을 바르게 할 것을 주된 내용으로 하여 강직함, 굳은 의지, 인내심, 실천력, 극기 등이 강조되어 있다.[4] 그에 비한다면 이 책은 제1과를 머리와 용모가 단정하고 얌전해야 함을 강조하는 '얌전'이라는 데서 시작함으로써 남학생에게 가르치는 내용과 여학생에게 가르치는 내용이 차이가 크다는 것을 알 수 있다. 가족 관계에 있어서도 여타의 수신서가 효친, 형제, 친족관계의 예의에 대한 내용을 간략하게 다룬 데 비해, 이 책은 가족 간의 관계에서 화목을 위해 필요한 덕목이 자세하고 다양하게 제시되고 이를 위해 많은 분량을 할애하고 있다. 특히 부부간

3 정경숙, 「대한제국말기 여성운동의 성격 연구」, 이화여대 박사학위논문, 1989, 44면.
4 송인자, 앞의 글, 138면.

의 관계에 집중하여 무려 12개의 과에 있어서 이를 강조하고 있으며, 여타의 수신서에는 언급이 없는 자녀교육에 대해서도 자세히 다루고 있다. 가정 화목, 개인이 학문에 정진하는 것, 자기 본분을 다하는 것, 어려운 일을 참아 큰일을 하는 것 등이 모두 국가사회의 발전과 관계된다는 측면에서 사회국가적 구성원으로서의 여성을 인정하고는 있다. 그러나 남학생에게 국가와 민족, 사회적 관계, 국제사회 등에 보다 많은 분량이 할애되었다면 여학생은 가사노동의 전담자로서 가정을 잘 이끌고 자녀를 잘 교육하여 애국적 인재로 육성시키기 위한 역량을 축적하기 위한 데 교육의 지향점이 놓여 있음을 알 수 있다.

한편 표기 면에서 독립신문 이후 정착되기 시작한 띄어쓰기(점찍기)가 반영된 점, 한자를 병기한 점으로 미루어볼 때 국어학이나 국어교육의 역사를 연구할 때도 긴요하게 활용될 수 있는 자료라고 본다.

목차

제1과 얌전
제2과 알맞게 절제할 것
제3과 악한 동무
제4과 여자의 배울 것(1)
제5과 여자의 배울 것(2)
제6과 씻고 닦는 일
제7과 의복
제8과 본분
제9과 어진 부인들
제10과 예절
제11과 아내의 도리
제12과 삼강과 오륜
제13과 화평(和平)
제14과 신부(新婦)
제15과 어진 아내(1)
제16과 어진 아내(2)
제17과 어진 아내(3)
제18과 어리석은 아내(1)
제19과 어리석은 아내(2)
제20과 어진 어머니(1)
제21과 어진 어머니(2)
제22과 어진 어머니(3)
제23과 시어머니
제24과 하인 부리는 법
제25과 죄에 대한 형벌(1)
제26과 죄에 대한 형벌(2)
제27과 본받을 일(1)
제28과 본받을 일(2)
제29과 교사 공경(1)
제30과 교사 공경(2)
제31과 시간
제32과 운동
제33과 어른 공경
제34과 학교
제35과 친구 사귀는 것
제36과 약속
제37과 말하는 것
제38과 게으른 것
제39과 즐거운 것
제40과 가정
제41과 참는 것
제42과 깨끗하게 할 것
제43과 손님 대접
제44과 편지(1)
제45과 편지(2)
제46과 용서
제47과 교육
제48과 공부
제49과 학문
제50과 마음
제51과 겸손
제52과 나라
제53과 권하는 말

녀자소학슈신서

제1과 얌전

무릇 여자의 행동하는 것과 앉는 것과 눕는 것과 일어나는 것은 남자와 크게 다르니, 마땅히 얌전하고 씩씩하며 단정하게 해야 한다. 머리는 자주 빗으며 웃옷과 아래 치마는 거친 옷감일수록[1] 깨끗이 한다. 모든 일을 허술하게 하지 말고 앉기와 서기를 기울게 하지 말며 거만한 모양을 드러내지 말아야 한다. 크게 웃지도 말며 크게 소리 지르지도 말고 공연히 심술 내며 성내지도 말 것이다. 음식을 먹을 때는 이리저리 옮겨 다니지 말고 알맞게 절제해야 한다. 무슨 일이든지 처음과 나중이 같아야 하며 말 한마디라도 헛되이 말고 앞뒤를 재어서 말하는 것과 행동하는 것이 서로 맞아야 할 것이다. 불을 다룰 때는 조심해서 켜고, 끄는 시간을 지켜야 한다. 문을 열고 닫을 때는 단단히 조심해서 열고 닫아야 할 것이다. 닫고 여는 규모도 살펴서 뜻하지 않은 재앙이 생기거나 경망하다는 책망을 듣지 않도록 해야 한다.

1 거친 옷감일수록 : 원문에는 '보병일소록'이라고 되어있다. 보병은 '보병목(步兵木)'의 준말로, 보병의 옷감으로 백성이 바치던 올이 굵고 거칠게 짠 무명을 말한다.

제2과 알맞게 절제할 것

이 세상 물정이 돌아가는 대로 괴로운 것과 즐거운 것을 살펴야 한다. 쌀 한 톨과 물 한 방울이 비록 아주 적을지라도 마땅히 아껴 쓸 것이다. 자고 깨는 것도 정해진 시간대로 해야 한다. 잠을 자고 밥을 먹는 것이 정해진 때를 어기면 일에 해가 될 뿐더러 위생에도 좋지 않다. 술과 담배는 맛도 보지 말 것이다. 술과 담배를 즐기면 위생에 좋지 않을 뿐더러 모습이 추해지고 골(骨)이 상하고 어지러우며 정신이 탁해지는 등 일에 해가 적지 않다. 골패나 투전이나 장기나 바둑이나 무슨 놀음이든지 배우지도 말 것이다. 남자라도 부질없거든 하물며 여자는 어떻겠는가. 이야기책은 옳은 글이 아니라 그 중에 망령된 일과 거짓말이 많고 음란하고 방탕한 말이 있으니, 읽지도 듣지도 보지도 말 것이다. 아름답지 않은 행실은 본받기가 쉬우니 더욱 경계해야 한다.

제3과 악한 동무

죄를 지었다고 남에게 의심받을 만한 일이 있거든 무엇이든 피하고, 망령된 말과 부질없는 의론을 듣지 말 것이다. 어질지 못하고 거칠며 잡된 이가 있거든 벗으로 삼지 말고 좋은 이웃을 택하여 서로 사귀어서 난잡한 일을 피해야 한다. 옛글에 이르되 '유익하게 하는 벗이 셋이요 해롭게 하는 벗이 셋이라'[2] 하였으나 유익하게 하는 벗은 적고

2 출전은 다음과 같다. 益者三友, 損者三友, 友直友諒友多聞益矣. 友便僻友善柔友便佞損

해롭게 하는 벗은 많으니 늘 삼가서 짝을 삼을 만한 벗을 찾을 것이다.

제4과 여자의 배울 것(1)

여자가 힘써야 하는 일은 길쌈과 바느질이니, 각색 실을 만드는 것과 옷을 마름질하는 것과 수놓기 · 꿰매기 · 깁기를 얌전히 하여 남에게 칭찬을 받고 비웃음을 면해야 할 것이다. 여자가 살림에 규모가 없으면 먹기나 즐겨하고 게을러서 집안일에 소홀해 진다. 음식 만들기와 곡식 찧기와 빨래하기와 장 담그는 일은 가난하거나 부자이거나 귀하거나 천하거나 여자라면 누구나 마땅히 행해야 할 직분이다. 비록 사내종과 계집종이 있어 도와주더라도 범사를 두루 살펴 손님을 접대하고 친척을 화목하게 대하는 예절에 어그러짐이 없게 할 것이다.

제5과 여자의 배울 것(2)

음식은 삶고 지지고 굽고 볶고 찌고 하는 것이 각각 다르니 언제나 다섯 가지 맛이 적당하도록 애써야 할 것이다. 많이 보고 직접 해보는 경험이 없으면 단맛과 쓴맛과 짠맛과 신맛과 매운맛이 딱 맞지 못하여 사람들의 비웃음을 면치 못할 것이니, 마땅히 보고 배우고 직접 만

矣. 『論語』「季氏篇」. '유익한 벗 셋이 있고 해로운 벗 셋이 있는데, 정직한 사람을 벗하고 성실한 사람을 벗하고 견문이 많은 박학다식한 사람을 벗하면 유익하고, 겉치레만 좋아하고 비위 맞추기와 아첨을 잘하거나 말이 많은 사람과 벗하면 해롭다'는 뜻이다.

들어 보아야 한다. 어렸을 때 음식을 만들어 보지 못하면 커서도 만들 수 없을 것이다. 괴롭고 귀찮다고 그냥 넘겨버리면 어른이 되어서도 좋은 음식을 만들지 못할 것이니, 부모님이나 시부모님의 식성을 어떻게 맞출 수 있겠는가. 그런즉 음식 솜씨는 어렸을 때부터 키워서 좋게 만들어야 할 것이다.

제6과 씻고 닦는 일

솥과 냄비와 사발과 대접 같은 것들은 모두 날마다 쓰는 그릇이니, 작고 큰 그릇들을 모두 정갈하게 씻는 것이 가장 중요하다. 방과 부엌과 마루와 뜰을 때때로 쓸고 치우며, 입던 의복을 여기저기 아무 데나 널어놓지 말고, 의자와 탁자와 책과 벼루집과 공부하는 여러 도구들은 먼지를 자주 털어야 할 것이다. 틈나는 대로 글을 읽고 배우며 산술(算術)을 배우고 글씨를 익혀야 한다. 씻고 빨고 닦는 것이 무엇이든지 깨끗하게 만드는 근본이다.

제7과 의복

몸이 귀(貴)하거나 부(富)하더라도 의복을 너무 사치하게 입지는 말 것이다. 의복이 화려하면 자연히 교만한 마음이 생겨나 남을 업수이 여기기가 쉽고 이렇게 되면 나도 용렬한 사람이 될 뿐더러 남의 손가락질을 면치 못하게 된다. 의복에 돈을 많이 들여 해 입고 나서 욕먹고 인심을 잃는다면 무엇이 유익하겠는가. 어떤 서양부인이 좋은 비단 의복에 금강석[3]과 진주로 단장하여 입고 다니니 세상 사람이 칭찬하지 않는 이가 없었다. 하루는 친구 한 사람을 찾아가서 이야기하는데, 그 친구가 자기 옷 입은 것을 칭찬하려니 했더니 결국 아무 말도 없었다. 이상하게 여겨서 '세상 사람들이 다 내 의복만 보면 좋다고들 하는데, 그대만 아무런 칭찬의 말이 없군요. 내 의복보다 더 큰 보배가 있는 모양이지요?' 하니 그 친구가 대답하되, '예, 그렇답니다' 하고 공부하던 아들과 딸들을 불러내어 앞에 세우고 '이 아이들이 제 보배랍니다' 하니, 그 서양 부인이 아무 말 없이 돌아갔다고 한다. 공부하는 학생이라면 더욱이 좋은 의복이 쓸 데가 없다.

제8과 본분

형편이 가난하고 궁색하다고 한탄하며 슬퍼하지 말고, 참고 또 참아 본분을 지킬 것이다. 부자를 만났다고 해서 아첨하지 말 것이다. 아첨이란 부질없이 몸만 더욱 천해지고 비루한 사람이 되는 길이다. 가난하거나 부자이거나 다른 사람 대접하기를 편벽(偏僻)되게 하지 말아야 한다. 언제나 부모의 사랑하심을 믿고 형제간에 이간질하지 말고 형이나 동생을 참소(讒訴)하지 말 것이다. 부모에게 효도하고 형제를 사랑하고 자매에게 우애하고 친척에게 화목하고 어른을 공경하며 아

---

3 금강석(金剛石) : 다이아몬드를 말함.

랫사람을 용납해야 한다. 이렇게 한다면 틀림없이 여중군자(女中君子)가 될 터이니, 아이 때부터 어진 부녀의 행실을 본받을 것이다.

제9과 어진 부인들

반혜비[4]는 여자지만 그 오빠인 반고를 대신하여 한나라 사기(史記)를 기록하였고, 주씨의 딸은 경서(經書)와 사기(史記)에 능통하여 그 소문이 조정까지 들리니 조정에서 학사벼슬을 내렸고, 위나라 영후는 아홉 살에 학문의 이치를 깨달아 부지런히 배우니 경서(經書)와 사기(史記)를 보아 흥하고 망하고 성하고 쇠하는 것을 알았으며, 조아(曺俄)[5]는 아버지가 물에 빠져 시체가 물에 가라앉으니 강 주변을 돌아다니며 울고 여러 날을 슬퍼하다가 결국 스스로 물에 들어가 아버지의 시체를 찾았다. 목난(木蘭)[6]은 여자지만 남자로 변장하고 아버지를 대신하여 열두 해를 수자리 살았지만 주변 사람들이 아무도 눈치채지 못하

4 반혜비 : 이름은 반소(班昭). 자는 혜반(惠班). 『한서(漢書)』의 편찬자 반고(班固)의 누이동생. 반고가 『한서』를 미처 완성하지 못하고 죽자 화제(和帝)의 명을 받고 『한서』 편찬을 완결하였다. 그 후 궁중에 초빙되어 황후를 비롯한 여러 부인들의 교육을 담당하였으며, 그녀가 지은 『여계(女誡)』는 정숙한 부녀의 도(道)를 저술한 것이다.

5 조아 : 『후한서』 권114 「열전」 제74권에 나온다. 조아는 동한(東漢) 사람으로 14살 때 아버지가 물에 빠졌는데, 며칠 동안이나 그 시체를 찾을 수가 없었다. 강기슭에서 며칠 동안이나 울다가 17일 만에 아버지의 시체를 찾으러 물에 들어갔고 결국 5일후 아버지의 시체를 찾아서 나왔다. 후세 사람들이 그 효심을 기념하여 그곳에 사원을 만들어 기념했다 한다.

6 목난 : 중국 남북조 시대의 북위에서 지어진 장편서사시 「목란시(木蘭詩)」에 나온다. 화목란(花木蘭)은 부모에게 효도를 다했는데, 그 아버지를 대신하여 남장을 하고 전장에 가는 모험을 하면서까지 집안을 지키려 하였다. 화목란이 전장에서 지낸 지 10년째 되던 해에 전쟁이 일어났는데, 그 전쟁에서 공을 세워 금의환향한다. 그때서야 사람들은 비로소 목란이 여자임을 알게 되었다고 한다.

였고, 제영(醍縈)[7]은 순우의(淳于意)의 딸인데 아버지가 죄를 범하여 벌을 받게 되자 상소해서 아비의 정상을 변명하니 임금이 불쌍히 여겨 형벌을 감하여 주셨다. 어떤 여자든지 이같이 아름다운 일을 행하였다면 시집을 가서도 비할 데 없이 좋은 아내요 어머니가 될 것이다.

제10과 예절

어진 부인이 되기 위해서 다시 특별히 예절에 대해서 말한다면, 늘 친부모에게 행하던 도리로 시부모를 섬겨서 그 뜻에 거스르지 말 것이다. 시부모가 부르시거든 공손하게 대답하며, 먹을 음식이 있거든 먼저 드려 공경하고, 일을 시키실 때는 그 음성을 살펴야 한다. 마음에 괴로움이 있더라도 성내지 말고, 늘 얼굴빛을 화평하게 가지며 말을 공손히 할 것이다. 부드러운 기운과 참는 마음으로 모든 일을 참아내며, 근심과 걱정과 우환이 있거든 수고를 아끼지 말고 약과 미음을 성심으로 만들어 때에 맞추어 병구완을 해야 한다. 나도 언젠가는 남의 시어머니가 될 것을 생각하여 아무쪼록 시부모께 잘해야 한다.

7 제영 : 한나라 문제(文帝) 때 태창령(太倉令)이었던 순우의(淳于意)의 딸이다. 아버지인 순우의가 국고의 돈을 사사로이 사용하여 낙양의 옥에 갇혀 죽게 되었을 때, 관비로 몸을 팔아 대신 속죄하였다고 한다.

제11과 아내의 도리

남편을 섬기되 될 수 있으면 그 뜻에 거스르지 말아야 한다. 가난하거나 힘든 일이 있어도 서로를 지키며 부자이거나 평안할 때도 서로의 뜻을 따라야 한다. 남편의 마음이 어질다면 부녀에게 하늘과 같은 존재이니 모습이 비록 추할지라도 꺼리고 미워하지 말지어다. 남편이 어리석고 어두운 판단을 내리거든 함께 참여하지 말고 반드시 부드럽게 권하여 깨달아 듣기를 바랄 것이다. 그른 것은 경계하고 옳은 것은 도와서 항상 남편을 의지해야 한다. 한 순간이라도 부녀자로서의 도리를 지키지 않고 말을 삼가지 않아서 서로 눈을 흘기게 되면 다툼이 끊이지 않고 결국 집안이 망하게 된다. 음양이 나뉘어 남녀가 되고 남녀가 서로의 배필이 된 것은 하나님의 뜻이니, 배필이 된 후에 서로 사이가 좋지 못하면 하나님께 죄를 짓는 것이다.

제12과 삼강과 오륜

세 가지 벼리[8]와 다섯 가지 도리가 있으니 마땅히 잘 지켜야 하늘에 있는 영원한 복록을 누리게 될 것이다. 세 가지 벼리는 이런 것이다. 임금은 신하의 벼리가 되고, 아비는 자식의 벼리가 되며, 남편은 아내의 벼리가 되나니, 임금과 신하와 아비와 자식과 남편과 아내가 서로 마음이 합해야 만 가지 일이 다 이루어질 수 있다. 다섯 가지 도리란 임

8 벼리 : 일이나 글의 뼈대.

금과 신하는 의(義)가 있으며, 아비와 자식은 친함이 있으며, 지아비와 지어미는 분별이 있으며, 어른과 어린이는 차례가 있으며, 벗은 서로 믿음이 있어야 하나니, 이것이 몸을 닦고 집을 잘 다스리는 근본이다.

제13과 화평(和平)

아랫사람과 윗사람에게 모두 화목하게 대해야 한다. 시누이와 시동생을 사랑하고 시숙을 공경하고 시부모를 즐겁게 하며 동서 간에 서로 화목하여 매사를 공평하게 결정하고 늘 겸손한 태도를 가지면 집안의 마음이 같아질 것이다. 모든 일을 다 격식에 맞게 하고 미리 예비하여 어지러운 다툼을 면한다면 집안의 모든 일이 길하며 식구가 번성하리라. 안방과 사랑과 대청을 수리하고 하인들에게도 다 기쁘게 대해야 한다. 집안을 다스리는 바른 도는 속일 수 없으니 몰래 불평한 일이라도 뭇사람이 다 알게 된다. 모든 친척들에게 예로써 대접하고 윗사람과 아랫사람과 높고 낮은 이를 분별하여 남의 그른 점을 너그러운 말로 책망할 것이다. 옛말에 이르되 '좋은 일도 없는 것만 같지 못하다'[9] 하였으니 살림에 있어서 화평을 주장함이 가장 귀한 일이다.

9 출전은 다음과 같다. 便宜勿再汪 好事不如無. 『岩栖幽事』. 작자를 알 수 없는 명나라 사람의 글로 짧은 글 속에 깊은 생각을 담았다. 이 구절은 '좋은 일도 없는 것만 같지 못하다' 즉 좋은 일이 있으면 나쁜 일이 곧 뒤따르게 마련이니, 아예 처음부터 좋은 일도 없었던 것만 같지 못하다는 뜻이다.

제14과 신부(新婦)

신부가 갓 시집가서 며느리 노릇할 때에 억울하고 분한 일이 많이 있을 터이니, 참고 견디면 후에 큰 복이 될 것이다. 혹 시부모와 동서들이 공연한 말로 책잡더라도 말꼬투리를 잡아 서로 악으로 대적하지는 말아야 한다. 저 사람을 해하는 것이 곧 자기를 해하는 것이니 무슨 일이든지 성급하게 하지 말 것이다. 마음에 억울한 일은 언젠가는 스스로 밝혀질 때가 있는 법이니, 덕을 세워 참고 견디면 반드시 복을 받을 것이다. 아랫사람에게 가르칠 말이 많아도 그 중에서 긴요한 말만 골라서 간단히 가르쳐야 한다. 여자들은 말이 많아지게 마련이니 마땅히 스스로 삼가서 말을 많이 하지 말고 순하고 공손한 태도를 잃지 말아야 한다. 여자가 지켜야 할 행동은 이미 설명하였지만, 어진 부인들의 이야기를 이 아래에서 다시 말한다.

제15과 어진 아내(1)

옛적에 상림(常林)[10]이란 사람은 글을 읽다가 틈이 나면 매양 밭에 가서 김을 맸는데 그 아내가 점심을 가져다가 대접할 때 점잖은 손님을 대접하듯 공경했다 하고, 맹광(孟光)[11]은 양홍(梁鴻)의 아내가 되어 항상

10 상림 : 위(魏)나라 사람 상림(常林)을 말한다. 농사를 지으면서도 늘 경서를 가지고 다니면서 쉴 때마다 글을 읽었다고 한다.

11 맹광 : 『후한서(後漢書)』「양홍전(梁鴻傳)」에 보인다. 후한 때 양홍(梁鴻)이란 학자가 있었는데, 그는 비록 집은 가난하지만 절개만은 꿋꿋해 모든 사람의 존경을 받고 있었다. 그는 뜻하는 바 있어 장가를 늦추고 있었는데, 어느 날 같은 마을에 사는 얼굴이 못생긴 맹광(孟

남편을 잘 공경했는데 음식을 드릴 때면 늘 밥상을 눈썹에 가지런히 할 만큼 높이 들어 바쳤다고 하고, 왕장이는 겨울에 옷이 없어 소가 덮는 멍석[12]을 덮고 항상 눈물을 흘리니 그 아내가 간곡히 권하여 이를 악물고 공부하여 벼슬이 중앙의 요직에 이르게 하였다. 이는 아내의 간곡한 권면을 깊이 생각하고 좋은 마음을 일으켜 학문과 사업을 열심히 한 까닭에 결국 영화롭게 되었으니, 이 어찌 그 아내의 어진 행동의 결과가 아니겠는가. 어진 아내가 되고자 하면 이러한 여러 부인을 본받을 것이다. 학교에 다니고 공부를 하는 여자라면 더욱이 장차 어질고 좋은 부인되기를 힘써야 한다.

제16과 어진 아내(2)

포선(鮑宣)의 아내[13]는 부잣집에서 자라 금은보화를 늘 몸에 지니고 비단옷만 입다가, 포선의 집으로 시집간 뒤에는 의복을 고쳐 짧은 베옷을 입고 아내로서의 임무를 굳게 지켰다. 포소의 아내[14]는 시부모를

光)이란 처녀가 나이 서른이 넘는 처지에서도 "양홍 같은 훌륭한 분이 아니면 절대로 시집을 가지 않겠다"며 버티고 있다는 소문이 들려와, 그 처녀의 뜻이 기특해 그 처녀에게 청혼을 하였고 곧 결혼을 하였다. 맹광은 양홍의 뜻을 따라 산속으로 들어가 농사를 짓고 베를 짜면서 살았고 밥상을 차려 올릴 때면 늘 밥상을 눈썹 위까지 들어올려 바쳤다고 한다. '거안제미(擧案齊眉)'라는 말은 여기에서 비롯된 것이다.

12 원문에는 '덕석'이라 했는데 '덕석'은 소가 덮는 멍석이라는 뜻이다.

13 포선의 아내 : 한나라 사람 포선의 아내 환소군을 말한다. 포선은 한나라 사람으로 학문을 좋아하고 경전에 밝았다고 한다. 그의 아내 환소군은 시집올 때 많은 재산을 가지고 왔는데, 포선이 이를 기뻐하지 않자 모두 친정으로 돌려보내고 가난하게 살았다고 한다. 그리하여 환소군은 가난을 기쁘게 받아들이는 현처의 전형으로 불린다.

14 포소의 아내 : 송나라 사람 포소의 아내 여종을 말한다. 여종은 남편이 외지로 부임하여 그곳에서 다른 여자와 결혼했는데도 시부모를 극진히 모셨으며, '남편이 새로 좋아하는 사람

잘 봉양하고 효도를 극진히 하여 그 소문이 궁궐까지 미쳐서 임금이 그 집에 정문(旌門)을 세워 여자의 조종(祖宗)[15]이라 칭하고 그 남편까지 영화롭게 하였다. 또한 양인재의 아내 라씨는 그 남편이 이미 영귀하게 된 후에도 한결같이 부지런하여 추운 겨울에도 항상 일찍이 일어나 죽을 쑤어 노비를 먹였다. 일반 백성의 부녀이거나 임금의 후비들 가운데도 또한 이렇게 어진 이가 있으니 어찌 본받지 않겠는가.

제17과 어진 아내(3)

주(周)나라 후비(后妣)는 투기하지 않아서 사방이 화하고 천하가 크게 다스려지니, 글 잘하는 사람이 관저(關雎)[16]라는 글을 지어 덕화를 칭송하고 종사(螽斯)[17]를 읊어 자손에 비하였으며, 공주들은 모두 현숙하여 제후에게 시집가서 겸손한 태도로 시집에서 교만치 아니하고 다만 부인의 도리를 닦았다고 한다. 제나라 무렴[18]은 매우 못생긴 여자인데 부모의 명을 따라 길옆에서 나물을 캐는데, 마침 임금께서 행차

이 생겼는데 왜 떠나지 않는가'라는 동서의 말에도 '여자는 한번 시집을 가면 마음을 바꾸지 않는다'고 말하며 아내가 남편을 내칠 수 있는 경우란 없다고 반박했다고 한다.

15 조종 : 가장 근본적이고 주요한 것을 비유적으로 일컫는 말.

16 관저(關雎) : 『시경(詩經)』「주남(周南)」의 편명으로, 주(周)나라 문왕(文王)의 부인 태사후비(太似后妃)의 부덕(婦德)을 읊은 노래이다. 후비는 근검절약(勤儉節約)은 물론이고 사람들을 늘 살갑게 대해주어 '어진 어머니'로서 이름이 높았다. 따라서 후비의 성덕(盛德)으로 인해 자자손손 훌륭하게 성장했듯이 아름답고 참한 여인이 군자의 훌륭한 내조자가 되어 사회적 책무를 다해야 함을 강조한 것이다.

17 종사 : 원래의 뜻은 '메뚜기, 여치, 베짱이' 등을 통틀어 이르는 말인데 여치가 한번에 99개의 알을 낳는 데서 부부가 화합하여 자손이 번창함을 비유적으로 이르는 말이 되었다.

18 무렴 : 중국 제(齊)나라의 지명으로, 못생긴 것으로 이름 높은 제나라 선왕(宣王)의 비인 종리춘(鍾離春)이 태어난 고장이다.

하시는데도 도무지 돌아보지 않아서 불러 그 까닭을 물으니 그제서야 비로소 말을 하였다. 임금께서 무렴이 어진 것을 알아보시고 후비를 삼으니, 왕을 도와 나라를 잘 다스렸다. 당나라 황후 장손씨[19]는 충직한 신하를 치하하여 손수 옷을 빨며 굵은 피륙으로 치마를 만들어 입었으니, 임금의 후비 된 이들도 이같이 하였는데 너희들처럼 범상한 사람이야 어찌 본받지 아니하겠는가.

제18과 어리석은 아내(1)

어리석은 여자들에 대한 이야기도 있으니 여자들은 귀를 기울여 들을 것이다. 전씨집 지어미는 그 남편을 꾀어 각각 살다가 남편이 뉘우쳐 그 아내를 쫓아내자 돌아갈 곳이 없어 결국 곤궁해졌고, 주매신의 아내[20]는 남편이 가난한 것을 원망하여 헤어지고 다른 사람에게 시집갔다가 또한 화목하게 살지 못하더니, 원래 남편인 주매신이 큰 벼슬에 올라 고향에 돌아오자 다시 함께 살기를 청했지만 허락지 아니하

19 장손씨 : 당 태종의 황후이자 당 고종의 어머니 문덕순성황후 장손씨(文德順聖皇后 長孫氏)를 말한다. 그녀는 매우 겸손하고 현명하며 검소했다고 전해진다. 태자의 유모가 황궁에 물건이 부족하다고 더 많은 물건을 요구하자 '황태자가 걱정해야 하는 것은 덕을 갖추지 못하는 것과 명예를 가지지 못하는 것이지 물건이 적은 것이 걱정할 바는 아니다'고 대답했다 한다. 또 후궁들이나 시녀들이 병이 들 때마다 문병을 오고 자신의 물건을 그들의 치료를 위해 썼다고 전해진다.

20 주매신의 아내 : 오(吳)나라 사람 주매신의 아내를 말한다. 주매신은 학문을 좋아했지만 집이 너무 가난하여 나무를 팔아 생계를 유지해야 했기 때문에 아내와 이별하였다. 그 후 동향 사람인 엄조(嚴助)의 추천으로 무제에게 『춘추(春秋)』를 강설하게 되어 관직에 오르게 되었다. 회계(會稽) 태수가 되어 고향에 돌아가서 헤어진 아내와 그의 남편을 불러 도와주었으나 그 아내는 부끄러워 자살했다고 한다.

였다. 엎지른 물을 다시 담지 못하는 법이라 한을 품고 죽었다. 소진(蘇秦)[21]의 형수는 좋은 마음이 아니라, 소진이 곤궁할 때는 매우 박대하더니 후에 영귀하게 되어 돌아오자 공경하며 영접하거늘 그 까닭을 물으니 '돈이 많아서 두렵다'고 했다 한다. 이것이야말로 가장 부끄러운 일이며 소인의 마음을 그대로 드러내는 것이다. 후세에도 이러한 여자들에게 침 뱉는 자가 많으니 어찌 부끄럽지 않겠는가. 사람마다 마땅히 깊이 경계할 일이다.

제19과 어리석은 아내(2)

한고조(漢高祖)가 미천했을 때, 형수가 국을 끓이다가 그가 오는 것을 보고 솥을 끌어 국을 엎어버리는 모양을 보이니 그가 알고도 돌아보지 아니하였다. 후에 그가 황제가 되어 친척들을 왕으로 봉하는데, 옛날 일을 생각하고 형수의 아들에게 국 끓이는 벼슬을 주어 형수를 부끄럽게 하였다. 하나라 걸왕의 왕후 말희[22]와 상나라 주왕의 왕후 달

---

21 소진의 형수 : 소진은 중국 전국시대의 유세가이다. 소진이 일개 서생 출신으로 지모와 변설로써 공명부귀를 얻어 그 이름을 천하에 떨쳤기 때문에 진나라를 위해 연형책을 썼던 장의와 함께 전국시대 책사의 제1인자로 일컬어진다. 그가 곤궁했을 때 그의 형수가 그를 매우 업신여겨 밥을 달라고 해도 땔감이 없다는 핑계로 주지 않았으며 '남들은 농사라도 지어 돈을 버는데 혀끝이나 놀리고 다니니 가난할 수밖에 없다'고 비웃었다. 후에 소진이 영귀한 뒤 집으로 돌아가니 뱀처럼 납작하게 엎드려 시중을 들었다고 한다.

22 걸왕, 말희 : 하나라 마지막 왕인 걸왕과 그가 총애했던 여자 말희를 말한다. 걸왕은 자신이 정복한 유시씨국(有施氏國)에서 공물로 바친 아름다운 말희에게 반해서 보석과 상아로 장식한 궁전을 짓고 옥으로 만든 침대에서 밤마다 일락(逸樂)에 빠졌다. 또 무악에 싫증이 난 말희의 요구에 따라 궁정 한 모퉁이에 큰 못을 판 다음 바닥에 새하얀 모래를 깔고 향기로운 미주(美酒)를 가득 채웠다. 그리고 못 둘레에는 고기로 동산을 쌓고 포육(脯肉)으로 숲을 만들었다. '주지육림(酒池肉林)'이라는 말은 여기서 나온 것이다.

기[23]는 충신을 죽이고 하늘의 이치를 거슬려 나라를 망하게 했고, 주나라 유왕은 포사에게 혹하여[24] 제후를 희롱하니 큰일을 그르칠 수밖에 없었다. 진나라 헌공은 여비의 말만 듣고[25] 아들들을 모두 죽여 나라를 무너뜨렸으니, 이는 다 불량한 여자의 악한 냄새가 만 년이나 퍼져나갈 일이다. 나라에 이러한 일과 집에 이러한 일로 거울을 삼으면 폐단이 없을 것이다.

제20과 어진 어머니(1)

여자에게 교훈될 만한 것을 다시 말하니, 바른 도리를 배워 여중군

---

23 주왕, 달기 : 은나라 마지막 왕인 주왕과 그가 총애했던 여자 달기를 말한다. 달기는 주왕이 정벌한 오랑캐의 유소씨국(有蘇氏國)에서 공물로 보내 온 미녀로, 주왕은 그녀의 끝없는 욕망을 만족시키기 위해 가렴주구를 일삼았다. 그래서 창고에는 백성들로부터 수탈한 전백(錢帛)과 곡식이 산처럼 쌓였고, 국내의 온갖 진기한 물건들은 속속 궁중으로 징발되었다. 때로는 낮에도 장막을 드리운 방에서 촛불을 밝히고 벌이는 광연(狂宴)이 밤낮으로 120일간이나 계속되기도 했는데 은나라 사람들은 이를 '장야지음(長夜之飮)'이라 했다 한다.

24 유왕, 포사 : 주나라 유왕(幽王)과 그의 왕후 포사(褒姒)를 말한다. 포사는 전혀 웃지를 않았는데, 적이 침범하였을 때 제후들에게 위험을 알리기 위해 사용하는 봉화를 올리고 큰 북을 울렸더니 비로소 그녀가 크게 웃었다고 한다. 그래서 유왕은 포사가 웃는 걸 보기 위해 자주 봉화를 올려 외적이 침입했다는 거짓상황을 연출하곤 하였다. 후에 포사가 권신들과 결속하여 신후와 태자를 폐하자, 신후의 부친이 오랑캐와 내통하여 주나라에 쳐들어 왔다. 유왕이 황급히 제후를 소집하는 봉화를 올렸으나 제후들은 포사를 위해 자기네들을 놀리는 줄 알고 아무도 오지 않았고, 왕은 살해되었다.

25 헌공, 여씨 : 진나라 헌공(獻公)과 그의 아내 여씨를 말한다. 헌공은 여융족을 토벌하고 절세미인인 여희(驪姬)를 아내로 삼아 아들 해제를 낳았다. 헌공에게는 이미 세 명의 아들(신생, 중이, 이오)이 있었는데, 여희는 자기의 아들이 성장하는 데 헌공의 아들들이 장애가 된다고 여겼다. 여희는 치밀하게 계략을 세워 큰 아들 신생이 아버지를 시해하려 했다고 모함하여 자살하게 만들고 둘째와 셋째 아들도 그 음모에 가담했다고 무고하여, 자기가 낳은 아들 해제를 유일한 왕위계승권자로 만들었다. 그러나 헌공이 죽고 해제가 즉위하자마자 귀족이 반란을 일으켜 해제를 살해하였다.

자(女中君子)가 되도록 해야지 불량하고 부정하여 더러운 이름을 후세에 오래 남기는 일을 해서는 안 될 것이다. 옛적에 어진 어머니들은 태중에서부터 자녀를 가르치니, 보고 듣고 앉고 서고 먹는 것을 매우 조심스럽게 삼가서, 자식이 태어나 장성하여 성현(聖賢)이 아니면 군자(君子)가 되고 그 어머니의 이름을 천하가 공경하였다. 그러니 옳은 것으로 자녀를 가르쳐 예와 의를 밝히고 처음과 나중을 알게 할 것이다. 맹자의 어머니는 이웃이 탐탁하지 않아 세 번이나 이사하면서 이웃을 택했고,[26] 아들이 공부를 열심히 하지 않자 베틀에서 날실을 끊으면서 그 아들의 공부가 늘어감이 없음을 경계하여,[27] 결국 맹자는 성현이 되어 공자와 같은 반열의 위인이 되었다. 노나라 문백(文伯)은 벼슬이 대부에 이르렀지만 그 어머니 경강(敬姜)[28]은 한결같이 부지런하여, 항상 뒷동산 초당에서 길쌈하며 잠시도 쉬기를 즐겨하지 않았다. 아들 문백이 민망하게 여겨 그만두시라고 말씀드렸으나 그 어머니가 기쁘게 여기지 않았고, 아들에게 수고롭고 평안한 이치를 낱낱이 설명하여 알아듣게 하였다.

---

26 널리 알려진 '맹모삼천지교'를 말하고 있다.

27 단기지교(斷機之教) : 맹자가 학문에 전념할 만한 나이가 되자 고향을 떠나 공부를 하였는데, 어느날 기별도 없이 집으로 돌아왔다. 마침 베틀에 앉아 길쌈을 하고 있던 맹자의 어머니는 갑자기 찾아온 아들을 보고 기쁘기는 하였지만 감정을 억누르고 아들에게 물었다. "네 공부가 어느 정도 되었느냐?" "아직 마치지는 못하였습니다" 하고 맹자가 대답하자, 맹자 어머니는 짜고 있던 베틀의 날실을 끊어버리고는 "네가 공부를 중도에 그만두고 돌아온 것은 지금 내가 짜고 있던 베의 날실을 끊어버린 것과 같은 것이다. 무엇을 이룰 수 있겠느냐?"고 꾸짖었다. 맹자는 어머니의 이 말에 크게 깨달은 바가 있어 다시 스승에게로 돌아가 더욱 열심히 공부하였다. 그리하여 훗날 공자에 버금가는 유학자가 되었을 뿐 아니라 아성(亞聖)으로도 추앙받게 되었다. 단기지계(斷機之戒)와 같은 말이다.

28 경강 : 노나라 대부 공부목백(公夫穆伯)의 아내이자 문백(文伯)의 어머니를 말한다. 남편이 일찍 죽었으나 수절했고, 아들을 매우 엄하게 가르쳐서 높은 벼슬에 이르게 했다. 아들이 재상이 된 후에도 부지런하고 거친 일하기를 꺼려하지 않았다고 한다.

제21과 어진 어머니(2)

도간(陶侃)[29]의 어머니는 집이 매우 가난했기 때문에 머리카락을 팔아 손님을 대접하니, 그 이름이 고을과 감영에까지 알려지고 서울에까지 미쳐서 그 아들의 이름을 유명하게 했다. 도간이 수령이 되어 그 고을의 생선을 어머니께 보내드렸는데 어머니가 기뻐하기는커녕 '백성의 피가 하늘의 이치를 상할까 두렵다'하며 '채소가 고기보다 낫다'고 받지 않았다. 준불의(雋不疑)[30]는 재판관이 되었을 때 죄인을 공평히 다스리지 못하면 그 어머니가 노하여, 그가 잘못된 길로 빠지지 못하게 하였기에 자손이 복을 많이 받았다. 또 류중정은 어려서부터 배우기를 즐겨하여 어머니가 기뻐하였고, 혹 공부하다가 중간에 그만둘까 염려하여 웅담환이라 하는 환약을 먹여서 부지런히 공부하게 하였더니 결국 유명한 선비가 되고 나라의 기둥 같은 신하가 되었다.

제22과 어진 어머니(3)

진요부는 어렸을 때부터 활과 살을 좋아하여 자라서도 활을 잘 쏘

---

29 도간 : 중국 진(晉)나라 때의 무장. 영가의 난 때 무창을 지켜 공을 세웠고 명제 때 왕돈의 반란과 소준의 변을 평정하는 등 통군(統軍) 40여 년 동안 많은 공을 세웠다.

30 준불의 : 중국 전한(前漢) 무제 · 소제 때의 명신. 백성들의 편에 서서 올바른 판정을 많이 내리고 처신을 신중히 한 정치가라는 평가를 받았다. 그가 경조윤(지금의 서울시장)이 되었을 때, 퇴근하여 집에 오면 그의 모친이 "오늘은 죽을 목숨을 얼마나 살려주었느냐?"고 묻곤 하였는데 억울한 사람들을 많이 구해주었다고 하면 모친이 기뻐하며 웃고 반대의 대답이 돌아오면 모친이 노여워하며 밥을 먹지도 않았다는 일화가 있다. 여기에서 경조소(京兆笑)란 말이 생겼다고 한다.

는 사람이 되었는데, 그 어머니가 충성과 효도하는 도리로 인도하여 나라를 돕게 함으로써 후에 크게 귀하게 되었다. 구양순(歐陽洵)[31]의 어머니는 글씨 쓸 도구를 살 만한 형편이 못되자 갈대를 꺾어 땅에 그어서 글도 짓고 글씨도 쓰게 하였고, 부지런히 그 아들을 공부시켜 이름이 빛나게 하였다. 이와 같이 지금까지 전하는 모든 어진 어머니들의 아름다운 이름을 청년 여학생에게 권면하니, 마음에 기념하고 간과 창자에 삭여 이후에 모두들 어진 어머니가 되기를 바란다.

제23과 시어머니

늙은 부인들에게 다시 말한다. 남의 시어머니 되기란 더욱 괴롭고 어려운 일이다. 며느리를 얻는 것은 아들을 위함이니 먼저 지극히 사랑하면 후에 반드시 섬기기가 쉬울 것이다. 그릇된 점이 있거든 마땅히 너그럽게 용서하고, 등 뒤에서 하는 말은 이로운 말이라 할 수 없으니 스스로 깨달아 그 마음을 뉘우치게 해야 한다. 늙은이가 하는 잔소리는 젊은이들이면 누구라도 다 좋아하지 않는다. 집에 있는 어린 딸을 생각하지 말고 곁에 있는 어리석은 며느리를 생각할 것이다. 효자도 드물거든 효부는 더욱 어렵지 않겠는가. 며느리의 어질고 어리석음은 자식이 스스로 알 것이니, 내 생각으로 헤아리지 말고 늙은이와 젊은이가 함께 즐기도록 노력해야 한다. 시어머니 노릇을 잘 하려면

31 구양순(歐陽洵, 557~641) : 중국 당나라의 서예가. 왕희지 서법을 이어받아 해서(楷書)의 모범이 되었다.

어리석고 귀먹은 체 해야 한다. 며느리가 곁에 있는 것이 기쁜 일이라고 생각하고 큰 일이든 적은 일이든 눈 여겨 보지 말고 귀 넘겨들을 것이다. 가난하나 부자이거나 어질거나 어리석으나 모두 내 며느리요 내 자식이니, 부귀를 바란다면 악인의 마음이다. 며느리의 효도를 바란다면 먼저 자기 몸부터 살피고 마음을 바르게 먹어야 한다. 하늘의 도가 증거하여 우레 소리와 번갯불로 갚으실 것이다.

제24과 하인 부리는 법

하인도 사람이라 무슨 일을 시키든지 믿고 맡기고, 따뜻하게 입히고 배불리 먹여야 한다. 힘에 겨운 일을 시키고 꾸짖지 말 것이며 꾸짖지 아니할 일에 꾸짖지 말 것이다. 사람의 미련하고 표독함이 여러 가지니 혹 하인을 야박하게 부려서 추워도 입히지 않고 주려도 먹이지 않으며, 날마다 편하지 못하게 만들고 밤에도 쉬지 못하게 하다가, 조금만 뜻에 거스르면 이리와 호랑이 같이 표독스럽게 몽둥이로 때리고 송곳으로 찌르고 칼로 저미고 불로 지지기까지 하는 경우가 있다. 이렇게 앞뒤를 돌아보지 않다가 실수하여 혹 죽이고 나서 후회하게 된다. 하늘의 이치가 도로 돌아온다는 것은 자연스러운 도(道)라, 예로부터 지금까지 다 원인과 결과에 따라 보응(報應)이 있다. 그러므로 하인을 부리되 자식과 같이 대하고 명할 때도 순하게 인도하여, 주인과 하인 사이에 항상 화평하기를 힘써야 한다. 하인을 부리되 마음으로 복종케 하는 것이 제일 좋다.

제25과 죄에 대한 형벌(1)

예씨 댁의 며느리는 그 남편의 악한 짓을 도와서 닭을 삶아먹고 시어머니에게는 뼈만 주었더니, 하늘이 열리고 우레 소리와 번갯불이 들이치니 큰 바위가 무너지면서 그 몸을 때려 사지와 두골이 깨어지고 구덩이를 메워 시체도 찾을 수 없었다. 언위씨는 세 동서가 다 어질지 못하고 부끄러움도 없어, 그 남편에게 거짓말하여 시어머니의 반찬을 줄이고 시어머니가 죽기만을 바랐더니 하루는 홀연히 번개가 치고 우레 소리가 나면서 그들의 불효함을 책망하였다고 한다. 양씨의 며느리 이씨는 종을 때려 머리가 터져서 골이 땅에 쏟아질 정도였더니 하늘이 또한 그 종의 원수를 이씨에게 갚아서 머리가 깨어져 고치지 못하고 죽었다. 왕씨 댁의 며느리 또한 호랑이 같이 악하여 종의 눈에 약을 넣고 그 눈알을 빼어 앞을 보지 못하게 하더니, 그 후에 자기도 역시 병으로 두 눈이 멀어 십년을 굶주리고 추위에 얼며 고생하였다. 이 모두 하늘의 뜻이니 어찌 두렵지 않겠는가.

제26과 죄에 대한 형벌(2)

죄를 지으면 반드시 벌을 받기 마련이니, 공부하는 학생에게는 여러 가지로 경계 삼을 만하다. 예로부터 전해지는 선하고 악한 부녀의 행실이 모두 후세 사람에게 거울이 되었으니, 이 책에 쓰인 대로 본받을 것은 본받고 징계할 것을 징계하면 덕이 날로 새로워질 것이다. 여자들은 온 마음을 다해서 배워 죄악을 범하지 말고 이 세상에서 어진 여자가 되고 이름이 만세에 전해지도록 하라. 여자는 나라 백성의 어머니 될 몸이니 어머니 될 사람이 무식하고 학문이 없으면 그 나라 백성이 어떠한 백성이 되겠는가. 사실 생각해 보면 여자의 책임이 남자의 책임보다 몇 배가 더 긴요하니, 청년 여자 학생들은 마음을 깨끗이 하고 몸을 단정히 가져 훗날 국민을 낳고 기르고 가르치는 좋은 어머니가 되어야 한다. 그리하면 집에 복이 있고 집에 복이 있으면 나라에 큰 행복이 될 것이다.

제27과 본받을 일(1)

옛적 조중봉(趙重峰) 선생[32]이 다섯 살 때 동네 아이들과 글방에 가서 공부를 하는데, 어떤 높은 벼슬하는 사람 하나가 하인을 많이 데리고 글방 앞으로 지나가며 사람을 물리치는 소리[33]가 매우 요란하였다. 글방의 아이들이 앞 다투어 밖에 나가 구경하는데, 조중봉은 홀로 앉아 글만 읽었다. 그 벼슬하는 사람이 말에서 내려 까닭을 물으니 선생이 대답하되, '나는 우리 아버지가 가르치신 대로 글만 공부할 뿐이요, 다

32 조헌(趙憲, 1544~1592) : 조선 중기의 문신 · 의병장. 임진왜란이 일어나자 옥천에서 의병을 일으켜 영규 등 승병과 합세해 청주를 탈환하였다. 이어 전라도로 향하는 왜군을 막기 위해 금산전투에서 분전하다가 의병들과 함께 모두 전사하였다. 뛰어난 학자로, 기발이승일도설(氣發理乘一途說)을 지지하여 이이의 학문을 계승 발전시켰다.

33 벽제(辟除) 소리 : 옛날 왕 · 관원 등 지위가 높은 사람이 지나갈 때 따르는 종들이 소리를 질러 잡인(雜人)의 통행을 막는 것을 말한다. 곧 행차에 앞서서 큰소리로 '게 물렀거라'고 하여 행인들이 길을 비키게 하였고, 특히 임금이 행차할 때에는 길바닥에 엎드려 얼굴을 들지 못하게 하였다.

른 것은 내 알 바가 아니라' 하니 그 사람이 매우 칭찬하며 말하기를, '이 아이가 후에 큰 그릇을 이루리라' 했다 한다. 우리 공부하는 학생들은 공부할 때에 잡된 마음을 갖지 말고 공부에만 집중할 것이다.

제28과 본받을 일(2)

이충무공[34]이 어렸을 때에 당시 병조판서가 공이 큰 인물이 될 것을 미리 알고 사위 삼기를 청하니 공이 대답하되, '대장부가 세상에 태어나 큰 과업을 이루는 것이 떳떳한 일인데, 어찌 세도하는 집에 의지하여 불쌍하게 살기를 구하겠습니까' 하고 듣지 아니하였다 한다. 시집가고 장가가면 집안의 여러 가지 번거로운 일에 매어 큰 과업은 이루기가 과연 어려워진다. 생각이 고상하고 천하를 위하는 사람은 집안일을 돌아보지 못한다는 말이 예로부터 있었다.

제29과 교사 공경(1)

학생은 학교에서 교사의 명령에 잘 복종해야 한다. 우리 부모님이 나를 낳고 기를 때, 공부를 시키지 않으면 짐승과 다름없다고 여겨서 나를 학교에 보내 교사를 따라 학문을 배우게 하신 것이다. 교사가 여

---

34 이순신(李舜臣, 1545~1598) : 조선시대의 임진왜란 때 일본군을 물리치는 데 큰 공을 세운 명장. 옥포대첩, 사천포해전, 당포해전, 1차 당항포해전, 안골포해전, 부산포해전, 명량대첩, 노량해전 등에서 승리했다.

러 가지 어려움에도 불구하고 나를 사랑하며 가르쳐 착한 사람 되기를 바라시니, 그 염려하고 생각하심이 부모와 무엇이 다르겠는가. 공부를 마친 뒤 세상에 좋은 이름을 알리고 부모를 기쁘게 하는 것이 모두 교사가 잘 가르친 까닭이니, 공부를 마친 뒤 사회에 나아가 무슨 일을 하든지 잠시라도 교사의 은공을 잊어서야 되겠는가. 그런 까닭에 옛말에 임금과 스승과 아비는 한결같이 섬기라고 하였다.

제30과 교사 공경(2)

어렸을 때 가르치는 교사와 커서 가르치는 교사가 조금 다르기는 하지만, 어렸을 때 가르치는 교사가 아니면 어떻게 지혜를 열어 큰 선생에게 나아가게 하겠는가. 어렸을 때 가르치는 교사의 수고가 더욱 크니 공경하는 마음을 잊어서는 안 된다. 사람이 혹 커서는 어렸을 때 교사를 생각지 않고 그때 당장 가르치는 교사만 중요한 줄로 아니, 이것은 그 근본을 잊어버리는 것이다. 비록 공부를 잘했다고 해도 어찌 좋은 학생이라고 할 수 있겠는가. 우리 학생들은 학문의 길로 나아갈수록 어렸을 때 가르치던 교사의 수고로움을 생각하여 존경하는 마음을 잠시라도 잊어버리지 말아야 한다.

제31과 시간

공부할 때 가장 아껴야 하는 것은 시간이니, 사람의 명은 한정이 있고 학문은 한이 없는 것이기 때문이다. 이 짧은 세월을 가지고 한없는 학문을 배우고자 한다면, 시간을 쓸데없이 허비하지 말고 조금이라도 틈이 있거든 공부하는 데 채워야 한다. 돈은 허비하더라도 다시 벌 수 있지만 시간은 한번 허비하면 다시 얻지 못하니, 시간처럼 귀하고 중한 것이 어디 있겠는가. 시간이 소중함이 이와 같으니 다른 사람을 대할 때도 시간을 허비하지 말라고 권해야 마땅한데, 어떤 사람은 공연히 남을 찾아다니면서 쓸데없는 말로 시간을 보낸다. 이것은 자기 시간만 허비할 뿐 아니라 남의 시간도 허비하는 일이니 이런 사람은 시간도적놈이라고 불러야 할 것이다.

제32과 운동

운동이란 몸을 움직이는 것이니, 사람이 늘 가만히 앉았거나 누웠거나 한다면 마음과 몸이 상쾌하지 못하며 입맛이 없어지고 피가 쇠하고 기운이 없어 쉬 죽게 된다. 정신이 똑바로 박혀 있고 시간을 아끼는 사람이라면 운동을 게을리 하지 않는다. 운동하는 시간을 잠깐 보면 유익함이 없을 것 같지만 그 시간의 요긴함은 날품팔이하는 일꾼이 하루 종일 일하다가 쉬는 것과도 같다. 운동의 본뜻은 사람의 힘줄과 뼈를 활동하게 만들고 기운을 기르게 하는 것이니 너무 지나치게 해서 몸을 피곤케 하는 일은 절대로 해서는 안 된다.

제33과 어른 공경

아버지와 어머니와 형과 누이를 공경하는 마음으로 미루어 남의 부모와 형제도 공경하여 섬길 것이다. 어른을 대하거든 먼저 절하고 몸을 단정히 하며 대답을 정성스럽게 하고 음식을 먼저 먹지 말며 길을 먼저 가지 말며 말을 가볍게 하지 말 것이다. 나보다 나이가 위면 지극히 공경하여 섬겨야 한다. 노인이 혹 너무 늙어 망령된 말과 망령된 모양이 보이더라도 웃거나 흉내 내지 말고 가엾게 여길 것이다.

제34과 학교

학교는 사람의 타고난 재주를 기르는 곳이니, 나라가 성하고 쇠하는 것이 학교가 일어나고 폐하는 데 달렸다. 그런 까닭에 옛적에는 집에 숙(塾)이 있고 마을에 상(庠)이 있고 고을에 서(序)가 있고 나라에 학(學)이 있었다.[35] 지금은 유치원과 소학교와 중학교와 대학교와 사범학교가 있어 온 나라 백성이 다 교육을 받은 후에야 그 몸을 세우며 집을 보전

---

35 출전은 다음과 같다. 古之教者, 家有塾, 黨有庠, 術有序, 國有學. 『禮記』「學記」. 고대 중국의 학교제도를 말한다. 마을에는 숙이 있어 마을 사람들을 가르치고 500가구 이상의 당에는 상이 있어 숙에서 추천되어온 사람을 가르치고 2500가구 이상의 술, 즉 주에는 서가 있어 상에서 추천되어온 사람을 가르치며 나라의 수도에는 학이 있어 천자 · 제후의 원자 · 대부 및 사의 자제 · 서에서 추천되어온 사람들을 가르쳤다.

하며 나라를 부하고 강하게 할 수 있다. 그러므로 문명한 나라는 비록 조그마한 동네에라도 학교가 있어서 어린 아이들을 가르쳐, 마음을 기르며 임금에게 충성하며 나라를 사랑하는 정신을 기르게 하는 것이다.

제35과 친구 사귀는 것

친구를 사귈 때는 무엇보다 서로 믿는 것이 중요하니, 부득이한 사정이 아니라면 절교하는 것이 옳지 않고, 친구를 착한 길로 권하여 그가 점점 발전해나가는 것을 기쁘게 생각해야 한다. 친구는 대단히 소중하니 기쁜 일이 있을 때 벗이 오면 그 기쁨이 더해지고 슬픈 일이 있을 때 벗이 오면 그 슬픔이 덜어진다. 그런즉 벗을 가려서 사귀는 것이 좋다.

제36과 약속

약속이란 사람마다 반드시 지켜야 하는 것이니 결코 가볍게 여겨서는 안 된다. 무슨 일이든지 옳지 않다고 생각하든가 행하기가 어렵다고 생각하는 일은 애초에 약속하지 말아야 한다. 약속한 일을 어겨서는 안 되지만, 그 약속한 일이 법에 어긋나거나 도덕상 어그러진 것이라면 행하지 말아야 할 것이다. 다만 정당한 약속이라도 생각지 못했던 변고가 생겨서 어기게 되는 것은 부득이한 일이다. 조문정공과 성동주가 서로 만났다가 그 이듬해 8월 15일에 가야산 해인사에서 다시 만나기로 약속했다. 그런데 약속한 날 큰 비가 날마다 오는데도 조공이 비를 무릅쓰고 절문에 이르니, 성동주가 벌써 도착해서 우장(雨裝)을 벗고 있었다고 한다. 옛적 사람들은 심상한 약속도 이렇게 지켰다.

제37과 말하는 것

말할 때는 그때그때 형편을 살펴 조심해서 말해야 한다. 가(可)한지 불가(不可)한지 살피지도 않고 맹세 따위를 쉽게 하는 것은 낮은 사람들이 하는 일이다. 남의 말은 듣지 않고 제 말만 세우지 말며, 좋은 일에 흉한 말과 부질없이 놀려대는 말은 입 밖에도 내지 말 것이다. 노경임[36]이 말하기를, '남이 내게 업수이 여기는 말을 할지라도 내가 그것을 받아들이면 업수이 여기던 자가 공손해질 것이요, 남이 내게 박절한 말을 할지라도 나는 대접해서 말하면 돌이켜 후하게 나를 대접할 것이요, 남이 내게 노여운 말을 할지라도 나는 참고 말을 삼가면 결국에는 내게 탄복할 것이다' 했다.

제38과 게으른 것

게으름은 사람에게 독한 약을 먹여 여러 가지 악한 일을 빚어내는

36 노경임(盧景任, 1569~1620) : 조선 중기의 문신. 지평(持平), 순안어사(巡按御史), 예조정랑(禮曹正郎) 등을 지냈다. 성주목사(星州牧使) 때 무고한 탄핵을 받아 파직되었다.

것과 같다. 옛말에 이르되 '소인은 한가하게 있으면 좋지 않은 일을 하게 된다'[37]고 했으니, 사람이 일이 없고 공연히 시간을 허비하게 되면 노는 데 빠져 성품이 어진 사람이라도 점점 게을러져 어리석은 뜻과 좋지 않은 생각이 그 틈을 타 마음을 이끌게 된다. 그러니 사람이 늘 부지런하면서 좋은 일을 하면 그 마음이 깨끗해지고 나쁜 생각이 일어나지 않게 된다. 사람이 백 년을 살더라도 게을리 지낸다면 오래 살았다 할 수가 없고, 채 이십 년도 못 살았을지라도 부지런히 하루하루를 보냈다면 그 사람의 명이 짧다 할 수가 없다. 그러니 부지런한 것이야말로 만 가지 일의 근본이라 할 것이다.

제39과 즐거운 것

사람이라면 누구나 즐거움을 좋아하고 괴로움은 싫어하게 마련이다. 그러나 즐거움에도 유익한 것과 해로운 것이 있으니, 즐거움이 지나치면 해가 된다. 옛 사람이 말하기를, '즐거움이 다하면 슬픔이 생긴다' 하였다. 세상에 마시고 먹고 편안한 것만 낙으로 삼고 공부하는 것과 좋은 사업하는 것을 낙으로 알지 못하는 사람이 있으니, 이런사람은 낙(즐거움)의 참뜻을 깨닫지 못한 것이다. 잠깐의 즐거움과 평생의 즐거움 가운데 어떤 것이 진짜 즐거움이겠는가? 그런 까닭에 맹자가 '천하에 영웅스러운 재주 가진 자를 얻어 공부 가르침이 큰 낙이다'[38] 했다.

37 출전은 다음과 같다. 小人閑居, 爲不善, 無所不至. 『大學』「誠意」. 소인에게 자유를 주면 그 자유를 올바르게 사용하지 않고 부패와 타락에 빠지기 쉽다는 의미이다.

제40과 가정

온 집안사람이 각각 맡은 일에 힘을 다하고 스스로의 몸을 귀중히 하면 집안이 자연 화합할 것이니 그 즐거움이 어찌 크지 않겠는가. 집에서는 항상 그 부모와 조부모를 공경하여 명을 어기지 말고 부모의 일을 도우며 형제와 자매를 사랑하고 하인을 잘 보호할 것이다. 한 집안이 화목하여 살면 그 집안에만 복이 될 뿐 아니라 나라에도 큰 복이 되니, 옛글에도 '한 집이 어질면 한 나라가 흥한다'[39]고 했다.

제41과 참는 것

사람이 무슨 사업을 이루고자 한다면 어려운 일을 만나게 된다. 그렇더라도 뜻을 굽히지 말고 참고 참아야 그 사업을 이루게 되니, 옛 사람이 말하되 '어렵고 힘든 일은 사람을 옥(玉)으로 만드는 틀이라' 했다. 참는 힘은 큰일을 이루는 데만 필요한 것이 아니라 날마다 행동하는 데도 또한 요긴하니, 무릇 우리 학생들은 참는 버릇을 가져서 장래에 큰 사업을 이루어야 한다.

---

38 출전은 다음과 같다. 得天下之英才, 而教之樂乎. 『孟子』「盡心章」. 군자에게는 세 가지 즐거움이 있는데 그 중 하나가 천하의 영재를 얻어 가르치는 것이라고 했다.

39 출전은 다음과 같다. 一家仁, 一國興仁, 一家讓, 一國興讓. 『大學』「齊家治國」. 한 집이 어질면 한 나라가 어진 데 일어나고 한 집이 사양하면 한 나라 역시 사양하는 데 일어난다는 뜻이다.

제42과 깨끗하게 할 것

아무 병이 없이 몸이 건강하려면 깨끗하게 하는 것이 우선이다. 쓰는 그릇이 하나라도 깨끗지 아니하면 좋지 않은데 몸은 더욱 깨끗하게 해야 하지 않겠는가. 날마다 세수하는 것은 으레 하겠지만, 자주 목욕하고 옷을 자주 빨아 입고 쓰는 물건과 신는 신발도 자주 솔질하며 얼굴에 더러운 것이 묻거든 바로 씻어야 한다. 이렇게 하면 어려서부터 습관이 되어 어른이 되더라도 늘 깨끗하게 지낼 수 있다. 글 읽는 선비들은 간혹 옷에 이가 기어 다니고 갓에는 먼지가 뽀얗게 켜켜이 쌓였어도 '나는 선비니 깨끗한 것은 내가 귀하게 여기는 바가 아니라' 하는 사람들이 있다. 이를 두고 어찌 글 읽은 선비라 하겠는가.

제43과 손님 대접

손님을 대접할 때 마땅히 삼가고 겸손하여 화평하고 즐거운 빛을 보여야 한다. 묻고 대답할 때도 말소리를 나직이 하여 손님의 마음을 기쁘게 하며, 만날 때부터 작별할 때까지 한결같이 해야 할 것이다. 귀한 손님이나 그렇지 않은 손님이라도 손님되기는 마찬가지이니 너무 차별해서 대접하지는 말아야 한다. 어른이든 친구든 실수하는 일이 있어도 귀에 대고 가만히 말하고 손가락으로 가리키지 말 것이다. 젊은 남녀가 부득이하게 마주앉아 말할 일이 있거든 너무 오래하지 말고 적당한 말로 간단히 끝내고 헤어져야 한다. 손님 대접을 아무리 친절하게 해야 한다 해도 남녀가 유별하다는 점은 각별히 지킬 것이다.

제44과 편지(1)

편지란 직접 만나 말하지 못하고 피차 간에 멀리 있어 그 사정을 통하고자 하는 것이니, 말을 간략히 해서 알아보기 쉽게 해야 한다. 우리나라 풍속은 말과 문자가 서로 달라서, 어떤 이는 실상 할 말은 한두 가진데 공연히 글치레를 하느라고 알아보기 어렵도록 만든다. 이것은 그 실속은 버리고 쓸데없이 번거롭게 만들어 편지하는 사람이나 받아 보는 사람의 시간만 허비하는 것이니, 정녕코 할 말만 하고 글치레는 삼가야 한다. 옛말에 '남의 편지는 보려고도 하지 말라' 했으니 비밀스러운 내용을 담은 편지는 아무리 친밀한 사이라도 생각 없이 떼어보지 말아야 한다. 남의 편지를 떼어보는 것은 법에서도 엄금하는 바이다.

제45과 편지(2)

초서(草書)로 편지를 쓰더라도 글자 모양을 바르게 하고 비뚤비뚤하게 쓰지 말 것이고, 초서를 쓰지도 못하면서 구차히 써서 남이 알아보지 못하게 하지 말 것이다. 편지를 받아 보는 사람이 잘못 읽으면 일을 그르치기 쉽다. 친구 간이라도 공경하는 뜻을 나타내야 하거든 하물며 어른께 드리는 편지는 더욱 바르게 해야 한다. 우리나라에서는 남자의 편지 사연과 여자의 편지 내용이 좀 달라서, 여자의 편지는 알아보기가 어려우니 여자들은 편지 쓰는 데 특히 조심해야 한다.

제46과 용서

세상에 허물 없는 사람은 없으나, 남을 책망하기는 쉽고 자기 허물을 깨닫기는 어려우니 남의 잘못하는 것을 보면 먼저 자기의 몸부터 살펴보아야 한다. 서양 성인의 말씀에도 '자기 눈의 들보는 보지 못하고 남의 눈의 티끌은 잘 본다'[40] 하였다. 과연 이 세상에 허물 없는 사람은 도무지 없으니 허물 있다고 해서 그 사람을 버린다면 어느 겨를에 친구를 사귈 수 있겠는가. 친구를 사귀려면 먼저 용서함을 배워야 한다.

제47과 교육

공부라 하는 것은 학교에 가서만 배우는 것이 아니라 집에서도 배우는 것이 적지 않다. 첫째 부모의 말씀을 잘 듣는 것도 공부[41]요, 학교에서 배운 것을 집에 와서 실행하는 것도 큰 공부가 된다. 미장이가 돌

40 출전은 다음과 같다. '남을 심판하지 마시오. 그것은 여러분이 심판받지 않도록 하려는 것입니다. (…중략…) 왜 형제 눈 속의 티는 보면서도 당신 눈 속의 들보는 깨닫지 못합니까?' 「마태복음」 7장. 예수의 말씀을 '서양성인의 말'이라고 하며 인용한 것이 흥미롭다.

41 공부의 한자는 '工夫'지만, 원문에서는 이 부분만 한자를 '工父'로 병기하고 있다. 잘못 썼거나 같은 음의 한자어를 차용한 것으로 볼 수도 있을 듯한데, 혹 저자가 '부모로부터 배운다'는 의미를 강조하기 위해 일부러 그런 것이 아닌가 하는 생각이 들기도 한다.

담을 쌓을 때 한 사람은 밖에 있고 한 사람은 안에 있어 안팎에서 서로 돌을 놓고 밀개로 잘 다듬어야 담이 제대로 쌓아지는 것같이, 밖에서는 교사에게 배우고 집에서는 부모의 교훈을 잘 받지 않는다면 십 년을 배워도 성공하기가 어려운 것이다. 그런 까닭에 맹자의 어머니가 세 번이나 이사하면서 그 아들 맹자를 가르쳐 성인이 되게 한 것이다.

제48과 공부

학문이란 배우고 묻는 것이니, 글을 읽을 때 입으로만 외울 것이 아니라 글 가운데 이치를 밝게 분별해야 한다. 또한 글을 읽지 않을 때에도 눈으로 보는 것은 무슨 물건이든지 그 이치를 자세히 파헤쳐 보고 의문이 있거든 부모 형제에게나 교사에게나 어른에게 물을 것이다. 농사하는 것은 농부에게 물으며 장사하는 일은 장사꾼에게 물으며 기계는 기술자에게 물어보는 것도 나의 공부가 된다. 그러한즉 아는 것이 가슴에 가득 차면 그 사람은 공부를 많이 한 사람이라 할 수 있다.

제49과 학문

천하에 얻기 어려운 것이 학문이니 마음에 주장이 있는 사람이어야 학문을 얻을 수 있다. 비유하자면 물은 지극히 약하고 돌은 지극히 단단하여도 물방울이 돌 위에 밤낮으로 떨어지면 필경에는 구멍이 생긴다. 이와 같이 마음이 단단한 사람은 달[月]로 배우고 해[年]로 배워 쉬지 않고 배우면 학문을 얻고야 마는 것이니, 누구든 오늘 배우고 내일 배우기 싫어하고 금년에 배우고 내년에 버린다면 어느 겨를에 학문을 얻을 수 있겠는가. 그런 까닭에 예전의 학사들은 수십 년 동안 배운 공부가 있기에 오늘까지도 학사라 칭송받는 것이다.

제50과 마음

사람의 마음은 물과 같아서 동쪽으로 인도하면 동쪽으로 흘러가고 서쪽으로 인도하면 서쪽으로 흘러간다. 그래서 이 세상의 방탕한 남자와 방탕한 여자들이 정직한 군자(君子)의 비평을 면하지 못하게 된다. 이것은 사람마다 제 마음을 자기가 단속하지 못하고 마음이 하고자 하는 대로 하는 까닭이다. 신라 문무왕 때 김유신은 어린 시절 어머니가 날로 엄하게 가르치고 방탕하게 놀기를 허락하지 않았는데, 어느 날 우연히 창녀의 집에 가서 놀게 되었다. 그 어머니가 매우 책망하며 말하기를, '내가 늙어서 밤낮으로 네가 장차 대업을 성취하기만 바라고 있는데, 이제 더러운 집에 가서 노느냐'고 하면서 슬피 우니, 유신이 마음에 작정하여 '다시는 창녀의 집 앞도 지나지 않겠다'고 맹세하였다. 하루는 유신이 술에 몹시 취하여 집으로 돌아오는데, 그를 태운 말이 어느덧 창녀의 집 앞에 이르렀다. 유신이 술이 깨어 창녀 집 앞인 것을 깨닫고, 탔던 말의 허리를 칼로 베고 말안장은 버리고 집에 돌아왔다고 하니 그 마음이 어떠한가.

제51과 겸손

겸손이란 지위가 높고 학문이 깊더라도 자랑하지 않으며 남이 부족한 점이 있더라도 업수이 여기지 않는 것이다. 자기가 정말 넉넉하다면 자랑하지 않아도 자연히 그 행실에 나타나는 것인데, 세상 사람들을 보면 자기가 무슨 일이든지 잘했으면 애써 그 이름을 드러내고자 한다. 그렇게 되면 교만함이 마음에 가득하여 다른 사람을 업수이 여기게 되고 부모 없이 자라는 자식이라 하는 욕을 먹게 될 것이다. 김안국[42]이 아들을 가르치는데, '겸손함과 공손함은 군자의 성한 덕이니 몸에 맞도록 지키라' 하고 '내가 평생에 교만한 마음을 다른 사람에게 보였으며 남의 허물을 탓하는 것을 네가 본 적이 있느냐? 나는 죽어도 내 자손들이 교만한 마음이 있다거나 겸손한 마음이 없다는 말은 듣고 싶지 않다'고 했다.

제52과 나라

사람은 집에 매이고 집은 나라에 매였으니, 나라가 없은즉 집이 없고 집이 없으면 몸이 의지할 바가 없게 된다. 유태인들이 모두 장사를 잘해서 사람사람마다 부유했지만, 그 나라가 없어지자 러시아에 가면 러시아 사람들에게 핍박을 당하고, 프랑스에 가면 프랑스 사람들이

42 김안국(金安國, 1478~1543) : 조선 전기의 문신이자 학자. 대사간 · 공조판서 · 경상도관찰사 등을 지내며 성리학의 실천 · 보급에 주력하였으며 향촌민을 교화시키는 데 힘썼다. 이후 예조판서 · 대사헌 · 병조판서 등의 요직을 두루 거쳤다.

욕해서 넓고 넓은 천지에 갈 곳이 없어졌다. 나라가 망한 백성의 신세란 그런 것이다. 폴란드와 인도는 나라가 망하자 천만 백성들이 모두 종이 되어 평생에 낙을 누리는 사람이 없었다. 그러니 몸을 사랑하는 자는 그 집을 사랑하고 집을 사랑하는 자는 그 나라를 반드시 사랑해야 할 것이다. 나라를 사랑한다는 것은 다름이 아니라 사람마다 각각 자기 할 일을 힘써 하면 그 나라는 자연 부강한 나라가 되는 것이다.

제53과 여자 수신 총론[43]

사람이 이 세상에 나서 마땅히 해야 할 일은 도(道)와 덕(德)이다. 그러나 도와 덕을 닦는 공부가 없으면 도와 덕을 얻어 행동으로 옮기기가 어려워지므로, 인륜을 깨달아 행해야 할 일을 생각하고 그 방법을 기록해서 여자 학교에 교과서로 삼으면 좋지 않을까 하여 이 책을 쓰게 되었다. 그러니 좋은 여자가 되려고 해도 이 책을 공부할 것이요, 좋은 어머니와 좋은 시어머니와 좋은 며느리와 좋은 동서와 좋은 올케와 좋은 자녀가 되려 하여도 이 책을 공부할 것이다. 이 책은 내 의견을 아무거나 망령되이 가져다가 저술한 것이 아니다. 옛적의 어진 여자와 어진 남자의 금은보화 같은 말과 향기로운 행실을 들어 기록했을 뿐이다. 모든 일은 먼저 해야 할 것도 있고 나중에 해야 할 것도 있으니, 먼저 마음을 바르게 하고 몸을 닦아야 천만 가지 행하는 일에

43 목차에는 이 장의 제목이 '권ᄒᆞᄂᆞᆫ 말'로 되어 있으나 본문의 장 제목은 '녀ᄌᆞ슈신총론(女子修身總論)'으로 되어 있다.

단단한 기초가 될 것이다. 그런 까닭에 오륜(五倫)에 해당할 만한 도리를 간략히 썼으니 여자들이 못된 것은 버리고 좋은 것만 취해서 도움이 되기를 깊이 바란다.

여자소학수신서 종(終)

보통교육 국민의범

『보통교육 국민의범』 해제

김현미

1. 저자

『보통교육 국민의범』은 일본 동경 사범학교(日本東京師範學校)에서 사용하는 『의례교범(儀禮教範)』을 번역, 대한제국 광무 유신(1897~1904)에 따라 각급 학교에서 사용하기 위해 번역한 것이다.[1] 그렇기에 원저자는 일본 동경고등사범학교에서 근무한 편집진이라는 것을 추론하여 알 수 있으나 일본 국회도서관을 중심으로 원전을 찾은 결과 원본 확인이 불가하였다.

본서의 역술자인 진희성(陳熙星)과 교열자인 윤태영(尹泰榮)은 둘 다 생몰년이 미상이며, 정확한 개인 행적을 알 수 없다. 진희성의 경우는 각사등록 근대편,[2] 관보, 승정원일기[3] 등을 검색한 결과 1895년에 관

1 서울대 규장각 해제 참조.

2 『學部來去文』 제14호, 발신자: 學部大臣臨時署理外部大臣李完用/外部大臣李完用(1896.5.29), 규장각한국학연구원, "일본 慶應義塾 유학생 金重漢, 玄學圭, 金益南, 韓萬源, 朴正銑, 卞志琬, 陳熙星, 全萬基, 李熙峻 등의 本家所訴에 의하면 金重漢, 玄學圭, 金益南, 韓萬源은 親病이 위급하며, 朴正銑 이하 5인은 親喪을 당하였으니, 貴部에서 駐日公館에 訓飭하여 該塾에 전보하여 9인을 返國케 함이 可하다는 照會"; 관보 제3043호(광무 9년(1905.1.23) 제3 휘보, "來元山郵遞司主事陳熙星이가光武八年(1904)十二月三十一日에母憂를丁혼事."

3 『승정원 일기』, 고종 37년 경자(1900, 광무 4) 11월14일(임오, 양력 1월 4일), "진희성(陳熙

비 2기 유학생으로 경응의숙(慶應義塾)에서 수학하고[4] 광무 4년인 1900년에는 부산 우체사 주사를 거쳐 광무 8년 1904년에 원산 우체사 주사로 봉직한 사실을 알 수 있었다. 이러한 공직 봉사 외에도 진희성은 보성학교에 소속된 발행관인 보성관 번역원에 소속되어 몇 개의 교과서의 역술자로 참여하였는데, 대표적인 것으로 『초등물리교과서(初等物理教科書)』(의진사 간, 보성사 인쇄, 1908), 『실지측량법(實地測量法)』(의진사 간, 1908)이 있음을 확인할 수 있다.[5]

교열자 윤태영의 경우, 「대한제국 관원이력서」에 1883년, 1860년에 태어난 동명(同名)인이 두 명 보이나 교과서의 교열에 직접적으로 참여했다는 기록은 보이지 않아서 누구인지 확정할 수가 없다. 단 교과서 편찬에 관련된 기록으로 보자면, 1907년 보성관(普成館)에서 여규형과 함께 『한문학교과서(漢文學教科書)』를 편찬한 기록이 남아있고 이 외에는 알려진 생애 사실이 거의 없다.

星)을 부산우체사 주사(釜山郵遞司主事)에 임용." ; 『승정원 일기』, 고종 39년 임인(1902, 광무 6) 1월27일(무자, 양력 3월 6일), "장례원 상례 이종형(李鍾瀅), (…중략…) 부산우체사 주사(釜山郵遞司主事) 진희성(陳熙星), 중추원 의관 이인철(李寅轍) · 박장하(朴章夏) · 김상언(金商彦) · 이치형(李致亨) · 정승모(鄭承謨) · 이병교(李炳教)의 본관을 의원면직하고, 봉상사 부제조 이상설(李相卨)의 겸장례를 의원면직하였다." ; 『승정원 일기』, 고종 41년 갑진(1904, 광무 8) 7월17일(계사, 양력 8월 27일), "부산우체사 주사(釜山郵遞司主事) 유긍진(兪兢鎭)을 시흥우체사 주사에 임용하고, 원산우체사 주사(元山郵遞司主事) 김용빈(金溶彬)을 광주우체사 주사에 임용하고, 진희성(陳熙星)을 원산우체사 주사에 임용하였다."

4 박종석, 「개화기 사람들이 배운 과학 교과서」, 『개화기 한국의 과학교과서』, 한국학술정보, 2007. "조선의 학부에서는 음력 5월 초 학부 직할의 일본어학교 학생 및 각도에서 선발한 28명을 경응의숙으로 유학을 떠나보냈다. 그런데 5월 21일(음) 동경에 도착한 유학생은 26명이었다. 26명의 성명은 다음과 같다. 金世泰 韓震用 朴晩緒 金益南 金萬基 禹泰鼎 金正壎 朴廷秀 廉學雨 安慶善 金義善 權定鎭 玄 金洛煥 金東圭 陳熙星 韓鳳義 盧景輔 張源植 崔炳台 李熙璡 卞河進 吳聖模 朴正銑 金鴻鎭 朴潤陽 이로써 1895년 파견 관비유학생 수는 모두 139인이 되었다."

5 김봉희, 「개화기 번역서 연구」, 홍선표 · 김봉희 외; 『근대의 첫 경험』(이화여대 한국학 총서 2), 이화여대 출판부, 2006, 65~107면.

2. 구성

이 책의 형태사항은 1冊(124張 : 無界, 12行24字, 無魚尾 ; 22.1 x 15.0 cm)이며 양장본(洋裝本)이다. 활자는 新鉛活字가 사용된 책이다.

내용의 구성은 총 24장 70절로 되어있으며, 각 장의 제목은 다음과 같다.

제1장 총론 / 제2장 예의의 필요 / 제3장 예의는 옛 예의, 옛 실상에만 의지할 것이 아니다 / 제4장 예의에 관하여 일반적으로 주의할 것 / 제5장 신체 / 제6장 복장 / 제7장 언어 / 제8장 자세 / 제9장 경례 / 제10장 방문과 접객 / 제11장 향응 / 제12장 집에 살기 / 제13장 문과 창호의 열고 닫기 / 제14장 물품을 내고 거두는 법 / 제15장 물품을 주고받는 법 / 제16장 물품을 빌고 빌리기 / 제17장 서간 / 제18장 물품 주기(선물) / 제19장 집회 / 제20장 소개 / 제21장 의식 / 제22장 공중에 대한 예법 / 제23장 장례 의식 / 제24장 나머지[雜件]

3. 내용

본서의 내용은 생활전반에서 일어날 수 있는 의례(儀禮)의 문제와 그 때마다 어떻게 행동해야 하는가에 집중된다. 이를 요약하자면 '일상의 에티켓'이라고 표현할 수 있다. 황성신문 1908년 8월 30일자부터 9

월 17일자까지 실린 이 책의 광고[6]를 보면, 이 책이 다루고 있는 내용과 그 용도를 짐작할 수 있다. "문명(文明)한 의례(儀禮)를 잘 모르면 비루하고 거칠다는 비난을 면하기 어렵기에, 동 · 서양에 통용되는 의례를 밝히 분석하고 모아서 수신과(修身科)에 필요한 것을 완전히 하고자 간행하였으니 여러분은 계속 보시고 가르치시어서 문명 궤도와 함께 가실 것을 바랍니다"라는 본문을 보았을 때, 이 책이 동양식, 서양식의 의례를 다루고 있는 것과 수신과(修身科)와 연관되어 가르칠 수 있다는 점, 또한 특정 연령의 학생을 대상으로 하지 않고 '여러분[僉君子]'으로 통용될 수 있는 전 세대의 사람들에게 해당된다는 것을 알 수 있다.

각 장의 내용면으로 봤을 때는, 제1장부터 제4장까지는 '예의'라는 것에 대한 총론임을 알 수 있으며, 제5장부터 제9장까지는 (신체, 복장, 언어, 자세, 경례) 일반적인 수신의 도를 설명한다. 제10장에서부터 마지막 제24장까지는 방문과 손님 접대, 향응, 집안 정돈, 물품을 주고 받으며 선물하는 법, 편지 쓰는 법, 집회, 방문, 예식, 장례식 등 일상생활에서 일어날 수 있는 생활의례의 세세한 항목을 서술하였다.[7]

6 "普通教育國民儀範 百二十四頁 定價金卅五錢 大抵文明훈 儀禮에 蒙昧하면 鄙野의 誚를 難免이옵기 東西洋通行儀禮를 昭晳採取하와 一般學界의 修身科에 必要品을 完備코자 玆에 編刊發行이오니 僉君子는 陸續購覽教授하시와 文明軌途로 並進하심을 務望 · 大發賣元 京城南部上茶洞 八統 一戶 義進社 發賣所 京鄉各冊肆."

7 김봉희(2006), 앞의 논문, 68면.

4. 가치

본 교과서는 이화여자대학교 도서관 뿐 아니라 서울대 중앙 도서관에도 보관되어 있다(청구번호 1170-2). 비록 수적인 희소성으로는 그 가치를 부각하여 말할 수 없으나 시기적으로 보았을 때 통감부 지도에 의한 구한말 교과서라는 점,[8] 또한 소학교 중등학교 고등학교 등 특정 세대와 연령층을 위한 교과서가 아니라 '보통교육'이라는 이름을 걸 수 있는, 모두를 위한 행동 지침 중심의 교과서라는 점 등을 내용적인 가치로 들 수 있다.

또한 전술했듯이 이 책이 의례, 자세히 말하면 동 · 서양에 보편되게 통용되는 의례를 다루고 있기 때문에 입어야 할 의복이나 연회 등을 그리는 자리에서 당대에 허용되었던 의복의 구성, 향유할 수 있었던 음식 및 집기 등을 구체적으로 알 수 있다는 면에서 생활사적인 가치가 있다고 하겠다. 예를 들어 대례복(大禮服)과 프록코트를 병용했던 모습이라든가, 연회시 샴페인을 마시고 빵과 스프 등을 먹는 모습을 볼 수 있으며 우편환, 명함[名帖], 기차와 기선 등의 새로운 문물을 당시 대한제국 사람들도 알고 있었음을 볼 수 있는 것이다.

8 이병담 · 문철수, 「일제강점기의 보통학교 수신서 연구」, 『일어일문학』 24집, 2005, 236면의 〈통감부 이전 이후 수신교과서 종류 분류표〉 참고.

목차

제1장 총론
제2장 예의의 필요
제3장 예의는 옛 예의, 옛 실상에만 의지할 것이 아니다
제4장 예의에 관하여 일반적으로 주의할 것
제5장 신체
1. 두발과 수염
2. 눈과 코와 귀
3. 입과 이
4. 손발과 손톱
제6장 복장
1. 복장의 방법
2. 예복
3. 제복
제7장 언어
1. 대화
2. 대화[接語]의 재료
3. 교어(敎語)할 때에 피할 일
4. 연설과 토론
제8장 자세
1. 직립 자세
2. 정좌 자세
3. 의자에 앉을 때의 자세
4. 보행 자세
제9장 경례
1. 입례
2. 좌례
3. 악수례
4. 경례할 때 주의할 일
5. 남의 앞을 지나는 경우의 예

6. 나의 앞을 다른 사람이 지나고자 하는 경우의 예
7. 길을 가다가 만난 예
8. 답례

제10장 방문과 접객(接客)
1. 방문의 종류
2. 방문의 시각
3. 명첩
4. 집안사람과 보내고 맞음
5. 착석
6. 찻잔과 과자그릇과 담뱃갑과 그 나머지에 대해서 주의할 일
7. 방문의 시간
8. 작별과 손님 보내기
9. 답례
10. 남녀 간의 방문

제11장 향응
1. 청첩
2. 모임 참여 시각
3. 복장
4. 착석
5: 식사
6. 헤어짐
7. 답례

제12장 집에 살기
1. 집의 소제와 정돈
2. 거실의 장식

제13장 문과 창호의 열고 닫기

제14장 물품을 내고 거두는 법
1. 일반 방법
2. 화로와 담뱃갑을 내는 법

제15장 물품을 주고받는 법

제16장 물품을 빌고 빌리기

제17장 서간
1. 용지
2. 문자와 문법

3. 쓰는 법
4. 봉하는 법
5. 주의

제18장 선물
1. 선물하는 사람의 주의
2. 선물을 받는 사람의 주의

제19장 집회
1. 참회 시각
2. 자리의 순서
3. 좌상에서의 이야기
4. 개회사와 답사
5. 연회

제20장 소개
1. 언어로 하는 소개
2. 편지로 하는 소개

제21장 의식
1. 식장
2. 의식 시간
3. 의식 순서
4. 칙어 봉독과 국가를 부르는 때의 예법
5. 고하는 말과 축사

제22장 공중에 대한 예법
1. 여러 사람이 모인 경우에 대한 예법
2. 공공물에 대한 예법
3. 나머지

제23장 장례 의식

제24장 나머지
1. 생신 축하
2. 학교에 대한 예
3. 여행 중의 주의
4. 평생 침식할 동안의 주의점

보통교육 국민의범

진희성 역술
윤태영 교열

제1장 총론

옛 사람이 이르되 의관을 정제하여 위엄스런 모습을 흐트러뜨리지 말며, 윗사람을 존경하고 아랫사람에게 교만하지 말고, 남을 우선하고 나를 뒤에 생각하며 내 몸에 행하는 것이 모두 규구(規矩)[1]에 맞아서 털끝만이라도 자유를 잃거나 혹 소략하여 마음이 느슨해져 게을러짐[緩怠]이 없음을 예(禮)라고 이른다.

즉 예라고 하는 것은 마음에 공경하는 덕이 있어서 보고 듣고 말하고 행동함에 드러나는 겉모습[外儀]이 좋고 아름다움을 이르는 것이다.

대체로 무슨 일인가를 불문하고 그 근본을 얻으면 말단에 드러나는 것은 자연히 오게 되는 것이니 나무의 뿌리가 견고하면 그 가지와 잎이 나되 뿌리를 잃고 가지와 잎만 무성해지는 것이 없음과 같은 것이니 그러므로 공경(恭敬)은 예의 근본이요, 겉모습은 예의 말단이다.

근본이 없고 말단만 닦고자 하는 것은 차라리 말단에는 결점이 있어도 근본이 완전함만 못한 것이니, 이것은 밖으로는 허식만 많고 속

1 규구(規矩) : 법도.

마음[內心]에는 공경이 없음에 비해본다면 나은 것이라 할 뿐이요 결코 그 말단을 가볍게 여기는 것은 아니다.

근본과 말단, 두 가지를 모두 완전히 함이 필요한 것이다. 그러므로 속마음에 공경하는 덕을 닦아도 겉모습에 빠지는 곳이 있으면 예에 적합하다고 할 수 없는 것이며 또 어떻게 해서든지 겉모습에 겸양을 드러내어도 속마음에 오만한 마음이 있으면 겉으로 드러나는 허식을 매우 배척할 것이니 그런즉 한편으로는 속마음에 미덕을 연마하면서 한편으로는 보고 듣고 말하고 행동하는 것에 드러나는 바 겉모습을 닦는 것이 옳다.

겉모습은 지식이 아니오, 기능인 까닭으로 기능에 숙달하려면 반복 연습만한 것이 없다. 겉모습을 반복 연습하여 몸에 익게 하지 않으면 속마음이 아무리 빼어나게 좋아도 혹은 오만한 풍조와 불손한 모양을 내는 데 이를 것이다. 속마음을 이미 가지런히 하고서 겉모습을 연습하면, 마음은 겉모습을 다스리고 겉모습은 마음을 통제하여서 자연히 예의 근본되는 취지에 적합할 것이다.

제2장 예의의 필요

사회의 질서를 유지하려면 법률의 힘과 도덕·종교의 힘이 필요하나 예의의 관계도 또한 크니, 즉 예의는 원래 법정이 없으므로 제재(制裁)가 없는 듯 하나 이에 위배되는 것이 있으면 많은 사람들의 경멸을 받으며 교제사회에서 싫어서 물리쳐지는[擯斥][2] 등, 제재가 있어서 사회의 질서를 유지하는 실력이 있다.

그러므로 나라가 있으면, 반드시 습관상에 일정한 예의가 있어야 국민의 앉고 일어섬과 나아가고 물러남[坐作進退][3]을 다스리니, 곧 어른과 젊은이들이 서로 응대하는 때와 경조사에 서로 기뻐하고 조문하는 즈음에도 국민된 사람들이 거의 모두 이런 류의 예의를 지키면 그 사회의 질서가 고르게 정돈되어[整齊] 풍속이 자연스레 돈후(敦厚)하고 또 사람마다 서로 사귈 때에 각각 그 본분을 지켜서 말과 행동이 매우 좋고 무례와 혼잡과 불편이 없으면 교제의 장 안에서 봄바람과 같은 온정이 생겨나서 그 교제가 편리하며 원만하게 될 것이니, 예의는 실로 사회의 질서를 고르게 정돈하며 교제를 원만히 하게 하는 힘이 크게 있다고 할 수 있을 것이다.

우리나라의 문물제도 겉모양을 보면 고르게 정돈되어 위의와 예용이 완정한 사람과 같으나 그 속 모습을 자세히 살피면 풍속과 습관이 이와 함께 가지 못하는 것이다. 이른바 문명이라 하는 것은 다만 나라가 부하며 병사들이 강한 것만 이름이 아니며, 또한 외부적인 문물과 제도가 고르게 정돈된 것만 이름이 아니라 실상 덕의(德義)를 중시하며 예의를 숭상하여 사회의 풍속을 돈후하고 고상하고 아름답게 하는 것이 빠뜨리지 못할 요소가 되니, 그러므로 국민된 사람들이 예의를 닦아서 각각 그 품위를 보전하며 사회의 풍속을 고상하게 하여 문명국의 체면을 완전하게 하는 것이 옳다.

---

2 빈척(擯斥) : 싫어하여 물리쳐버림.

3 좌작진퇴(坐作進退) : 1 군대가 훈련할 때에, 앉고 서고 나아가고 물러섬을 이르는 말. 2 군대가 지휘관의 명령 아래 진법대로 질서 정연하게 움직임. 지금 여기서는 군사적인 뜻으로 국한되어 쓰인 것이 아니고 '일거수일투족'의 의미로서 해석하는 것이 적합하다.

그러나 한편으로는 날로 학업에 날로 진보할 것을 권장하여서 세계 대세에 뒤쳐지지 않게 됨을 권장하는 이 세상에, 한편으로 문명의 요소되는 예의를 가볍게 보는 경향이 있으니 특별히 장래, 대망을 맡게 될 청년 학생 사이에 이러한 경향이 심하니 실로 한탄할 만한 일이다. 이러한 무리들은 개인의 품위를 떨어뜨릴 뿐 아니라, 또한 국가의 체면을 더럽히는 자라고 이를 수 있으니 깊이 경계할지어다.

제3장 예의는 옛 예의, 옛 실상에만 의지할 것이 아니니다

예로부터 세상 사람들이 우리나라를 군자의 나라라고 칭하였으나 지금에는 예의가 무너지고 허물어져 무례 · 무의한 것이 극도에 달하였으니 예법을 익혀서 진흥을 꾀하는 것이 매우 필요하다. 광무(光武) 유신[4] 이래로 예로부터의 문물, 제도를 변화함과 동시에 풍속, 습관을

4 광무유신 : '광무개혁'을 말한다. 1897년 성립된 대한제국(大韓帝國)이 완전한 자주적 독립권을 지켜 나가기 위해서 러일전쟁이 일어난 1904년까지 열강의 세력균형기에 자주적으로 단행한 내정개혁이다. 국가의 완전한 자주독립을 지향하여 외세 의존적이고, 외국 제도의 모방에서 비롯되었던 갑오 · 을미개혁에 대한 반성에서 시작되었다. 먼저 왕권을 강화하고 통치권을 집중하는 데 목적을 두어 군제(軍制)에 대한 전면적이고 근대적인 개편을 하여 헌병대 · 포병 · 공병 · 치중병(輜重兵 : 군대의 화물을 담당하는 병사) · 군악대에 대한 새로운 관제가 마련되었으며, 중앙군과 지방군이 재정비되었다. 법적으로는 최초의 헌법인 대한국제(大韓國制)가 반포되었고, 훈장제도(勳章制度)가 창설되었으며, 국가(國歌) 및 각종 기(旗) 등이 제정 · 발표되었다. 청국을 비롯한 각국과의 통상조약으로 대한제국의 국제적 지위가 향상되었으며, 북간도관리(北間島管理)를 설치하여 북간도의 이주민을 보호하고, 도문강(圖們江) 이남 지역을 영토로 편입시킬 것을 꾀하기도 하였다. 사회 경제적인 개혁으로서 전결(田結)의 정확한 파악을 위하여 양지아문(量地衙門)을 설치하여 양전사업(量田事業)을 실시하였으며, 지계제도(地契制度)를 채택하여 지계아문(地契衙門)에서 토지문권(土地文券)을 발급하였다. 한편 개항 후 근대적 상공업을 진흥 · 육성시키는 것이 중요한 과제가 되었다. 이에 따라 정부에서 직접 공장을 설치하기도 하였고, 주요 회사에 투자를 하거

파괴하였는데, 다만 옛것은 천하고 새로운 것만 귀하다는 풍조가 생겨남으로 예의와 작법도 고루하다고 칭하면서 전혀 돌아보지 않았다.

이것은 또한 사회가 변혁하는 시대에 면치 못할 현상인 것이다. 유신한 후로 십여 년을 이미 지났으되 아직도 과도의 시대요, 아직 정돈한 시대에 이르지 못하였다. 그러나, 사회에 있는 모든 사물들이 점차로 정돈하고자 하는 때에는 예의도 또한 진흥케 될 것이다. 예의는 원래 시대적인 생산물로서 시대가 다름을 따라서 예의도 또한 다름은 자연스러운 이치이다. 그러므로 옛 시대의 예의로써 오늘날의 예법을 만들어서 국민을 가르치고자 함은 무리한 일이라고 할 수 있다.

대개 외국과 통상을 열어서 만국이 교통하게 되면 우리들의 교제는 따로 내국인 간에만 그치지 않고 널리 세계 사람들과 문명의 교제를 행함에 이르는 까닭으로 교제의 규칙과 형식도 다소의 변경함을 면치 못할 것이다.

그러므로 예의의 정신되는 바는 고금과 동서를 물론하고, 털끝만큼이라도 변화하는 이유가 없으되 그 풍속의 변천과 세상의 추이를 어

나 보조금을 지급하여 상공업 진흥에 힘썼다. 또한 민간 제조장의 근대기술수용을 장려하고 기술자 장려책을 강구하는 등 이를 뒷받침하기 위한 기술교육 정책으로서 해외에 유학생을 파견하여 근대산업기술을 습득시켰다. 철도 · 운수 부문에서도 근대적인 기술과 기계가 도입되었다. 상업의 진흥책으로는 한성은행(漢城銀行) · 대한천일은행(大韓天一銀行) · 대한은행(大韓銀行) 등의 금융기관이 설립되었다. 교육면 역시 실업교육을 위주로 하여 체신사무 요원의 양성을 위한 우편학당(郵便學堂) · 전무학당(電務學堂)이 설립되었고, 상공인 양성을 위한 상공업학교와 의사양성을 위해서 경성의학교(京城醫學校)가 설립되었다. 또한 법제 개편과 재판 기관이 신설되었고, 의료사업으로는 광제원(廣濟院)이 설립되고 전염병 예방규칙이 반포되었으며, 진휼기관(賑恤機關)으로 혜민원(惠民院)과 총혜민사(總惠民社)가 설립된 것등으로 광무 개혁의 주된 내용을 설명할 수 있다. 그러나 이와 같이 추진되던 광무개혁도 러 · 일 전쟁 이후 일본이 재진출함에 따라 중단되었다. 보수파에 의해 추진된 갑오 · 을미개혁을 답습한 것이었으나 국가의 완전한 자주독립과 근대화를 지향하여, 비교적 외세의 간섭 없이 자주적으로 추진되었다는 점에 의의가 있다.

울러서 개량(改良)할 것은, 다만 형식에 불과할 뿐이다. 저 아관박대(峨冠博帶)[5]한 사람과 금선(金線)을 붙인 대례복을 입은 사람을 비교하며 또 악수하는 예와 배읍(拜揖)[6]하는 예를 비교하면 그 차이가 하늘과 땅의 차이와 같으나 공경의 정성을 다하며 사귄 정의[交誼][7]의 정을 두텁게 함에 이르러서는 마찬가지이다.

이렇게 차이와 어긋남이 생겨나는 까닭은 다만 의복을 만드는 법과 가옥의 구조가 저들과 우리가 서로 다르며 옛날과 지금이 같지 않을 뿐이다. 그러므로 예의가 무너지고 허물어짐을 근심하는 선비는 옛날의 예와 옛날의 실상에 구애되지 말고 보통 간이(簡易)한 우리나라 당대의 의 · 식 · 주에 적합한 국민의례를 진흥해야 한다.

제4장 예의에 관하여 일반적으로 주의할 것

1. 예는 근본이요, 말단이다. 완전하게 함을 목표로 하여 근본을 기르면 말단을 저절로 얻는 것이 됨은 이미 논술하였다.

그러므로 예의를 닦는 사람은 결코 형식에만 구애받지 말고 먼저 속마음을 수양함에 힘을 다할 것이니, 속마음을 게을리 가져 수양하고 겉모양만 연구하고자 함은 근본과 말단을 거꾸로 하는 것이라고 말할 수 있을 것이다. 예의의 요령은 언어와 동작을 고상하고 우아하

---

5 아관박대(峨冠博帶) : '높은 관과 넓은 요대'라는 뜻으로, 옛날 사대부 높은 벼슬을 한 사람의 의관을 가리키며, 이로부터 사대부를 일컫는 말로도 쓰였음.

6 배읍(拜揖) : 공손히 읍함.

7 교의(交誼) : 사귄 정의(情誼).

게 하여 사람으로 하여금 유쾌함을 느끼게 하며, 또 거동할 때 겉모양을 일부러 꾸며서 하지 않고 자연스럽게 하게 되는 것이니 이것도 또한 주의할 점이다.

2. 예의를 특별한 것으로 생각함은 가장 큰 잘못이다. 일상에서의 모든 행동이 모두 다 예의에 있는 까닭으로, 일상 행동을 하면서 예의에 적합하도록 주의하는 것이 옳다.

평상시에는 생각이 없다가 필요한 경우에서만 갑작스레 아름답고 원만한 예의를 하고자 하는 것은 비유하자면 화살을 쏘는 사람이 평소에는 자세를 돌아보지 않다가 사례(射禮)를 행하는 때에만 정확한 자세를 취하고자 함과 같으니, 어찌 정곡(正鵠) 얻을 이치가 있겠는가?

3. 말에 이르기를 알기는 쉬우나 행하기는 어렵다고 하니[知易行難],[8] 예의의 사항은 원래 고상하고도 난해하고 심원한 이론이 없는 까닭에 이것을 알기는 어렵지 않으나 다만 실행하기가 어려우니 예의를 닦는 사람은 일상생활의 앉고 눕는 사이라도 이것을 실천하고자 함을 주의할 것이다.

4. 말에 이르기를 법으로부터 들어가서 법을 깨닫지 못한다고 하니 예의도 또한 그런 것이다. 가령, 각종 사항에 대한 예의는 배웠으나 실제에 임하여서는 시기와 경우를 맞아서 임기응변을 필요로 하는 일이 많으니 설혹 변경을 필요로 하지 않을 일이라도 법식에만 구애되어서 일이 잘 진행되지 않고 늦어지게 되어[窮屈澁滯][9] 완전히 원만하게 되지

8 지이행난(知易行難) : 도리를 알기는 쉬우나 실행하기는 어려움을 뜻하는 말이다.『서경(書經)』 제3편 「상서(商書)」 제13장 「열명중(說命中)」. 열(說)은 은나라의 무정(武丁 : 기원전 1324~1265 재위)의 재상이다. 반경 이후 다시 약해진 국력을 다시 일으켜 무정은 늘 재상 열의 말에 귀를 기울였다고 한다.

못하면 이것 또한 적합함을 얻지 못한 것이라 말할 수 있다.

5. 말에도 있으되 다른 사람의 움직이고 멈추는 것을 보아서 나의 행동을 고치라고 하였으니 항상, 남들의 앉음과 일어남, 나아가고 물러남을 살펴서 나의 부족한 곳을 보충할 것이다.

또한 혹시 어떤 경우에는 앉고 일어섬, 나아감과 물러남의 방법이 의아(疑訝)할 때가 있으면 선배의 행한 바를 보아서 그대로 하면 가장 큰 과실은 없을 것이니, 그러한 것을 필요로 할 때는 항상 예의를 닦고자 하는 마음만 있으면 과오를 만드는 일이 적을 것이다.

6. 예의를 닦고자 하는 사람은 항상 마음을 다스리고 고요하게 하며 조용함과 너그러움이 필요하되 우유부단함은 가지면 안 되고, 또 기를 늠름히 하여 감히 범하지 못할 위중함을 갖출 것이되 결코 교만하지 말아야 하는 까닭에 온화하고 엄함을 겸하여 갖추며 사랑함과 공경함이 완전히 필요하다.

7. 세간에서 보통 남자 예법이라고 이르지 아니하며, 다만 여자 예법이라고 칭하여 예법을 여자의 전유물과 같이 생각하는 자가 있으니 이것은 가장 큰 오류이다.

대개 예의와 작법(作法)의 본 취지는 이미 위에 말한 바와 같으니 그 필요한 법도는 남녀 간에 사소한 차별도 없으니, 다만 남녀는 그 성질이 다르며 직분이 같지 않기 때문에 그 태도, 방법에 다소 차이가 있을 뿐이니 남자 된 자들은 결코 작법(作法)을 가벼이 여기면 안 된다.

8. 총체적으로 남자는 활발(活潑), 엄숙(嚴肅)하려고 하기에 오히려 경

9 궁굴삽체(窮屈澁滯) : '궁굴'은 어떤 일이 난처하고 막혀있다는 뜻이고, 삽체는 일이 잘 진행되지 않고 늦어진다는 뜻이다.

솔한 행동과 교만에 빠지기 쉬운 폐해가 있으며 여자는 영리(怜悧)하고 삼가고 정직하고자 하나 완만하고 궁굴(窮屈)한 데 흘러가는 경향이 있으니 이것 또한 주의할 요건이다.

제5장 신체

신체는 정결히 하여 용모를 단정하게 할 것이니, 신체가 불결하며 용모가 바르지 않으면 남들의 경멸과 모욕을 면치 못할 뿐 아니라 남을 대하여 무례함이 되는 것이다.

대체로 신체는 뜻과 마음이 있는 바이다. 그러므로 심덕이 나아가면 외모도 또한 고상하며, 사악한 마음이 성하면 외모도 또한 사악한 형상이 떠올라 결코 숨길 수가 없으니 그런즉 용의(容儀)와 풍채를 선량하게 하려면 먼저 정신의 수양을 게을리 하지 말 일이다.

제1절 두발과 수염

1. 두발은 적어도 매달 한 번을 깎아서 항상 청결케 할 것이다. 그러나 저 향유와 향수를 도말(塗抹)[10]해서 다스린[嬌治] 풍모를 짓는 것은 비루하며, 여자의 머릿결은 불결하고 정돈되지 않는 까닭에 자주자주 감으며 빗질함을 게을리 하지 말아야한다.

---

10 도말(塗抹) : 1 겉에 무엇을 발라서 본래의 모습이 드러나지 않게 함. 2 이리저리 임시변통으로 발라 맞추거나 꾸며댐. 여기서는 1의 뜻.

2. 수염이 있고 없고는 임의(任意)이지만, 만일 수염을 기르는 때에는 얼굴 생김에 적합하게 하여 항상 청결함을 주의할 것이며 기르지 않는 때는 깎기를 게을리 함이 없어야하되, 다만 학생 등은 수염을 기르지 않음이 적당하다.

제2절 눈과 코와 귀

1. 눈은 항상 정면으로 기울여야 하니 남의 얼굴을 이유 없이 체시(諦視)[11]하거나 측면으로 사방을 보거나 혹은 눈썹과 윗 뺨[上瞼] 을 찡그리는 등의 습관은 겉모습에 보기 좋지 못하기 때문에 주의하여 교정할 것이며 또, 눈곱[目脂][12]이 나옴을 명심하지 않으면 게으른 사람이라는 말을 들을 것이다.

2. 코를 자주 킁킁거리며[頻吸] 코를 찡긋하는[蹙寄] 습관이 있는 사람들이 많으니 이것은 원래 주의할 일이며, 또 매일 아침에 얼굴을 닦을 때에는 코에 물을 통하여 콧속의 불결물을 없애서 감기를 예방할 것이다.

3. 귀의 안팎에 때가 붙어 있음은 추하기 때문에[醜劣] 이것을 주의할 것이다.

제3절 입과 이

1. 입은 항상 다물고 있어야 하니 입을 다물지 않음은 마음을 단속

---

11 체시(諦視) : 1 충분히 살펴 봄. 2 또는 그러한 관찰. 3 샅샅이 살핌. 여기서는 3의 뜻.

12 목지(目脂) : 일본어 めやに를 그대로 쓴 것.

하지 아니함을 드러내는 것이오, 또 남의 앞에서 하품을 하고 기지개를 펴거나[欠伸] 입을 쩍 벌리고 크게 웃거나[張口大笑] 손톱을 깨무는 등의 짓은 원래 좋지 못한 일이다.

2. 이는 적어도 날마다 한 번씩 솔[刷子]로 치아(治牙)를 문지르며 또 식후에는 물로 헹굴 것이니 이가 불결함은 다만 겉으로 보기에 추할 뿐 아니라 위생상에도 해가 있으며 냄새가 나므로 다른 사람을 대하여 무례함이 된다. 충치는 건강을 해하며, 또 냄새가 나게 함이 많아 천연의 아름다움을 훼손하는 일이 있기 때문에 의료를 받음을 게을리 하지 말 것이다.

제4절 손발과 손톱

1. 손과 발은 일어날 때, 앉을 때를 대하여 적당한 위치에 있게 함이 바람직하니 손으로 수염을 비비 꼬며 얼굴을 쓰다듬으며 코딱지[鼻垢]를 파며 혹, 팔을 휘두르거나[扼腕][13] 뒷짐을 지거나[負手] 및 '포킷트'(양복에 붙어있는 주머니)나 두루마기[周衣] 협구(挾口)에 손을 넣으며 혹은 발을 떨면서 멋대로 앉거나[橫坐] 무릎을 세우는 습관이 있으니 이것은 심히 무례하며 바르지 않은 행동이라서 주의할 것이다.

2. 손톱은 일주일에 한 번씩 깎을 것이니 손톱이 길어서 그 사이에 때가 끼면 겉보기에 심히 추악하며 또 손톱 사이에 쌓인 때에는 무수한 곰팡이 균[黴菌]을 함유한 까닭에 주의해야 할 것이다. 세간에서 작

13 액완(扼腕) : 분격하여 팔짓을 함. 성나고 분하여 주먹을 쥠. 여기서는 단순히 팔을 휘두르는 뜻으로 보아야 할 듯 하다.

은 손가락의 손톱을 짐짓 기르는 자가 있으니 이것은 무슨 이유 때문인지를 알지 못하겠거니와 온당한 일이 아니다.

제6장 복장

의복은 검소하고 질박하게 하되 청결함이 귀하며, 불결 · 단정치 못함은 무례함이 되지만 사치 화려함도 또한 좋지 않으며 또 다른 모양의 복장을 입는 것은 더욱 삼갈 것이다.

대개 의복의 제도와 색은 풍채와 품격에 관한 것인 까닭에 남녀의 구별과 신분, 연령의 차이 및 시세(時勢)를 대함에 적합한 것을 필요로 하니 개론하면 의복에 특이한 제도와 색 등은 매우 하품(下品)이요 천하니 이것을 주의하여 선택할 것이며, 의복을 입는 것은 단지 추위와 더위만 방어할 뿐 아니라 용의(容儀)를 닦는 것이다. 그러므로 서양의 말에 "재봉사는 의복을 조성할 뿐 아니라 사람도 조성하는 자이다"[14] 고 일렀으니, 의복은 사람의 품격이 어떠함에 관계가 있다는 것을 알아야 한다.

제1절 복장의 방법

1. 의복을 입는 때에는 옷깃을 바르게 한 후에 단추[鈕]나 혹 끈[紐]을 묶는 것이 바르다. 옷의 단추가 빠지거나 끈이 늘어지는 것은 겉보기

14 원문 불명.

에 심히 좋지 않으며, 또 바짓소매를 걷어서 정강이[脛]가 드러난다든지 하는 것들은 거의 품위가 떨어지는 까닭에 남에게 대해서 바르지 못한 행위가 된다.

2. 양복을 입을 때는 '칼라'와 '카우쓰'와 '렉타이' 등의 부속품을 반드시 쓸 것이니 이것들은 양복에 서로 떨어지지 못할 것이며 동착(胴着)(족기)[15]의 단추가 떨어짐과 금식(襟飾)[16]이 한쪽으로 기울어진 것은 좋지 못한 것이고, 양복 바지의 단추가 떨어짐은 특별히 바르지 못한 행동이 된다.

3. 모자는 외출하는 때에 반드시 써야 하니 그 모양과 색은 각각 상응한 것을 구하되 때를 따라서 풍화(風化)[17]를 변하게 하는 것은 좋지 않고, 또 모자를 좌우로 비스듬하게 쓰거나 혹 눈을 덮도록 앞쪽으로 기울게 하는 것은 안 되며 모자를 벗은 때에는 그 속을 남에게 보이지 않도록 주의하되 실내에서는 반드시 벗을 것이며 여자도 양복을 입은 때에는 모자를 쓰며 실내에 들어가서도 벗지 말 것이다.

4. 신을 단지 신는 것으로만 생각함은 가장 큰 오류이다. 이것은 양복차림에 뗄 수 없는 것이 되는 까닭에, 항상 잘 닦아서 보기 좋게 할 것이며 진흙투성이의 구두[泥靴][18]를 신은 채로 어려울 것 없이 실내에 들어감은 무례함이 된다.

5. 버선도 방한하는 것으로만 생각하면 안 되니, 기후의 춥고 더움을 물론하고 남 앞에 나아갈 때에는 반드시 신을 것이며 맨발은 원래

---

15 족기 : 조끼를 말함.

16 금식 : 양복 목도리.

17 풍화 : 교육이나 정치의 힘으로 풍습을 잘 교화하는 일.

18 니화(泥靴) : 일본어 どろぐつ의 차용.

야만하고 비루한 습속으로 남을 대했을 때 무례함이 된다.

6. 시계의 사슬[鎖]과 안경과 목도리와 수건 등은 질박하고 검소한 것을 사용할 것이며 반지 등은 남자가 쓰지 않음이 오히려 좋다.

7. 금권(襟卷 : 목도리)은 한복과 양복에 모두 두르는 것을 금할 것이니, 병이 있어서 의사의 권고로 사용한 때에는 남에게 대해서 그 뜻을 설명해야 한다.

8. 평상 양복과 운동모자 등은 손윗사람[手上人]을 방문하거나 혹은 학교와 관청에 출입할 때에는 쓰지 않는 것이 예가 되며, 또 내의와 양말과 금식(양복 목도리)과 '카우쓰'(양복 토수(吐手))[19] 등을 쓸 때 더러운 것을 씀은 모두 겉 모습과 품격을 훼손하는 것이다.

제2절 예복

1. 양복 공용하는 최상 예복은 대례복의 제도가 있으나 일반 국민의 필요한 것이 아니오, 정식의 통상 예복으로 쓸 것은 통상 예복(연미복과 후록고투(厚祿高套))[20]를 쓰는 경우를 인하여 혹 대례복을 대용하는 것도 가능하고, 또 백색금식(양복 목도리)과 백색 '카우쓰'(양복 토시)는 통상 예복(연미복과 프록코트) 이상에 쓰되 대례복에는 쓰지 말아야 한다.

훈장은 대례복과 통상 예복을 입는 때에만 다는 것이 가능하되 프록코트에는 달면 안 되니 훈장의 약장을 왼쪽 옷깃의 단추구멍[紐孔]에 차는 것이 무방하다.

---

19 토수(吐手) : '토시'의 잘못. '토시'를 한자를 빌려서 쓴 말이다.

20 후록고투(厚祿高套) : 프록코트[frock coat]를 음차해서 쓴 것. 18세기 말~19세기 말까지 일반 남성이 착용한 긴 웃옷과 줄무늬가 있는 바지의 한 벌.

제3절 제복

육 · 해군과 경찰관 등은 제복이 있어서 착용함은 물론이고, 학교에도 제복이 있으니 직원과 생도는 이것을 입어야 한다. 그러나 학교 제복은 프록코트를 대신 쓰는 것이 일반 규정이 되었으므로 제복을 입으면 자연히 예에 맞다.

또 학교의 제복을 입는 때는 학교 생도의 명예와 특권이 되는 까닭에 항상 청결하게 입어서 학교 생도 된 품격을 훼손하지 않게 주의할 것이다.

제7장 언어

옛 말에 이르기를 언어는 마음의 소리[言心聲也]라[21] 하니 실로 언어는 나의 생각함과 감동하는 일을 드러내는 부호(符號)가 되며 그 내용과 형식의 정돈 여부는 곧 성질의 어질고 어질지 못함과 수양의 유무를 드러내어 그 품격에 가장 큰 관계가 되므로, 결코 데면데면하게 다루면 안 된다.

또, 종종 언어로 감정을 다치게 하여 평소 돈독하던 의(誼)도 한순간에 원수가 되는 일이 있다. 옛 사람들이 이르기를 "사마(駟馬)도 혀를 좇지 못한다"[22]고 하였으니 말 한마디라도 함부로 뱉으면 네 마리 말

21 양웅의 『법언(法言)』 「문신(問神)」에 "말은 마음의 소리요, 글은 마음의 그림이다[言心聲也 書心畫也]"라는 구절에서 온 말.

이 끄는 수레로도 쫓아가기가 어려운 까닭에 반드시 마음을 진정시켜서 생각한 후에 말하여야 한다.

제1절 대화

남과 말을 서로 주고 받을 때에는 상대방의 정면을 보며 눈을 낮추어서 상대방[對手][23]의 가슴께부터 얼굴 사이를 주시하되 그 태도를 근엄하게 하면서도 또한 편안하고 온화한 마음을 가진다.

그 말소리는 높지도 낮지도 않게 하며 침착하고도 차분해서 가볍고 경솔함이 없게 하고, 또 말은 빠르지도 늘어지지도 않게 하여 명료하고 원만함이 있어야 하되 그 지방의 사투리를 피하며 고상하고 훌륭하여 널리 쓰이는 것과 정중한 것을 골라 써야 한다.

정중한 말은 항상 경어(敬語)를 쓰라는 말이 아니요, 단 경의(敬意)를 잃지 말라는 말이니 가령 동년배나 손아랫사람을 대하여 경의를 잃지 않을 때는 경어가 없더라도 평소의 사귄 정을 해치지 않는 사람이 된다. 그러나 남과 말을 주고받을 때에는 상 · 하, 귀 · 천 구별을 명백히 하여서 손윗사람과 동년배와 그 이하와 섞이지 않도록 주의해야 옳다.

응대할 때에는 말을 간략히 해서 그 요점을 잃지 않아야 한다. 그 말의 순서는 날씨가 춥고 더운 것을 말하며 건강을 물은 후에 관련된 바의 일을 말하는 것이 옳으니, 그 집의 동정을 살피고 생각하여 위문할

22 사불급설(駟不及舌) : 네 마리 말이 끄는 빠른 수레도 사람의 혀에는 미치지 못한다는 뜻으로, 소문은 빨리 퍼지므로 말조심하라는 뜻.

23 대수(對手) : 사전적인 뜻은 '적수'라는 것이지만 여기서는 '대화의 상대방'으로 해석해야 자연스럽다.

일이 있으면 위문하고 축하할 일이 있으면 축하하되 아직 명백히 드러나지 않은 일을 스스로 꺼내는 것은 무례가 된다.

제2절 대화[接語]의 재료

주고받는 말의 재료는 관계된 일이 우선이 되나, 그 외의 각종 사건은 상대방의 마음에 맞을 화제(話題)를 뽑아 놓는 것이 옳으니 말하는 상대방과 그 자녀의 좋고 훌륭한 일들은 더욱 상대방을 기쁘게 한다.

그 밖으로는 그 지역에 있는 명소와 유적과 그 지역에서 나는 것의 일과 동물의 사육법과 식물의 재배법과 당시 사회의 형편 등은 적당한 재료가 될 것이다. 그러나 상대방의 신분과 직업과 성별과 연령 등을 대해서 재료가 서로 달라질 수 있다.

제3절 교어(敎語)할 때에 피할 일

1. 말을 주고 받을 때에 거침없이 잘하면서[喋喋利口][24] 상대방의 존칭을 말하여 항상 경어를 쓰는 것은 아첨하는 모양으로 보일 수 있으니 결코 이런 일을 행하지 말아야 한다.

2. 다른 사람과 이야기하는 중에 말참견[容喙][25]을 하는 것은 어떠한 경우를 불문하고 결코 하면 안될 일이니, 만일 부득이한 사건이 있으면 이야기가 마치기를 기다려서 간단히 말해야 한다. 서양에서는 다

---

24 첩첩이구(喋喋利口) : 말을 거침없이 잘하는 모양.

25 용훼(容喙) : 일본어 ようかい를 그대로 가져온 말. 말참견을 한다는 뜻.

른 사람의 이야기 도중에 방차(防遮)[26]하여서 방해하는 일은, 마치 시가를 함께 가면서 뜻하지 않게 그 앞을 막게 되어 진행하는 것을 막는 것과 같은 모양의 죄가 되므로 이것을 싫어한다고 한다.

3. 남과 이야기할 때 잘못이 있거나 혹은 자기의 의견이 상대와 다르거나 의론이 좋지 않을 때는 자기에게 이해관계가 없는 외에는 즉시 화두를 다른 곳으로 돌려야 한다.

4. 자기의 문벌과 부귀와 기능 등을 자부(自負)하여 혹 다른 사람을 비방하며 비평하며 비밀을 말하는 사람이 종종 있으나, 이것은 매우 무례한 짓이므로 결코 행하면 안 된다.

5. 상대방의 말버릇[口癖]된 일을 이야기하며 논함과, 같은 어조[口調]를 사용하며 혹 어려운 문자와 익숙하지 못한 외국어를 사용하는 것은 남을 대하여 우롱하는 것이요 또 학자(學者)의 모양으로 보일 수 있으므로 매우 살펴서 삼가야 한다.

6. 비속어와 음란한 이야기는 결코 화두에 내면 안 되는 것이니, 만일 이것을 입에서 내면 품위와 품격을 잃는 것이 적지 않을 것이다.

7. 수작(酬酌)[27]하는 말은, 반드시 잘못이나 착오가 없게 해야 한다. 만일 잘못이나 착오가 있을 때는 자연스럽게 애매(曖昧)함을 면치 못하는 일이 많게 되므로 금전과 관련된 일과, 뒷날 증거가 될 일과, 약속하는 일과, 흑백을 판단할 일은 명확히 말해야 훗날의 근심이 없게 될 것을 주의하라.

8. 남에게 접근하여 이야기할 필요가 있는 때에는 숨소리[氣息]가 다

26 방차(防遮) : 막아서 가림, 막아서 차단함.
27 수작(酬酌) : 술잔을 주고 받다. 가벼운 말을 주고 받다. 혹은 그 말.

른 곳에 들리지 않게 할 것이다.

또 말이 길어져서 자기만 이야기하는 듯한 경우는 없어야 하니 이것을 주의하지 않는 사람은 입아귀[口角]에 침거품[涎泡]을 날리며 혼자만 득의해서 조잘조잘 말하는 일이 있으니, 이것은 보기 싫은 행위가 된다.

9. 남과 귓속말을 하는 것은 다른 사람으로 하여금 감정을 상하게 하는 근본이 된다. 그러므로 만일 높은 소리로 말할 수 없는 사정이 있으면 다른 장소에서 말해야 한다.

10. 처음으로 대면한 사람을 대하여 지나치게 열심히 이야기하는 것은 좋지 못한 행위로 보이나 말이 없음도 또한 무례한 일이니 중용을 얻어서 알맞은 정도로 하는 것이 필요하다.

11. 다른 사람들의 말을 서서 듣는[立聽] 것은 그 마음이 심히 비열하여 도덕적으로 죄인이 되는 것이니 주의해서 행하지 말아야한다.

제4절 연설과 토론

연설과 토론을 할 때에는 신중한 태도와 침착한 말솜씨로 청랑(淸朗)한 음성으로 진술한다. 만일 오만하거나 경솔한 행동을 하거나 혹 발음에 명확하지 못하여 잘못이 있으면 그 말이 만일 가치가 있다 해도 남들이 어찌 감동할 것이며, 자기의 말에 어찌 찬동할 수 있겠는가?

또 그 진술하는 것을 간단하고 명료하게, 순서를 정해서 구절을 명백하게 하지 않으면 듣는 사람으로 하여금 지루하고 재미없는 정을 일으키게 할 것이다. 그러므로 매우 훌륭한 좋은 이야기라고 해도 그 말에 찬동할 수 없는 지경에 이르게 된 것이다.

이것을 요약하자면 말마다 모두 진실한 심정[肺腑]에서 나와 경박함이 없는 때는 가령 말이 유창하지 않아도 능히 남을 감동시킬 수 있다.

남의 설(說)을 공격하는 때는 결코 꾸짖거나 나무라는 말을 사용하면 안 된다. 정숙하고도 가지런한 얼굴과 공손한 말을 쓰되, 다만 피차의 서로 다른 점을 밝혀서 취지가 있는 곳을 주장하라.

또 토론할 때에는 자기의 주장한 설이 틀림을 깨달으면서 이것을 묵수(墨守)하는 것도 좋지 않으며, 또 경솔히 돌변[豹變][28]하는 것도 좋지 못하다. 그러므로 두 가지를 충분히 고려하여 결코 남의 비웃음을 받지 않도록 주의해야 한다.

다른 사람이 이야기할 때에는 조용히 들어야 하니, 혹 냉평(冷評)하여 방해하거나 혹 지루한 모습을 보여 자리를 떠나며 혹 졸고 앉았거나 부채를 사용하는 등의 일은 무례한 행위가 된다.

제8장 자세

1. 자세는 가장 필요한 것이니 단정히 하면 품위가 높아지고 지루한 모습을 갖게 되면 비루하다. 또 다른 사람에 대해서도 무례한 것이다.

그러므로 위의가 화려한 중에 온화한 기운이 따뜻이 있는 것이 가장 좋은 것이다.

---

28 표변(豹變) : 표범의 무늬가 가을이 되면 뚜렷하고 아름다워진다는 뜻으로, 1 허물을 고쳐 말과 행동이 뚜렷이 전과 달리 착해지는 일. 2 마음과 행동이 분명히 달라지는 일. 갑자기 달라짐. 지금은 나쁜 뜻으로 오용되고 있음. 출전 : 『주역』 「혁괘(革卦)」.

대개 설 때도 법이 있고 움직이는 것에도 법이 있어서 앉고 일어남, 나아가고 물러남의 태도와 자세가 이런 법에 적합하지 않게 된다면 어떠한 예복을 입는다 해도 족히 논할 바가 못 된다.

그러므로 서양 철학자가 이르되 '태도와 자세가 변변치 못한 것이 아름다운 옷을 더럽히는 진흙보다도 더 나쁘다'[29]고 했으니 이것은 지당한 말이라고 할 수 있다.

제1절 직립 자세

1. 몸은 충분히 바르고 곧게 하여 목을 굽히지 않고 등뼈와 허리와 무릎을 굽히지 않으며 눈은 전면에서 7, 8척의 거리를 바로 보되 왼쪽으로 돌아보고 오른쪽으로 힐끗거리지 말아야 한다. 어깨는 좌, 우를 같은 높이로 하여 뒤쪽으로 젖히며 허리를 똑바로 하고 배를 앞쪽으로 내밀지 않게 한다. 발은 양쪽 발꿈치를 모아서 발톱 끝을 八자 모양으로 밟도록 하며, 체중은 발끝에 싣는다.

제2절 정좌 자세

1. 양 무릎을 약간 벌리며 눈은 굽어보거나 우러르거나 하지 않고 앞을 정시하며 허리를 고르게 하고 등뼈를 곧게 한다. 가슴을 앞쪽으로 내밀며 양 손바닥을 밑으로 향하여 윗다리 위에 좌우로 나란하게 놓거나 왼손을 오른손 위에 놓을 것.

---

29 출처 미상.

2. 꿇어앉을 때는 양 발끝을 동일하게 하고 무릎머리를 합하여 무릎을 굽히고 양손은 윗다리에 놓는다. 눈은 앞쪽 7, 8척 되는 곳을 바로 보고 조용히 앉는다.

3. 앉았다가 일어나는 때는 양 발을 서로 모으고 허리를 굽히며 아랫자리의 무릎머리를 일으켜 조용히 선다. 이 경우에는 발끝을 앞쪽으로 밟아 나가지 않게 주의한다.

제3절 의자에 앉을 때의 자세

1. 얼굴은 굽어보거나 우러르지 않게 하며 상체와 다리 위쪽은 수직하며 양 무릎은 붙인다. 발꿈치는 상판(床板)에 고르게 붙게 하고 양 손은 윗다리에 놓는다. 만일 모자를 가졌을 때에는 양 끝을 좌우 손으로 가지고 있어야 한다. 만약 아주 많이 피곤한 때에는 양 발을 무릎에 엇갈려 놓아도 관계가 없으나, 신발 속을 드러내 놓으면 안 된다. 또 손윗사람 앞에서는 발을 엇갈려 놓는 일을 할 수 없다.

2. 의자에 앉되 높이고 공경할 사람의 앞이면 의자의 하좌측(下坐側)에 서서 경례를 한 뒤에 정숙하게 앉을 것이며, 동년배 앞이면 의자 앞에서 일례한 뒤에 앉는다.

3. 의자에 앉았다가 일어서려면, 먼저 양 발을 가지런히 하며 양 손을 무릎에 두면서 소리가 나지 않게 일어나야 한다.

제4절 보행자세

1. 눈은 정면으로는 7, 8척 되는 곳을 보면서 몸을 충분히 곧게 하여 좌우로, 흔들리지 말며 양손은 자연스럽게 아래로 늘어뜨리고 항상 움직이지 않으며, 어깨와 팔도 또한 자연스럽게 한다. 느리게 걷거나 빨리 걷지 말고 혹 소리가 높지 않게 한다. 문지방[閾]과 자리의 선과 물품을 밟거나 넘어가는 것은 안 된다.

2. 식장으로 나아갈 때에는 하좌(下坐)로 하며 물러날 때에는 상좌(上坐)로 해야 한다. 돌면서 물러나는 때는, 먼저 양 발끝을 가지런히 하여 오른쪽으로 돌 때는 오른발 끝을 왼발 뒷꿈치까지 기운 모양으로 끌어당긴 뒤에 왼발을 오른쪽으로 돌려서 기운 방향으로 하좌(下坐)를 향하게 하되 오른발부터 걸어서 물러난다. 왼쪽으로 돌아 나가는 때는 이것과 반대가 되게 하니, 돌 때에는 상좌(上坐)에 등을 향하지 않게 해야 한다.

제9장 경례

경례는 남을 대하여서 경의를 표하는 도이다. 그러므로 경의가 겉모습에 드러나지 않으면 그 목적을 달성했다고 이르지 못할 것이다.

그러므로 경례를 행할 때에는 반드시 충심(衷心)으로 경의를 드러내야 한다. 그러나 만일 공손히 경례를 행하는 사람을 보고 아부[諂諛]하는 거동으로 생각하며 비굴한 행위로 오해하는 사람이 있으면 예의 본뜻을 알지 못한 것이 심한 사람이라고 할 수 있을 것이다.

또 경례에는 입례(立禮)와 좌례(坐禮)의 구별과 가장 경례하는 것(최경례)과 보통례의 두 가지로 나눌 수 있으니, 최경례라고 하는 것은 황실, 황족, 어진영(御眞影)을 대하거나 칙어(勅語)를 받들어 읽을 때에 행하는 것이니 가장 존경의 뜻을 표하는 것이다.

보통례는 일반 백성을 대하여 행하는 경례를 말한다. 또 특별히 악수의 예가 있으니 상대방의 신분과 위치와 경우마다 상당한 것을 선택한 후에 행해야 한다.

제1절 입례

1. 보통례 : 자세를 곧게 세운 후에 양발을 가지런히 모으고 양손을 윗다리 중간쯤에 내리고, 동시에 몸의 위쪽을 자연스럽게 기울여야 옳다. 다만 윗어른과 동년배와 그 이하를 대하는 때에는 짐작하여서 행하며, 또 모자를 쓴 때는 오른손으로 행한다.

2. 최경례 : 자세를 곧게 세운 후에 양발을 가지런히 하고 상체를 앞으로 기울이면서 머리를 숙인다. 동시에 양손을 무릎 위쪽에 닿을 때까지 내린다. 머리를 숙이는 법은 서서히 하고, 한 호흡 간에 앞과 같이 서서히 올리면서 동시에 예를 다시 표한다. 모자에 관한 것은 보통례를 행할 때와 같이 알면 된다.

요즈음 배알(拜謁)하는 경우에 대해 말하고자 하면, 먼저 인도자를 동반하여 서서히 나아가 옥좌(玉座)의 합외(闔外)[30]에서 양 발을 가지런

30 합외(闔外) : 글자 그대로 하면 '문밖'이라는 말이다.

히 하여 이곳에서 가볍게 경례하고, 그 다음에는 합내에 들어가서 또한 양발을 가지런히 정돈한 후에 몸을 앞으로 약간 기울여 근신(謹愼)하는 모습을 드러내면서 세 걸음 앞으로 나가서 양발을 가지런히 모아 최경례를 행한다.

배알을 마치면 세 걸음을 뒤로 물러나 합 부근에서 양발을 가지런히 한 후, 합을 나와서 이곳에서 처음과 같이 경례를 행하며, 다시 세 걸음을 물러난 연후에 물러날 것이다. 어진(御眞)을 배알할 때도 위와 같은 사항을 지켜야 한다. 단 식장의 경우에 따라서 다소의 짐작으로 응용이 필요할 수도 있다.

제2절 좌례

1. 보통례 : 양 손 사이를 삼, 사촌(寸)쯤 사이에 두고 무릎 전에 팔(八)자 모양으로 붙이고 몸의 위쪽을 앞으로 기울여서 자리에서 2, 3촌 되는 곳까지 머리를 내릴 것이다. 단 손윗사람들과 동년배와 그 이하를 대하는 때에는 짐작하여서 행하여야 한다.

2. 최경례 : 양손을 무릎 앞에 떨어지지 않게 하고 손가락 끝을 합하여 팔(八)자 형을 만들며 팔을 자리에 붙지 않게 하고 머리를 손가락 끝의 위까지 내린다. 머리를 내리는 법은 서서히 하고, 한 호흡 간에 전과 같이 서서히 올린다.

제3절 악수례

내국사람은 서로 간에 행하지 않는 예법이나 외국인과 교제가 점차 많아지는 오늘날에는 일반적으로 주의해야 하는 것이다. 그 방법은 오른손으로 상대방의 오른손을 적당히 쥔다(앞 손가락을 사용하는 것이 옳으며 두세 손가락을 사용하는 것은 무례한 것이다). 그러나 지나치게 강하게 쥐는 것과 느슨하게 쥐는 것은 적당하지 못하며 또한 상대방이 장갑을 낀 채로 악수를 하려고 할 때에는 자기도 장갑을 끼고 응해도 무방하지만 상대방이 장갑을 벗었으나 자기는 장갑을 끼고 악수하는 것은 심히 무례한 것이다. 그러므로 이것을 주의해야 한다.

악수의 예는 지위가 낮은 사람이 어려움 없이 청하는 것은 예가 아니며 또한 남녀 간에는 남자가 청하는 것도 예가 아니다.

제4절 경례할 때 주의할 일

1. 경례의 전후에는 반드시 상대방 사람에게 주목함이 옳으니, 주목하는 것이 없는 경례는 진실한 경의를 표하는 것이라고 이를 수 없다.

2. 경례를 행하는 때에는 손가락을 펴서 손가락과 손가락 사이가 떨어지지 않게 주의해야 한다.

3. 입례를 행할 때는 무릎과 팔을 구부리지 않게 주의해야 한다.

4. 좌례를 행할 때에는 허리를 높게 두지 말아 팔을 늘이지 말아야 하고 어깨를 내리지 않게 주의해야한다.

5. 모자를 쓰거나 손을 맞잡거나, 목도리를 한 채로 예를 행하는 것

은 예의를 표하면서도 실례를 면치 못할 것이다.

제5절 남의 앞을 지나는 경우의 예

1. 정좌한 사람의 앞으로 지나갈 때에는 손윗사람에게는 대개 한 칸쯤 되는 앞에서 측면으로 그 정한 곳을 향하여 조용히 무릎을 붙이고 한 번 예(禮)한 뒤에 일어나서 몸을 굽히고 천천히 지나가야 한다.

2. 의자에 앉은 사람의 앞으로 지나갈 때에 손윗사람의 예는 그 곳을 향하여 한 번 인사한 후에 지나갈 것이며, 동년배 사이에는 약간 목례만 해도 괜찮다.

제6절 나의 앞을 다른 사람이 지나가고자 하는 경우의 예

1. 정좌한 경우 : 손윗 사람이 자기의 앞으로 가까이 온 때는 양손을 무릎의 양옆에 붙이고 머리를 내려서 경의를 표할 것이며, 동년배 사이일 때는 가볍게 답례하여도 무방하다.

2. 의자에 앉은 경우 : 손윗사람이 지나가면 의자 왼편으로 떨어져서 가까이 올 때에 경례하되 손윗사람이 지나가시기를 기다려서 의자에 앉을 것이며, 동년배가 지나가면 의자에 앉은 대로 답례해야 한다.

제7절 길을 가다가 만난 예

1. 최경례를 행할 경우에는 대개 세 칸 내외되는 곳에 가까움을 헤

아려서 남자는 모자를 벗는 동시에 주목한 뒤에 최경례를 행하며, 또 한 세 칸 내외 되는 곳에 지나감을 헤아려서 복구해야 한다.

2. 손윗사람을 만난 때에는 대개 한 칸쯤 떨어져서 왼편에 피해 서서(남자는 모자를 벗는다) 경례를 행하고 통과하기를 기다렸다가 걸음을 시작한다.

하루에 두세 번을 만나는 경우가 있다면 최초 한 번은 전술한 것과 같이 경례를 행하며, 그 나머지는 목례만 하여도 괜찮다.

3. 동년배와 그 이하를 만나는 때는 맞닥뜨려 걸음을 멈추게까지 하지 말고 왼쪽으로 피한다. 대개 한 칸쯤 되는 곳에서 경례를 행한 후에 지나가야 한다.

4. 길에서 손윗사람을 만나서 혹 얼굴을 피하며 혹 알지 못한 모양으로 지나가는 것은 심히 무례한 일이 된다. 그러므로 손윗사람이 알아보면 거리의 멀고 가까움에 구애받지 말고 상당한 경례를 행해야 한다.

5. 차나 말을 탄 때에 최경례를 행해야 할 경우가 생기면 의례히 내릴 것이며, 또 손윗사람이라도 또한 내려서 경례하는 것이 예이다. 혹 정지하고 경례하는 것도 가능하지만, 동년배 사이에서는 그대로 경례를 행한 후에 지나가도 된다.

6. 도상(途上)에서 손윗사람과 담화하는 때에 남자는 반드시 모자를 벗어야 하니 만일 모자를 쓰라고 권하면 쓰고 작별할 때에는 다시 모자를 벗은 후에 경례해야 한다. 단 여자는 모자를 벗지 않아도 된다.

7. 층계 중간에서 손윗사람을 만났을 때는 왼편으로 피하고, 걸음을 멈추고 허리를 굽혔다가 손윗사람이 지나가신 후에 걸어야 하며 가장 높은 계단에 있는 때에 손윗 어른이 오르시면 한 걸음 물러나서 계단

위에서 기다릴 것이며 밑 계단 근처에 내려갈 때에 손윗어른이 오르시고자 하면 모쪼록 빨리 내려서 계단 밑에서 예를 행해야 한다. 동년배를 대해서도 이것을 행해야 한다.

8. 길 위에서 장례행렬을 만난 때에는 경례를 행해야 하니 특별히 사회에서 공익을 주었으며 국가에 공이 있는 사람의 장례식에 대해서도 그러하다.

9. 손윗 어른을 인도하는 때에는 앞쪽 왼편으로 나아갈 것이요, 홀로 동행하는 때는 뒤쪽이나 뒤쪽 왼편으로 나아가야 한다.

제8절 답례

예를 표했는데 답하지 않는 것은 심히 무례한 것이다. 그러므로 반드시 상당한 경례로 답을 해야한다. 서양에서는 답례를 행하지 않는 것은 절교를 선고함과 같다고 이르면서 크게 경계하는 바이다.

그러나 경례의 방법과 정도는 항상 같은 등급으로 행할 것으로 생각하면 안 되니, 상당한 경례로 행하는 것이 적절 하다.

그러므로 귀천의 구별과 장유(長幼)의 순서를 따라서 적절히 짐작하여야 한다. 가령 나이가 어린 사람이 양 발을 가지런히 하고 모자를 벗은 후 손을 늘어뜨려 공손히 경례하면 윗사람은 삼가 모자를 벗고 보행하면서 답례하여도 감히 무례하다고 이르지 못할 것이다.

제10장 방문과 접객(接客)

방문하는 목적이 특별히 있는 외에 사귐을 온후하게 함에 있는 까닭에, 화복길흉이 있을 때를 물론하고 그렇지 않은 때에라도 종종 방문하는 것이 옳다.

특별히 친척 간에는 방문을 결코 게을리 하지 말 일이다. 방문하는 목적이 이와 같은 까닭으로, 방문하는 사람이 있는 때는 기쁘게 영접하여 온화한 얼굴, 모습으로 응대해서 온 손님으로 하여금 오직 뜻에 맞지 않는 것과 불쾌한 감정이 없게 하여야 한다.

혹 많은 손님을 응접할 때에는 결코 편파적인 태도가 없어야하니, 갑(甲)에게는 후하며 을(乙)에게는 박하게 하는 것은 접객의 본뜻이 없는 것이다.

제1절 방문의 종류

1. 축하의 방문 : 신년과 생산의 축하가 있는 때의 방문이다. 신년의 축하에는 명첩(名帖)[31]을 꺼내어 집사람들에게 축하 말만 이야기해 주어도 무방하고, 탄생의 축하에는 아이를 낳은 지 일주일 이상을 지난 후에 방문해서 축하의 말을 해야한다.

2. 위문 : 질병과 화재와 수해 등을 위문하는 때에는 명첩만 내놓아도 무방하지만, 질병이 있는 경우에는 의사의 허가를 받아서 병자가 면회함을 바라면 안으로 들어가서 환자를 위문할 수 있다. 화재와 수

31 명첩(名帖) : 성명이나 주소 · 근무처 · 신분 등을 적은 종이쪽.

해가 있는 경우에는 시의(時宜)에 맞게 도울 역할을 맡고 위문도 빨리 해야 한다.

3. 조문 : 돌아가신 분이 있는 집에 조사(弔辭)를 말하기 위한 방문이다. 들어 알았거든 즉시 조문해야 하며 명첩만 내놓는 것도 무방하다.

4. 통상 방문 : 적조(積阻)[32]하면 사귀는 정이 스스로 없어진다. 그러므로 기회를 봐서 때때로 방문해야 한다. 이때는 안으로 들어가서 주인과 얼굴을 보고 만나는 것이 필요하다.

5. 유사 방문 : 어떤 일을 위하여 방문하는 것이니, 의례히 주인과 얼굴을 보고 만나야 한다.

6. 피로(披露)[33] 및 고별(告別)방문 : 피로와 고별은 보통 명첩만 내어도 되나, 장차 특별히 두호(斗護)[34]가 될 사람과 혹 종전부터 두호가 되었던 때는 친절히 직접 만나 뵙기를 청하여 그 두터운 정을 원하며 혹은 마음속 깊이 감사[鳴謝][35]해야 한다.

7. 어떠한 경우에 방문하든지, 결코 취기가 있을 때는 가지 않는다. 특별히 낮에 취기를 띠고 남을 방문하는 것은 심히 무례한 짓이니, 신사의 행할 바가 아니다.

제2절 방문의 시각

날의 길고 짧음을 따라서 다르므로 한 가지로 논할 수가 없으나, 오

---

32 적조(積阻) : 서로 연락이 끊겨 오랫동안 소식이 막힘.

33 피로(披露) : 1 문서 따위를 펴 보임. 2 일반에게 널리 알림. 여기서는 첫 번째 뜻.

34 두호(斗護) : 남을 두둔하여 보호함.

35 명사(鳴謝) : 마음속 깊이 느껴 감사함.

전 8시경으로부터 오전 11시 경과 오후 1시로부터 오후 5시 경까지가 가능하며, 너무 이른 아침과 저녁 시각과 혹 식사할 시각을 피하지 않으면 무례함이 된다.

단 매우 급한 사고가 있는 경우에는 예외로 행하여도 식사 시간만은 반드시 피하여야 한다.

제3절 명첩

방문하는 때는 보통 명첩을 내어 놓으니, 보통 사용하는 명첩은 성과 명만 베끼거나, 혹은 왼쪽 밑 구석에 주소를 덧써서 놓는다. 직무에 쓰는 것은 관직 등을 첨가할 것이니, 이 두 가지는 각각 상당한 경우에 사용하는 것이 옳다.

명첩의 용지는 백색을 쓰되, 결코 금선을 쓰지 말아야 한다. 그리고 그 크기는 제한은 없으나, 신분을 따라서 적당히 크게 하며, 문자의 체는 한자는 해서(楷書)요 영자(英字)는 초서로 인쇄하여서 쓴다.

학생 등은 명백히 스스로 써서 쓰는 것이 도리어 적당하다.

1. 명첩을 꺼내는 경우에는 각종 꺾는 법[折法]이 있으되, 이것은 반드시 꺾을 것은 아니지만 평소와 다른 일을 행하여 지나침을 보이는 것 보다 차라리 하지 않는 것이 마땅하다. 그러나[36] 참고하기 위하여 그 자르는 법을 보여야 한다.

축하 방문에는 오른쪽 아래 귀퉁이를 표면으로 자르며 이별을 고할

36 본문에는 '그러므로'로 되어있으나, 맥락상 '그러나'로 고쳐썼다.

때는 왼쪽 아래의 귀퉁이를 표면(表面)으로 꺾는다. 참상(慘傷)을 방문할 때는 왼쪽 위 귀퉁이를 안쪽으로 꺾는다. 그 외의 방문에는 오른쪽 윗 기퉁이를 표면으로 꺾으며 야회(夜會)와 집회에 참석하는 때는 중앙으로 가로질러 꺾으며 맨 처음 회견을 구할 때에는 왼쪽 윗 귀퉁이에서 오른쪽 아래 귀퉁이를 이어서 꺾는 습관이 있다.

제4절 집안사람과 보내고 맞음

1. 방문할 집에 이른 때에는 적당한 걸음소리를 낸 후에 들어가서 집안사람에게 명첩을 내주고 간단히 그 사연을 설명한 후에 즉시 돌아갈 것을 인사하는 일이 있다. 혹 주인과 대면하여 모이기를 구하는 때에는 그 취지를 설명하는 것이 가능하다. 만일 (집)안에 들어가기를 요청하려면 우산과 지팡이 등의 휴대품을 방해되지 않는 곳에 두고, 신을 벗음이 옳다. 외국에서는 이것들을 실내로 가지고 들어가는 일이 있으나, 우리나라에서는 그렇게 하지 않는 것이 예가 된다.

2 . 온 손님이 손윗사람이 되는 때는 주인이 빨리 나아가 맞는 것이 옳다. 그러나 만일 동년배와 그 이하가 되는 때에는 집안사람으로 나아가 맞게 하며, 또 온 손님의 구두와 우산 등을 잃어버리는[闕失] 일이 없게 주의해야한다.

제5절 착석

1. 온 손님이 실내로 들어올 때에 손윗사람이 되면 주인은 윗자리[上

座]로 앉을 것을 권하는 것이 옳다. 만일 동년배와 그 이하가 되는 때에는 각각 상당한 곳에 앉을 것을 권할 것이다. 그때에는 손님이 주인의 말을 따라서 그 자리에 앉는 것이 옳되, 누누이 사양하는 것은 좋지 않다. 또 방석과 의자 등도 주인의 말을 따르는 것이 예가 된다.

제6절 찻잔과 과자그릇과 담뱃갑과 그 나머지에 대해서 주의할 일

1. 방문하는 손님에게 접대할 찻잔[茶碗]과 과자그릇[菓子器]와 담뱃갑[煙草盒]과 화로 등은 극히 깨끗해야하니, 과자의 종류는 앉은 자리에서 먹기 쉬운 것이 매우 좋다.

2. 담배와 과자 등을 권하거든 머리를 숙여서 치사(致謝)하는 것이 옳다. 만약 조용히 알지 못하는 모양을 보이는 것은 겉모습으로 좋지 못하다.

3. 남을 방문해서 다과와 그 밖의 접대를 받을 때에는 주인이 강권함에도 불구하고 도에 지나치게 사양하여서 입에 대지도 않는 것은 주인의 호의를 무시하는 것이다. 그렇다고 자기의 임의로 먹는 것은 좋지 않은 행위가 된다. 그러므로 적절함을 따라야한다.

과자를 먹을 때에는 종이를 내어서 그 위에서 손가락으로 잘라 먹으며, 과실에 씨가 있는 것을 먹을 때도 종이로 싸서 가지고 온다. 차를 마시는 때는 오른손으로 찻잔을 들고 왼손에 잡으며 오른손으로 기울이되 찻잔의 가에 손가락이 닿지 않게하는 것이 옳다. 또 찻잔의 밑에 차를 조금이라도 남기는 것은 좋지 못하며, 차를 마신 후에는 찻잔을 차받침[茶盤]에 놓는 것이 옳다.

또 손윗사람의 앞에서는 부채의 사용과 끽연(喫煙)을 사양할 것이다. 설혹 부채를 사용하며 담배를 피워도 손윗사람보다 먼저 행하지 않는 것이 필요하다.

담배를 필 때는 담배의 자잘한 가루[細屑]를 흩뿌리거나 담뱃대[煙竹]로 화로의 가를 두드리는 것은 결코 해서는 안된다. 혹 연상(硯床)[37]을 빌려 써도 붓끝을 입으로 깨물거나 연필 끝을 입에 넣는 것은 심히 무례하다.

4. 남과 마주앉는 때에 콧물을 닦으려면 반드시 자리 아래쪽을 향하여서 소리가 없게 해야 한다. 특별히 콧물을 닦을 때는 측간(厠間)이나 남이 없는 곳에서 행할 것이며 또 야간에 화장실에 가려면 등을 청해서 과실이 없게 해야 한다.

5. 남과 마주앉았다가 자리를 떠나는 때에는 마주했던 사람에게 목례하며, 자리에 돌아와도 또한 목례를 해야 한다.

6. 서까래 끝[椽端][38] 등에 가래를 뱉음은 매우 무례한 일이다. 그러므로 준비해서 둔 타구(唾口)에 뱉되 만일 그 타구가 없는 때는 종이에 뱉는다.

7. 주인은 얼굴색을 쾌활하게 하여 손님이 불쾌함을 느끼지 않게 주의하는 것이 옳다. 또 종들로 하여금 다과를 가지고 오게 할 때는 그들의 신체와 의복을 청결하게 할 것이며, 동작을 정숙하게 하도록 미리 가르쳐 두어야 한다.

---

37 연상(硯床) : 문방제구를 벌여 놓아두는 작은 책상.

38 연단(椽端) : 서까래의 끝.

제7절 방문의 시간

방문하는 때는 지나치도록 오래 앉아 있으면 안된다. 일이 있어서 방문하는 때는 필요한 이야기가 끝나는 때를 끝으로 하고 그 밖에는 20분 내지 30분을 넘지 말아야 한다. 또 필요한 용무도 없고 한담(閑談) 하는 것은 무례가 된다.

특별히 주인이 출타할 의사가 있거나 혹 바쁜 사건이 있는 때는 속히 돌아오는 것이 옳다. 그러나 혹 친구 간에는 주인의 사정을 살피는 일을 필요로 하지 않을 때도 있으니,[39] 그 요점은 주인에게 미안함을 끼치지 않음에 있다.

제8절 작별과 손님 보내기

1. 먼저 온 손님은 새로 오는 손님이 있거든 자기의 이야기를 아주 빠르게[斯速]마치고 물러나 가는 것이 옳다.

그러나 새로운 손님이 자리에 앉기 전에 작별인사를 하는 것은 새로운 손님에 대한 실례가 된다. 그러므로 작별인사를 하고 가고자 하는 때는 아랫자리에 앉아서 주인에게 작별인사를 청하며 그 뒤에는 새로 온 손님에게도 예를 행한 후, 방에서 나가는 것이 옳다.

작별인사를 할 때에 겨를[閒隙]이 있거든 한 번 오라고 말하는 것이 친한 친구 사이에는 무방하다. 그러나 그 밖에는 그동안의 방문이 적

---

39 원문은 "主人의 事情을 因하야 혹 親友間에는 如斯홈을 不要ᄒᆞᄂᆞ니 其要는 主人의게 未安홈을 見치 아니홈에 在ᄒᆞ니라"인데, 문맥상 의역했다.

조했음을 질책하는 것과 같이 되므로 무례한 일이다.

2. 온 손님이 물러나는 때에는 주인이 문 앞까지 나가서 전송하는 것이 옳다. 손님을 전송하고 급히 들어와서 웃음소리를 크게 내는 것은 손님을 대하여 무례한 행동이며, 손님도 자기의 몸이 주인에게 보이는 때는 좋지 못한 거동이 없을 것을 주의해야 한다.

제9절 답례

방문에 대해서는 더디고 늦어도[遲緩][40] 일주일 내로 답례하는 것이 옳되, 만일 질병 같은 연유가 있어서 일주 간 내에 답례하기가 어려운 때에는 그 사고를 마친 후 일주 간에 답례해야 한다. 이 경우에 답례는 간단히 명첩을 내어서 집안 사람들에게 답례로 온 뜻을 확실히 설명하는 것이 옳다. 단 용건이 있는 방문에 대해서는 답례함을 필요로 하지 않는다.

제10절 남녀 간의 방문

남녀 간의 방문은 공무와 기타 필요한 일 외에는 행하지 않는다. 또 서로 독신인 사람을 방문하지 않는 것이 예가 된다. 그러나 만일 부득이한 연유가 있는 때에는 확실한 동반자가 있어야 하니 그 필요성은 세간에서 비평을 받지 않도록 주의하는 것에 있다.

---

40 지완(遲緩) : 더디고 늦음, 또는 더디게 하거나 늦춤.

제11장 향응

길한 경사와 그 밖에, 일 년에 종종 친척과 친구들을 청하여 향응(饗應)하는 일이 있으니, 이것은 사귀는 뜻을 두텁게 하기 위함이다. 그러므로 음식물은 그 방편을 따라야 한다. 그러므로 아주 좋은 음식물이 필요한 것은 아니다. 단 집의 안팎을 청결히 닦으며 실내를 정돈해서 난잡하게 흩어져 있거나 더러운 것이 없게 한다.

또 마음을 쾌활하고 활발하게 가지며 안색을 온화하게 하여서 손님이 충분히 기뻐하도록 주의해야 한다.

제1절 청첩

연회에 청하는 때는 청첩을 대개 일주 간 전에 보내는 것이 보통이 된다. 그러므로 도에 지나치게 빨리 하거나 늦게 함이 적절치 못하며 또 청첩을 받아들인 이상에는 참석 여부를 빨리 회답하는 것이 옳되, 부득이한 일이 없으면 참석함이 예가 된다.

제2절 모임 참여 시각

초대를 받은 시각에는 반드시 참석하는 것이 옳되, 30분 이전이거나 5분 이상 늦으면 무례가 된다. 또 정한 시각보다 늦어질 염려가 있음을 미리 알게 되면 출석치 못하는 것을 통지하는 것이 옳으나, 만일 매우 급한 일이 있어서 불의에 정한 시각에서 늦어질 사정이 있으면

서면(書面)으로 감사함을 표하고 출석하지 않는 것이 예가 된다.

그러나 참석할 뜻으로 회답한 이상 결코 불참하지 않는 것이 옳으며, 시각을 늦게 함은 본국 요리로 대접할 주인에게 불안함을 끼치나 서양요리로 대접할 때 불안함을 끼치는 일이 더욱 많으므로, 특별히 주의하여야 한다.

제3절 복장

복장은 청첩의 종류에 의하여 서로 다르게 된다. 그러나 의식에 설 때는 예복을 입으며, 흉사에는 질박하고 소박한 것을 사용함이 옳다.

대개 손님의 복장은 주인보다 검약한 것을 입는 것이 옳다. 그러므로 주인은 과도하게 화려하지 않은 복장을 입을 것이다. 그러나, 만일 주객이 같이 늘 입는 옷을 입을 경우에는 청결한 옷을 입어야 한다.

제4절 착석

석차(席次)[41]는 남의 감정에 관계되는 바가 크기에, 주인은 손님의 신분과 연령 등을 참고하여서 정하는 것이 옳으며 어떤 경우에는 그 성명을 쓴 종이를 자리에 붙여 놓아도 괜찮다.

손님은 주인의 권함을 따라서 쾌히 착석하되, 만일 다른 사람이, 아직 자리에 앉기 전에 자기의 마음대로 자리에 앉는 것은 가장 크게 살

41 석차(席次) : 좌석의 차이.

펴서 삼갈 일이다. 일동이 자리에 앉아서 배선(杯膳) 이 끝난 뒤에는 주인이 일동에게 대해서 사례를 할 것이다.

제5절 식사

1. 종전에는 술과 음식을 손님에게 강권함이 예법에 적합한 것으로 생각하였으나, 지금은 도리어 좋지 않은 일이다.

또 손님은 음식을 적당하게 먹어서 주인의 호의를 거스르지 않게 주의할 것이며 먹고 마시는 방법은 사람의 품위에 관계됨이 가장 크다. 그러므로 그 겉 모양을 마음으로 헤아려서 후회가 없게 주의하는 것이 옳다.

2. 일본 풍속으로 식사함에 대해서 주의할 일

(1) 사환(使喚)이 반상을 가지고 오는 때에는 약간 고개를 숙여서 예를 행하며 동년배 이상의 사람이 만일 반상을 가지고 오는 일이 있으면 무릎 아래로 손을 내려 예를 행해야 한다.

(2) 젓가락을 집는 때에는 오른손의 엄지[拇指]손가락과 다른 손의 네 손가락으로 집되, 엄지를 안쪽으로 하여서 젓가락의 중앙을 집고 다음에는 왼손을 위로 향하게한 후에 오른손으로 바꾸어 집되 그 중앙을 집음이 옳다.

또 젓가락을 놓을 때에는 이와 반대가 되게 해야 한다.

(3) 국은 술보다 먼저 먹으니 오른손으로 뚜껑을 집는 동시에 왼손을 넣어서 뒤집어 열되 이것을 반상의 오른편에 두고 양 손으로 주발[椀]을 집어서 먼저 마신 후, 왼손으로 집고 오른손으로 젓가락을 들어

서 오른손의 무명지(無名指)[42]와 소지(小指)[43] 사이로 젓가락의 중앙을 끼어 잡고 건더기를 먹는 것이 예이다.

국을 다 먹은 때에는 먼저 젓가락을 두고 그 뒤에 주발을 두는 것이 옳으며 주발을 아래 두면 반드시 덮어야 한다. 그러나 한 번에 국물과 건더기를 모두 먹는 것은 좋지 않은 예이다.

(4) 잔을 처음 받고자 하는 때에는 함께 앉은 사람에게 한 번 예를 행한 후에 잔을 왼손바닥으로 잡고 오른손을 덧대어서 술을 받으며 잔을 놓는 때에는 음식 주발의 근방에 두는 것이 옳다.

잔을 받을 때에 술을 조금만 받으려면 잔을 낮게 내려놓는다.

(5) 잔은 신분이 낮은 사람이 높은 사람에게 드리지 못하며 가장 나이 많은 사람이 권하는 잔은 양 손으로 받고 일례(一禮)한 후에 술을 받음이 옳으나, 만일 잔을 다시 드리고자 하는 때에는 수건이나, 혹 깨끗한 종이로 잔 가를 씻은 후에 손바닥에 올리고 다른 손을 덧대어 드릴 것이다.

동년배 이하에게는 손을 덧대지 않고 또 자기보다 품위가 가장 높은 사람에게는 잔을 되돌려 드리지 않는 것이 예가 된다. 그러나 저쪽서 요구하는 때에는 잔을 다시 돌려 드린다.

(6) 잔을 자주 주고받음은 병독을 전염하는 매개가 되고 엉망으로 취하여 추태를 보이는 원인이 되며 또 술잔[盃盤]이 어지러이 널려 무례에 빠지게 되는 근본이 되니, 그러므로 두세 차례 잔을 돌리는 것이 적절하다. 혹 경우에 따라서는 넘을 수도 있으나 네다섯 번을 넘는 것은 옳지 않다.

---

42 무명지(無名指) : 네 번째 손가락.

43 소지(小指) : 새끼손가락.

(7) 대체적으로 잔치를 하는 때에 담배 피는 것은 좋지 않은 행위이며 대화는 적절하게 할 것이다. 그러나 음식이 입안에 있는 때에는 이야기는 그치는 것이 옳다. 또 남에게 너무 가까이 가서 이야기하는 것과 더러운 것에 관한 이야기는 매우 삼가야 한다.

(8) 식사할 때에 다음과 같은 일은 크게 삼가야 한다.

1. 젓가락을 각종 반찬 그릇에 마구 넣어서 먹는 것은 안 된다.

1. 젓가락으로 밥을 국 주발 안에 발라놓는 것은 안 된다.

1. 젓가락으로 먹을 것을 입안에 우겨넣으면 안 된다.

1. 젓가락을 입 안에 깊이 넣어서 핥으면[舐] 안 된다.

1. 젓가락에 붙은 밥알을 이로 긁어 먹으면 안 된다.

1. 한 번 반찬을 먹고자 하여서 젓가락을 그 방향으로 향하다가 공연히 멈추면 안 된다.

1. 젓가락으로 어떤 것을 먹을까 고르느라 주저하는 것은 안 된다.

1. 탕을 두 번 받는 때에는 반상에 놓지 않고 즉시 먹는 것은 안 되니, 이것은 탕뿐 아니라 어떤 것이든지 상에 놓았다가 먹어야 한다.

또 먹을 것을 주실 때에는 젓가락질을 멈추며 밥을 담을 때는 빈 주발을 양 손에 들어서 사환의 손에 놓거나 혹은 쟁반에 놓되 밥을 퍼서 두 번째 가져오기까지는 젓가락을 들여서 가지고 있어야 한다.

1. 반상의 맞은편에 있는 것을 젓가락으로 바로 뻗어서 먹는 것은 안 된다.

1. 주발 안에 있는 것을 먹는 때에는 주발 위로 흘겨보는 것[睨見]은 안 된다.

1. 그릇의 밑에 있는 것을 여러 번 헤집어 찾는 것은 안 된다.

1. 국의 건더기를 찾아서 탕을 휘휘 돌리는 것은 안 된다.

1. 굽어보면서 다른 생각 없이 먹는 것은 안 된다.

1. 모두 음식을 먹는 때는 입소리가 없게 해야 한다.

1. 한 번 입 안에 넣었던 것을 두 번째, 그릇에 내놓는 일은 크게 삼가야 한다. 또 반상과 식탁을 더럽지 않게 주의해야 한다.

1. 음식을 먹을 때 담이 들거나(噎)[44] 기침이 나오려고 하는 때는 신속하게 손과 수건과 소매 등으로 입을 가리는 것이 옳다. 이것은 입안의 것을 뿜어내는 등의 과오를 피하고자 하는 일이다.

1. 식사할 때에 양 팔꿈치를 벌리거나 젓가락을 집은 손으로 다시 식기를 잡거나 또 손가락으로 음식을 집는 일은 안 된다.

1. 식사하는 자리에서 부득이한 경우 외에는 치아(治牙 : 이쑤시개)를 사용하지 못한다. 그러나 만일 사용하는 때에는 오른손에 집고 왼손으로 입을 가리되 약간 아래쪽을 향하여 사용하여야 한다.

1. 식사하는 때에는 자리에서 일어나면 안 되며 또 자기의 식사를 마쳤으나 다른 사람이 아직 다 먹지 못한 때는 자리를 떠나지 못하니 가령 식사를 마친 후라도 상석에 계신 분이 일어나지 않은 때는 앉아 있는 것이 예가 된다.

3. 서양 풍속으로 식사할 때 주의할 일

(1) 식탁에 앉는 때는 지나치게 멀거나 지나치게 가까움이 없이 적당한 거리에 앉는다.

(2) 신체를 탁상에 굽히고 음식을 입에 넣으며 머리를 늘어뜨리는

44 噎은 원래 목멜 '열'자이지만 여기서는 목을 막히게 하는 담(痰) 정도의 뜻으로 해석하면 될 듯하다.

것은 심히 비루한 모양이다. 그러므로 몸의 윗부분을 바르고 곧게 해야 한다.

(3) 식탁의 수건은 무릎 위에 두는 것이 옳으니, 이것을 뇌(腦)[45]에 늘어뜨리는 것은 비루한 행동이 된다. 또 식사를 마치면 식탁 위에 둘 것이니 이 경우에는 접지 않는 것이 필요하다.

(4) 육즙을 마실 때는 수저의 측면으로 할 것이니 소리가 나지 않게 하는 것이 옳으며 수저를 집은 때는 오른손으로 수저의 중앙을 잡되 붓을 잡음과 같이 하며, 왼손으로 그릇을 잡아서 마실 것이다.

다 마신 후에는 수저를 그릇 중간의 오른 편에 놓을 것이다.

(5) 육즙과 고기 반찬을 먹는 때는 앉은 손님에게 놓아 줄 때까지 기다려야 한다. 또 육즙이 남았거나 빵[麵包][46]의 남은 조각과 기타 먹을 것을 남는 것이 없도록 싹 먹어야 한다.

(6) 빵은 손가락으로 잘라서 먹을 것이고, 결코 입으로 깨물거나 고기 자르는 칼로 자르며 포크[肉叉]로 찢으면 안 된다. 또 빵을 육즙에 넣지 못한다.

(7) 소금과 버터[脂酪] 등은 처음에 고기 자르는 칼로 빵을 담은 그릇가에 두는 것이 옳다. 한 번 사용한 고기 칼을 함께 사용하는 소금과 버터 등에 닿게 하는 것은 좋지 못한 일이 된다.

(8) 고기 자르는 칼은 오른손에 잡고 포크[肉叉]는 왼손에 잡되 고기 반찬을 입에 넣는 때에는 포크를 사용하며 고기를 자르는 때에는 고기 자르는 칼을 쓰며, 액체가 있는 과자 등에는 과자 수저를 써야 한다.

---

45 뇌(腦) : 머리[頭]의 뜻으로 해석했다.
46 면포(麵包) : 일본 단어 めんぽう를 그대로 가져온 것. 빵.

(9) 고기를 자르고자 하는 때는 팔을 벌리면 안 된다. 그러므로 팔은 확실히 몸에 붙게 해야한다.

(10) 고기 자르는 칼과 포크를 접시 위에 두는 때와 먹을 것을 자르는 때에는 접시에 닿아서 소리가 나지 않게 할 것이다. 전체적으로 먹을 것을 자르는 때에는 포크로 고기를 누르고 고기 자르는 칼을 가볍게 잡아 약간 벗기는 모양으로 기울여 자르면 고음이 나지 않는다.

(11) 식사 중에 잠깐 쉬고자 하는 때에는 고기 자르는 칼의 자루를 앞으로 해서 그 칼날을 왼쪽으로 향하게 하며 포크를 위로 향하게 하여서 팔(八)자 모양으로 그릇 안에 두어야 한다.

(12) 고기와 찬을 다 먹은 때에는 고기 자르는 칼과 포크의 자루를 앞으로 해서 곧게 그릇 안에 두거나, 혹은 끝을 약간 교차해서 두어야 한다.

(13) 고기 자르는 칼과 포크를 떨어뜨리는 것은 옳지 않지만, 만일 잘못하여 떨어뜨린 때에는 남몰래 사환인에게 청하여서 다시 가져올 것을 요구하여야 한다.

(14) 일이 있어서 사환인을 부르려면 눈으로 부르는 것이 옳되, 만일 사환이 없는 때에는 탁상의 방울을 울릴 것이오 손뼉을 치는 일은 심히 비루한 까닭으로 행하지 말아야 한다.

(15) 입 안에 든 뼈와 그 나머지 것을 버리려면 입으로 곧장 접시에 내지 않으며, 진두(唇頭)[47]로 보내서 포크로 받은 후, 그릇 위에 옮기며 과일의 씨를 빼려면 손가락으로 빼어도 좋으나 이것을 입에 넣지 않

47 진두(唇頭) : 일본어 しんとう를 그대로 쓴 것. '입술끝, 입가'라는 뜻이다.

게 해야 한다.

(16) 술을 마실 때는 잔 밑을 높이 들지 않으며 또, 다소의 남은 방울을 남겨둬야 한다.

(17) 샴페인[三鞭酒][48]은 사환인이 그 시기가 되어서 잔에 가득 부어주니, 정식의 모임에는 항상 주인이 이 잔을 든 후에 일어나서 모든 손님에게 항상 감사의 말을 하니 이때에는 모든 손님도 또한 일어나서 예의를 표한 뒤에 마시는 것이 법식[例]이 된다. 그러므로 이 술은 잔에 가득 따라도 즉시 마시는 것이 옳지 않은 것이다.

(18) 식사를 마치면 세면기를 꺼내어 적절하게 손가락 끝을 닦으며 또 수건의 한쪽 귀퉁이를 적셔서 입을 씻고, 결코 입을 헹군[嗽] 물을 그릇 안에 뱉는 일은 좋지 못한 예법이다.

(19) 수저를 차와 커피[珈琲]의 찻잔에 넣어 두는 것은 안될 일이니, 이것은 차를 종종 반복해 마시기 때문이다.

(20) 이상 외, 담배를 피는 일에 관한 일과 치아(이쑤시기)에 관한 일과 식사 후 자리를 떠나는 시기의 주의할 점과 입이 막히거나 기침이 나오는 때에 주의할 일 등은 일본 풍속으로 식사할 때에 적어 놓은 것을 참조한다.

제6절 헤어짐

잔치를 마쳐서 흩어지는 시각이 되면 주인에게 사례한 후, 적절하게 물러나는 것이 옳다. 단 상객과 나이 많은 분보다 먼저 가는 것은

48 삼편주(三鞭酒) : 샴페인(champabne)의 한역(漢譯).

예가 아니다.

또 연회를 마치지 않고서 부득이 사양하고 가거나, 어떤 경우는 몰래 자리에서 물러난 후 다른 방에 가서 집안 사람에게 인사하고 물러날 때도 있을 것이니, 이것은 다른 손님의 물러나 나가는 것을 재촉하는 염려가 있기 때문이다.

또 좌중의 윗 손님과 나이 많은 분 등이 가신 후에 뒤쳐져 주흥(酒興)을 탐하는 것은 심히 추태가 된다. 그러므로 매우 조심해야 한다.

제7절 답례

청첩을 받아서 연회에 참례한 때에는 일주일 이내로 답례의 방문을 행함이 옳으며, 만일 사정이 있어서 참례치 못한 때라도 사례하기 위하여 방문하는 일은 연회에 참례한 때와 동일하게 하되 먼 곳일 때는 사함(謝函)[49]을 보내야 한다.

제12장 집에 살기[居宅]

거택은 청결하게 정돈해야 다른 사람의 경멸히 여김을 피할 수 있다. 그러나 신분에 적당하지 못한 일은 행하지 말 것이요 사람마다 각그 신분을 응하여 상당한 장식으로 좋게 정돈하는 것은 신사의 체면을 보전함에 필요한 일이 된다.

49 사함(謝函) : 감사편지.

그러나 가정의 가장 귀한 것은 집의 정돈됨 여부에 있지 않으며, 일가가 단란하고 서로 화락(和樂)한 것에 있다. 그러므로 가정의 관리가 문란하여 부부가 서로 화목지 못하며 부모자식 간에 서로 친하지 못하여 아이는 빽빽 울며 하녀는 좋지 못한 행위를 하게 되는 일 등이 있으면 어떻게든 집을 장식하여도 볼만하지 못하다.

제1절 집의 소제와 정돈

집의 안팎을 소제하여 청결히 정돈되게 하는 것이 옳다. 그것은 곧 정원의 잡초를 뽑으며 담장과 창의 파손을 수선하며 각종 물품을 정돈하여 온 손님으로 하여금 불쾌감을 느끼지 않게 하되, 특별히 측간(厠間)은 청결하게 치워놓아야 한다.

또 객실의 네 귀퉁이에 모기장을 걸은 띠가 어그러진 것은 체제가 좋지 않으므로 이런 것 같은 것들은 항상 주부된 자의 충분한 주의가 기울여져야 한다.

제2절 거실의 장식

객실에는 서화폭과 혹은 식물 화분으로 장식하되, 제일 주의할 것은 분수[分內]에 적당하게 할 것이니 사치하게 장식하는 것은 매우 천한 일이 되며, 두 번째는 좋은 물품으로 우아한 것을 고를 것이니, 박람회와 같이 많은 물품을 진열하는 것은 안 되며 세 번째는 시절과 일자와 오는 손님에 맞게 바꾸어 주어야 한다.

제13장 문[障子]과 창호의 열고 닫기

1. 문[障子]와 창문을 여는 때는, 먼저 여는 쪽으로 약간 열며(만일 오른쪽으로 열려면 왼손을 대고 오른손을 쓰며, 왼쪽으로 열려면 그 반대가 된다) 그 다음에는 밑으로부터 대개 3, 4마디쯤 되는 곳에 손을 붙여 조용히 연다. 닫을 때에는 그 반대의 순서로 행한다.

2. 대개 문과 창문을 거의 연 것은 연 대로 두며 닫힌 것은 나고 들 때마다 반드시 닫아야 한다. 가령, 매우 급박한 때일지라도 완전히 닫아서 틈이 없도록 한다. 또 벽장과 설합 등도 닫을 때에는 틈이 없도록 한다.

3. 문 닫힌 방에 들어가려고 할 때는 문과 창 앞에 가서 목소리를 낸 후에 열되, 만일 문과 창이 닫힌 때에는 손가락 끝으로 두드려서 소리를 낸 후에 열어 방 안에 있는 사람의 허가를 받은 연후에 들어가야 한다. 이것은 비밀한 담화나, 혹은 조사하는 일이 있을지도 모르는 까닭이다.

제14장 물품을 내고 거두는 법

대개 물품을 내놓거나 혹 거두어 가는 때에는 경의를 잃지 않게 할 것이다. 그러므로 어떠한 물품이든지 먼저 깨끗지 않거나 파손된 곳이 없는가 조사하고 불결한 것은 깨끗이 하며 파손된 것은 교환해야 한다. 지금 다음과 같이 일반적으로 통용하는 방법을 개괄하여 써놓으며 다음에 보통 물품에 대하여 주의할 일을 써놓는다.

제1절 일반 방법

1. 물품을 잡는 모양은 어떠한 물품을 물론하고서 먼저 모양을 가지런히 하여 양손으로(물품을 한 손으로 집는 자가 있다) 팔을 펴지 않게 하고 가슴의 높이와 같이 잡은 다음에 손을 앞으로 향하며(물품이 무거운 것은 자연히 아래로 집게 될 것이다) 눈은 반은 물품으로 향하며, 반은 자리로 기울이면서 조용히 걷는 것이 옳다.

긴 물품은 가로면으로 잡고, 무거운 것은 두 사람이 잡을 수도 있다. 두 사람이 잡는 때에는 기울인 면으로 손님에게 대하는 모양으로 드려야 한다.

2. 물품을 드리는 모양은 손님의 앞, 대개 세 척쯤 되는 곳에 앉아서 가진 것을 밑에 두고 그 물품이 나의 앞으로 가까운 곳에 양손의 손 끝을 더하여 조용히 세 치쯤 되게 드리고 한 무릎을 뒤로 빼서 선 후에 돌아서 나가야 한다.

3. 물품을 내가는 모양은 내놓을 때와 같게 손님의 앞, 대개 세 척쯤 되는 곳에 앉고 한 무릎을 나아가게 하여서 그 물품이 나의 앞으로 가까운 곳에 손을 대서 세 치쯤 되는 나의 앞으로 끌며, 한 무릎을 뒤로 보내서 선 후 돌아서 나가면 된다.

4. 이상은 앉은 예의 경우를 쓴 것이나 입례(立禮)할 때도 대개 위와 동일하게 해야 한다.

단 탁상에는 상보가 있기 때문에 물품을 그 위에 두었다가 다시 드리는 때에는 상보를 말게 되는 일이 있으므로 탁상에서는 손님의 앞 적당한 곳에 둔 대로 행해야 한다.

제2절 화로와 담뱃갑을 내는 법

1. 화로는 가장자리가 있는 것은 가장자리의 좌, 우를 잡으며 세 발 달린 것은 두 발을 손님의 앞으로 향하게 하되, 부젓가락을 손님의 왼편으로 당한 곳에 두고 손님의 정면으로 드려야 한다.

2. 담뱃갑은 양손으로 그 양쪽 옆을 잡아 드리되, 불을 켠 작은 그릇은 손님의 왼쪽으로 두며 재를 떠는 통은 손님의 오른편으로 두어서 손님의 정면으로 두어야 한다.

만일 화로를 드린 후에 또 담뱃갑을 드리려는 때에는 화로의 왼쪽에 두되 재를 떠는 통을 깨끗이 소제하고 조금의 물을 부어놓는다.

3. 차는 찻잔을 차받침에 올려서 오른손으로 차받침의 가장자리를 쥐고 왼손으로 그 안쪽을 잡아 손님의 앞 적당한 곳에 놓는다.

차받침을 내 앞에 두고 한 무릎을 내어 오른손으로 차받침의 오른쪽 가장자리를 잡고 왼손을 대어서 한 손으로 드린다. 그 위치는 화로와 혹 담뱃갑의 왼편으로 하며 커피를 드릴 때에는 그 쥔 손을 손님의 왼편으로 하고 찻숟갈을 그릇 위에 놓은 후에 손님 앞으로 드리되 차받침을 잡은 때와 동일하게 드린다.

4. 과자는 과자 그릇이나 혹은 과자 함에 채우고 젓가락을 손님의 오른편이 되게 놓은 후에 내어 놓으며 차를 따라서 아래쪽으로 두고 그 다음에 화로와 담뱃갑을 오른편으로 옮겨놓은 후, 과자를 손님의 정면으로 두고 따른 찻잔은 차를 교환하여 드리되 이 때에는 과자의 왼쪽으로 둔다.

제15장 물품을 주고받는 법

1. 사령서(보통 4절로 붙인다)와 말려있는 졸업증서를 주는 때에는 그 글자 머리를 나의 앞으로 하며 받는 쪽으로 곧바로 향하여 그 종이 끝을 오른손으로 잡고 주되 받는 사람이 예하는 때에는 답례함이 옳다.

졸업증서를 편 때에는 양손으로 준다. 받는 사람은 자기의 성명을 부르면 응한 다음에 나와 주는 사람의 삼보(三步) 앞에서 양발을 정돈하여 한 번 인사하고 세 발짝 나아가 사령서와 졸업증서를 양 손으로 쥔 후, 세 발짝 물러나 양발을 정돈하여 그 중간을 손에 쥐고 인사를 한 번 한 후에 물러남이 옳다.

펴진 졸업증서를 주는 때에는 그 양쪽 가장자리의 중간 이하를 양 손으로 잡고 영수한 후, 세 발자국을 물러나 양발을 정돈하고 넙혀진 흔적이 없도록 양쪽으로 겹쳐 그 중간을 오른손으로 잡고 한 번 인사한 후 물러나며 혹은 편 대로 잡아 양쪽으로 접지 않아도 무방하다.

2. 대체로 어떤 물품을 물론하고 받기에 적당한 모양으로 꺼내야 한다. 그러므로 즉시 수수할 것이면 주는 사람은 그 물품을 앞으로 향하여 위쪽을 오른손에 잡고(무거운 물품이면 양손을 쓴다) 주면 받는 사람은 한 번 인사한 후에 영수하며 주는 사람도 답례하는 것이 옳다.

또 저 사람의 책상에 물품을 두는 때에는 저쪽으로 향하여 소리가 나지 않도록 놓는다.

3. 물품을 영수할 때에 극히 주의하지 않으면 뒷날 착오가 있어서 서로 감정을 해할 수 있다. 그러므로 본인이나 본인의 위탁을 받은 확실한 사람이 아니면 이것을 경솔히 주는 것이 옳지 않되 특별히 금전

을 주는 때에는 반드시 수효를 검사한다. 특히 뒷날 착오가 있을 염려가 있는 것은 영수증을 받아 둔다.

또 금전을 영수한 사람은 이것을 검사한 후에 특별히 영수증을 줄 것이며 먼 곳에서 금전환(金錢換)을 보내온 때에는 즉시 영수증을 보내야 한다.

제16장 물품을 빌고 빌리기

1. 물품의 대차(貸借)는 행하지 않는 것이 마땅하다. 그러나 만일 부득이한 필요가 있으면 대차하여도 관계가 없다.

미성년자는 부모와 형제의 허락을 얻은 후에 행한다. 단, 필묵과 서책 등을 잠시 비는 것은 이러한 제한에 있지 않다.

2. 상환(償還)할 가망이 없으면 금전을 결코 빌려주지 않을 것이니, 이것은 저 사람에게 대해서 좋지 못한 의리를 만드는 근본이 되기 때문이다.

3. 비는 물품을 영수하는 때에는 그 수량과 파손과 개수의 유무 등을 양쪽에서 극히 검사한 후에 행할 것이며, 또 기한을 정해서 빌려 주되 그 기한에 이르면 시기를 어기지 않고 돌려주어야 한다.

4. 빌어온 물품은 완전히 가지고 있으며 빌려준 사람에게 통기(通奇)[50]가 없이 다른 사람에게 빌려주거나, 또 더럽히거나 훼손하지 않게 하여야 한다. 만일 잘못 가지고 있어서 더럽히거나 훼손한 때에는 완

50 통기(通奇) : 기별을 보내어 알게 함.

전히 수리하여 그 죄를 갚음이 옳으며, 어떤 경우에는 대금으로 갚아 주어야 한다.

제17장 서간

서간(書簡)은 방문하지 못한 경우에 얼굴을 보고 만나 말할 일을 써서 보내는 것이다. 그러므로 서간을 봉하는 때에는 저 사람과 대화함과 같이 칭호를 가려서 한마디 한 구절이라도 예의를 표하여 좋지 않은 어구를 사용하지 못하며, 또 스승과 벗에게 보내는 서간은 좋아하는 정을 온후하게 함이 제일의 목표가 되는 것이다.

그러나 서간은 보내는 목적에 따라 각 종류가 있으나, 대개 장황(張皇)하거나 지나치게 간략함은 안되며 말을 전하는 것이 제일 요건이 된다.

제1절 용지

용지는 보통 주지(周紙)[51]를 쓰니, 웃어른에게 대해서는 봉서(奉書)[52]를 씀이 예가 되며, 봉투도 또한 그러하나 특별히 상례에 관한 경우에는 결코 이것 등을 쓰지 않는다. 우편엽서를 쓰는 때에도 이 주의가 있을 것이다.

51 주지(周紙) : 두루마리.

52 봉서(奉書) : ほうしょがみ(奉書紙). 닥나무를 원료로 하여 만든, 주름이 없고 새하얀 상질의 종이. ほうしょ(奉書). 일본어 단어에서 온 뜻이 본문 맥락에 가장 알맞은 뜻이다.

또 공용(公用)의 간단한 일에는 우편엽서를 써도 옳다.

또 개인적으로 쓰는 경우에 공용사무용지를 쓰는 것은 받는 사람에게 대하여 실례가 된다.

제2절 문자와 문법

1. 서간의 문자와 문법의 교졸(巧拙)[53]은 그 사람의 품격에 관계가 있는 까닭에 명백히 쓸 것이다. 또 오자, 낙서, 있는 글자를 막 지우는 것[抹消] 등은 받는 사람에게 대해서 무례함이 된다.

2. 문법은 평이하게 해서 의미를 통하는 것이 좋다. 단 어려운 자나 어려운 구를 쓰는 것은 학자연하는 것으로 보여서 예에 적합하다고 하기 어렵다.

제3절 쓰는 법

1. 종이 앞 뒤를 빈 채로 두고 또 위 아래도 비게 하는 것은 옛날 방식에 겸양하는 뜻에 알맞다고 일렀기 때문이며, 자열(字列)의 높이는 일정해서 높고 낮음이 없게 하는 것이 필요하니, 받는 사람의 성명에 너무 가깝게 종이 끝 쪽을 자르는 것은 공손하지 않은 혐의가 있다.

2. 제일 처음 행은 가장 크며 다음은 약간 작으며 세 번째 줄은 또한 크게 쓰되 자행(字行)의 사이는 넓고 좁음을 일정하게 해야 한다.

---

53 교졸(巧拙) : 익숙함과 서투름.

3. 서체는 행초(行草)로 쓸 것이요, 결코 난서체를 쓰는 것이 옳지 않으며 또 흑색은 진한 것이 예가 된다(상례에서는 그렇지 않다).

4. 성명을 쓸 때는 웃어른의 경우 크게 쓰며 자기의 이름은 작게 쓰되 그 사이를 항상 떼는 것이 필요하다.

또 성명의 위치를 보통은 쓴 날짜와 높이를 동일하게 하되 웃어른이 되는 때에는 월일보다 약간 높게 써야 한다. 그러나 성명은 통칭으로 하고 자기는 아호(雅號)를 쓰되 상대방은 이름[名]만 쓰며 자기는 성만 쓰는 것은 모두 무례한 일이다.

또 관직상에 성만 더한 것은 웃어른에게 대한 예가 되나 자기의 성 아래 관직을 쓰는 것은 불손한 일이 된다.

5. 두어 명 이상이 연달아 서명하는[連署][54] 때에는 성명에 가까운 쪽을 위로 하며, 성명이 없는 연서(連署)는 오른쪽을 위쪽에 둔다. 또, 연달은 서명의 성명은 오른쪽을 위쪽으로 한다.

제4절 봉하는 법

성명이 접히는 곳에 있지 않게 주의하여야 한다.

제5절 주의

1. 봉투와 우표를 침으로 붙이는 것은 좋지 못한 일이니 물을 사용함이 옳다.

---

54 연서(連署) : 한 문서에 두 사람 이상이 잇대어 서명함.

2. 편지를 발송하는 때에는 우편세를 부족하지 않게 주의하는 것이 옳으니, 우편세를 부족하게 하는 것은 상대방에게 대해서 무례함이 된다.

3. 답서를 요구하는 서간 등에는 우표를 함께 넣어 붙이는 것이 옳되, 단 친지 등과 친구 간에는 오히려 넣지 않음이 알맞다.

4. 답서를 필요로 하는 편지를 대한 때는 이것을 친절히 보고 즉시에 답서해야 한다.

5. 서간은 항상 감정이 생긴 때와 술이 취한 때에는 쓰지 않는 것이 옳으니, 만일 그렇지 않으면 의외의 실책과 좋지 않은 실례를 행하는 일이 있게 되기 때문이다.

6. 다른 사람의 탁상에 있는 편지(회계서와 기타 비밀서류)에 손을 대는 일은 옳지 않다.

또 남의 서간을 봉하는 때와 또 뜯어 보는 때에 엿보는 것은 심히 무례한 일이다(남이 독서와 글을 쓰는 때도 동일하게 주의해야 한다).

제18장 선물

물품을 남에게 증여하는 것은 자기의 호의를 표함과, 정의를 두텁게 함에 적당한 방법이 된다. 그러나 그 방법과 경우와 관계 등에 주의가 없는 때에는 오히려 상대방에게 무례 되는 일이 생긴다. 그러므로 가령 물품이 약소하며 가격이 매우 저렴하더라도 예를 후하게 하여 진정을 표하는 것이 매우 필요한 일이다.

제1절 선물하는 사람의 주의

1. 남에게 물품을 주는 때에는, 먼저 그 지위와 경우와 때와 좋아하는 것과 그 밖에 빈부의 정도도 생각해야 한다.

2. 매우 가까운 사이에는 가계를 도울 만한 것을 주는 일이 가능하나, 부귀하여 가사가 매우 풍족한 사람에게는 신기하고 특이한 것과 혹은 좋아하는 것을 골라 주는 것이 좋다.

3. 더울 때에 먹는 것을 증여하게 될 때는 썩지 않을 것을 고르는 것이 옳으며, 추울 때에도 그 시절에 적합한 것을 골라야 한다.

4. 질병 위문을 할 때는 자양분이 많은 식품과 혹은 마음을 위로할 서적과 분재 등을 골라야 한다.

5. 좋은 일에는 모양이 좋은 것을 고르며 흉사에는 질박하고 소탈하며 기념이 될 것을 고른다. 화재와 수해 등에는 즉시 그 경우에 적합한 것을 고른다.

6. 다른 곳에서 온 것을 다시 친숙한 사람에게 주려고 하는 때에는 먼저 좋게 고치지 않게 되면 나쁜 것을 주게 되는 것이니 도리어 감정을 해하는 일이 있게 된다.

7. 겉만 크고 내용이 작은 선물은 피해야 한다.

8. 물품을 내는 때에는 그릇이나, 혹 궤에 넣을 것이지만 통상 종이로 싸도 괜찮다.

9. 연말 등에 형식적으로 물품을 주고 받는 것은 좋은 습관이 아니기에 행하지 않아도 된다.

제2절 선물을 받는 사람의 주의

1. 호의로 증여한 것을 너무 강하게 사양하는 것은 예가 아닌 것이 되나, 명분이 없이 옳지 못한 선물은 결코 받지 말아야한다.

2. 선물을 받으면 적절한 곳을 택하여 두며, 물품에 따라 즉시 실내에 비치하는 것도 옳다.

3. 물품을 받고 사환에게 돈을 주거나, 또 다른 물품을 대신 주는 것은 좋지 못한 관례가 된다.

4. 물품을 증여한 사람은 결코 그 보답하는 것을 기약하면 안되나, 받은 사람은 시기를 봐서 답례로 물품을 증정할 것을 잊지 말아야 한다.

제19장 집회

제1절 참회 시간

우리들은 각종 집회에 출석하는 일이 있으므로 집회에 대한 예를 주의함이 필요하니, 어떠한 집회라도 정한 시각에 출석할 것이 가장 먼저 주의할 것이다. 그러나 우리나라의 습속이 지금까지 그 시각을 확실히 지키지 않는 사람이 많은 것은 실로 통탄할 일이다.

그러나 청첩하는 곳에서도 시간을 정당하게 통지해 주지 않기 때문에 참회하는 사람도 자연히 느려짐에 이르는즉 양편에서 같이 충분히 주의할 일이 된다.

제2절 자리의 순서

어떠한 집회라도 자리의 순서[席次]는 간사가 가장 주의해 참회자에게 불쾌함을 느끼게 하지 않게 해야한다. 만약 참회자의 자의로 편리한 자리 순서를 정하면 각종 의견과 불평함이 있게 되는 고로 정한 처소를 따르지 않으면 집회는 결국 성립하지 못하게 된다. 그러므로 참회자는 간사의 지휘를 따라서 자리의 고하를 물론하고 쾌히 착석하여야 한다.

제3절 좌상에서의 이야기

좌상의 담화는 집회의 정신이라고 이를 것이니 담화가 없으면 집회가 없음과 같으며 그 담화의 태도와 재료 등은 제7장에 쓴 바를 참고하라.

요약하건대는 유쾌히 담소하여 서로 화락한 중에 집회를 종료해야 한다.

제4절 개회사와 답사

송별회와 환영화와 친목회 등에 대해서는 개회 초에 그 주지를 말한다. 또 정빈(正賓)[55]은 이에 대한 답사를 해야 한다. 이런 등의 사의는 장황하면 안되며 또 의론이 반복함을 피해야 한다.

55 정빈(正賓) : 중요한 손님, 정객(正客).

세간에서 발기인을 대표하여 정빈에게 사례하는 취지로 개회하는 말을 하는 사람이 있으나, 이것은 오류가 되며 개회하는 말은 참회자 일동을 대표하여 정빈에게 향하여 해야한다. 단 발기인을 대신하여 참회자에게 주선이 두루 미치지 못함을 사과하는 것은 예에 적합한 것이다.

또 잔치 자리에서 연설하는 경우에는 간단하여 경쾌하고 교묘[輕妙]하게 됨이 필요하다. 결코 의론이 분분한 일과 또 남의 감정을 해하는 일은 하지 말아야 한다.

제5절 연회

집회라 하면 즉 연회가 됨은 보통의 일이나 다화회(茶話會)이면 다화회로 그치며 연회는 빈번히 하면 안된다. 그러나 연석에 대한 례는 제11장에 말한 바를 참고하는 것이 옳다.

이에 첨가할 1, 2건이 있으니 저 추업(醜業)[56]자가 술자리에서 주선하게 함을 폐하여야 한다.

또 연회를 끝내고 밥과 다과를 내어서 술자리가 끝남을 은근히 알려주는 것[默示]을 오늘날 많이 볼 수 있으니 이것은 연석 상에 좋지 못한 예이기에 제거해야 한다.

또 서서 먹는 연회에 대해서는 종종 먼저가기를 다투어 음식의 주위에 모여서 혼잡을 극심히 하는 일이 있으니 이것은 좋지 못한 예라고 할 수 있다.

---

56 추업(醜業) : 일본 단어 しゅうぎょう. 추한 생업(주로 매춘(賣春)을 이름).

참회자는 조용히 먹으며 화락하게 담소하여 결코 신사의 면목을 더럽히고 깎이게 하지 말도록 주의해야 한다.

다화회와 연회에는 공히 발기인과 간사에게 사례하며 혹은 개회하는 말을 마치기 전에는 차를 마시며 과자를 취하는 것이 무례한 일이다.

제20장 소개

소개라 함은 갑, 을 양인이 새로이 사귐을 맺게 하는 매개가 됨을 이른다. 그러므로 소개는 장래에 서로 교제하라 권하는 것이다.

혹은 훗날에 이르러 의외의 일이 생길 것인지 알지 못하는 일이니 그 책임이 중대함을 생각해서 경솔히 행하지 않을 것이 필요하다.

제1절 언어로 하는 소개

소개를 할 때는 언어와 서간(書簡)으로 요구하는 경우가 있다.

언어로 소개하려면 아랫사람을 상위의 사람에게 소개하고, 남자를 부인에게 소개함이 예가 된다. 이 소개는 먼저 윗사람 앞에 아랫사람을 동반하여 하좌에 앉게 하고 아랫사람의 성명과 직업과 자기와의 관계를 말해서 교제함을 청하는 것이다.

제2절 편지로 하는 소개

편지로 소개하려면 간단하며 정중한 문법으로 소개하는 뜻을 쓸 것이요 결코 상대방에게 강권하는 등의 문법을 쓰는 것은 안되니 그 서간은 봉하지 않고 소개받는 사람을 주어야 한다. 이것은 소개받는 사람으로 하여금 한 번 뜯어 보게 하는 것이요 혹은 한 번 소개받는 사람에게 보인 후에 봉할 것이다.

그 다음에 더욱 간단한 방법은 자기의 명함에 소개하는 뜻을 간단하게 써서 소개받은 사람을 주는 것이다.

그러나 이 방법은 동년배 혹은 그 이하 사람에게 대해서는 관계가 없으나 동년배 이상에게는 무례함이 된다.

제21장 의식

제1절 식장

대체로 의식은 근엄하여서 사람들이 자연히 옷깃을 바르게 하는 감을 느끼도록 해야하니 이와 같이 하려면 식장의 정돈과 장식은 고상, 담백하여 화려하지 않으며 화병 등은 상쾌한 나무와 혹은 좋은 향기가 나는 꽃들을 쓰되 향이 너무 진하지 않게 해야한다.

또 식장의 정면에 국기를 교차해서 걸어놓은 때에는 식장을 엄숙하게 하는 것이다.

식장에 대한 내빈석은 정면을 향해서 왼쪽에 마련하는 것이 상례가 되나, 식장에 들어오는 문의 형편에 따라 오른편에 설치하는 것도 관계가 없다. 그러나 어떻게 하든지 화병은 내빈의 얼굴을 막지 않도록 주의할 것이며 가장 큰 화병을 내빈의 얼굴 앞에 놓는 것은 적절치 못하다.

제2절 의식 시간

의식은 정한 시각에 시작하여 단시간으로 종료하도록 순서를 예정해야 한다. 만일 거행하는 시간이 길어지면 참예자들이 지루해져서 스스로 예를 혼란케 해서 정숙하게 되기가 어렵다. 그러므로 졸업증서와 포상 등은 특별히 대표[總代][57]되는 사람에게 주며 축사 등도 간단하게 할 것을 주의해야 한다.

제3절 의식 순서

의식의 순서는 참례자에게 미리 통지하며 축사를 말할 사람의 순서도 예정되어 있어야 한다. 그러므로 거행하는 주인이 내빈에게 축사를 청하려면 의식을 시작하기 전에 의뢰하며, 내빈도 또한 축사를 말하고자 하면 미리 거행하는 주인에게 청하는 것이 가능하다. 식장에서 갑자기 내빈을 대해서 축사를 청하는 것은 무례하며 내빈이 거행하는 주인에게 청하지 않고 돌연히 축사를 말하는 것도 좋지 못한 일이다.

---

57 총대(總代) : 전체의 대표.

제4절 칙어 봉독과 국가를 부르는 때의 예법

칙어(勅語)를 받들어 읽는 때에는 참례자 일동이 일어나서 최경례를 행한 다음에 고개를 숙여서 삼가 들어야 한다.

또 국가를 부르는 때와 국가의 곡조를 연주하는 경우에는 반드시 일어나서 경례를 표함이 옳으니, 태연히 자리에 앉아있는 것은 무례하다고 할 수 있을 것이다.

또 내외국인이 모여서 의식을 거행하는 경우에 외국의 국가를 연주하는 때 일어나지 않는 것도 실례가 된다. 칙어를 받들어 읽는 사람의 복장은 양복이면 프록코트를 입는다.

제5절 고하는 말과 축사

전에 썼던 것과 같이 의식은 엄숙하게 거행할 것이요 연설회와는 원래 같지 않은 것이다. 그러므로 그 고사(告辭)와 축사(祝辭) 등은 정중한 뜻으로 간단하게 하고 장황한 연설로 참례자들에게 유쾌한 감을 주게 하거나 혹은 거행하는 주체에게 미안하게 하는 것은 좋지 못한 예법이다. 그러므로 상식이 있는 사람의 행동할 바가 아니다.

소학교의 의식에 대해서는 어린이들이 싫증이 나서 식장이 혼란하기 쉽다. 그러므로 특별히 주의해야 한다.

제22장 공중에 대한 예법

예의와 공중도덕[公德]은 친밀한 관계가 있으나, 어떠한 개인 간 예의에 익숙해도 공중에 대한 예의에는 빠지는 곳이 있거나 혹은 완전하다고 이르지 못할 점이 있다.

그러나 공중에 대한 예법은 공중도덕심이 발동하는 것에 의한 일이 많다.

예부터 우리나라 국민은 공중도덕심이 적으니 공중에 대한 예법에 빠지는 곳이 많으니 그 원인이 어디에 있는가? 인격을 중히 하는 관념이 모자라고 적기 때문이라고 하거나 혹은 자치적 정신이 없기 때문이라고 말하나 지금에 이것을 통속적으로 고찰하면 그 원인은 단지 예법이 좋지 않기 때문이다.

일시적인 장난에 나온 것도 있긴 하지만 대개는 자기의 책임을 중히 여기지 않으며 다른 사람의 권리를 가볍게 여겨 나온 것도 있다. 심한 것은 우리들로 하여금 도둑의 근본에서 나옴이 아닌지 의아하게 하는 일도 없지 않으니 이것은 실로 한탄할 만한 일이다.

그러므로 우리나라 국민의 공중 도덕심을 발휘하게 하려면 이러한 원인들을 연구하지 않으면 그 목적을 도달할 수 없다고 믿으나, 공중도덕에 관한 윤리학상의 연구는 이 책의 목적이 아니다. 단 공중도덕심이 겉모습에 드러나는 것, 즉 공중에 대한 예법의 일반만 썼다.

그러나 그 사항은 대개 소극적이오, 적극적인 것이 적으니 이것은 우리 국민의 결점되는 것을 지적하여 이것들을 교정하고자 하는 목하의 급무(急務) 때문이다.

제1절 여러 사람이 모인 경우에 대한 예법

1. 공회와 기타 많은 사람들이 모이는 석상에서 기탄(忌憚)없이 담배를 피는 것은 좋지 못한 일이다. 왜냐하면 집회한 사람 중에 담배 피는 것을 좋아하는 사람도 있으나, 또 그렇지 않은 사람도 있기 때문이다.

2. 특별히 연기를 피하고 싫어하는 병자가 있는 때는 가장 살피고 삼갈 일이다.

3. 연희장(演戲場)과 음악회와 연설회 등에는 사람마다 서로 조용함을 지켜 공중의 오락을 방해하지 않게 하는 것이 옳고, 혹은 자기의 뜻에 맞지 않는 일이 있으면 기탄없이 사사로운 말을 하며 혹은 주흥(酒興)이 올라서 고성을 내고서도 털끝만큼도 공중에게 미안하다고 하는 것을 괘념치도 않는 사람이 있으며, 또 높은 모자와 넓은 갓[方笠[58] 및 蒻笠[59]]을 쓰고 뒷사람의 폐해되는 것을 생각지 않으며 기타 무례한 거동이 매우 많다. 이것은 실로 유감된 일이다.

4. 정거장의 휴게소에 비치된 난로를 점령하여 다른 사람, 특히 노인과 어린아이가 한기(寒氣) 때문에 곤란한 것이 있어도 생각도 없는 것은 공중을 대하는 예의를 알지 못하는 것이라고 할 수 있다.

5. 기차와 기선에 오르고 내릴 때와 혹 은행과 우편국에서 표를 바꾸고 영수할 때와 혹은 집회장에서 끝나서 헤어지는 경우에 비상한 혼잡을 일으키면서 먼저 가려고 하는 것은 무례한 거동이 된다. 서양

---

58 방립(方笠) : 대나무 삿갓, 방갓이라고도 함.

59 약립(蒻笠) : 비올 때 쓰는 삿갓.

에서는 이와 같은 경우에 일관된 예를 만들어서 질서를 바르게 하며 결코 다른 사람을 배척하여 순서를 어지럽힘이 없다 하니, 이것은 정말로 부러워할 만한 아름다운 풍속이다.

6. 기차와 기선을 타고 내릴 때에 프랑스에서는 승원 일동에게 인사[辭儀][60]를 하라고 가르치며 영국에서는 일동에게 경의를 표하라고 가르친다 하니, 이것은 좋은 습관이라고 할 수 있다.

그러나 우리나라에서는 단 예만 행할 뿐 아니라 서로 미워하는[嫉忿] 안색을 드러내는 사람이 많으니 우리들은 특별히 서로 경례케 하기로 개량하는 것이 옳다.

7. 기차와 기선 중에서 좌석을 얻지 못하여 곤란한 사람이 있어도 알지 못하는 모양을 띠면서 자기는 두 사람의 자리를 점령하며 혹은 들고 타는 짐[手帶品]옆에 두고 그 자리를 침상으로 만드는 사람도 있으니 이것은 정말로 해서는 안 되는 일이 된다.

8. 기차와 기선 안에서 창문을 열고 닫는 것은 자기 한 사람의 자유로 행할 수 있는 것이 아니다. 이것은 자기는 여는 것을 좋아하나 다른 사람이 좋아하지 않음을 느끼거나 기타의 이유 등으로 좋아하지 않는 사람이 있을지 알지 못하기 때문이다.

9. 많은 사람이 붐비는[雜畓] 중에 승마나 승차로 통과하는 것은 무례하나, 급한 쓰임이 있으면 부득이하여 갈 수 있으니, 이것은 모쪼록 피할 일이다.

10. 여러 사람이 모인 때에 비가 내려서 자기만 우산을 펴는 때에는

---

60 사의(辭儀) : 일본어로 머리 숙여 하는 인사를 뜻함.

우산에서 떨어지는 빗방울 때문에 다른 사람에게 가장 미안하게 하는 것이 있으니 이것은 무례한 행위라고 할 수 있다.

11. 강의와 연설과 음악회가 끝나지 않아서 그 자리를 물러나는 것은 공연을 하는 사람에게 대해서 무례한 일이 되며, 걸음 소리를 높게 하여 자리를 떠나는 것은 청중 모두에게 대해서 부덕(不德)의 행동을 면하지 못한다. 그러므로 중도에 자리에 앉는 사람도 걸음 소리를 낮게 하여 공연하는 사람과 청중을 방해하지 않게 주의해야 한다.

12. 온천장과 목욕장에서 탕통(湯桶)이 부족하여 곤란함이 있는데 자기는 두세 개를 점령하는 사람이 있으며, 혹은 가래를 뱉으며 소변을 보며 심한 사람은 신체의 불결한 부분을 씻지 않고 즉시 탕통(湯桶)으로 들어가는 사람이 있으니 이런 등은 모두 좋지 않은 행위라 할 수 있다.

13. 기차와 기선과 유희장에서 술을 마시는 것은 좋지 않으며 또 과자류를 먹어도 남에게 드러나지 않게 주의해야 한다.

제2절 공공물에 대한 예법

1. 전신선에 짚신을 던져 걸어놓으며 가로등을 파괴하며 또 공원의 사초(莎草)를 밟아 죽이며 심한 사람은 남이 차마 보지 못할 낙서를 그리며 공동 화장실을 더럽히며 기타 공공물을 더럽히고 훼손하는 등은 공중에게 대하여 간접으로 좋지 못한 예가 된다.

2. 공원의 수목의 가지를 꺾어서 그 과일을 취하거나 혹은 서적관(書籍館)과 학교의 기구, 또 서책을 추잡(麤雜)하게 처리하며 심한 자는 책류의 삽화를 절취하는 행동을 하니 이 등은 좋지 않은 예이다.

3. 통행을 금지하는 표목을 세운 곳으로 통행하며 신을 신지 않고 다니는 곳에 진흙이 묻은 짚신을 신고 출입하는 사람이 있으며 도랑, 내 등에 오물을 버리지 말라는 표목이 있는데도 불구하고 오물을 버리며 심한 자는 전염병환자의 오물을 내버리는 자가 있으니 이 등은 결코 허락하지 못할 일이다.

4. 가래를 도로에 뱉는 일이 안 되므로 반드시 길 곁의 구덩이에 뱉어야 한다. 혹은 기차 중에 가래를 뱉어 밟게 하는 일은 공중에서 하지 말아야 할 일이다.

5. 기차와 기선과 정거장과 기타, 객점[旅店][61]에서 공용(共用)하는 화장실은 충분히 주의하여 청결하게 하는 것이 옳으며 화장실에 들어가려고 할 때 그 안에 사람이 있음을 인지하면 즉시 그칠 것이요 화장실 앞에서 서서 기다리는 일은 좋지 않다.

제3절 나머지

1. 도로에서 다른 사람과 이야기할 필요가 있는 때에는 길 곁으로 붙어 서서 통행하는 사람들의 방해가 없어야 한다.

또 도로를 통행하는 때에는 서로 그 왼편으로 지나면 혼잡함이 없게 되니, 이러한 것들은 공중에게 대하여 필요한 일이다.

2. 도로로 보행하면서 먹을 것을 먹거나 담배를 피우며 노래를 중얼거리거나 혹 구적(口笛)[62]을 부는 일은 자기의 품위를 떨어뜨릴 뿐 아니

61 여점(旅店) : 길손이 밥이나 술을 사 먹으며 쉬기도 하는 집.
62 구적(口笛) : 휘파람.

라 실로 공중에게 대하여 해서는 안되는 일이다.

3. 도로에서 외국인을 보면 기이한 물건과 같이 그 주위로 모여들거나 혹은 임상한 일이 있으면 즉시 모여들어 통행하는 사람을 방해하는 자가 있으니 이런 등은 무례한 행동이 되기 때문에 결코 행하지 말아야 한다.

4. 통행하는 사람이 길 곁의 벼, 보리와 과실 등을 밟아 상하게 하며 사냥하는 사람이 논밭을 밟아 그 주인의 피해를 돌아보지 않으며 외국 수출품을 제조하는 사람이 거칠게 만들고 아무렇게나 지어 자기의 눈앞 이익만 생각하여 동업자의 신용이 떨어짐을 생각하지 않고, 학교의 서적 등을 자기만 혼자 빌려서 친구들에게 불편함을 생각하지 않는 등의 일은 가장 크게 주의하여 행하지 말아야 한다.

5. 객점[旅店]에서 이웃 방에 병자가 있음과 취침시간이 지남을 불구하고 소리 높여 이야기하거나 노래를 불러 다른 사람이 편치 못하게 하는 행위는 결코 행하지 말아야 한다.

6. 폐병과 기타, 전염성에 병기가 있는 사람은 매우 주의하여서 다른사람에게 불쾌감을 주며 또 전염되지 않게 해야 한다.

특별히 가족 중에 적리(赤痢)[63] 등 급성 전염병에 걸린 사람이 있을 때에는 경찰관과 의사의 지휘를 따라서 병독이 전파되지 않게 주의해야 한다.

또 기숙사와 같이 많은 사람이 공동생활을 하는 경우에는 전염성의

---

63 적리(赤痢) : 급성 전염병인 이질의 한 가지. 열대 · 아열대 · 온대에 많으며, 적리균이 섞인 음식물을 먹으면 생기는 대장의 질병. 사람 이외에서는 거의 볼 수 없음. 아랫배가 아프고, 자주 뒤를 보고 싶은 느낌을 일으킴. 여름철에 많고, 잠복기는 2~4일. 곱이 섞인 피똥을 눔. 역리(疫痢)는 적리의 특이형임. 아메에바 적리와 구별하여 세균성 적리라 이름. 혈리(血痢).

병기에 걸리지 않게 최대한 주의해야 한다.

이러한 등의 주의는 원래로 공공위생상에 필요한 일이며 또 공중에 대하여 필요한 예이다.

위와 같은 것 외에 공중도덕에 위배한 행동은 좋지 못한 예가 됨을 면치 못한 것으로 알고 있어야 한다.

제23장 장례의식

1. 집에 죽은 사람이 있는 때에는 조객록을 만들어서 친척과 지우(知友)의 조위한 사람을 일일이 기재한다. 또 장의 때에도 장례에 모인 사람의 성명을 기입하여 장례 후에 답례하여야 한다.

또 장의를 종료하여 장례에 모인 사람들이 흩어질 때에는 주인이 일일이 사례하여야 한다.

2. 출관 전과 장지에 모인 사람들, 대우법은 해당된 지방의 관습을 참고하여 정해야 한다.

제24장 나머지[雜件]

제1절 생신 축하[賀壽]

회갑(回甲), 고희(古稀) 및 구십 등의 연령에 달하는 때는 하수(賀壽)라고 칭하며 항상 축하한다. 또 탄생일에도 마음으로 축하하는 것이 많으니 모두 오래 산 것을 축하하는 충심으로 행해야 한다.

제2절 학교에 대한 예

연장자가 교실에 온 때에 연장자의 관직과 성명을 생도에게 소개함은 예에 적합하지 못하다. 그러므로 이 일은 제20장 제1절에 쓴 것을 참고하라.

또 나이가 많은 어른이 교실에 온 때에 경례를 행하려면 교사는 생도의 자리로 향하며 생도도 또한 교사의 자리로 향하여 예하는 것이 있으나, 이와 같이 하는 것은 교사와 생도 간의 예가 되기 때문에 적절치 못한 것이다. 그러므로 교사와 생도는 함께 나이 많은 어른의 자리로 향하여 예를 행하는 것이 옳다.

또 어른이 교실을 나가는 때에 교사와 생도가 함께 그냥 있는 것은 옳지 않음으로 처음과 같이 예를 행하는 것이 예에 적합하다. 혹은 간략하게 하여 교사만 예를 행하여도 옳지 않은 것은 없으며 교실에 온 사람도 또한 출입할 때에 예와 같이 예를 행할 것이다.

또 의식과 그 밖에 평생 교수(教授)하는 처음과 끝에서 예를 행할 때에 교사가 먼저 예(禮)한 후, 생도에게 답례를 행하게 함은 오류가 된다. 그러므로 먼저 생도가 예를 행하게 한 후에 교사가 답례를 해야 한다.

제3절 여행 중의 주의

우리나라의 풍속이 향리에 있는 때에는 삼가고 정직한 사람도 여행 중에는 좋지 않은 행위를 해도 개의치 않는 경향이 있으니, 이것은 근본적으로 교정할 잘못이다.

기차와 기선과 그 밖의 여행을 할 때에 남자는 알지 못하는 여자와, 여자도 또한 알지 못하는 남자와 말을 하지 않는 것이 옳다. 가령 말을 할 일이 있어도 결코 서로 경의를 잃지 않게 주의해야 한다.

제4절 평생 침식할 동안의 주의점

일어나는 것과 취침과 세 번의 식사는 시간을 바르게 지켜야 한다. 만일 심야까지 외출하거나 또 외출하여 식사 시간에 돌아오지 않는 것은 모두 적절하지 못한 것이다.

일어나는 것과 취침하는 때에는 가족에게 예를 행한다. 또 식사 전후에도 작은 예를 행함이 옳다. 또 평생 식사할 때 자기가 좋아하는 것만 실컷 먹고 좋아하지 않는 것을 남겨두는 일은 심히 옳지 못한 일이다.

보통교육 국민의범 끝.

융희 2년(1908) 8월 6일 인쇄
융희 2년(1908) 8월 10일 발행
정가 35전

역술자 진희성
발행소 의진사(경성 남부 상다동 8통 1호)
인쇄소 일한인쇄주식회사(경성 남부 명동)

|찾|아|보|기

『초등윤리학교과서』

ㄱ

가남(迦南) 66, 68, 70
거처 51
건강 48, 50, 51
곡례(曲禮) 53
공덕(公德) 49, 74, 76
공동체 49, 71, 72
공익 49, 74, 76
공자 51, 53, 54, 55, 56, 57, 58, 62, 63, 64, 67, 68, 69, 70, 71, 81, 82
관창 81, 82
교만 77
교사 57, 61
교제 65
국가 78, 79, 80, 82
국민 49, 56, 58, 76, 77, 78, 80
국어 61, 65
귀 57
김유신 81

ㄴ

나라 46, 50, 52, 53, 65, 75, 78, 79, 80, 81, 82, 83
남편 60, 81
납세 49, 77, 80
노자 68, 70
놀이 57
눈 52, 55, 57, 67, 83
능력 48, 50, 56, 57, 58, 76

ㄷ

당 현종 59
도덕심 48, 53

ㅁ

맹자 56
맹자의 어머니 54, 55, 56, 65, 69
목 55, 82
묵자 68
민족 78, 79, 82, 83

ㅂ

범순인(范純仁) 64
법 48, 49, 51, 75, 76, 77, 79
벗 49, 61, 62, 63, 64, 65, 66, 67

병역 49, 79, 81, 82, 83
부모 46, 48, 58, 59, 60, 61
부부 59
부처 68

ㅅ

사회 49, 61, 67, 71, 72, 73, 74, 75, 76, 77
서전(書傳) 54
성실함 48, 53, 54
세금 79, 80
소학(小學) 46
손 47
수염 59
스승 49, 61, 65
시간 51, 55, 72, 74
시전(詩傳) 56, 81
신체 53, 69, 70

ㅇ

안종화(安鍾和) 47, 50
약속 63, 74
양능(良能) 46
양지(良知) 46
얼굴 63
역경(易經) 59, 64
예기(禮記) 53, 59, 72
오륜 61
오상(吳尙) 47
왕기(汪錡) 81
용기 81, 82
용서 60
운동 48, 52, 53
음식 51, 60
의복 51
의식 73
이적(李勣) 59

ㅈ

자공 63, 64
자매 60
자선 70
자유 69, 72
자하 63
제곡(帝嚳) 71
제도 51
제자 49, 61
종 48, 60, 78
주인 48, 60
증자 55
지식 48, 56, 57, 58, 69
지혜 46, 50
직업 48, 49, 57, 65, 73, 74, 76

ㅊ

청결 48, 51, 74
취미 48, 57
친척 48, 60, 61

ㅎ

학교 55, 72, 74, 75, 83
학문 62
학생 47
한유(韓愈) 54
형제 48, 59, 60
홍범(洪範) 52
화평 68

『초등소학수신서』

ㄱ

경쟁심 93, 120, 121

공덕심 93, 118, 119

공익 93, 118

교만 99

교사 117, 118, 128, 132, 133

교제 104

권위 111

귀 96, 114

ㄴ

나라 93, 103, 108, 126

놀이 93, 98, 107, 108, 112, 120, 124, 132

눈 96, 118

능력 96

ㄷ

담력 93, 124, 125

ㅁ

무능 93, 114, 122

민족 93, 126

ㅂ

배 123, 124

ㅅ

사회 118

손 96, 100, 122, 123, 125, 127

스승 117

시간 99, 117, 132

ㅇ

약속 109

얼굴 98

열등함 102

올바름 98

용기 102

용서 93, 98, 105, 125, 126

우상 93, 120

우애 110

우월함 102

의존 106

입 96

ㅈ

자애 93, 125

자유 105, 122

자주권 110

잠 99

주인 100, 104, 110, 112, 116, 125

지혜 93, 95, 103, 104, 105, 131

ㅊ

출입 93, 116

친구 93, 97, 104, 107, 112, 121, 129

ㅋ

코 96

ㅎ

학교 110, 128

학생 94, 102, 104, 107, 108, 117, 118, 119, 124, 126, 128, 129, 132

형제 110

효성 97, 101

『초등수신서』

ㄱ

가슴 143, 146

가정교육 143, 155

거처 143, 149

건강 148

걸음걸이 143, 147

공동체 154

공익 143, 157

공자 166

공중 157

교사 155

교제 150, 154

국가 170, 172

귀 143, 144, 147, 148

ㄴ

눈 143, 144, 145, 147, 148

능력 160

ㄷ

다리 143, 145, 146, 148

두뇌 143, 145

등 146

ㅁ

머리카락 143, 147

목 143, 145

목욕 143, 150, 151

문강공 이지함 173

문량공 강희맹 166

문정공 조식 170, 172

문청공 이후백 173

ㅂ

배 143, 146, 149

부모 143, 151, 152, 153, 155, 156, 164, 170, 174

ㅅ

사회 143, 157, 158, 161, 162, 164

서경덕 170, 173

손 143, 145, 151, 169

숙질 143, 153

스승 143, 155, 156, 167

시간 143, 148, 163

신체 143, 144, 145, 146, 147, 148, 149, 150, 151, 158, 164

ㅇ

얼굴 143, 145, 164, 174

운동 143, 148

음식 143, 144, 147, 149, 159

의복 143, 150, 159

입 143, 144, 145, 148, 149

ㅈ

자공 166

자매 143, 152

자선 143, 158

잠 143, 148

정암 조광조 165

제도 150, 159, 165

제자 156, 165, 172

조손 143, 153

조중봉(趙重峰) 조헌(趙憲) 172

주인 145
지식 143, 159, 160
지혜 151
직업 143, 161, 174

ㅊ

청결 150
청렴 143, 168
최석 168
충무공 이순신(李舜臣) 171, 172
충익공 곽재우 172
치가 143, 174
치아 143, 147
친구 143, 154, 155, 167
친척 143, 154

ㅋ

코 143, 144, 145, 148

ㅌ

퇴계 이황 165

ㅍ

팔 143, 145, 148, 161
포은 정몽주 169

ㅎ

하진 174
학교 143, 155, 167, 168
학문 143, 155, 156, 159, 160, 162, 163, 164, 170, 172
학생 155
형제 143, 152, 153, 154, 155, 158
황종해 173
회헌 안유 167, 168
효성 152

『초등여학독본』

ㄱ

가정교육 188
가훈(家訓) 182
교만 184, 197
귀 192, 206

ㄴ

나라 188
남편 184, 197, 198, 199, 200, 201, 202, 203, 204, 207
내칙(內則) 182
눈 192, 196, 206
능력 187

ㅁ

머리카락 193
목욕 191, 193
민족 181

ㅂ

법 183, 184, 185, 187, 188, 189, 191, 192, 193, 194, 203, 205
벗 186, 197
부모 184, 186, 189, 194, 195, 196, 197, 198, 199, 200, 202

ㅅ

시부모 184, 189, 198, 203, 204, 205, 206, 207

ㅇ

얼굴 181, 189, 191, 193, 194, 200, 202
여계(女誡) 182
여공(女功) 190, 191
여덕(女德) 190
여언(女言) 190
여용(女容) 190, 191
여헌(女憲) 184, 204
예기(禮記) 187
오륜 186, 187
우애 186, 207
음식 184, 185, 194, 195, 201, 204, 205
의복 204
의존 184, 202
입 189, 190, 195, 196

ㅈ

자애 186
자유 187
잠 201
주인 197
지식 182
지혜 181, 190

ㅊ

출입 194
친척 205

ㅎ

학문 203
형제 195, 197, 202
화평 186, 193

『녀자소학슈신서』

ㄱ

가슴 248
건강 245
경강(敬姜) 231
공자 231
교만 219, 227, 250
교사 215, 237, 238, 248
구양순(歐陽洵) 어머니 233
국민 236
귀 228, 234, 245
김안국 250
김유신 249

ㄴ

나라 215, 228, 230, 232, 233, 236, 240, 241, 244, 246, 250, 251
남편 223, 226, 227, 228, 231, 235
눈 223, 234, 235, 247, 248

ㄷ

달기 229, 230
당나라 황후 장손씨 228
도간(陶侃)의 어머니 232

ㅁ

말희 229
맹광 226

맹광(孟光) 225
맹자의 어머니 231, 243, 248
머리카락 232
목난(木蘭) 221
목욕 245
문정공 조식 241

ㅂ

반혜비 221
법 215, 225, 229, 234, 241, 246
벗 217, 218, 224, 241
부모 219, 220, 221, 222, 227, 237, 238, 240, 244, 247, 248, 250

ㅅ

사회 227, 238
삼강 215, 223
상림(常林) 225
소진(蘇秦)의 형수 229
스승 231, 238
시간 215, 216, 217, 239, 243, 246
시부모 219, 222, 224, 225, 226

ㅇ

약속 215, 241, 242
양씨 며느리 이씨 235
언위씨 세 동서 235
얼굴 222, 225, 236, 245
여계(女戒) 221
예씨 며느리 235
오륜 215, 223, 252
왕씨 며느리 235
용서 215, 233, 247
우애 220
운동 215, 239
위나라 영후 221
율곡 이이 236
음식 216, 218, 219, 222, 226, 240
의복 215, 219, 220, 226
입 242

ㅈ

자매 220, 244
자유 243
잠 217
제나라 무렴 227, 228
제영(醍榮) 222
조아(曺俄) 221
조중봉(趙重峰) 조헌(趙憲) 236
종 218, 226, 235, 236, 251
주(周)나라 후비(后妣) 227
주매신의 아내 228
주씨의 딸 221
주인 234
준불의(雋不疑) 어머니 232
지혜 238

ㅊ

충무공 이순신(李舜臣) 237
친구 215, 220, 241, 245, 246, 247
친척 218, 220, 224, 229

ㅍ

편지 215, 246, 247
포사 230
포선(鮑宣)의 아내 226
포소의 아내 226

ㅎ

학교 215, 226, 237, 240, 241, 247, 251
학문 215, 221, 226, 228, 231, 236, 237, 238, 239, 248, 249, 250
학생 220, 235, 236, 237, 238, 244
한고조(漢高祖) 형수 229
형제 220, 240, 244, 247, 248
화평 215, 222, 224, 234, 245

『보통교육 국민의범』

ㄱ
가슴 277, 282, 311
건강 272, 277
경례 259, 283, 284, 285, 286, 287, 288, 289, 290, 326, 329, 334
공익 290
공중 261, 327, 328, 330, 331, 332, 333
광무 266
광무(光武) 265
교만 262, 269, 270
교사 334
교제 263, 264, 266, 287, 323
구두 274, 294
국가 265, 266, 290
국민 264, 266, 267, 275, 327
귀 259, 268, 271

ㄴ
나라 264, 265
눈 259, 271, 274, 277, 282, 283, 284, 306, 311, 332

ㄷ
다리 282, 283, 285
도덕심 327
두발 259, 270
등 284

ㅁ
명첩 260, 291, 292, 293, 294, 298
모자 274, 275, 283, 285, 287, 289, 290, 328
목 282, 304
목욕 330

ㅂ
배 282
버선 274
법 260, 261, 268, 282, 285, 286, 293, 310, 311, 312, 313, 316, 317
보통례 285, 286
보행자세 284
복장 259, 260, 273, 300, 326
부모 309, 314

ㅅ
사회 263, 264, 265, 266, 278, 290
상림(常林) 260, 315, 316, 318, 323, 324
서간 315
선물 261, 318, 319, 320
손 272, 283, 284, 285, 286, 287, 290, 295, 301, 302, 303, 304, 305, 311, 312, 313, 318

손발 259, 272
손톱 259, 272, 273
수염 259, 270, 271, 272
스승 315
시간 260, 261, 293, 297, 320, 325, 332, 335
시계 275
신체 259, 270, 296, 304, 330

ㅇ

악수례 259, 287
약속 279
양복 272, 274, 275, 326
얼굴 271, 272, 277, 281, 283, 289, 291, 292, 296, 315, 325
연설 259, 280, 322, 326, 328, 330
연회 261, 299, 308, 322, 323
예복 259, 275, 282, 300
윤태영 262
음식 299, 301, 302, 303, 304, 322, 332
의복 267, 273, 296
의식 261, 300, 324, 325, 326, 334
의존 265
이 259, 271, 272
입 259, 271, 272, 295, 296, 303, 304, 305, 306, 307
입례 259, 285, 287, 311

ㅈ

자유 262, 329
장례 261, 333
접객 260, 291
제도 264, 265, 273, 275
제복 259, 276
좌례 259, 285, 286, 287
주인 292, 294, 295, 296, 297, 298, 300, 301, 307, 325, 332, 333
지식 263
직업 278, 323
진희성 262
진희성(陳熙星) 262, 336
집회 261, 294, 320, 321, 322, 328

ㅊ

청결 270, 271, 273, 276, 296, 299, 300, 308, 309, 331
청첩 260, 299, 300, 308, 320
최경례 285, 286, 288, 289, 326
출입 275, 331, 334
치아 272, 304, 307
칙어 261, 285, 326
친구 297, 299, 318, 332
친척 291, 299, 333

ㅋ

코 259, 271

ㅌ

토론 259, 280, 281

ㅍ

팔 272, 284, 286, 287, 306, 311
편지 261, 308, 318, 324

ㅎ

학교 261, 275, 276, 330, 332, 334
학생 265, 271, 293
향응 260, 299
형제 314

영인

초등윤리학교과서

初等倫理學教科書 全

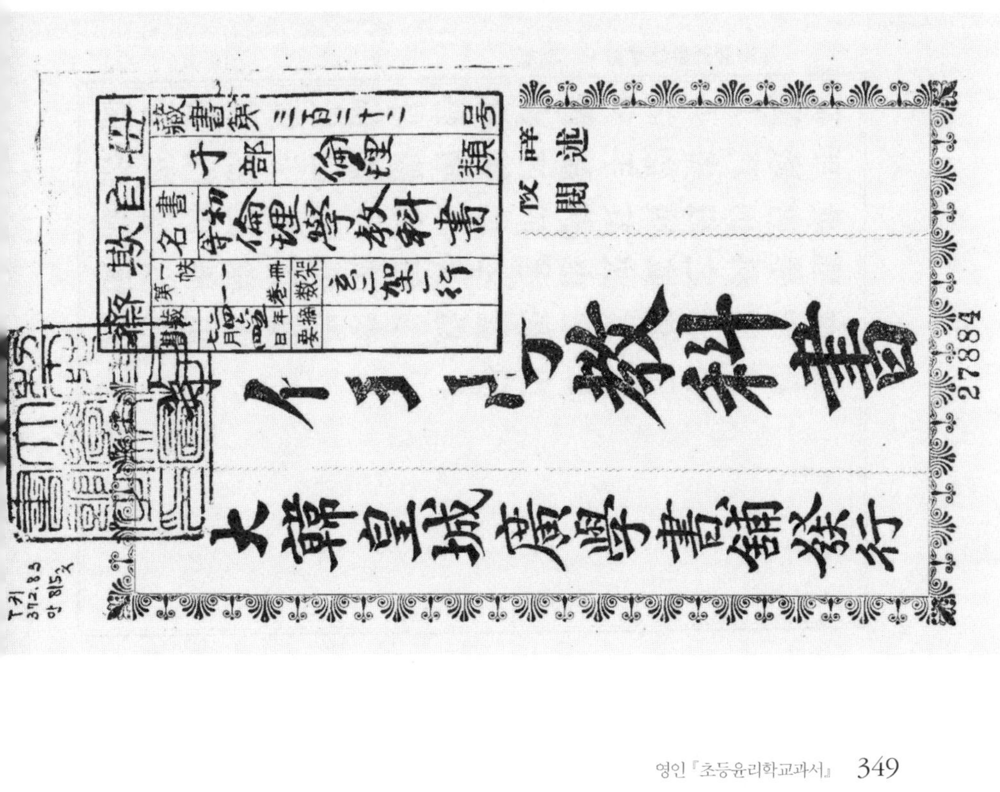
初等倫理學教科書
大韓皇城廣學書舖發行

自敍

夫、良知良能、乃天然性質、而孩提之童、無不知其愛親敬兄、故、人道推測、由是起義、此倫理學之所以因其性而開導之欲其習與心成、化與智長、功效之大、竆天地亘宇宙而敎育家無二有一之最大法門也、現今世界萬國、上自王宮國都、以及閭巷、莫不有學、以其步級之擴張盛衰、乃覘其國勢之强弱興廢、而尤爲着力于小學校、以爲異日國威國光、揚于四海之基礎、於庠、此吾所謂古者小學敎人之術、復見于今而

微斯人、吾誰與歸也、近得吳尙氏、所述初等倫理敎科書、盥手讀之畢、喟然歎曰天然性質、捨此書、何以復其初哉、是誠爲、幼穉學徒、初等倫理學科之眞訣也、遂、定其句讀、補其微奧以供海內同志諸君之觀覽焉、丁未榴夏漢山病夫

安鍾和書于木屖山房

初等倫理學教科書目次

第一章 修己

第一節 保康强

(一)貴淸潔 (二)守節度 (三)戒嗜慾 (四)勤操練

第二節 養道德

(一)誠實 (二)勤勉 (三)強毅 (四)羞恥

第三節 盡知能

(一)普通之知能 (二)職業之知能

(三)好尙之知能

第二章 家族

第一節 父母

第二節 兄弟

第三節 夫婦

第四節 主役

第五節 親戚

第三章 師友

第一節 師弟

第二節 朋友

{一}忠 {二}信 {三}恕 {四}義

第四章 他人

第五章 善羣

第六章 地方

{一}分責任 {二}盡責任

第七章 國家

{一}守法 {二}納稅 {三}當兵

初等倫理學教科書目次 終

初等倫理學教科書

涵齋 安鍾和 譯述

漳隱 元泳義 校閱

第一章 修己

一國에生ᄒᆞ야ᄂᆞᆫ一國中에人이、되며一羣에生ᄒᆞ야ᄂᆞᆫ一羣中에人이、되야셔、반다시索居孤立키不能ᄒᆞᄂᆞ니於是에人이人으로、더브러、셔로交際ᄒᆞᄂᆞᆫ道가有ᄒᆞ니라

交際ᄒᆞᄂᆞᆫ道를盡ᄒᆞ고자、ᄒᆞᆯ진ᄃᆡᆫ修己ᄒᆞᆷ을必先ᄒᆞᆯ지라修己의三要가有ᄒᆞ니康强을保ᄒᆞ

며道德을養ᄒᆞ며智能을盡ᄒᆞᆷ이是니라
康强ᄒᆞ되道德이無ᄒᆞ면暴悍ᄒᆞ고康强ᄒᆞ되智能이無ᄒᆞ면愚蠢ᄒᆞ고道德과智能이有ᄒᆞ되康强치못ᄒᆞ면羸弱無用ᄒᆞ야天年을能盡치못ᄒᆞᄂᆞ니라
暴悍과愚蠢도不可ᄒᆞ며羸弱도尤不可ᄒᆞ니康强과道德과智能의三者을具ᄒᆞ여야完全ᄒᆞᆫ人格을始得ᄒᆞᄂᆞ니라.

第一節 保康强

(一)은清潔을貴히녁임이니人生의不可闕ᄒᆞᆯ

者ᄂᆞᆫ飲食과居處와衣服이라飲食으로써養ᄒᆞ며居處로써安ᄒᆞ며衣服으로써衛ᄒᆞᄂᆞᆫ것이皆生命을爲ᄒᆞᄂᆞᆫ비라然則三者를汚穢키不可ᄒᆞ니만일汚穢ᄒᆞ면保生치못ᄒᆞ고生命을反害ᄒᆞᆷ이니故로飲食의甘旨와居處의奢侈와衣服의華美를必求키不可ᄒᆞ고惟當其清潔을求ᄒᆞᆯ따름이니라
(二)ᄂᆞᆫ制度를守ᄒᆞᆷ이니起居가有常ᄒᆞ고飲食이有節ᄒᆞᆷ은古人의明訓이라
無常과無節은가장身을害ᄒᆞᆷ이니不可不時

을定ᄒᆞ며量을定ᄒᆞ야、써自守홀지라起ᄂᆞᆫ晏홈이不宜ᄒᆞ야昏에息ᄒᆞ고朝에起호ᄃᆡ八時로計ᄒᆞ며食은多홈이不宜ᄒᆞ야飢가八分에至ᄒᆞ거던食ᄒᆞ고飽가七分에至ᄒᆞ거던止호ᄃᆡ食ᄒᆞᄂᆞᆫ時를定ᄒᆞ야其時가、안이거던、반다시妄食ᄒᆞ지、말지니此ᄂᆞᆫ財物을惜홀ᄲᅮᆫ、안이오攝生ᄒᆞᄂᆞᆫ道이라

(三)은嗜慾을戒홀지니孔子ㅣᄀᆞᆯᄋᆞᄉᆞᄃᆡ嗜慾이多ᄒᆞ면、엇지剛홈을得ᄒᆞ리오、ᄒᆞ시니嗜慾이足히身心을累ᄒᆞ거니와烟과酒가尤甚ᄒᆞ

니泰西格物家에셔鳥로、써烟의毒을試홈이卷烟一枚에鳥二十을殺ᄒᆞ니其毒을可知ㅣ오酒을多飮ᄒᆞᄂᆞᆫ者ᄂᆞᆫ軟弱ᄒᆞ고怒ᄒᆞ기가易ᄒᆞ며、또種種ᄒᆞᆫ病이有ᄒᆞᄂᆞ니年少ᄒᆞᆫ人은吸烟ᄒᆞ고飮酒ᄒᆞ면、그生長ᄒᆞᄂᆞᆫ機體을消蝕ᄒᆞᄂᆞ니最宜戒愼홀지니라

(四)ᄂᆞᆫ操練을勤홈이니東西各國의人은皆、日日히操練에從事ᄒᆞ고其外에도擊劒과馳馬와蹴踘과角觝와習射와擊槍과遊泳競渡의各種을練習ᄒᆞ야爲戲爲樂ᄒᆞᄂᆞᆫ故로其人種

이强ᄒᆞ야國이亦强ᄒᆞ거ᄂᆞᆯ弱國의少年들은此等의體育을不知ᄒᆞᆷ으로目이矇睡ᄒᆞ며背가傴僂ᄒᆞᆫ者ㅣ比比皆是라洪範六極에其一曰弱이라ᄒᆞ니國弱則亾ᄒᆞ고人弱則死ㅣ라人弱ᄒᆞ면且死커던國將安賴리오青年諸君덜아其善自愛ᄒᆞ소

第二節　養道德

(一)은誠實ᄒᆞᆷ이니立身行已ᄂᆞᆫ誠實이爲貴ㅣ니라孔子曰言必信이라ᄒᆞ시고曲禮에曰毋誑이라ᄒᆞ나皆誠實을謂ᄒᆞᆷ이라誑而無信ᄒᆞ면、반다시惡人이、되리니人이巳를誑ᄒᆞ면巳가반다시、그惡ᄒᆞᆷ을知ᄒᆞ리니巳로써人을誑ᄒᆞ면人이엇지其惡을不知ᄒᆞ리오孟子ㅣ曰反身而誠이면樂莫大焉이라ᄒᆞ시니是故로誠實을不以ᄒᆞ야禍와辱을蒙ᄒᆞᆫ者를何可勝數리오學者ᄂᆞᆫ可히自警ᄒᆞᆯ지니라

(二)ᄂᆞᆫ勤勉ᄒᆞᆷ이니韓文公、愈ㅣ曰業은勤에精ᄒᆞ며嬉에荒ᄒᆞ고行은思에成ᄒᆞ며惰에怠ᄒᆞᆫ다ᄒᆞ니此ᄂᆞᆫ修道進德ᄒᆞᄂᆞᆫ至言이라業이荒ᄒᆞ고行이怠ᄒᆞ면百事ㅣ廢弛ᄒᆞ야不肖ᄒᆞᆫ、마

암이不自覺中에潛滋暗長ᄒᆞ야셔孟子에訓
ᄒᆞ신바禽獸에近ᄒᆞᆯ진뎌書傳에云호ᄃᆡ志을
遜ᄒᆞ야時敏을務ᄒᆞ라ᄒᆞ며孔子가ᄅᆞ사ᄃᆡ敏
으로써求ᄒᆞ라ᄒᆞ시니勤勉을謂ᄒᆞᆷ이다小人
이不善을爲ᄒᆞᆷ이惰逸에多由ᄒᆞ나니、우리靑
年諸君은勗哉어다

(三)은强毅ᄒᆞᆷ이니孔子ㅣ갈ᄋᆞ사ᄃᆡ强毅가仁
에近ᄒᆞ다、ᄒᆞ시고曾子ㅣ갈ᄋᆞ사ᄃᆡ士가、써弘
毅치안니키不可ᄒᆞ다、ᄒᆞ시니强ᄒᆞᆫ즉不屈不
撓ᄒᆞ고毅ᄒᆞᆫ즉能忍能斷ᄒᆞ나니此二力이有

ᄒᆞ면雖、大難이當前ᄒᆞ며利刃이加頸ᄒᆞ야도
目이爲瞬치안이ᄒᆞ며心이爲動치안이ᄒᆞ리
라孟子ㅣ갈ᄋᆞ사ᄃᆡ自反ᄒᆞ야縮ᄒᆞ면雖千萬
人이라도吾ㅣ往ᄒᆞᆫ다ᄒᆞ시니凡事ㅣ愈大ᄒᆞᆯ
슈록成ᄒᆞ기愈難ᄒᆞ며拂戾가愈象ᄒᆞ나니苟、
强毅치안이면、엇지能勝ᄒᆞ리오

(四)ᄂᆞᆫ羞恥ᄒᆞᆷ이니孟子ㅣ갈라사ᄃᆡ恥가人에
게大ᄒᆞ니라人과不若ᄒᆞᆷ을不恥ᄒᆞ면엇지人
과若ᄒᆞᆷ이有ᄒᆞ리오ᄒᆞ시고孔子ㅣ曰行已ᄒᆞᆷ
은恥가有ᄒᆞᆷ니라ᄒᆞ시니耻者ᄂᆞᆫ去惡從善ᄒᆞ

ᄂᆞᆫ關이라己의不善ᄒᆞᆷ을自知치못ᄒᆞᆫ者ㅣ未有ᄒᆞ나知ᄒᆞ되恥히여이지안이ᄒᆞ면다시爲善ᄒᆞᆯ日이無ᄒᆞᆯ지라故로雖至惡ᄒᆞᆫ人이라도苟恥心이一萌ᄒᆞ면반다시其前日의所爲을悔改ᄒᆞ야日로善에進ᄒᆞ리라詩傳에이르되人而無恥ᄒᆞ면엇지遄死치안이ᄒᆞ나요無恥ᄒᆞᆫ人을憎惡ᄒᆞᆷ이니라

第三節　盡智能

(一)은普通에智能이니普通의智能이란者ᄂᆞᆫ人人의當有ᄒᆞᆫ바知識과技能를謂ᄒᆞᆷ이라東西各國의人이皆普通敎育을必受ᄒᆞᄂᆞᆫ故로雖至愚極陋ᄒᆞᆫ人이라도普通의智能을皆有ᄒᆞ니라蓋生ᄒᆞ야人이됨의반다시其身를自立ᄒᆞ며其家를自保ᄒᆞ여야國民됨을始得ᄒᆞᄂᆞ니此ᄂᆞᆫ普通智能의不可少ᄒᆞᆯ所以라雖然이나此特職業의基礎요程度의最卑ᄒᆞᆫ者ㅣ니라

(二)ᄂᆞᆫ職業의智能이니人은一專門의職業이必有ᄒᆞᆯ지라士者와農者와工者와兵者와吏者를旣已擇ᄒᆞ야執ᄒᆞ되반다시精硏熟究ᄒᆞ

야其極에造ᄒᆞᆷ이可ᄒᆞᆫ故로職業의智能를盡ᄒᆞᆷ은職業上의本分義務ㅣ라若醫士가醫術에와教師가教授術에深造ᄒᆞᆷ이、안이면其業을能成ᄒᆞᆯ者ㅣ無ᄒᆞᄂᆞ니凡諸職業이皆類是ᄒᆞᄂᆞ니라

(三)은好尙의智能이니魯人이獵較이어ᄂᆞᆯ孔子ㅣ亦獵較ᄒᆞ시고諸葛亮이南陽에在ᄒᆞ야抱膝ᄒᆞ고梁甫吟을作ᄒᆞ니、만일唯日孜孜ᄒᆞ야職業의만從事ᄒᆞ고實益의만役心ᄒᆞ야其懷의一騁ᄒᆞᆷ과其心思耳目의一娛ᄒᆞᆷ을不得ᄒᆞ면人間에何等趣味가有ᄒᆞ리오故로普通과職業의知能이已備ᄒᆞ고國民의資格이已全ᄒᆞ거든其餘力暇日로써所好를從ᄒᆞ야有益無害ᄒᆞᆫ知能를求ᄒᆞᆷ이亦、人生의所不可少ᄒᆞᆯ비니라

第二章 家族

第一節 父母

詩에云ᄒᆞ되無父면何怙며無母면何恃리오ᄒᆞ니夫父母ᄂᆞᆫ豈特怙恃ᄒᆞᆯ뿐이리오鞠育ᄒᆞ며教誨ᄒᆞ야以生以長ᄒᆞ되勞心瘁形ᄒᆞ야其

子를撫愛ᄒᆞ나니子ㆍ가不孝ᄒᆞ면엇지人이라得謂ᄒᆞ리오孝의目이有三ᄒᆞ니曰順과曰愛와曰敬이라孔子ㅣ曰父母를事호ᄃᆡ幾微로諫ᄒᆞᆯ지니志의不從ᄒᆞ심을見ᄒᆞ거든又敬不違ᄒᆞ며勞ᄒᆞ야도不怨ᄒᆞᆯ지라ᄒᆞ시고孟懿子ㅣ孝를問ᄒᆞᆫᄃᆡ孔子ㅣ갈ᄋᆞ사ᄃᆡ無違ᄒᆞ라ᄒᆞ시니라

第二節　兄弟

兄弟ᄂᆞᆫ形을分ᄒᆞ고氣를連ᄒᆞᆫ人이라其幼ᄒᆞᆯ時에父母가左提右挈ᄒᆞ고前襟後裾ᄒᆞ야食

ᄒᆞ면案을同ᄒᆞ고衣ᄒᆞ면服을傳ᄒᆞ고學ᄒᆞ면業을聯ᄒᆞ고遊ᄒᆞ면方을共ᄒᆞ나니(引顔氏家訓)故로諺에云호ᄃᆡ人生最難得ᄒᆞᄂᆞᆫ者ᄂᆞᆫ兄弟라ᄒᆞ니라唐玄宗은弟를爲ᄒᆞ야煑藥ᄒᆞᆯ셰火가其鬚를焚ᄒᆞ며李勣은姉를爲ᄒᆞ야煑粥ᄒᆞᆯ셰火가其鬚을焚호ᄃᆡ皆欣然히苦로역이지안이ᄒᆞ니蓋親愛ᄒᆞᄂᆞᆫ情에셔出흠니이라

第三節　夫婦

夫婦ᄂᆞᆫ一家의本이니易에云호ᄃᆡ夫婦가有ᄒᆞᆫ然後에父子가有ᄒᆞ고父子가有ᄒᆞᆫ然後에

兄弟가有ᄒᆞ다ᄒᆞ며禮記에云호ᄃᆡ夫婦의和ᄂᆞᆫ家의肥라ᄒᆞ니夫婦ᄂᆞᆫ人道의大倫이라不愼키不可홈으로嫁娶랄大早홈이不可ᄒᆞ며配偶를不擇홈이不可ᄒᆞ니夫ᄂᆞᆫ外業에就ᄒᆞ야其家를贍케ᄒᆞ며婦ᄂᆞᆫ內政을操ᄒᆞ야其夫을助홈이夫婦의正을得홈이라

第四節 主役

婢僕은雖一家血統의人이안이나起居와飮食을同ᄒᆞ며主人을爲ᄒᆞ야利害를顧ᄒᆞ고憂喜를分ᄒᆞᄂᆞᆫ者ㅣ라征順忠實ᄒᆞ야操作에勤

홈은婢僕의本分이오寬恕ᄒᆞ야苛責지안이홈은主人의本分이라婉言으로써導ᄒᆞ며柔聲으로써令ᄒᆞ고其頑梗ᄒᆞ야不可化홀者ᄂᆞᆫ善辭로써遣홀지니盖人이本是平等으로貧富ᄂᆞᆫ有호ᄃᆡ貴賤은無ᄒᆞ니主人으로서自尊ᄒᆞ기不可ᄒᆞ니라

第五節 親戚

兄弟와姊妹가旣各自成立ᄒᆞ면一室에同居키不得홀지라이에或娶或嫁ᄒᆞ야親戚을生出ᄒᆞᄂᆞᆫ故로親戚은關係가甚히密切호者ㅣ

돠吉凶에、셔로慶吊ᄒᆞ고疾病에、셔로慰問ᄒᆞ고窮乏에、셔로賑恤ᄒᆞᆷ은亦、人情의當然ᄒᆞᆫ비라雖然이나自立을不能ᄒᆞ고親戚을依賴ᄒᆞ야生活을求코져ᄒᆞ면此ᄂᆞᆫ自暴ᄒᆞ야羞耻을不知ᄒᆞᄂᆞᆫ者라謂ᄒᆞᆯ지니라

第三章 師友

第一節 師弟

師ᄂᆞᆫ社會를爲ᄒᆞ야子弟을敎ᄒᆞ며國家를爲ᄒᆞ야良民을造ᄒᆞᆷ이니凡、後生이其導化를蒙ᄒᆞᄂᆞᆫ者ㅣ엇지尊敬를加ᄒᆞ지、아니、ᄒᆞ리오語에曰父ㅣ生ᄒᆞ시며師ㅣ敎ᄒᆞ신다、ᄒᆞ니夫、父母ᄂᆞᆫ敎子의責이固有ᄒᆞ나或職業으로、써未暇ᄒᆞ며或、學術에不及ᄒᆞᆷ으로、써敎師의力을不假키不得ᄒᆞᄂᆞ니故로敎師ᄂᆞᆫ其、父母을代ᄒᆞ야敎育ᄒᆞᄂᆞᆫ者ㅣ라其、恩義가父母에無異ᄒᆞᆫ故로當히父母를事ᄒᆞᄂᆞᆫ心으로事ᄒᆞᆯ것이니라

第二節 朋友

古人이朋友로、써五倫에一를、삼으니此ᄂᆞᆫ古人이朋友를重視ᄒᆞᆷ이니朋友의重ᄒᆞᆫ、바ᄂᆞᆫ學

問의相磨와道德의相輔와患難의相求ᄒᆞᆷ을
爲ᄒᆞᆷ이라孔子ㅣᄀᆞᆯᄋᆞ샤ᄃᆡ不如己ᄒᆞᆫ者를友
치말라、ᄒᆞ시고又曰益ᄒᆞᆫ者ㅣ三友오損ᄒᆞᆫ者
ㅣ三友ㅣ라、ᄒᆞ시니然則朋友를不擇ᄒᆞᆷ이不
可ᄒᆞᆷ이라ᄒᆞ노라

是故로勢利의交와游戲의交가皆、朋友가、아
니라朝에盃酒를擧ᄒᆞ다가暮에白刃를按ᄒᆞ
ᄂᆞᆫ者ᄂᆞᆫ皆、始에愼치、못、ᄒᆞᆷ으로終을善치、못、ᄒᆞᆷ
이라孔子ᄭᅴ셔晏平仲를稱ᄒᆞ사ᄃᆡ人으로더
브러交ᄒᆞᆷ를善히ᄒᆞ도다久ᄒᆞ도록敬ᄒᆞᆫ다、ᄒᆞ

시니敬은特히友道의一端이로ᄃᆡ晏平仲이
能히、써交를善히、ᄒᆞ야其道를能全ᄒᆞ얏스니
此에其益ᄒᆞᆫ者를可知라因ᄒᆞ야友道의要義
를列擧ᄒᆞ노라

(一)은忠이니有過ᄒᆞ면相規ᄒᆞ며有善ᄒᆞ면相
勸ᄒᆞᆷ은朋友의道ㅣ라故로忠告ᄒᆞ며善導ᄒᆞ
야善으로써相責ᄒᆞᆷ은友道로써待ᄒᆞᄂᆞᆫ者ㅣ
오人이己의有過ᄒᆞᆷ을告ᄒᆞ거든喜ᄒᆞ며躬에
厚責ᄒᆞ고人의게薄責ᄒᆞᆷ으로、써自處ᄒᆞᆷ이可
ᄒᆞ니라、만일互相諂諛ᄒᆞᆷ으로、써知己라ᄒᆞ고

互相謗訐ᄒᆞᆷ으로、써直道라ᄒᆞᆷ은君子의耻ᄒᆞᄂᆞᆫ바오友道의賊이라是故로孔子ㅣᄀᆞᆯᄋᆞᄉᆞ되言을巧히ᄒᆞ며色을令히ᄒᆞ며恭으로足히ᄒᆞᆷ을丘ㅣ耻ᄒᆞ노라、ᄒᆞ시며怨를匿ᄒᆞ야其人를友ᄒᆞᆷ을丘ㅣ耻ᄒᆞ노라、ᄒᆞ시고子貢이ᄀᆞᆯᄋᆞ되訐로써直을숨음을惡ᄒᆞ노라ᄒᆞ니라

(二)은信이니子夏ㅣᄀᆞᆯᄋᆞ되朋友로더브러交ᄒᆞ되言ᄒᆞ야信이有ᄒᆞᆯ것이라、ᄒᆞ며孔子ㅣᄀᆞᆯᄋᆞᄉᆞ되久要에平生의言을不忘이라ᄒᆞ시고又曰信이義에近ᄒᆞ면言을可復ᄒᆞᆫ다、ᄒᆞ시니

信이란者ᄂᆞᆫ人의或無키不可ᄒᆞᆫ바이어던况朋友의交際에不守ᄒᆞᆷ이可ᄒᆞ랴言이耳에猶在ᄒᆞ되背ᄒᆞ며衷에不由ᄒᆞ고欺ᄒᆞ면、엇지能히終始토록相與ᄒᆞᆷ를可望ᄒᆞ리오我가人를負ᄒᆞ면人이我를不負코져ᄒᆞ나、엇지可得ᄒᆞᆯ리오故로友道ᄂᆞᆫ信으로、써要義를삼ᄂᆞ니라

(三)은恕ㅣ니子貢이問ᄒᆞ되一言으로可히、써終身를行ᄒᆞᆯ者ㅣ有ᄒᆞ니잇가孔子ㅣᄀᆞᆯᄋᆞᄉᆞ되其恕ᄒᆞᆷ인뎌己의不欲ᄒᆞᄂᆞᆫ바를人에게勿施ᄒᆞ라ᄒᆞ시니聖哉라斯言이여可히、써友道

를삼을지로라雖然이나孔子께셔도其全을
未言ᄒᆞ시니己의不能ᄒᆞᆯ바를人에게勿責ᄒᆞᆷ
이或亦恕의一端인뎌人이大無道에不至ᄒᆞᆯ
지라도偶或不愼ᄒᆞ면小過를難免ᄒᆞᆯ지라宋、
范純仁이曰今世의人이責人則明이오恕己
則昏이라ᄒᆞ니故로人의心으로써己를責ᄒᆞ
며恕己의心으로、써人을恕ᄒᆞᆷ이當然ᄒᆞ니라
(四)ᄂᆞᆫ義ㅣ니義ᄂᆞᆫ事의宜ㅣ라急則相周ᄒᆞ고
難則相救ᄒᆞᄂᆞ니易에云ᄒᆞ되人으로野에同
ᄒᆞᆷ이大川를利涉ᄒᆞᆫ다ᄒᆞ니人이朋友에依賴

ᄒᆞᆯ바義ᄯᅡ름이라雖然이나義ᄂᆞᆫ周急이有ᄒᆞ
거ᄂᆞᆯ通財로써要ᄒᆞ며義ᄂᆞᆫ救難이有ᄒᆞ거ᄂᆞᆯ
共死로써救ᄒᆞ면事의宜가、안니라泰西諺語
에云ᄒᆞ되久히交ᄒᆞᆯ진ᄃᆡ債를毋宿ᄒᆞ라ᄒᆞ며
國語에云ᄒᆞ되士ᄂᆞᆫ志가各有ᄒᆞ다ᄒᆞ니交友
ᄒᆞᄂᆞᆫ者ㅣ不知키不可ᄒᆞ니라

第四章　他人

自己의外에ᄂᆞᆫ皆他人이라雖然이나家族과
師友ᄂᆞᆫ己로、더브러特別ᄒᆞᆫ關係가有ᄒᆞᆫ故로
他人의通例로、써稱ᄒᆞ기ᄂᆞᆫ不得ᄒᆞᄂᆞ니其他

에或同國이나或異國에均히人類가된則다待人ᄒᆞᄂᆞᆫ道가宜有ᄒᆞ리니待人ᄒᆞᄂᆞᆫ道를엇지ᄒᆞᆯ리오ᄒᆞ면반다시ᄀᆞᆯᄋᆞ되對人과處己ㅣ며對己와處人이니此ᄂᆞᆫ個人과個人의交際ᄒᆞᄂᆞᆫ要義니라

通一國의人이職業의不同홈이有ᄒᆞ고通世界의人이種類의不同홈이有ᄒᆞᆫ지라然이나此情此理ᄂᆞᆫ不同홈에無ᄒᆞ니孟子ㅣᄀᆞᆯᄋᆞᄉᆞ되人을愛ᄒᆞᄂᆞᆫ者ᄂᆞᆫ人이恒愛ᄒᆞ고人를敬ᄒᆞᄂᆞᆫ者ᄂᆞᆫ人이恒敬ᄒᆞ거니와反是ᄒᆞ야人를傲

ᄒᆞᄂᆞᆫ者ᄂᆞᆫ人이亦傲ᄒᆞ며人를侮ᄒᆞᄂᆞᆫ者ᄂᆞᆫ人이亦侮ᄒᆞᆫ다ᄒᆞ시니然則處人處己의間에其道를善히ᄒᆞᆯ者를求ᄒᆞᆫ後에可히써斯世에居ᄒᆞᆯ지라雖然이나또鄕愿의流俗을同ᄒᆞ며汚世를合ᄒᆞ야媚ᄒᆞᄂᆞᆫ者와不同ᄒᆞᄂᆞ니라

己의不欲ᄒᆞᄂᆞᆫ바를人에勿施홈은支那의言이오己의所欲으로써人에施홈은泰西의言이라前說을由ᄒᆞ면義에合ᄒᆞ며後說을由ᄒᆞ면仁에合ᄒᆞ니待人ᄒᆞᄂᆞᆫ道가仁義에不外홈이라法國倫理學者의迦南이일즉此意를六

義에註釋ᄒᆞ니今에其義를列解ᄒᆞ노라

一은怨으로써德을報치안니홈이니此는尋常無奇ᄒᆞᆫ言이오確當不易ᄒᆞᆯ理라故로爲善이라稱ᄒᆞ며能키難ᄒᆞ다指ᄒᆞ기不得ᄒᆞᆯ者라世에恩人을不殺ᄒᆞ고益友를不欺홈으로써善人君子라指目ᄒᆞ는者는未聞ᄒᆞ나道德이墮落ᄒᆞ며風俗이渝薄ᄒᆞ야恩人을殺ᄒᆞ며益友를欺ᄒᆞ는者도有ᄒᆞᆫ지라이ᄀᆞᆺᄒᆞᆫ人은人面獸心이니一日이라도世에容ᄒᆞ기不可ᄒᆞᆫ者ㅣ니라

二는無德無怨ᄒᆞᆫ者에怨을不施홈이니無怨無德ᄒᆞ면雖風馬牛에不相及이라ᄒᆞ야도可ᄒᆞᆫ지라人을道에셔遇ᄒᆞ야其身를不殺ᄒᆞ며其貨를不奪홈은事의常이라엇지足히稱ᄒᆞ리오雖然이나社會秩序는반다시侵人치안이홈으로써爲始ᄒᆞ는故로國法으로반다시維持ᄒᆞ며生人名義는반다시害人치안니홈으로써爲始ᄒᆞ는故로公德으로반다시基礎ᄒᆞᆯ지니라

三은大怨으로써小怨을報치아니ᄒᆞ며重怨

으로、써輕怨을報치아니홈이니此ᄂᆞᆫ睚眦를必報ᄒᆞᄂᆞᆫ說이나、오쟉大小輕重을較量홈이라、비록前에二義를視ᄒᆞ야ᄂᆞᆫ稍進홈이、되나然이나、오히려孔子의直으로、써怨을報ᄒᆞᆫ다ᄂᆞᆫ말ᄉᆞᆷ만未若ᄒᆞ니라

四ᄂᆞᆫ德으로、써德을報홈이니此ᄂᆞᆫ孔子의말ᄉᆞᆷ과同ᄒᆞ며義의當然ᄒᆞᆫ비라三義와四義ᄂᆞᆫ謂ᄒᆞᆫ바友ᄒᆞᆫ則德으로、써ᄒᆞ며敵ᄒᆞᆫ則仇로、써ᄒᆞ여야恩怨이分明ᄒᆞᆫ觀念이라ᄒᆞᆯ지니라

五ᄂᆞᆫ無怨無德者에德을施홈이니此ᄂᆞᆫ第四

義에視ᄒᆞ야ᄂᆞᆫ稍高ᄒᆞ니四義ᄂᆞᆫ恩을受ᄒᆞ야反홈이債를負ᄒᆞ얏다가償還홈과猶홈이어니와此ᄂᆞᆫ、곳藹然ᄒᆞᆫ仁者의心이災荒을憫ᄒᆞ야賑濟ᄒᆞ며險阨을哀ᄒᆞ야救援ᄒᆞ며疾病을憐ᄒᆞ야扶持홈이라得ᄒᆞᄂᆞᆫ者ᄂᆞᆫ要求ᄒᆞᆯ權이無ᄒᆞ고施ᄒᆞᄂᆞᆫ者도亦、當爲ᄒᆞᆯ責이無ᄒᆞᆫ則圖報홈이아니오純然히慈悲에出홈이니支那의墨者와西方의佛氏가此에近ᄒᆞ니라

六은德으로、써怨을報홈이니此ᄂᆞᆫ老子의言과同ᄒᆞ야至高ᄒᆞᆫ義와難能ᄒᆞᆫ事ㅣ라謂ᄒᆞᆯ지

로다夫、復讎와、感恩은人情의常이라故로能히第五義에出ᄒᆞᆫ者ㅣ임의可貴ᄒᆞᆷ이、되거ᄂᆞᆯ此乃、怨를受ᄒᆞ고忘ᄒᆞᆫ지라、오작忘ᄒᆞᆯᄲᅮᆫ안니오德으로、써報ᄒᆞᆷ은東西古今에其人이或有ᄒᆞ나今日世界의能行ᄒᆞᆯ바、아니라故로孔子ᄶᅴ셔도、오히려病이、역이시니라

迦南의六義에前四義ᄂᆞᆫ義ㅣ니人人이此義가有ᄒᆞᆫ則世에惡人이無ᄒᆞᆯ지오後二義ᄂᆞᆫ仁이니人人이此仁이有ᄒᆞᆫ則世皆善士ㅣ라惡人이無ᄒᆞ면小康ᄒᆞᆫ世ㅣ오皆善士ㅣ면大同ᄒᆞᆫ世ㅣ니世治가日進ᄒᆞ고人道가日隆ᄒᆞ야守義ᄒᆞ고勉仁ᄒᆞᄂᆞᆫ것은學者의事에所有니라

人의人됨은其或失키不可ᄒᆞᆫ具가必有ᄒᆞᆷ이니曰自由와曰智力과曰身體와曰名譽와曰財産이是라此五者의可貴ᄒᆞᆷ을知ᄒᆞ면、맛당히自己를自寶ᄒᆞ고人을害ᄒᆞ지말지라故로人의自由를侵ᄒᆞ거나人의智力을抑ᄒᆞ거나人의身體를傷ᄒᆞ거나人의名譽를毁ᄒᆞ거나人의財産을損ᄒᆞᄂᆞᆫ者ᄂᆞᆫ皆不義의甚ᄒᆞᆫ者ㅣ

라其弊ᄂᆞᆫ有已ᄒᆞᆷ만知ᄒᆞ고有人ᄒᆞᆷ을不知ᄒᆞ리니라

博愛ᄒᆞᄂᆞᆫ人은是와異ᄒᆞ야有人ᄒᆞᆷ만知ᄒᆞ고有已ᄒᆞᆷ를不知ᄒᆞᆷ으로能히已의自由와智力과身体와名譽와財産을捨ᄒᆞ야써人에게益케ᄒᆞᆷ이니孔子ㅣᄀᆞᆯᄋᆞᄉᆞᄃᆡ身을殺ᄒᆞ야仁을成ᄒᆞᆫ다ᄒᆞ시며孟子ㅣᄀᆞᆯᄋᆞᄉᆞᄃᆡ生을捨ᄒᆞ야義를取ᄒᆞᆫ다ᄒᆞ시니博愛ᄒᆞᆷ를謂ᄒᆞᆷ이라夫天下가皆溺호되援ᄒᆞ지아니ᄒᆞ며衆生이入火호되救치아니ᄒᆞ면雖吾一身의自由와智力과身體와名譽와財産이有ᄒᆞᆯ지라도何處에用ᄒᆞ리오故로已가立ᄒᆞ야써人을立ᄒᆞ고已가達ᄒᆞ야써人을達ᄒᆞᆷ은仁者의所爲니라

其次ᄂᆞᆫ貲財로써人의爲學을助ᄒᆞ며人의遺孤를恤ᄒᆞ며人의不測ᄒᆞᆫ禍를濟ᄒᆞ며或써勸勉과訓誨로人을道德에進케ᄒᆞ며人의智識을益케ᄒᆞᆷ은君子의事에所有ᄒᆞ니라

第五章 善羣

羣이란者ᄂᆞᆫ共同聯合ᄒᆞᆫ團體라其範圍가或大或小ᄒᆞ니近世의所謂社會가是라人이羣

을離ᄒᆞ야孤立키不能ᄒᆞᄂᆞᆫ故로一己의樂利를羣으로더브러共ᄒᆞ지안이ᄒᆞᆷ이無ᄒᆞ니羣은樂利가無ᄒᆞ고己가樂利를獨得ᄒᆞ기不能ᄒᆞᆯ거시오羣이既히樂利ᄒᆞ면己가獨히不得ᄒᆞᆷ이無ᄒᆞ리라故로己를屈ᄒᆞ야羣를爲ᄒᆞᆷ이此ᄂᆞᆫ爲己ᄒᆞᄂᆞᆫ바ㅣ니故로公益을謀ᄒᆞ며公務를急히ᄒᆞ야ᄡᅥ그羣에善히ᄒᆞᄂᆞᆫ者ᄂᆞᆫ可히ᄡᅥ祖宗을對ᄒᆞ며可히ᄡᅥ子孫을安ᄒᆞ리라

雖然이나其羣에善코져ᄒᆞᆯ진ᄃᆡ반다시己를先善ᄒᆞᆯ지니己를善ᄒᆞᄂᆞᆫ者ᄂᆞᆫ羣을對ᄒᆞ야그

本分을守ᄒᆞᆷ이라

我가羣의一人이되엿슨즉我의一言一行이羣의全体에關係가有ᄒᆞᆫ故로一人이名譽를得ᄒᆞ야도羣의榮이오一人이名譽를失ᄒᆞ야도羣의辱이니곳學校로ᄡᅥ言ᄒᆞᆯ지라도生徒가偶或失行ᄒᆞ면곳他學校를對ᄒᆞ야慚德이有ᄒᆞᄂᆞ니라

不肖ᄒᆞᆫ人은或自由를藉口ᄒᆞ야ᄡᅥ羣을害ᄒᆞᄂᆞ니此ᄂᆞᆫ群의罪人이라相集의時間이必有ᄒᆞ되己가故遲ᄒᆞ며相處의規律이必有ᄒᆞ되

已가故違ᄒᆞ야己意를任ᄒᆞ고惟所欲ᄃᆡ로ᄒᆞᄂᆞ니記에云호ᄃᆡ好惡ㅣ人의性을拂ᄒᆞ면灾가身에必逮ᄒᆞᆫ다ᄒᆞ니故로汙穢와怠惰와恣肆와貪狠으로群을害ᄒᆞ고公物을毁ᄒᆞ고公利를損ᄒᆞ야써羣을不自由ᄒᆞᄂᆞᆫ데陷ᄒᆞᄂᆞᆫ者ᄂᆞᆫ其最甚ᄒᆞᆫ者니라

第六章 地方

地方은一定ᄒᆞᆫ地域과一定ᄒᆞᆫ居民이有ᄒᆞ야必當ᄒᆞᆫ法律를構結ᄒᆞ야自治團体를成ᄒᆞᆷ이一道와一府와一郡과一廳과一面과一洞이

皆是ㅣ라人이一團體에既居ᄒᆞᆯ진ᄃᆡ自治公職을卽當執行ᄒᆞ야強立ᄒᆞᆯ基礎를營ᄒᆞ며政事의機關을行ᄒᆞ야써國家全體의一部가될지니故로團體의居民이되야此團體를對ᄒᆞ기를其國을對ᄒᆞᆷ과如ᄒᆞᄂᆞ니愛國을반다시愛鄕ᄒᆞᄂᆞᆫ心으로始ᄒᆞᆫ다ᄒᆞᆷ이此를謂ᄒᆞᆷ이니라

(一)은分責任이니一地方에居ᄒᆞ야그權利를受ᄒᆞᆫ則반다시其義務가有ᄒᆞ니義務者ᄂᆞᆫ責任이라夫人이各各其力으로其身家을自謀

ᄒᆞᄂᆞᆫ것이固然ᄒᆞ나地方은一人一家의地方이아니며地方의事ᄂᆞᆫ一人一家의能擧ᄒᆞᆯ바者ㅣ아니오必當其力을各出ᄒᆞ야、써共擧ᄒᆞᄂᆞ니道路를平ᄒᆞ며橋梁을架ᄒᆞ며溝渠를通ᄒᆞ며學校를設ᄒᆞ며病院을建ᄒᆞ며公園을闢ᄒᆞ며守護를置ᄒᆞᄂᆞᆫ諸般事業에對ᄒᆞ야富者ᄂᆞᆫ其財를效ᄒᆞ고貧者ᄂᆞᆫ其力을效ᄒᆞᆫ而後에能成ᄒᆞᄂᆞ니、만일戶를閉ᄒᆞ고手를袖ᄒᆞᆷ으로써鄕黨의自好ᄒᆞᆷ이되면、다만權利만受ᄒᆞ고義務를盡치、아니ᄒᆞᆷ이니地方의賊이라謂ᄒᆞᆯ

치니라

(二)ᄂᆞᆫ盡責任이니人이壯에至ᄒᆞ야室을有ᄒᆞ면獨立으로一戶를搆ᄒᆞ야、곳公權이有ᄒᆞᆫ民이、되ᄂᆞ니所謂公民이是(日本、二十五歲以上、自搆一戶而不受治産之禁者、年納地租、國稅、二元以上者爲公民)ㅣ라凡公民은地方에對ᄒᆞ야不可避ᄒᆞᆯ責任이有ᄒᆞ니此責任을既負ᄒᆞᆫ則반ᄃᆞ시殫精竭力ᄒᆞ고黽勉勤勞ᄒᆞ야、써其職務를完全히ᄒᆞᆯ것이오、더욱、반ᄃᆞ시私曲을絶ᄒᆞ며暴橫을戒ᄒᆞ고誠義에一出ᄒᆞ여야賢能의士ㅣ라可謂ᄒᆞᆯ지니라

第七章 國家

人은家에繫ᄒᆞ고家ᄂᆞᆫ國에繫ᄒᆞ니故로無國이면則無家ㅣ오無家ㅣ면則身은寄ᄒᆞᆯ바無ᄒᆞ니라猶太人이貨殖을善히ᄒᆞ야殷富가多ᄒᆞ되國이既亡ᄒᆞᆷ이俄國에至ᄒᆞᆫ則俄가戮ᄒᆞ며法國에至ᄒᆞᆫ則法이辱ᄒᆞ야茫茫天壤에歸ᄒᆞᆯ배無ᄒᆞ니甚ᄒᆞ다亾國民의聊生치못ᄒᆞᆷ이여波蘭과印度ᄂᆞᆫ國이已滅ᄒᆞᆷ이千萬의民族이僕妾이되며隷卒이되여ᄒᆞᆫ번도仰首伸眉ᄒᆞᆷ을得ᄒᆞ야써人生의樂을享ᄒᆞᆯ者ㅣ無ᄒᆞ도다故로愛身ᄒᆞᄂᆞᆫ者ᄂᆞᆫ其家를必愛ᄒᆞ고愛家ᄒᆞᄂᆞᆫ者ᄂᆞᆫ其國을必愛ᄒᆞᄂᆞ니라

國은土地와人民만有ᄒᆞᆷ을謂ᄒᆞᆷ이不可ᄒᆞ니管子ㅣ言을有ᄒᆞ되國에政治가無ᄒᆞ면土地가비록大ᄒᆞ며人民이비록衆ᄒᆞ나國이안니라ᄒᆞ고ᄯᅩ國이란者ᄂᆞᆫ尤히그光榮ᄒᆞᆫ歷史가有ᄒᆞ니라만일其國威를損ᄒᆞ며其國權을墮ᄒᆞ며其國土에他國이殖民ᄒᆞ며其民族을傷害ᄒᆞᄂᆞᆫ者ᄂᆞᆫ政治가無ᄒᆞᆫ故ㅣ니라

政治ᄂᆞᆫ立法者도有ᄒᆞ며司法者도有ᄒᆞ며議

政者도有ᄒᆞ며行政者도有ᄒᆞ며治者도有ᄒᆞ
며被治者도有ᄒᆞ야凡一國의人이政治中에
範圍치아니ᄒᆞ리無ᄒᆞ며凡一國의事가政治
下에覊縻치、아니홈이無ᄒᆞᄂᆞ니故로政治者
ᄂᆞᆫ國의機關니라國家의政治가無홈은、엇지
一二官吏의過ㅣ리오其、國民이、다國이有홈
을不知ᄒᆞ니國이有홈을不知홈、으로政治가
有홈을不知홈이라天下ᄉᆞᄅᆞᆷ에惟、蕩子가家
를不知ᄒᆞᄂᆞ니家를不知ᄒᆞᄂᆞᆫ者ᄂᆞᆫ家를必亡
ᄒᆞ고天下ᄉᆞᄅᆞᆷ에惟、蠻民이國을不知ᄒᆞᄂᆞ니

國을不知ᄒᆞᄂᆞᆫ者ᄂᆞᆫ國이必亡ᄒᆞᄂᆞ니라
家를知ᄒᆞᆫ則、家를愛ᄒᆞ고國을知ᄒᆞᆫ則、國를愛
ᄒᆞ리니國를知ᄒᆞᄂᆞᆫ者ᄂᆞᆫ有機體라人民의團
力으로、써組織ᄒᆞᆫ者ㅣ니故로其國의生ᄒᆞᆫ者
ㅣ곳其國의一分子가되야一分子의責任이、
잇시니責任이란者ᄂᆞᆫ本分을謂홈이니라
人人이一分子의責任을盡ᄒᆞᆫ則其國이强ᄒᆞ
고人人이一分子의責任을盡ᄒᆞ지、못、ᄒᆞᆫ則、其
國이亡ᄒᆞᄂᆞ니責任이衆多호ᄃᆡ、그重大ᄒᆞᆫ者
ㅣ三이有ᄒᆞ니曰守法과曰納稅와曰當兵이

니라

(一)은守法이니國이法이無ᄒᆞ면是는不國이오人이法이無ᄒᆞ면是는非人이니法은一國의人이共同ᄒᆞᆫ志意을會ᄒᆞ야制定ᄒᆞ며認可ᄒᆞᆫ者ㅣ라法이立ᄒᆞ지、안이ᄒᆞᆫ則、國이立ᄒᆞ지、못、ᄒᆞᄂᆞ니法이無ᄒᆞ면可히、써久치、못、ᄒᆞᄂᆞᆫ故로立法이國家의急務가、되ᄂᆞᆫ지라、만일法이、임의立ᄒᆞᆫ則곳、맛당히愛護ᄒᆞ며服從홈은無他라我의制定ᄒᆞᆫ、비며我의認可ᄒᆞᆫ비니語에云ᄒᆞᄃᆡ法을自制ᄒᆞ야自守ᄒᆞᆫ다、홈이此을謂

홈이니라

(二)는納稅니百千萬人을集ᄒᆞ야一國이됨이其官吏와兵士가必有ᄒᆞᆫ者는何也오曰一群의事를人人이辦키不能ᄒᆞ며一群의患을人人이防키不能ᄒᆞᄂᆞ니、ᄒᆞ야곰辦치도、안니ᄒᆞ며防치도、안니ᄒᆞ면性命과財産을可히、다保치、못、홀지라於是에若干人으로、써官吏를、삼고若干人으로兵士를삼아、ᄒᆞ야곰其職을專ᄒᆞ야、써一羣의事를辦ᄒᆞ며一羣의患을防케、ᄒᆞᄂᆞ니然則官吏와兵士란者는吾의委託ᄒᆞᆫ

責任이有ᄒᆞᆫ者ㅣ니라
官吏와兵士가、임의其職을專ᄒᆞ야、써吾의委託ᄒᆞᆫ바責任을盡ᄒᆞ면其公事所需의費用이必有ᄒᆞ며、또、다시他事를顧ᄒᆞ야、써其生을資키不能ᄒᆞᆯ서於是에一國의人이其歲入의幾分을各損ᄒᆞ야、써輸納ᄒᆞ야、그所需를應ᄒᆞ며、또俸祿을供ᄒᆞ야、써養ᄒᆞᄂᆞ니是故로稅란者ᄂᆞᆫ國家의股分金이라國家의利益을享受ᄒᆞ고져、ᄒᆞᄂᆞᆫ者ᄂᆞᆫ此、股分金의稅를不納ᄒᆞᆷ이不可ᄒᆞ니라

雖然이나稅納ᄒᆞᄂᆞᆫ者ㅣ반다시其所用를當知ᄒᆞᆯ지니若、納稅호ᄃᆡ所用을不知ᄒᆞ고、다만諸責(諸은글에라責 은외글에나)을完ᄒᆞ며追呼(追ᄂᆞᆫ、이로、오나라 呼ᄂᆞᆫ、져로、가거라)를緩케、ᄒᆞᆯ뿐이니是ᄂᆞᆫ納稅ᄒᆞᄂᆞᆫ原理와國民의天職을不知ᄒᆞᄂᆞᆫ者ㅣ라若是ᄒᆞᆫ則彼官吏가私橐을肥ᄒᆞ며私慾를逞ᄒᆞ야一國의公事를不辦ᄒᆞᄂᆞᆫᄃᆡ置ᄒᆞ야도吾가不知ᄒᆞ리니라

(三)은當兵이니語에云호ᄃᆡ人人이當兵의義務가有ᄒᆞ다ᄒᆞ니誠哉라、그義務됨이여人人으로當兵을、아니ᄒᆞᆫ則性命과財産을誰로與

保ᄒᆞ며國을誰로與衛ᄒᆞ리오古者에兵을民에寓ᄒᆞ야一朝의疆埸에有事ᄒᆞᆫ則干戈를執ᄒᆞ고戰鬪에赴ᄒᆞᄂᆞ니小戎(詩傳秦風)의詩ᄂᆞᆫ婦人으로大義를明ᄒᆞ며庾信의夫人(金庾信夫人)은子를不死ᄒᆞᆷ으로不見ᄒᆞ고汪錡의死ᄒᆞᆷ은童子로、써國難을殉(汪錡見孔子家語)ᄒᆞ며官昌의勇ᄒᆞᆷ은三軍으로、써氣를作(官昌新羅人)ᄒᆞ게ᄒᆞ고今東西各國의人은皆從軍으로、써爲樂ᄒᆞ니此ᄂᆞᆫ國의强ᄒᆞᆫ所以니라(日本、徵兵令、凡男子十七歲以上、四十歲以下、皆有當兵之義務、兵分四類、曰常備兵、曰後備兵、曰補充兵、曰國民兵、常備兵、又分現役豫備、現役、陸軍三年、海軍四年、滿二十歲者充之、豫備、陸軍四年又四月、海軍三年、現役期盡者充之、後備兵五年、豫備期盡者充之、補充兵陸軍第一補充兵、以現役餘兵充之、第二補充兵、以第一補充兵餘兵充之、第一七年又四月、第二一年又四月、海軍補充兵、亦以現役餘兵充之三年、國民兵、分爲二、第一後備、及第一補充兵期盡者充之、第二不在常備後備補充及第一國民兵者、充之)

만일國人의當兵ᄒᆞᆷ을畏ᄒᆞᄂᆞᆫ者ᄂᆞᆫ其死를畏ᄒᆞᆷ이라夫國이亡ᄒᆞ면、비록當兵치안니、ᄒᆞ야도亦死ᄒᆞ리니越南과印度에民族의死ᄒᆞᆫ者가豈獨兵이리오國이興ᄒᆞ면、비록我가當兵으로、써死ᄒᆞ야도我에死를因ᄒᆞ야生을得ᄒᆞᆫ者ㅣ가全國이되거던而况必死치안니、ᄒᆞᄂᆞᆫ데何畏ᄒᆞ리오昔에斯巴達人이從軍ᄒᆞᆯ적에其母가子를戒ᄒᆞ야曰願컨ᄃᆡ汝ᄂᆞᆫ楯을負ᄒᆞ

고歸ᄒᆞ라否則、楯으로、써汝를負ᄒᆞ야歸ᄒᆞ리라、ᄒᆞ니勇哉라此母가義務를知ᄒᆞ얏도다雖然이나孔子ㅣᄀᆞᆯᄋᆞᄉᆞ되不教ᄒᆞᆫ民으로、써戰ᄒᆞ면是ᄂᆞᆫ棄ᄒᆞᆷ이라ᄒᆞ시니故로國에訓練ᄒᆞᆫ兵이無ᄒᆞ면無兵과猶ᄒᆞᆯ지라、만일軍籍이踈畧ᄒᆞ고武備를不講ᄒᆞ야一朝에有事ᄒᆞ면臨時召募ᄒᆞᆷ、이卽、應ᄒᆞᄂᆞᆫ者ㅣ가、다流民乞丐라、엇지能히他國으로、더부러遇ᄒᆞ리오故로此、義務를、아ᄂᆞᆫ者ᄂᆞᆫ當兵의豫備를不爲키不可ᄒᆞ리니矇目傴背(약젼ᄒᆞᆫ貌樣)와行步紆徐(八字步法)ᄒᆞᆫ者

ᄂᆞᆫ礮不足灰ㅣ며槍不足的이니라豫備ᄒᆞᄌᆞ면奈何오曰體操가是已라今에各國學校가自初等으로高等에至토록此事에汲汲ᄒᆞ니、오쟉一身을强ᄒᆞᆯᄲᅮᆫ、아니라一國을强케、ᄒᆞᆷ이오、오쟉一國을强케、ᄒᆞᆯᄲᅮᆫ、아니라種族을强케、ᄒᆞᆷ이知本이라可謂ᄒᆞᆯ지니라幼穉의時로븟터體操도ᄒᆞ며廣跳와角觝를講ᄒᆞᆷ은武備를尙ᄒᆞᆷ이니全國民族이如是ᄒᆞᆫ義務로其心을盡ᄒᆞ면國을興ᄒᆞ고名을揚치안이ᄒᆞᆯ者ㅣ未有ᄒᆞ리라

27884

初等倫理學教科書終

隆熙元年九月五日印刷
仝　九月十日發行

版權所有

初等倫理學教科書
定價金二十錢

譯述者　安鍾和
校閱者　元泳義
發行者　中署布屛下三十七統六戶廣學書舖　金相萬
印刷所　北署觀峴　徽文舘
發行所　中署布屛下三十七統六戶　廣學書舖

영인

초등수신교과서

初等修身教科書 全

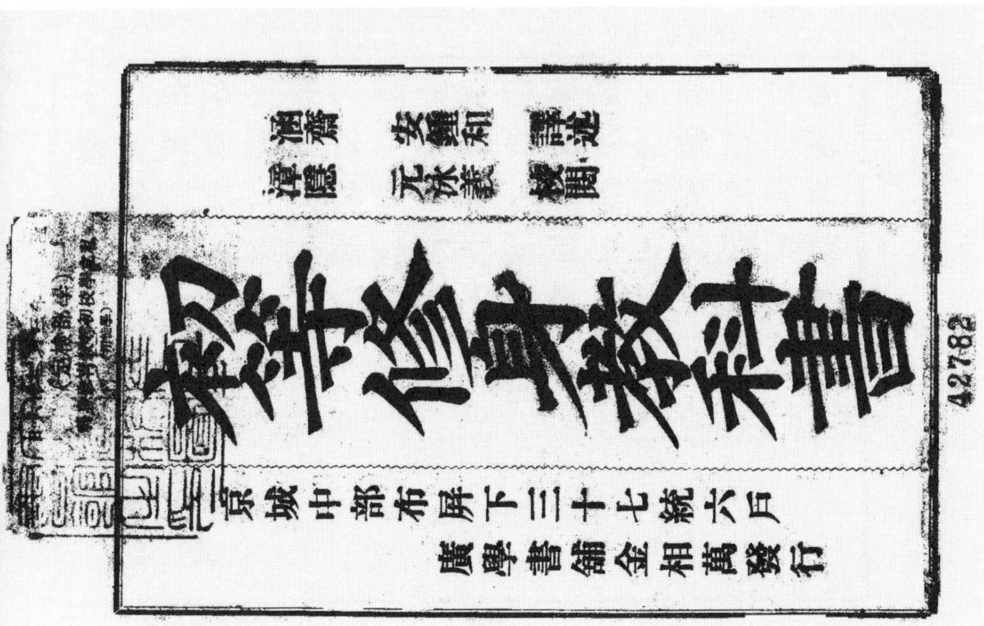
初等修身教科書
京城中部布屛下三十七統六戶
廣學書舖金相萬發行

初等修身敎科書 自叙

自叙

夫良知良能、乃天然性質、而孩提之童、無不知其愛親敬兄、故人道推測、由是起義、此倫理學之所以因其性而開導之欲其習與心成、化與智長、功效之大、窮天地亘宇宙而教育家無二有一之最大法門也、現今世界萬國、上自王宮國都、以及閭巷、莫不有學、以其步級之擴張盛衰、乃覘其國勢之强弱興廢、而尤爲着力于小學校於虖、此吾所謂、古者小學校人之術、復見于今而微斯人、吾誰與歸也、近得吳尙氏所述

一

初等修身敎科書 自叙

初等倫理學教科書、盥手讀之畢、喟然歎曰天然性質、捨此書、何以復其初哉、是誠爲、幼穉學徒、初等倫理學科之眞訣也、遂定其句讀、補其微奧以供海內同志諸君之觀覽焉、丁未榴夏

漢山病夫安鍾和書于木犀山房

初等修身教科書目次

第一章　修己
第一節　保健康
(一)貴清潔　(二)守節度　(三)戒嗜慾
(四)勤運動
第二節　修道德
(一)誠實　(二)勤勉　(三)規律
(四)羞恥
第三節　盡知能
(一)普通之知能　(二)職業之知能

(三)好尙之知能
第二章　家族
第一節　父母
第二節　兄弟
第三節　夫婦
第四節　主役
第五節　親戚
第三章　師友
第一節　師弟
第二節　朋友

(一)忠 (二)信 (三)恕 (四)義

第四章 他人

第五章 社會

(一)職業 (二)公益 (三)公德

第六章 國民

(一)守法 (二)納稅

初等修身教科書目次 終

初等修身教科書

涵齋 安鍾和 譯述
渟隱 元泳義 校閱

第一章 修己

一國에生ᄒᆞ야ᄂᆞᆫ一國中에人이、되며一羣에生ᄒᆞ야ᄂᆞᆫ一羣中에人이、되야셔、반다시索居孤立키不能ᄒᆞᄂᆞ니於是에人이人으로더브러、서로交際ᄒᆞᄂᆞᆫ道가有ᄒᆞ니라

交際ᄒᆞᄂᆞᆫ道를盡ᄒᆞ고자、ᄒᆞᆯ진딘修己ᄒᆞᆷ을必先ᄒᆞᆯ지라修己의三要가有ᄒᆞ니健康을保ᄒᆞ

며道德을養ᄒᆞ며智能을盡ᄒᆞᆷ이是니라

健康ᄒᆞ되道德이無ᄒᆞ면暴悍ᄒᆞ고健康ᄒᆞ되智能이無ᄒᆞ면愚蠢ᄒᆞ고道德과智能이有ᄒᆞ되健康치、못ᄒᆞ면羸弱無用ᄒᆞ야天年을能盡치、못、ᄒᆞᄂᆞ니라

暴悍과愚蠢도不可ᄒᆞ며羸弱도尤不可ᄒᆞ니健康과道德과智能의三者를具ᄒᆞ여야完全ᄒᆞᆫ人格을始得ᄒᆞᄂᆞ니라

第一節 保健康

(一)은淸潔을貴히、녁임이니人生의不可闕ᄒᆞᆯ

者ᄂᆞᆫ飮食과居處와衣服이라飮食으로、써養ᄒᆞ며居處로、써安ᄒᆞ며衣服으로、써衛ᄒᆞᄂᆞᆫ、것이皆、生命을爲ᄒᆞᄂᆞᆫ비라然則三者를汚穢키不可ᄒᆞ니、만일汚穢ᄒᆞ면保生치、못ᄒᆞ고生命을反害ᄒᆞᆷ이니故로飮食의甘旨와居處의奢侈와衣服의華美를必求키不可ᄒᆞ고惟、當其淸潔을求ᄒᆞᆯ싸름、이니라

(二)ᄂᆞᆫ制度를守ᄒᆞᆷ이니起居가有常ᄒᆞ고飮食이有節ᄒᆞᆷ은古人의明訓이라無常과無節은가장身을害ᄒᆞᆷ이니不可不時

을定ᄒᆞ며量을定ᄒᆞ야、써自守ᄒᆞᆯ지라起ᄂᆞᆫ晏ᄒᆞᆷ이不宜ᄒᆞ야昏에息ᄒᆞ고朝에起호ᄃᆡ八時로計ᄒᆞ며食은多ᄒᆞᆷ이不宜ᄒᆞ야食ᄒᆞᄂᆞᆫ時를定ᄒᆞ야其時가、안이거던、반다시妄食ᄒᆞ지、말지니此ᄂᆞᆫ財物을惜ᄒᆞᆯ뿐、안이오攝生ᄒᆞᄂᆞᆫ道이라

(三)은嗜慾을戒ᄒᆞᆯ지니孔子ㅣᄀᆞᆯᄋᆞ샤ᄃᆡ嗜慾이多ᄒᆞ면、엇지剛ᄒᆞᆷ을得ᄒᆞ리오、ᄒᆞ시니嗜慾이足히身心을累ᄒᆞ거니와烟과酒가尤甚ᄒᆞ니泰西格物家에서烏로、써烟의毒을試ᄒᆞᆷ이

卷烟一枚에鳥二十을殺ᄒᆞ니其毒을可知ㅣ오酒을多飮ᄒᆞᄂᆞᆫ者ᄂᆞᆫ軟弱ᄒᆞ고怒ᄒᆞ기가易ᄒᆞ며、또種種ᄒᆞᆫ病이有ᄒᆞᄂᆞ니年少ᄒᆞᆫ人은吸烟ᄒᆞ고飮酒ᄒᆞ면그生長ᄒᆞᄂᆞᆫ機體을消蝕ᄒᆞᄂᆞ니最宜戒愼ᄒᆞᆯ지니라

(四)ᄂᆞᆫ運動을勤ᄒᆞᆷ이니前述의事가能히其道에適ᄒᆞ나若運動을怠ᄒᆞᆯ時ᄂᆞᆫ胃腸의作用이鈍ᄒᆞ고消化의力이弱ᄒᆞ야遂히身体를虛弱케ᄒᆞᆷ인故로常히適度의運動을不爲ᄒᆞᄂᆞᆫ時ᄂᆞᆫ顔色은漸히蒼白ᄒᆞ고體軀ᄂᆞᆫ次第로瘦衰

ᄒᆞ야遂히病을惹起ᄒᆞᄂᆞᆫ事도有ᄒᆞᆯ지라然則學徒ᄂᆞᆫ日日適度의運動을怠치말지니라勤勞도亦運動의一方法이니決코厭忌치말고喜ᄒᆞ야其勞에服ᄒᆞᆯ지니라

第二節 修道德

(一)은誠實ᄒᆞᆷ이니立身行己ᄂᆞᆫ誠實이爲貴ㅣ니라孔子曰言必信이라ᄒᆞ시고曲禮에曰毋誑이라ᄒᆞ나皆誠實을謂ᄒᆞᆷ이라誑而無信ᄒᆞ면、반다시惡人이、되리니人이己를誑ᄒᆞ면己가반다시、그惡ᄒᆞᆷ을知ᄒᆞ리니己로써人을誑

ᄒᆞ면人이엇지其惡을不知ᄒᆞ리오孟子ㅣ日
反身而誠이면樂莫大焉이라ᄒᆞ시니是故로
誠實을不以ᄒᆞ야禍와辱을蒙ᄒᆞᆫ者를何可勝
數리오學徒ᄂᆞᆫ可히自警ᄒᆞᆯ지니라

(二)ᄂᆞᆫ勤勉ᄒᆞᆷ이니韓文公、愈ㅣ日業은勤에精
ᄒᆞ며嬉에荒ᄒᆞ고行은思에成ᄒᆞ며惰에㥘ᄒᆞᆫ
다ᄒᆞ니此ᄂᆞᆫ修道進德ᄒᆞᄂᆞᆫ至言이라業이荒
ᄒᆞ고行이㥘ᄒᆞ면百事ㅣ廢弛ᄒᆞ야不肖ᄒᆞᆫ、마
암이不自覺中에潛滋暗長ᄒᆞ야셔孟子에訓
ᄒᆞ신바禽獸에近ᄒᆞᆯ진뎌書傳에云호ᄃᆡ志을

遜ᄒᆞ야時敏을務ᄒᆞ라ᄒᆞ며孔子가ᄅᆞ사ᄃᆡ敏
으로써求ᄒᆞ라ᄒᆞ시니勤勉을謂ᄒᆞᆷ이라小人
이不善을爲ᄒᆞᆷ이惰逸에多由ᄒᆞ나니、우리靑
年은勗哉어다

(三)은規則이니凡事를成ᄒᆞᆷ에最히必要ᄒᆞᆷ은
規律이라假令學徒가日用의書冊、器具를整
理ᄒᆞ야亂雜치아니ᄒᆞ며上學歸家의時間을
固守ᄒᆞ야違치아니ᄒᆞ며勉學과遊ᄒᆞ면雖、大
難이當前ᄒᆞ며利刃이加頸ᄒᆞ야도戲의時를
計ᄒᆞ야亂치아니ᄒᆞᆷ과如ᄒᆞᆷ은即規律이니成

長後種種의事業을成홀基를作홈이라故로
幼로브터努ᄒᆞ야此習慣을養홀지니라
(四)ᄂᆞᆫ羞恥홈이니孟子ㅣᄀᆞᆯᄋᆞ샤ᄃᆡ恥가人에
게大ᄒᆞᆫ니라人과不若홈을不恥ᄒᆞ면엇지人
과若홈이有ᄒᆞ리오ᄒᆞ시고孔子ㅣ日行己홈
은恥가有홈이라ᄒᆞ시니恥者ᄂᆞᆫ去惡從善ᄒᆞ
ᄂᆞᆫ關이라己의不善홈을自知치못홀者ㅣ未
有ᄒᆞ나知호ᄃᆡ恥히여이지안이ᄒᆞ면、다시爲
善홀日이無홀지라故로雖至惡ᄒᆞᆫ人이라도
苟恥心이一萌ᄒᆞ면반다시其前日의所爲을

悔改ᄒᆞ야日로善에進ᄒᆞ리라詩傳에이르되
人而無恥ᄒᆞ면엇지遄死치안이ᄒᆞ나요無恥
ᄒᆞᆫ人을憎惡홈이니라

第三節 盡智能

(一)은普通에智能이니普通의智能이란者ᄂᆞᆫ
人人의當有ᄒᆞᆫ바知識과技能를謂홈이라東
西各國의人이皆、普通敎育을必受ᄒᆞᄂᆞᆫ故로
雖至愚極陋ᄒᆞᆫ人이라도普通의智能을皆有
ᄒᆞ니라蓋生ᄒᆞ야人이됨이、반다시其身를自
立ᄒᆞ며其家를自保ᄒᆞ여야國民됨을始得ᄒᆞ

ᄂᆞ니此ᄂᆞᆫ普通智能의不可少ᄒᆞᆯ所以라雖然이나此特職業의基礎요程度의最卑ᄒᆞᆫ者ㅣ니라

(二)ᄂᆞᆫ職業의智能이니人은一專門의職業이必有ᄒᆞᆯ지라士者와農者와工者와吏者를旣已擇ᄒᆞ야執ᄒᆞ되、반다시精研熟究ᄒᆞ야其極에造ᄒᆞᆷ이可ᄒᆞᆫ故로職業의智能을盡ᄒᆞᆷ은職業上의本分義務ㅣ라若醫士가醫術에와工者가其技術에深造ᄒᆞᆷ이、안이면其業을能成ᄒᆞᆯ者ㅣ無ᄒᆞᄂᆞ니凡諸職業이皆類是ᄒᆞ니라

(三)은好尙의智能이니魯人이獵較이어ᄂᆞᆯ孔子ㅣ亦獵較ᄒᆞ시고諸葛亮이南陽에在ᄒᆞ야抱膝ᄒᆞ고梁甫吟을作ᄒᆞ니만일唯日孜孜ᄒᆞ야職業의만從事ᄒᆞ고實益의만役心ᄒᆞ야其懷의一騁ᄒᆞᆷ과其心思耳目의一娛ᄒᆞᆷ을不得ᄒᆞ면人間에何等趣味가有ᄒᆞ리오故로普通과職業의知能이已備ᄒᆞ고國民의資格이已全ᄒᆞ거든其餘力暇日로써所好를從ᄒᆞ야有益無害ᄒᆞᆫ知能를求ᄒᆞᆷ이亦人生의所不可少ᄒᆞᆯ비니라

第二章　家族

第一節　父母

詩에云호ᄃᆡ無父면何怙며無母면何恃리오ᄒᆞ니夫父母ᄂᆞᆫ豈特怙恃ᄒᆞᆯᄲᅮᆫ이리오鞠育ᄒᆞ며敎誨ᄒᆞ야以生以長호ᄃᆡ勞心瘁形ᄒᆞ야其子를撫愛ᄒᆞᄂᆞ니子가不孝ᄒᆞ면、엇지人이라得謂ᄒᆞ리오孝의目이有三ᄒᆞ니曰順과曰愛와曰敬이라孔子ㅣ曰父母를事호ᄃᆡ幾微로諫ᄒᆞᆯ지니志의不從ᄒᆞ심을見ᄒᆞ거든又敬不違ᄒᆞ며勞ᄒᆞ야도不怨ᄒᆞᆯ지라ᄒᆞ시고孟懿子

ㅣ孝를問ᄒᆞᆫᄃᆡ孔子ㅣ갈ᄋᆞ사ᄃᆡ無違ᄒᆞ라ᄒᆞ시니라

第二節　兄弟

兄弟ᄂᆞᆫ形을分ᄒᆞ고氣을連ᄒᆞᆫ人이라其幼ᄒᆞᆯ時에父母가左提右挈ᄒᆞ고前襟後裾ᄒᆞ야食ᄒᆞ면案을同ᄒᆞ고衣ᄒᆞ면服을傳ᄒᆞ고學ᄒᆞ면業을聯ᄒᆞ고遊ᄒᆞ면方을共ᄒᆞᄂᆞ니(顔氏家訓引)故로諺에云호ᄃᆡ人生最難得ᄒᆞᄂᆞᆫ者ᄂᆞᆫ兄弟라ᄒᆞᄂᆞ니라唐玄宗은弟를爲ᄒᆞ야煮藥ᄒᆞᆯ서火가其鬚를焚ᄒᆞ며李勣은姉를爲ᄒᆞ야煮粥ᄒᆞᆯ서火

가其鬚을焚ᄒᆞᄃᆡ皆欣然히苦로역이지、안이ᄒᆞ니蓋親愛ᄒᆞᄂᆞᆫ情에셔出ᄒᆞᆷ니이라

第三節 夫婦

夫婦ᄂᆞᆫ一家의本이니易에云ᄒᆞᄃᆡ夫婦가有ᄒᆞᆫ然後에父子가有ᄒᆞ고父子가有ᄒᆞᆫ然後에兄弟가有ᄒᆞ다、ᄒᆞ며禮記에云ᄒᆞᄃᆡ夫婦의和ᄂᆞᆫ家의肥라ᄒᆞ니夫婦ᄂᆞᆫ人道의大倫이라不愼케不可ᄒᆞᆷ으로嫁娶를大早ᄒᆞᆷ이不可ᄒᆞ며配偶를不擇ᄒᆞᆷ이不可ᄒᆞ니夫ᄂᆞᆫ外業에就ᄒᆞ야其家를贍케ᄒᆞ며婦ᄂᆞᆫ內政을操ᄒᆞ야其夫

을助ᄒᆞᆷ이夫婦의正을得ᄒᆞᆷ이라

第四節 主役

婢僕은雖一家血統의人이、안니나起居와飮食을同히ᄒᆞ며主人을爲ᄒᆞ야利害를顧ᄒᆞ고憂喜를分ᄒᆞᄂᆞᆫ者ㅣ라從順忠實ᄒᆞ야操作에勤ᄒᆞᆷ은婢僕의本分이오寬恕ᄒᆞ야苛責지、안이ᄒᆞᆷ은主人의本分이라婉言으로써導ᄒᆞ며柔聲으로써令ᄒᆞ고其、頑梗ᄒᆞ야不可化ᄒᆞᆯ者ᄂᆞᆫ善辭로써遣ᄒᆞᆯ지니蓋、人이本是平等으로貧富ᄂᆞᆫ有ᄒᆞᄃᆡ貴賤은無ᄒᆞ니主人으로써自

尊ᄒᆞ기不可ᄒᆞ니라

第五節 親戚

兄弟와姊妹가既、各自成立ᄒᆞ면一室에同居키不得ᄒᆞᆯ지라、이에或娶或嫁ᄒᆞ야親戚을生出ᄒᆞᄂᆞ니故로親戚은關係가甚히密切ᄒᆞᆫ者ㅣ라吉凶에、서로慶吊ᄒᆞ고疾病에、서로慰問ᄒᆞ고窮乏에、서로賑恤ᄒᆞᆷ은亦、人情의當然ᄒᆞᆫ비라雖然이나自立을不能ᄒᆞ고親戚을依賴ᄒᆞ야生活을求코져ᄒᆞ면此ᄂᆞᆫ自暴ᄒᆞ야羞耻를不知ᄒᆞᄂᆞᆫ者라謂ᄒᆞᆯ지니라

第三章 師友

第一節 師弟

師ᄂᆞᆫ社會를爲ᄒᆞ야子弟를教ᄒᆞ며國家를爲ᄒᆞ야良民을造ᄒᆞᆷ이니凡、後生이其導化를蒙ᄒᆞᄂᆞᆫ者ㅣ엇지尊敬를加ᄒᆞ지、아니ᄒᆞ리오語에曰父ㅣ生ᄒᆞ시며師ㅣ教ᄒᆞ신다、ᄒᆞ니夫、父母ᄂᆞᆫ教子의責이固有ᄒᆞ나或、職業으로써未暇ᄒᆞ며或、學術에不及ᄒᆞᆷ으로、써教師의力을不假키不得ᄒᆞᄂᆞ니故로教師ᄂᆞᆫ其、父母를代ᄒᆞ야教育ᄒᆞᄂᆞᆫ者ㅣ라其、恩義가父母에無異

ᄒᆞᆫ故로當히父母를事ᄒᆞᄂᆞᆫ心으로事ᄒᆞᆯ것이
니라

第二節 朋友

古人이朋友로써五倫에一을삼으니此ᄂᆞᆫ古
人이朋友를重視ᄒᆞᆷ이니朋友의重ᄒᆞᆫ바ᄂᆞᆫ學
問의相磨와道德의相輔와患難의相求ᄒᆞᆷ을
爲ᄒᆞᆷ이라孔子ㅣᄀᆞᆯᄋᆞᄉᆞ되不如己ᄒᆞᆫ者를友
치말라ᄒᆞ시고又曰益ᄒᆞᆫ者ㅣ三友오損ᄒᆞᆫ者
ㅣ三友ㅣ라ᄒᆞ시니然則朋友를不擇ᄒᆞᆷ이不
可ᄒᆞᆷ이라ᄒᆞ노라

是故로勢利의交와游戲의交가皆朋友가아
니라朝에盃酒를擧ᄒᆞ다가暮에白刃를拔ᄒᆞ
ᄂᆞᆫ者ᄂᆞᆫ皆始에愼치못ᄒᆞᆷ으로終을善치못ᄒᆞᆷ
이라孔子ᄭᅴ셔晏平仲을稱ᄒᆞ사되人으로더
브러交ᄒᆞᆷ을善히ᄒᆞ도다久ᄒᆞ도록敬ᄒᆞᆫ다ᄒᆞ
시니敬은特히友道의一端이로되晏平仲이
能히써交를善히ᄒᆞ야其道를能全ᄒᆞ얏스니
此에其益ᄒᆞᆫ者를可知라因ᄒᆞ야友道의要義
를列擧ᄒᆞ노라

(一)은忠이니有過ᄒᆞ면相規ᄒᆞ며有善ᄒᆞ면相

勸홈은朋友의道ㅣ라故로忠告ᄒᆞ며善導ᄒᆞ야善으로써相責홈은友道로써待ᄒᆞᄂᆞᆫ者ㅣ오人이己의有過홈을告ᄒᆞ거든喜ᄒᆞ며躬에厚責ᄒᆞ고人의게薄責홈으로써自處홈이可ᄒᆞ니라、만일互相諂諛홈으로、써知己라ᄒᆞ고互相謗訐홈으로、써直道라홈은君子의耻ᄒᆞᄂᆞᆫ바오友道의賊이라是故로孔子ㅣᄀᆞᆯᄋᆞᄉᆞᄃᆡ言을巧히ᄒᆞ며色을令히ᄒᆞ며恭으로足히홈을丘ㅣ耻ᄒᆞ노라、ᄒᆞ시며怨을匿ᄒᆞ야其人을友홈을丘ㅣ耻ᄒᆞ노라、ᄒᆞ시고子貢이ᄀᆞᆯᄋᆞ

ᄃᆡ訐로써直을숨음을惡ᄒᆞ노라ᄒᆞ니라

(二)은信이니子夏ㅣᄀᆞᆯᄋᆞᄃᆡ朋友로더브러交호ᄃᆡ言ᄒᆞ야信이有홀것이라、ᄒᆞ며孔子ㅣᄀᆞᆯᄋᆞᄉᆞᄃᆡ久要에平生의言을不忘이라ᄒᆞ시고又曰信이義에近ᄒᆞ면言을可復ᄒᆞᆫ다、ᄒᆞ시니信이란者ᄂᆞᆫ人의或無키不可ᄒᆞᆫ바이어던況朋友의交際에不守홈이可ᄒᆞ랴言이耳에猶在호ᄃᆡ背ᄒᆞ며衷에不由ᄒᆞ고欺ᄒᆞ면、엇지能히終始토록相與홈을可望ᄒᆞ리오我가人을負ᄒᆞ면人이我를不負코져ᄒᆞ나、엇지可得홀

리오故로友道ᄂᆞᆫ信으로、써要義를삼ᄂᆞ니라
(三) 은恕ㅣ니子貢이問호되一言으로可히、써
終身을行ᄒᆞᆯ者ㅣ有ᄒᆞ니잇가孔子ㅣᄀᆞᆯᄋᆞ샤
되其恕ᄒᆞᆷ인뎌己의不欲ᄒᆞᄂᆞᆫ바를人에게勿
施ᄒᆞ라ᄒᆞ시니聖哉라斯言이여可히、써友道
를삼을지로다雖然이나孔子ᄭᅴ셔도其全을
未言ᄒᆞ시니己의不能ᄒᆞᆯ바를人에게勿責ᄒᆞᆷ
이或亦恕의一端인뎌人이大無道에不至ᄒᆞᆯ
지라도偶或不愼ᄒᆞ면小過를難免ᄒᆞᆯ지라宋、
范純仁이曰今世의人이責人則、明이오恕己

則、昏이라ᄒᆞ니故로人의心으로、써己를責ᄒᆞ
며恕己의心으로、써人을恕ᄒᆞᆷ이當然ᄒᆞ니라
(四) ᄂᆞᆫ義ㅣ니義ᄂᆞᆫ事의宜ㅣ라急則相周ᄒᆞ고
難則相救ᄒᆞᄂᆞ니易에云호되人으로野에同
ᄒᆞᆷ이大川을利涉ᄒᆞᆫ다ᄒᆞ니人이朋友에依賴
ᄒᆞᆯ바義ᄯᆞ름이라雖然이나義ᄂᆞᆫ周急에有ᄒᆞ
거ᄂᆞᆯ通財로써要ᄒᆞ며義ᄂᆞᆫ救難에有ᄒᆞ거ᄂᆞᆯ
共死로써救ᄒᆞᆷ은事의宜가、안니라泰西諺語
에云호되久히交ᄒᆞᆯ진뎌債를毋宿ᄒᆞ라ᄒᆞ니
交友ᄒᆞᄂᆞᆫ者ㅣ不知키不可ᄒᆞ니라

第四章　他人

自己의外에는皆他人이라雖然이나家族과師友는己로、더브러特別ᄒᆞᆫ關係가有ᄒᆞᆫ故로他人의通例로、써稱ᄒᆞ기는不得ᄒᆞᄂᆞ니其他에或、同國이나或、異國에均히人類가된則다待人ᄒᆞ는道가宜有ᄒᆞ리니待人ᄒᆞ는道를、엇지、ᄒᆞᆯ리오ᄒᆞ면、반다시、ᄀᆞᆯᄋᆞᄃᆡ對人과處己ㅣ며對己와處人이니此는個人과個人의交際ᄒᆞ는要義니라

通一國의人이職業의不同ᄒᆞᆷ이有ᄒᆞ고通世

界의人이種類의不同ᄒᆞᆷ이有ᄒᆞᆫ지라然이나此情此理는不同ᄒᆞᆷ에無ᄒᆞ니孟子ㅣᄀᆞᆯᄋᆞ샤ᄃᆡ人을愛ᄒᆞ는者는人이恒愛ᄒᆞ고人을敬ᄒᆞ는者는人이恒敬ᄒᆞ거니와反是ᄒᆞ야人을傲ᄒᆞ는者는人이亦傲ᄒᆞ며人을侮ᄒᆞ는者는人이亦侮ᄒᆞᆫ다ᄒᆞ시니然則、處人處己의間에其道를善히ᄒᆞᆯ者를求ᄒᆞᆫ後에可히、써斯世에居ᄒᆞᆯ지라雖然이나ᄯᅩ鄉愿의流俗을同ᄒᆞ며汚世를合ᄒᆞ야媚ᄒᆞ는者와不同ᄒᆞᄂᆞ니라

己의不欲ᄒᆞ는바를人에勿施ᄒᆞᆷ은支那의言

이오己의所欲으로、써人에施ᄒᆞᆷ은泰西의言이라前說을由ᄒᆞ면義에合ᄒᆞ며後說을由ᄒᆞ면仁에合ᄒᆞ니待人ᄒᆞᄂᆞᆫ道가仁義에不外ᄒᆞᆷ이라法國、의學者의迦南이일즉此意를六義에註釋ᄒᆞ니今에其、義를列解ᄒᆞ노라

一은曰怨으로써德을報치안니ᄒᆞ며二ᄂᆞᆫ曰無德無怨ᄒᆞᆫ者에게怨을施치아니ᄒᆞᆷ이니此ᄂᆞᆫ共히當然ᄒᆞᆫ事라若此에反ᄒᆞ면惡人됨을不免ᄒᆞᆯ지니라

三은曰大怨으로、써小怨을報치아니ᄒᆞᆷ이니

怨을報ᄒᆞᆷ에怨으로써ᄒᆞᆷ은小人의事라吾人은自初로爲치아니ᄒᆞᆯ者니라

四ᄂᆞᆫ曰德으로、써德을報ᄒᆞᆷ이니此ᄂᆞᆫ孔子의言과同ᄒᆞ야義의當然ᄒᆞᆫ事이나아즉完全ᄒᆞᆫ善事라云ᄒᆞᆷ은不得ᄒᆞᆷ이라

五ᄂᆞᆫ曰無怨無德者에德을施ᄒᆞᆷ이니假令災荒을憫ᄒᆞ야賑濟ᄒᆞ며疾病을憐ᄒᆞ야扶持ᄒᆞᆷ과如히受者에要求ᄒᆞᆯ權이無ᄒᆞ며施者에當然ᄒᆞᆫ責이無ᄒᆞ고自進ᄒᆞ야此를爲ᄒᆞᄂᆞᆫ事이니即慈善의事인故로誠히仁者의行이라云

ᄒᆞᆯ지라
六은曰德으로、써怨을報ᄒᆞᆷ이니此ᄂᆞᆫ老子의言과同ᄒᆞ야實至高의義라吾等은前五者의域을起ᄒᆞ야此를實行ᄒᆞᆯ事를務圖ᄒᆞᆯ지니此ᄂᆞᆫ實君子의行이되ᄂᆞᆫ故니라

身体、財産、名譽等은皆人의所重ᄒᆞᆫ者니決코他人의身体를傷ᄒᆞ거나財産을損ᄒᆞ거나名譽를毁ᄒᆞᄂᆞᆫ等의事를勿論爲치말것이오自己의物을愛重ᄒᆞᆷ과如히他人의物을尊重ᄒᆞᆯ지니라

四海ᄂᆞᆫ皆同胞이니偏私ᄒᆞᆫ事가無ᄒᆞ고博히衆을愛憐ᄒᆞᆯ지라晉嚳이曰德莫高於博愛人이라ᄒᆞ고孔子ㅣ曰汎愛而親仁이라ᄒᆞ니然則吾等은親踈或은知未知를無論ᄒᆞ고博히愛ᄒᆞ며特히貧者、病者、傷者、不具者ᄂᆞᆫ人世에最히可憐ᄒᆞᆫ者이니進ᄒᆞ야此를救助ᄒᆞᆷ이可ᄒᆞᆫ지라然이나自己가先히勤ᄒᆞ야貨財를不積ᄒᆞ면人의急을救ᄒᆞ기不能ᄒᆞᆫ故로曰己를立ᄒᆞ야써人을立ᄒᆞ고己를達ᄒᆞ야써人을達ᄒᆞᆷ은仁者의所爲라ᄒᆞ니라

第五章 社會

人은家族中에生長ᄒᆞ야又其中에生息ᄒᆞᆷ과同時에一洞、一面、一郡、一道의住民이되야多數의人人과共히此世에生活ᄒᆞᄂᆞᆫ者오且共同으로生活ᄒᆞ야此等多數의集合體를社會라云ᄒᆞᆷ이라家族과社會ᄂᆞᆫ吾等의生存上에寸時도分離ᄒᆞᆷ이不可ᄒᆞᆫ者인則家族에對ᄒᆞᆷ과如히社會에對ᄒᆞ여도亦當然의務가有ᄒᆞᆯ지니라

今에適當히社會에對ᄒᆞ야盡ᄒᆞᆯ만ᄒᆞᆫ重要ᄒᆞᆫ

本務를概說ᄒᆞ노라

一은職業이니人이一定의職業을勵ᄒᆞᆷ은自已及家族의生存에必要ᄒᆞᆫ衣食의資를得ᄒᆞ기爲主ᄒᆞᆷ이나又一方에ᄂᆞᆫ此에依ᄒᆞ야社會의進步發達을圖ᄒᆞᄂᆞᆫ念을失ᄒᆞᆷ이不可ᄒᆞᆫ지라彼遊食怠眠을貪ᄒᆞ고何等의職業도不勤ᄒᆞᄂᆞᆫ者ᄂᆞᆫ獨히自已一身의幸福을得ᄒᆞ기不能ᄒᆞᆯ뿐아니라社會의人人이勞苦ᄒᆞ야作ᄒᆞᆫ者를徒費ᄒᆞᆯ者인則社會를爲ᄒᆞ야害가有ᄒᆞ고益이無ᄒᆞᆫ지라故로吾等은自己의最適ᄒᆞᆫ

職業을選ᄒᆞ거나或은祖先傳來의家業에服ᄒᆞ야써自已及家族를爲ᄒᆞ야衣食의計를ᄒᆞᄂᆞᆫ同時에社會를爲ᄒᆞ야黽勉努力ᄒᆞᄂᆞᆫ覺悟가有ᄒᆞᆯ지니라

二ᄂᆞᆫ公益이니公益이라ᄒᆞᆷ은廣히社會의利益되ᄂᆞᆫ事를云ᄒᆞᆷ이라吾等은農工商其他百般의事業을起ᄒᆞ야廣히社會의利益을不計ᄒᆞᆷ이不可ᄒᆞᆫ지라抑世의開明은人人이百般의事業을開ᄒᆞᆷ에由ᄒᆞ야進ᄒᆞᄂᆞᆫ者인則人은獨히其身의利益을計ᄒᆞᆯ뿐아니라又大히社

會의實益을興ᄒᆞᄂᆞᆫ念이有ᄒᆞᆷ을要ᄒᆞ니橋梁을修ᄒᆞ야交通을便히ᄒᆞ며製造場을立ᄒᆞ야多數人에職業을興ᄒᆞ며學校를立ᄒᆞ야地方人民으로教育의澤에浴케ᄒᆞᆷ과如ᄒᆞᆷ이是라

三은公德이니社會의一員으로生活을營ᄒᆞᄂᆞᆫ以上은單히自已一身을修ᄒᆞᆷ으로써不足ᄒᆞ다ᄒᆞ야廣히社會에對ᄒᆞ야德義를可守ᄒᆞᆷ이니此를公德이라云ᄒᆞᆷ이라公德에二種이有ᄒᆞ니第一에ᄂᆞᆫ公衆一般의妨害될事를行치아니ᄒᆞᆷ을云ᄒᆞᆷ이니例ᄒᆞ건ᄃᆡ學校에在ᄒᆞ

야ᄂᆞᆫ學校의器具等을破壞汚損ᄒᆞ야同伴의
迷惑이될가如ᄒᆞᆫ事를愼ᄒᆞ고或은約束ᄒᆞᆫ時
間은반다시勵行ᄒᆞ야他人에게迷惑을不致
케ᄒᆞᆷ과如ᄒᆞᆷ이오第二ᄂᆞᆫ更히進ᄒᆞ야公衆一
般의便益을計ᄒᆞᆷ을云ᄒᆞᆷ이니例一은住居를
清潔히ᄒᆞ야傳染病을豫防ᄒᆞ고每日道路를
清掃ᄒᆞ야通行人의便을圖ᄒᆞᄂᆞᆫ類가是라吾
人은一定의職業을勵ᄒᆞ고進ᄒᆞ야ᄂᆞᆫ此等團
體를爲ᄒᆞ야公益을計ᄒᆞ며公德을重히ᄒᆞᆯ지
니라

第六章 國民

人은社會의一員된同時에又國家의一民인
故로善良ᄒᆞᆫ國民이됨에ᄂᆞᆫ先히社會의善良
ᄒᆞᆫ一員되ᄂᆞᆫ銘心을要ᄒᆞᆷ이라然則人은國民
이되야能히職業을務ᄒᆞ고共益을計ᄒᆞ며公
德을重히ᄒᆞᆷ은更히云ᄒᆞᆯ바도無ᄒᆞ거니와尙
히他에國民됨의重要ᄒᆞᆫ務가有ᄒᆞ니今에更
히此를列擧ᄒᆞ노라

(一)은守法이니法令은人民의安寧을維持ᄒᆞ
고且其福利을增進ᄒᆞ기爲ᄒᆞ야政府의發布

言者인즉國民된者ᄂᆞᆫ
此를遵ᄒᆞ며此를守ᄒᆞᆷ이當然의務라假令法
令에不備ᄒᆞᆫ點或은不服의點이有ᄒᆞᆯ지라도
其未改ᄒᆞ기前에此를破ᄒᆞᆷ과如ᄒᆞᆫ事ᄂᆞᆫ不爲
ᄒᆞᆯ지라不然ᄒᆞ면遂히國家의秩序를紊ᄒᆞ며
社會의安寧을害ᄒᆞᆷ에至ᄒᆞᆯ지니大히注意ᄒᆞᆯ
者니라

(二)ᄂᆞᆫ納稅니國民의安寧을維持키爲ᄒᆞ야種
種의設備를要ᄒᆞᆷ이라其福利를增進ᄒᆞ기爲
ᄒᆞ야ᄂᆞᆫ殖産興業等의幾多의設施를要ᄒᆞ니

此를爲ᄒᆞᆷ에ᄂᆞᆫ多大ᄒᆞᆫ費用을要ᄒᆞᄂᆞᆫ者이라
故로國民된者ᄂᆞᆫ悅ᄒᆞ야租稅를納ᄒᆞ야此費
用을分擔ᄒᆞᆯ지니是ᄂᆞᆫ國民된者의一大義務
라

然ᄒᆞ나此義務를不辨ᄒᆞ고此를嫌避ᄒᆞᆷ과如
ᄒᆞᆷ은甚히無理ᄒᆞᆫ事라云ᄒᆞᆯ지니라

然則善良ᄒᆞᆫ國民된ᄂᆞᆫ者ᄂᆞᆫ忠實業에服ᄒᆞ야
써幾何程의租稅라도自進ᄒᆞ야納上ᄒᆞ야國
民의福利便益을圖ᄒᆞᄂᆞᆫ資를負擔ᄒᆞ야得ᄒᆞᆯ
實力을養치아니치못ᄒᆞᆯ지니라

世에ᄂᆞᆫ往往國民된者의務를誤ᄒᆞ야着實ᄒᆞᆫ生業을不營ᄒᆞ고猥히矯激ᄒᆞᆫ言論行爲를起ᄒᆞ야志士義人이라思惟ᄒᆞᄂᆞᆫ者가有ᄒᆞ니此等은國家의安寧에所利가毫無ᄒᆞ고反히國家의大患을惹起ᄒᆞᄂᆞᆫ事가不無ᄒᆞᆫ則國民된者ᄂᆞᆫ深히此點에注意ᄒᆞ야勤儉히産을修ᄒᆞ고前에列擧ᄒᆞᆫ大綱을服膺ᄒᆞ야써善良ᄒᆞᆫ國民되ᄂᆞᆫ事를銘心ᄒᆞᆯ지니라

初等修身教科書 終

初等修身教科書訂正表

頁	行	誤	正
八	八九	ᄒᆞ면雖大難이當前ᄒᆞ며利刃이加頸ᄒᆞ야도	衍字
二九	四	起	超
三四	五	社會의上에「人은」二字를當增加	
三七		第一行과二行을當接續	

영인

초등소학수신서

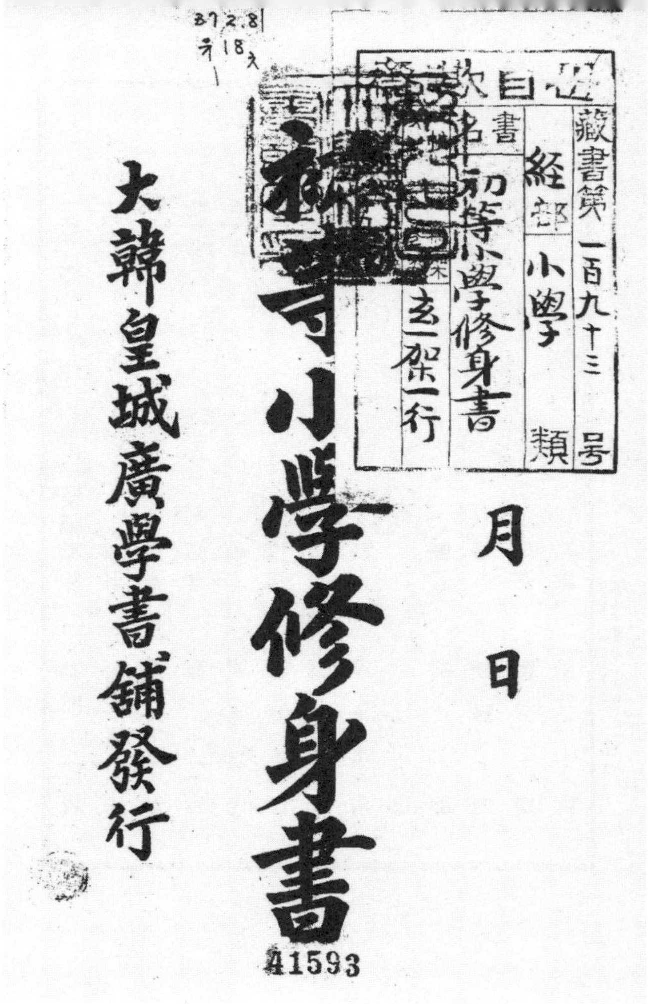
藏書第一百九十三号
經部 小學 類
書名 初等小學修身書
玄一架一行
初等小學修身書
月 日
大韓皇城廣學書鋪發行
41593
372.8
유18ㅊ
1

初等小學修身書目錄

第一課	謀生	一
第二課	侮弄	二
第三課	智慧	四
第四課	能力	五
第五課	戒貪財	七
第六課	孝兒	八
第七課	知義	一〇
第八課	容恕	一一
第九課	驕矜	一二
第十課	悔改	一四
第十一課	職分	一五

初等小學修身書目錄 一

第十二課	孝行	一六
第十三課	優劣	一八
第十四課	養勇	一九
第十五課	智愚	二〇
第十六課		二二
第十七課	詐智	二三
第十八課	自由	二四
第十九課	依頼	二六
第二十課	當務	二七
第二十一課	義務	二九
第二十二課	愛國	三〇
第二十三課	謹慎	三二
第二十四課	弱者勝强	三三

初等小學修身書目錄 二

初等小學修身書目錄 三

第二十五課 無自主權 三四
第二十六課 友愛 三六
第二十七課 借威 三七
第二十八課 交際 三九
第二十九課 立志 四〇
第三十課 適宜혼分量 四一
第三十一課 不貪 四三
第三十二課 無能의受侮 四四
第三十三課 虛妄을不信 四五
第三十四課 救助 四七
第三十五課 出入可戒 四九
第三十六課 專心 五〇
第三十七課 壞損公益 五一

初等小學修身書目錄 四

第三十八課 公德心 五三
第三十九課 不量力 五四
第四十課 勿信偶像 五六
第四十一課 競爭心 五七
第四十二課 友道 五九
第四十三課 無能혼者受弄 六〇
第四十四課 自取其咎 六一
第四十五課 貪慾을可戒 六三
第四十六課 仁心 六四
第四十七課 膽力 六六
第四十八課 慈愛 六七
第四十九課 容恕 六八
第五十課 愛國愛同種 七〇

第五十一課 卑賤의思想 七一
第五十二課 强武 七二
第五十三課 任其志 七四
第五十四課 妄度 七五
第五十五課 取用 七七
第五十六課 依賴 七八
第五十七課 有志 七九
第五十八課 作僞를可戒 八一
第五十九課 遊戲 八二
第六十課 義蟲 八三

初等小學修身書目錄終

初等小學修身書 一

完山柳 瑾著述

第一課 謀生

西瓜의등근것을取ᄒᆞ야數가업시線을거어니、그형상이地球와ᄀᆞᆺᄒᆞᆫ지라、이것을水에ᄯᅳ이고蟻를잡아다가、그우에노왓

더니蟻가먹을것을得지못ᄒᆞ야、쥭을지경을당ᄒᆞ얏더라、너의學徒덜은、ᄉᆡᆼ각ᄒᆞ야볼지어다人이살기를謀치아니ᄒᆞ면、엇지地球上에居ᄒᆞ리오

問 蟻가엇지ᄒᆞ야、쥭을지경을當ᄒᆞ얏ᄂᆞ고
人이地球上에居ᄒᆞ야、맛당히무엇을謀ᄒᆞᆯ고

第二課 侮弄

一貓가案上에엽ᄃᆡ엿거ᄂᆞᆯ肉을먹이미、가지아니ᄒᆞ고首를긁으미、가지아니ᄒᆞ더니그尾

를잡아락그믜

이에소릐를지

르고走ᄒᆞ더라

天下의、가장견

ᄃᆡ기어려운것

은人의侮弄이

라、비록貓라도

이러ᄒᆞ거던、ᄒᆞ

믈며人이리오

問貓의尾를

잡아락그믜貓가엇지ᄒᆞ야셔소릐를지르
고走ᄒᆞᄂᆞ고 貓가엇지ᄒᆞ야셔人의侮弄
을견ᄃᆡ지못ᄒᆞᄂᆞ고

第三課 智慧

牛가田을耕ᄒᆞᆯ새勤치아니ᄒᆞ거ᄂᆞᆯ牧童이鞭
으로ᄯᅥ리니牛曰내가심히피롭도다牧童曰
智慧가人만ᄀᆞᆺ지못ᄒᆞ야人에게부림이되얏
ᄂᆞᆫ이라ᄒᆞ더라牛만그러ᄒᆞᆯᄲᅮᆫ아니라人도智
慧가업스면牛와ᄀᆞᆺᄒᆞᄂᆞ니라

問牛가엇지ᄒᆞ야人의게부림이되ᄂᆞᆫ고

세샹의엇더훈人이、가쟝괴롭은고

第四課 能力

李生이雪을뭉킈여人의형샹을민드니耳와目과口와鼻와手와足이具備

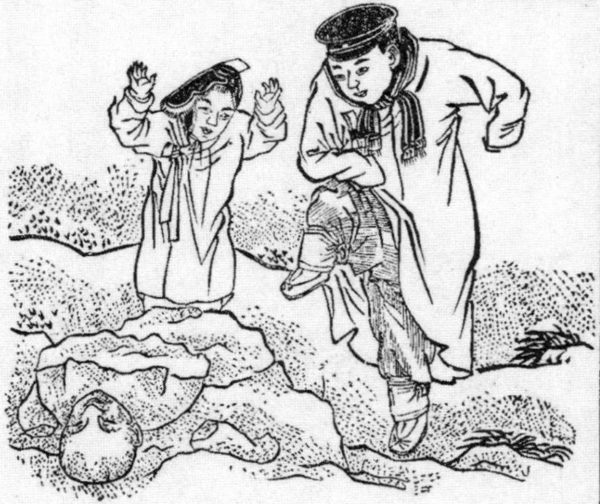

훈되、더부러語훈야도荅지아니훈고、훈야곰行케훈야도動치아니훈눈지라李生이大笑曰百가지가、다人만갓지못훈니、엇지능히世上에立훈리오훈고足으로차니、곳문어지더라

問 雪人이엇지ᄒᆞ야苔지아니ᄒᆞ고動치아니ᄒᆞᄂᆞ고 人이반다시、엇지ᄒᆞ여야능히世上에立ᄒᆞᆯ고

第五課 戒貪財

花園에假山이잇스니、심히峻急ᄒᆞᆫ지라朴氏의兒가衆兒다려謂曰누구던지此에登ᄒᆞ면我ㅣ錢으로써賞쥬리라ᄒᆞᆫᄃᆡ衆兒가、몬져오ᄅᆞ기를닷토거ᄂᆞᆯ一兒曰吾ᄂᆞᆫ技를賣ᄒᆞᄂᆞᆫ者ㅣ아니라、엇지財를重히너이고命을輕히너이리오

問 衆兒가몬져오르기를닷톰은、엇지홈인고 財와命이、어ᄂᆡ것이重ᄒᆞᆫ고

第六課 孝兒

重陽(九月九日)日에同學ᄒᆞᄂᆞᆫ兒孩덜

이함씌山에오
르미日이、임의
져문지라一兒
가歸코져ᄒᆞ거
ᄂᆞᆯ衆兒가許諾
지아니ᄒᆞ니其
兒가衣를셜치
고去ᄒᆞᆫ디衆兒
가責ᄒᆞ니其兒
曰차랄히友의

情을違ᄒᆞᆯ지언졍、우리母親의바라고、기다리
심을勞케못ᄒᆞ겟노라

問 友와母가누ㅣ더親ᄒᆞᆫ고 一兒ᄂᆞᆫ엇지
ᄒᆞ야友의情을違ᄒᆞᄂᆞᆫ고

第七課 知義

階前에二蟻가同行ᄒᆞ거ᄂᆞᆯ一兒ㅣ戲ᄒᆞ다가
其一을죽엿더니一蟻가、그同行의죽음을보
고穴中으로啣入ᄒᆞ더니、다시朋類로더부러
泥屑을取ᄒᆞ야埋ᄒᆞ더라蟻도、오히려義를知
ᄒᆞ거던、ᄒᆞ믈며人이야엇더ᄒᆞ겟ᄂᆞᆫ고

問穴中으로啣入ᄒᆞ다가、다시泥屑로埋ᄒᆞᆷ은何故오 人이蟻만갓지못ᄒᆞᆫ者ㅣ有ᄒᆞᆯ가

第八課 容恕

甲乙二童이球를投ᄒᆞᆯ새甲童이誤히乙童의面을打ᄒᆞ야痛ᄒᆞ기가、심ᄒᆞᆫ지라甲童이大히恐ᄒᆞᆫ디乙童曰此ᄂᆞᆫ無心의過라ᄒᆞ

야怒ᄒᆞᄂᆞᆫ容色이無ᄒᆞ더라

問甲童이엇지ᄒᆞ야恐ᄒᆞᄂᆞᆫ고 乙童이甲童에게마젓거ᄂᆞᆯ、엇지ᄒᆞ야怒ᄒᆞᄂᆞᆫ容色이無ᄒᆞᆫ고

第九課 驕矜

龜가兎로더부러步ᄒᆞ기를락이ᄒᆞᆯ새兎가龜다려謂曰我ᄂᆞᆫ躍ᄒᆞ니

만일片時만費ᄒᆞ면能
히爾의步를及ᄒᆞ리라
ᄒᆞ고因ᄒᆞ야睡ᄒᆞ더니
醒ᄒᆞ야見ᄒᆞᆫ즉龜가,임
의先至ᄒᆞᆫ지라今에人
이驕로써事를랑픽ᄒᆞ
ᄂᆞᆫ者ᄂᆞᆫ兎와갓ᄒᆞ니라

問 兎가,만일睡치아
니ᄒᆞ얏스면龜가能히先至ᄒᆞ얏슬가 驕
ᄒᆞᆫ者ᄂᆞᆫ,엇지ᄒᆞ야事를랑픽ᄒᆞᄂᆞᆫ고

第十課 悔改

某童이隣家에入ᄒᆞ
야黃菊이發ᄒᆞᆷ을見
ᄒᆞ고一枝를折ᄒᆞ니
廊間에鸚鵡셔가有
ᄒᆞ야大呼曰賊이來
ᄒᆞ얏다賊이來ᄒᆞ얏
다,ᄒᆞ거ᄂᆞᆯ某童이羞
悔ᄒᆞ야此로븟터敢
히人의物을取치못

ᄒᆞ더라

問 隣家의黃菊을折홈이可ᄒᆞᆯ가 某童이
엇지ᄒᆞ야敢히人의物을取치못ᄒᆞᄂᆞ고

第十一課 職分

家에一猫와一犬을蓄ᄒᆞᆫᄃᆡ犬이猫다려謂曰
我ᄂᆞᆫ賊을防ᄒᆞ고爾ᄂᆞᆫ鼠를防ᄒᆞ야各히職分
을司ᄒᆞ얏스니、그任ᄒᆞᆫ바를失치말나ᄒᆞ더니
一日은賊이來ᄒᆞ야主人의物을竊去ᄒᆞᆫ지라
猫가犬다려謂曰爾ᄂᆞᆫ我보다大호ᄃᆡ、임의職
分을失ᄒᆞ얏스니能히붓그럽지아니ᄒᆞ냐

問 猫와、다못犬이各히
司ᄒᆞᆫ바ㅣ무엇인고
職任을失ᄒᆞ면、엇지ᄒᆞ
야、붓그러운고

第十二課 孝行

李氏의兒가、나히여섯살
이라每日午時에祭器를
가지고實果와菜蔬를、죠
곰식、담아几上에브려노코拜跪ᄒᆞ야禮를、극
진히ᄒᆞ거ᄂᆞᆯ人이問ᄒᆞᆫᄃᆡ李兒ㅣ曰吾母가일

죽死ᄒᆞ얏슴이吾ㅣ追慕와誠을다ᄒᆞ고져홈이로라

問李兒가拜跪홀時에그뜻이、웃더홀고 李兒의母가죽지아니ᄒᆞ엿스면、웃더케事ᄒᆞ얏슬고

第十三課 優劣

秋日이當ᄒᆞ미蟋蟀이多ᄒᆞ거놀、그雄者를잡아陶器中에、너어두엇더니彼此셔로싸우다가勝ᄒᆞ즉크게鳴ᄒᆞ야、그형상에快活ᄒᆞᆫ뜻이잇는지라噫라優ᄒᆞᆫ者ㅣ勝ᄒᆞ고劣ᄒᆞᆫ者ㅣ敗

ᄒᆞᆷ은蟋蟀도免치못ᄒᆞ거던、ᄒᆞ믈며人이리오
問蟋蟀이、엇지ᄒᆞ야快活히鳴ᄒᆞᄂᆞᆫ고 人
의優ᄒᆞᆫ者ㅣ勝ᄒᆞ고劣ᄒᆞᆫ者ㅣ敗ᄒᆞᆷ은、엇지
ᄒᆞᆷ인고

第十四課 養勇

某兒가喇叭一雙을購ᄒᆞ야同學數十人을、모
되고步法을、익힐서進ᄒᆞ고退ᄒᆞ며疾ᄒᆞ고徐
ᄒᆞᆷ을、다喇叭소리로써맛게ᄒᆞᄂᆞᆫ지라諸童이
戲言曰누가我國을侮ᄒᆞᆯ고童子軍도、또ᄒᆞᆫ、ᄒᆞᆫ
번싸온다ᄒᆞ니壯ᄒᆞ고勇ᄒᆞ도다

問童子軍이、엇지ᄒᆞ야國을侮
ᄒᆞᄂᆞᆫ者로戰코
져ᄒᆞᄂᆞᆫ고 某
兒가엇지ᄒᆞ야
勇타ᄒᆞᄂᆞᆫ고

第十五課 智愚

猴가芋卵土를爐에
煨ᄒᆞᆯ서猫다려謂曰芋가熟ᄒᆞ거던汝를贈ᄒᆞᆯ

이ᄀᆞᆺ도다

지니汝ᄂᆞᆫ芋를取ᄒᆞ여、너여라猫가喜ᄒᆞ야芋를取ᄒᆞ다가掌을爛ᄒᆞ야地에擲ᄒᆞ니猴가、그冷ᄒᆞ기를俟ᄒᆞ야食ᄒᆞᄂᆞᆫ지라噫라愚ᄒᆞᆫ者ㅣ가智ᄒᆞᆫ者에게부림이、

問猴와猫가、누ㅣ智ᄒᆞᆫ고　智ᄒᆞᆫ者도또ᄒᆞᆫ愚ᄒᆞᆫ者의부림이、될가

第十六課

蒙學生이有ᄒᆞ야假面(탈)을사셔쓰고同學을ᄅᆞᆯ너니同學曰吾輩가誠實로써交ᄒᆞ얏거ᄂᆞᆯ汝ᄂᆞᆫ、맛ᄎᆞᆷ너眞面目을失ᄒᆞ얏스니學堂中에、이ᄀᆞᆺᄒᆞᆫ悖類를、어ᄃᆡ쓰

리오ᄒᆞ니、그學生이大悔ᄒᆞ더라
〔問〕誠實로交홈이、엇더ᄒᆞᆫ고　學生이何故
로大悔ᄒᆞ얏ᄂᆞ고

第十七課　詐智

一鼠가箱中의米를、먹다가人의至홈을聞ᄒᆞ고慴伏ᄒᆞ야조곰도動치、아니ᄒᆞ거ᄂᆞᆯ人이、그遁ᄒᆞᆫ줄로知ᄒᆞ얏더니人이去홈이、먹기를또ᄒᆞᆫ如常히ᄒᆞ더라鼠ᄂᆞᆫ、조곰마ᄒᆞᆫ動物이로ᄃᆡ智로써人을侮ᄒᆞ니人이、그奸詐홈을疾ᄒᆞᄂᆞᆫ고로猫를養ᄒᆞ야殺ᄒᆞᄂᆞ니라

〔問〕鼠의人을侮홈이可히智라홀가　鼠의智를可히特홀가

第十八課　自由

雀이田中에在ᄒᆞ야、먹을것을覓ᄒᆞ거ᄂᆞᆯ網으로其一을獲ᄒᆞ야籠中에、두엇더니、먹지아니ᄒᆞ고死

ᄒᆞᆫ지라,져雀은天
空에飛ᄒᆞ야上ᄒᆞ
고下ᄒᆞ기를自由
로ᄒᆞ다가人에게
獲ᄒᆞᆫ바ㅣ되야自
由치못ᄒᆞ니,ᄎᆞ랄
이一死ᄒᆞᆷ만,ᄀᆞᆺ지
못ᄒᆞᆷ이로다

問 雀이籠中에
在ᄒᆞ야,엇점으로,먹지아니ᄒᆞ고死ᄒᆞ얏ᄂᆞ

고

人이自由치못ᄒᆞ면,맛당히,엇더ᄒᆞᆯ고

第十九課　依賴

雄鷄ᄂᆞᆫ晨을報ᄒᆞ고
雌鷄ᄂᆞᆫ卵을生ᄒᆞ건
마ᄂᆞᆫ人의粒食을依
賴ᄒᆞ야生ᄒᆞᄂᆞᆫ故로
歲時와伏과臘에此
를殺ᄒᆞ야,써祭祀에
享ᄒᆞ며賓客에供ᄒᆞ
니噫라能히我를살

니ᄂᆞᆫ者ᄂᆞᆫ、또ᄒᆞᆫ能히我를、죽이ᄂᆞ니人을依賴ᄒᆞ야生活ᄒᆞᄂᆞᆫ者ᄂᆞᆫ、그、맛당히心戒ᄒᆞᆯ지어다

問 我를살니ᄂᆞᆫ者ᄂᆞᆫ、엇지ᄒᆞ야、곳我를殺ᄒᆞᄂᆞᆫ고 人을依賴ᄒᆞ야生ᄒᆞᄂᆞᆫ者ᄂᆞᆫ、엇지ᄒᆞ야鷄로써戒ᄒᆞᄂᆞᆫ고

第二十課 當務

騾가鹽包를負ᄒᆞ고河를渡ᄒᆞ다가蹄를쥬춤ᄒᆞ니鹽이水에沉解ᄒᆞ야重量이倍나、가벼온지라騾가驢를、도라보고、그러ᄒᆞᆫ事實을、말ᄒᆞᆫ딕驢ᄂᆞᆫ羊毛包를負ᄒᆞ고騾와ᄀᆞᆺ치ᄒᆞ니毛가

水에沉ᄒᆞ야重量이倍나、더ᄒᆞ더라人이自己의當ᄒᆞᆫ本務를免코져ᄒᆞ야妄히他人의、뵈힝ᄒᆞᆫ事를效ᄒᆞᆷ은、ᄒᆞᆫᄀᆞᆺ勞苦를、더ᄒᆞᆯᄲᅮᆫ이니라

問 驢가騾를效ᄒᆞ미、그利害가、엇더ᄒᆞᆫ고 人이自己의當務를免코져ᄒᆞ면、그

利害가、엇더ᄒᆞᆯ고

第二十一課 義務

學生이竹을削ᄒᆞ야鎗을ᄒᆞ고土를團ᄒᆞ야丸을ᄒᆞ고同學을모되여兩軍을ᄒᆞ고各히將帥

一員을定ᄒᆞ야戰爭ᄒᆞ는、형상을作ᄒᆞ니人曰汝等이、작란을好ᄒᆞ는도다將帥曰此는、작란이、아니라童子도、ᄯᅩᄒᆞᆫ兵을當ᄒᆞᆯ義務가有ᄒᆞ니이다

問그將帥가엇지ᄒᆞ야、작란이、아니라ᄒᆞ는고 엇지ᄒᆞ야兵을當ᄒᆞᆯ義務라ᄒᆞ는고

第二十二課 愛國

趙生이小舟를、민드러假人兵을、싯고水盆에ᄯᅴ우니舟가、漸漸盆邊으로、오는지라、크게소리ᄒᆞ야曰敵艦이來ᄒᆞᆫ다ᄒᆞ고竹管으로써泥

丸을、너어、坐너舟
가、업더지거놀捷
을報ᄒᆞ야日吾國
이、이로좃ᄎᆞ鞏固
ᄒᆞ리로다
〔問〕趙生의此戲
가、무삼뜻이잇
ᄂᆞᆫ고 國이、엇
지ᄒᆞ야、이로좃
ᄎᆞ鞏固ᄒᆞᆯ고

第二十三課 謹愼

某兒가夜에글을
읽을서困ᄒᆞ기가、
심ᄒᆞᆫ지라休紙로
火炷를、민드러物
에照ᄒᆞ다가、불똥
이房帳에落ᄒᆞ야、
거의焚ᄒᆞᆯ번ᄒᆞᆫ지
라、그母氏曰事의
大小를勿論ᄒᆞ고

다、맛당히謹愼홀지니라小事라도愼치아니ᄒᆞ면、곳禍害가잇ᄂᆞ니라

問某兒가、엇지ᄒᆞ야火를房帳에落ᄒᆞ얏ᄂᆞ고　謹愼ᄒᆞ야도、오히려禍害가有홀가

第二十四課　弱者勝强

兒童三人이、셔로戲博ᄒᆞ기를、언약ᄒᆞ얏ᄂᆞᆫ데、그一兒ᄂᆞᆫ、본디力이無ᄒᆞ야三兒의뒤를ᄯᅡ르다가二兒의力이衰홈을俟ᄒᆞ야博ᄒᆞ니二兒가、ᄒᆞᆷ믜敗ᄒᆞᄂᆞᆫ지라故로凡事가、다時機가잇스니、그時機를失치아니ᄒᆞ면、곳弱ᄒᆞᆫ者가能히强ᄒᆞᆫ者를勝ᄒᆞᄂᆞ니라

問一兒가、엇지ᄒᆞ야能히勝ᄒᆞ얏ᄂᆞᆫ고　事機를失치아니ᄒᆞ면其效가엇더홀고

第二十五課　無自主權

牛와馬가車를挽ᄒᆞ고行ᄒᆞ야朝夕으로休치아니ᄒᆞ되、조곰遲ᄒᆞ

면鞭으로써痛ᄒᆞ게打ᄒᆞ니是ᄂᆞᆫ勞役을服ᄒᆞ고또苦楚를受ᄒᆞᆷ이라人도自主의權이업ᄂᆞᆫ者ᄂᆞᆫ、다、이와갓ᄒᆞ니라

問牛馬가엇지ᄒᆞ야勞役을服

ᄒᆞ고또苦楚를受ᄒᆞᄂᆞᆫ고 自主權이無ᄒᆞᆫ者ᄂᆞᆫ무ᄉᆞᆷ物件으로더부러ᄀᆞᆺᄒᆞᆫ고

第二十六課 友愛

兄弟二人이學堂으로브터、도라올셰兄이途中에셔一梨를買ᄒᆞ거ᄂᆞᆯ弟가먹기를請ᄒᆞᆫ대、쥬지아니ᄒᆞ얏더니弟가其父에게告ᄒᆞᆫ지라父曰

兄은長ᄒᆞ고弟ᄂᆞᆫ幼ᄒᆞ니兄이、맛당히弟를愛ᄒᆞᆯ것이라ᄒᆞ고梨를取ᄒᆞ야半을分ᄒᆞ니라

問 弟가엇지ᄒᆞ야兄에게、먹기를求ᄒᆞᄂᆞᆫ고

兄이弟를待ᄒᆞᆷ이、맛당히、엇더케、ᄒᆞᆯ고

第二十七課 借威

鼠가猫의威를借ᄒᆞ야同類를壓制코져ᄒᆞ야猫다려謂曰吾ㅣ鼠의王이되얏스니爾가吾言을不信ᄒᆞ거던吾와、ᄒᆞᆷᄭᅴ鼠穴에入ᄒᆞ야見ᄒᆞ쟈ᄒᆞ거ᄂᆞᆯ猫가鼠의後를隨ᄒᆞ야入ᄒᆞ니羣鼠가猫의至ᄒᆞᆷ을見ᄒᆞ고、다遁去ᄒᆞᄂᆞᆫ지라猫

가、이에鼠王을食ᄒᆞ얏다ᄒᆞ니人도他人의威를借ᄒᆞ야同族을壓制코져ᄒᆞᄂᆞᆫ者ᄂᆞᆫ、도로혀自斃를取ᄒᆞᆷ이鼠와如ᄒᆞ니라

問 他人의威를可히恃ᄒᆞᆯ가 人의威를借ᄒᆞ야、스ᄉᆞ로죽ᄂᆞᆫ것이何物로더부러相似ᄒᆞᆫ고

第二十八課 交際

東家兒가西家兒로더브러友가되얏더니西

家兒가東家에往훈디東家兒가座에迎入ᄒ야木椀과竹豆를設ᄒ고宴客ᄒᄂ禮를行ᄒ니、이것이、비록兒孩의遊戲나交際의道를知홈이

로다

問東家兒와西家兒가、누가主人이되고、누가賓이되얏ᄂ고 如何ᄒ여야交際의道에合훌고

第二十九課 立志

李君이兒를携ᄒ고燈市에入ᄒ야、쟝ᄎᆞᆺ一燈을買ᄒ라ᄒ나兒童에게合當훈것이無훈지라兒가、도라와서一燈을自製ᄒ야右에ᄂ當世英雄이라書ᄒ고左에ᄂ渠에姓名을書ᄒ얏거ᄂ李君曰此子가大志가有ᄒ니可히、아

ᄅᆞᆷ답도다

問 立志가、무엇이아ᄅᆞᆷ다온고

사ᄅᆞᆷ이志가無ᄒᆞ면、맛당히、엇더ᄒᆞᆫ人이될고

第三十課

適宜ᄒᆞᆫ分量

纖芥를杯水中에投ᄒᆞᆫ즉、ᄯᅥ셔도ᄂᆞᆫ것이舟와如ᄒᆞ더니桃葉을取ᄒᆞ야投ᄒᆞᆫ즉水에粘着ᄒᆞ

야動치아니ᄒᆞᄂᆞᆫ지라人의事를成ᄒᆞᆷ도、반다시適宜ᄒᆞᆫ分量을取ᄒᆞᄂᆞ니、만일輕重과大小를分別치아니ᄒᆞ고强勉으로成코져ᄒᆞ면事에利益ᄒᆞᆷ이無ᄒᆞᄂᆞ니라

問 事의成ᄒᆞ고成事를强勉으로ᄒᆞ치못ᄒᆞᆷ을何에定ᄒᆞᆯ고

면、엇지ᄒᆞ야無益ᄒᆞᆫ고

第三十一課　不貪

大龜가小龜다려謂曰日로泥塗에伏ᄒᆞ야厚食을得지못ᄒᆞ니吾ㅣ陸地에出ᄒᆞ야求ᄒᆞ리라ᄒᆞ고四面으로行ᄒᆞ면셔厚食을覓ᄒᆞ다가人에게殺ᄒᆞᆫ바ㅣ되야그甲을市에賣ᄒᆞ얏다ᄒᆞ니嗚呼라富貴를

强求ᄒᆞ다가身을亡ᄒᆞᄂᆞᆫ것이貧賤을安히ᄒᆞᆷ만、又지못ᄒᆞ니라

問富貴가엇지ᄒᆞ야身을亡ᄒᆞᄂᆞᆫ고　貧賤이、엇지ᄒᆞ야安ᄒᆞᆫ고

第三十二課　無能의受侮

一兒가小犬을抱ᄒᆞ고戲弄ᄒᆞ야、그耳를、버힌딕犬이、밋친더시、소리를지르거ᄂᆞᆯ兒의兄이聞ᄒᆞ고剪刀를持ᄒᆞ고兒를向ᄒᆞ야曰犬이無能ᄒᆞ야、너에게侮弄을受ᄒᆞ얏도다、너도無能ᄒᆞ면、곳人에게侮弄을受ᄒᆞᆯ지니請컨딕、너의

耳로써試驗ᄒᆞ쟈ᄒᆞᆫᄃᆡ兒가크게悔悟ᄒᆞ더라

問 犬이、엇지ᄒᆞ야兒에게侮弄을受ᄒᆞ얏ᄂᆞᆫ고 엇지ᄒᆞ여야人에게侮弄을受치아니ᄒᆞᆯ고

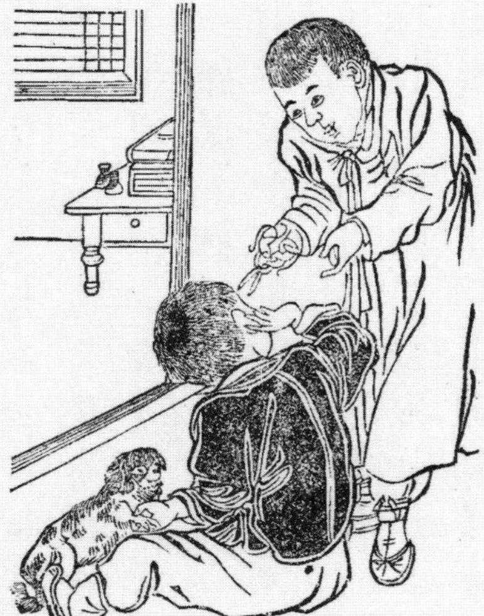

第三十三課 虛妄을不信

明日은遊會ᄒᆞᆯ期約인ᄃᆡ天의雨가霽치아니ᄒᆞᄂᆞᆫ지라某兒가天를向ᄒᆞ야首를叩ᄒᆞ며祝ᄒᆞ야曰晴光을放ᄒᆞ소셔ᄒᆞ거ᄂᆞᆯ一兒가傍에在ᄒᆞ다가笑曰天이高ᄒᆞ니엇지汝의祝흠을知ᄒᆞ시며、또晴과雨ᄂᆞᆫ天의、ᄒᆞ시ᄂᆞᆫ바ㅣ아니라、ᄒᆞ얏다니事理에明치못ᄒᆞ고

한것虛妄을信ᄒᆞ면、비록額이ᄡᅵ아지도록叩ᄒᆞ더라도、ᄯᅩᄒᆞᆫ利益홈이無ᄒᆞ니라

問 晴을可히求ᄒᆞ야得ᄒᆞᆯ가 事理에明ᄒᆞᆫ者도、ᄯᅩᄒᆞᆫ虛妄을信ᄒᆞᆯ가

第三十四課 救助

某兒가妹로더부러同遊ᄒᆞ다가妹가地에、업더져울거ᄂᆞᆯ兒의力이弱ᄒᆞ야能히、붓드러、이르키지못ᄒᆞ더니、맛참一兒가過ᄒᆞ다가其兒과、함ᄭᅴ붓드러、이르키고ᄯᅩ慰勞ᄒᆞ야再三어루만지니某兒가其兒에게致謝ᄒᆞᆫ디其兒曰

人의危急홈을見ᄒᆞ고救助홈은道理에當然ᄒᆞᆫ지라、엇지致謝홈이有ᄒᆞ리오ᄒᆞ더라

問 某兒가、엇지ᄒᆞ야致謝ᄒᆞᄂᆞᆫ고 一兒가엇지ᄒᆞ야致謝를受치아니ᄒᆞ얏ᄂᆞᆫ고

第三十五課 出入可戒

鼠가晝에出ᄒᆞ야院中에行ᄒᆞ더니、맛ᄎᆞᆷ人이過ᄒᆞ다가撲殺ᄒᆞ얏다ᄒᆞ니、뎌컨鼠가晝에ᄂᆞᆫ伏ᄒᆞ고夜에ᄂᆞᆫ動ᄒᆞᆷ이宜ᄒᆞ거ᄂᆞᆯ忘히出入을셕업시ᄒᆞ다가其身을殺ᄒᆞ얏스니可히戒치아니ᄒᆞ라

問 鼠가맛당히何時에出ᄒᆞᆯ고 出入을셕업시ᄒᆞ면무삼害가有ᄒᆞᆫ고

第三十六課 專心

學生덜이書를讀ᄒᆞᆯ셰、그師가學生의用心ᄒᆞᆷ을試코져ᄒᆞ야猝地에日鶴이、나라온다ᄒᆞ니諸學生이、다仰視호ᄃᆡ一生이獨히端坐ᄒᆞ야動치아니ᄒᆞ거ᄂᆞᆯ師曰人이事를作ᄒᆞᆷ에、반다시二心이無ᄒᆞᆯ지니、져一生은可히專心으로學을求ᄒᆞᄂᆞᆫ者ㅣ로다

問 一生은、엇지ᄒᆞᆷ으로端坐ᄒᆞ야動치아니

ᄒᆞ는고
專心ᄒᆞᆷ과
專心치、아
니ᄒᆞᆷ이學
問에、무삼
關係가有
ᄒᆞᆫ고

第三十七課 壞損公益

學校동산에花草가滿發ᄒᆞ얏거ᄂᆞᆯ一兒가遊散
ᄒᆞᆯ時에一枝를
잡아쎡그니師
가責ᄒᆞ야曰校
舍는諸學生의
집이오花草는
諸學生의目을
悅케ᄒᆞ는것이
여ᄂᆞᆯ汝ㅣ此를
折損ᄒᆞ니是는

公益을壞홈이라公益을壞ᄒᆞ면他日에社會에立지못홀지니後에는、맛당히戒홀지어다

問 엇지公益이라謂ᄒᆞᄂᆞᆫ고 公益을害ᄒᆞᄂᆞᆫ者ᄂᆞᆫ社會에對ᄒᆞ야何如타謂홀고

第三十八課 公德心

某生이夏日에門外에出ᄒᆞ다가中途에셔誤히瓜皮를踏ᄒᆞ야、미ᄭᅳ러져너머졋다가起ᄒᆞ야、그痛處를摩挲치아니ᄒᆞ고急히瓜皮를、집어瓦礫에、더져바려曰吾ᄂᆞᆫ임의너머졋거니와後에來ᄒᆞᄂᆞᆫ人의미ᄭᅳ러짐이無게ᄒᆞ리라

ᄒᆞ얏다니某生은公德心이有ᄒᆞᆫ者이로다

問 某生이、엇지ᄒᆞ야急히爪皮를擲ᄒᆞᄂᆞᆫ고 엇지ᄒᆞ야公德心이라謂ᄒᆞᄂᆞᆫ고

第三十九課 不量力

一兒가猪의、오좀통으로、북을맨드러、두다리
니其聲이繁々ᄒᆞ거ᄂᆞᆯ
聲의小ᄒᆞᆷ을嫌ᄒᆞ야、힘
을써、치니鼓皮가破裂
ᄒᆞᆫ지라其兒가自悔ᄒᆞ
야曰鼓가小ᄒᆞ면聲이、
ᄯᅩᄒᆞᆫ小ᄒᆞ거ᄂᆞᆯ吾ㅣ力
을量치아니ᄒᆞ다가此
樣을致ᄒᆞ얏도다

(問)鼓가엇지ᄒᆞ야破

裂ᄒᆞ얏ᄂᆞ고

力을量치아니ᄒᆞ면、무ᄉᆞᆷ害
가有ᄒᆞᆫ고

第四十課 勿信偶像

一兒가木偶를、
으드니面目이
天然히人과如
ᄒᆞᆫ지라其兒에
게告曰이것이
天然히人과如

치、아나ᄒᆞ오닛가兄曰人의貴ᄒᆞᆫ바ᄂᆞᆫ心靈이라心靈이無ᄒᆞ면、또ᄒᆞᆫ木偶와如ᄒᆞ니라弟曰그러ᄒᆞ면、모단神像이、다此木偶와如ᄒᆞ오닛가兄曰然ᄒᆞ다神像을、밋ᄂᆞᆫ者ᄂᆞᆫ、다、어리셕은ᄉᆞ람이니라

問 木偶와、人의異ᄒᆞᆫ바ᄂᆞᆫ何에在ᄒᆞ고 神을信ᄒᆞᄂᆞᆫ者ᄂᆞᆫ、엇더ᄒᆞᆫ人인고

第四十一課 競爭心

甲童이一凳을、너여노코乙童더러謂曰此를、쒸여넘기、내기ᄒᆞ쟈ᄒᆞ고甲童이、몬져쒸여넘

거ᄂᆞᆯ乙童은能히、쒸지못ᄒᆞᆫ지라乙童이憤히녁이여家에歸ᄒᆞ야日로私習ᄒᆞ더니、맛ᄎᆞᆷ내能히二凳을、쒸여넘으되甲童은能히못ᄒᆞ얏다ᄒᆞ니乙童은、진실로競爭心이有ᄒᆞᆫ者ㅣ로다

問 乙이、만일쒸기를이키지아니ᄒᆞ얏스면能히甲을勝ᄒᆞ얏슬

가무엇을競爭心이라謂ᄒᆞᄂᆞᆫ고

第四十二課 友道

水로써、흙을、취겨餠과糖을、민드러、희롱으로友를贈ᄒᆞᆫ뒤友가、더져바리거ᄂᆞᆯ、그贈ᄒᆞ던者ㅣ責曰物의貴ᄒᆞ고賤ᄒᆞᆷ을勿論ᄒᆞ고人의贈ᄒᆞᄂᆞᆫ바ᄂᆞᆫ、반다시其情을

恭敬ᄒᆞ야受ᄒᆞᆯ것이어ᄂᆞᆯ今에君이、더져바리니是ᄂᆞᆫ無情ᄒᆞᆫ지라足히더부러交際의道를言치못ᄒᆞ깃도다

〔問〕人이我에게物을贈ᄒᆞ면我ᄂᆞᆫ、맛당히何如히ᄒᆞᆯ고 엇지ᄒᆞ야交際의道라謂ᄒᆞᄂᆞᆫ고

第四十三課 無能者의受弄

某兒가蠅을捉ᄒᆞ야篋絲로써、그尾部에揷ᄒᆞ고燈心草를懸ᄒᆞ야能히飛치못ᄒᆞ게ᄒᆞ니蠅이動ᄒᆞᆫ즉、춤츄ᄂᆞᆫ것과如ᄒᆞᆫ지라某兒가歎曰

蠅이無能ᄒᆞ야我의玩弄이되얏도다我도無能ᄒᆞ면、엇지人에게玩弄을免ᄒᆞ리오

問 蠅이、엇지ᄒᆞ야兒에게玩弄이되얏ᄂᆞ고人이他人에게玩弄을受홈은何故인고

第四十四課 自取其咎

某童이鏡을對立ᄒᆞ야鏡中兒를見ᄒᆞ고、더부러言ᄒᆞ되答지아니ᄒᆞ거ᄂᆞᆯ拳을擧ᄒᆞ야示ᄒᆞᆫ디鏡中兒가、또ᄒᆞᆫ拳을擧ᄒᆞᄂᆞᆫ지라某童이怒ᄒᆞ야拳으로鏡을擊ᄒᆞ니鏡이破ᄒᆞ고拳이傷ᄒᆞᆫ지라父가戒ᄒᆞ야曰鏡

中兒가汝에게、무삼害ᄒᆞᆫ일이有ᄒᆞ냐是ᄂᆞᆫ汝
의自取라誰를咎ᄒᆞ리오
〔問〕童子가、엇지ᄒᆞ야手를傷ᄒᆞ고咎를得ᄒᆞ
얏ᄂᆞᆫ고 童子의咎ᄂᆞᆫ何를從ᄒᆞ야取ᄒᆞ얏
ᄂᆞᆫ고

第四十五課 貪慾을可戒

晨에起ᄒᆞ야帳中에蚊虫을見ᄒᆞ니腹이滿ᄒᆞᆫ
者ᄂᆞᆫ手으로撲ᄒᆞᆷ이、곳터져쥭고腹이未滿ᄒᆞᆫ
者ᄂᆞᆫ手를、갓가이ᄒᆞ면、곳나라가ᄂᆞᆫ지라噫라
蚊도食을貪ᄒᆞ면腹이破ᄒᆞ고腸이裂ᄒᆞᄂᆞ니人

이禍를免코져ᄒᆞᆯ진ᄃᆡ、또ᄒᆞᆫ貪을戒ᄒᆞᆯ지니라
〔問〕蚊이食을貪
ᄒᆞ면何如ᄒᆞᆫ고
人이貪慾이有
ᄒᆞ면、무삼禍를
得ᄒᆞᆯ고

第四十六課

仁心

鄭生이魚를河測
에釣ᄒᆞᆯ시一魚를

獲ᄒᆞ야其腹을見ᄒᆞᆫ즉腹이膨脹ᄒᆞ게子息을孕ᄒᆞᆫ지라因ᄒᆞ야水에捨ᄒᆞ거ᄂᆞᆯ或이其故ᄅᆞᆯ問ᄒᆞᆫᄃᆡ鄭生曰吾ㅣ엇지一魚ᄅᆞᆯ得ᄒᆞ야無數ᄒᆞᆫ魚子ᄅᆞᆯ忍殺ᄒᆞ리오

[問]鄭生이、엇지ᄒᆞ야魚ᄅᆞᆯ棄ᄒᆞ얏ᄂᆞᆫ고 鄭

生의心이仁道에合ᄒᆞᆷ이有ᄒᆞᆫ가

第四十七課 膽力

木으로써一橋ᄅᆞᆯ架ᄒᆞ니甚히、좁은지

라數兒가其上에셔、것기를、내기ᄒᆞᆯ셔一兒ᄂᆞᆫ敢히行ᄒᆞ지못ᄒᆞᄂᆞᆫ지라數兒曰이것이、비록遊戲나膽力을練習ᄒᆞᆷ이라人이膽力이無ᄒᆞ면、엇지能히大事을成ᄒᆞ리오

〔問〕一兒ᄂᆞᆫ、엇지ᄒᆞ야敢히行ᄒᆞ지못ᄒᆞᄂᆞᆫ고

膽力을練習ᄒᆞᆷ은何故오

第四十八課 慈愛

老貓가五兒를生ᄒᆞ거ᄂᆞᆯ、그一兒를、감츄엇더니、그母를、두루찻다가能히得지못ᄒᆞ고老貓가ᄯᅩᄒᆞᆫ그兒를覔ᄒᆞ다가울기를甚히、슯히ᄒᆞ

ᄂᆞᆫ지라吁라貓도、ᄯᅩᄒᆞᆫ慈愛ᄒᆞᄂᆞᆫ道를知ᄒᆞ니

吾人은、부ᄃᆡ生物을殘害치、말지어다

〔問〕人의慈善이貓로、더부러同ᄒᆞᆫ가

物을可히殘害ᄒᆞᆯ가

第四十九課 容恕

桃花가滿發ᄒᆞ얏거ᄂᆞᆯ兒이弟로、더부러花下

에셔遊홀셔一蝶이、나라오ᄂᆞᆫ지라弟가、쳐셔잡으니兄曰汝도、ᄭᅩᆺ을愛ᄒᆞ고蝶도、ᄭᅩᆺ을愛ᄒᆞ거ᄂᆞᆯ我의愛情으로써蝶의愛情을破壞ᄒᆞ니不恕홈이甚ᄒᆞ도다

問 花를愛ᄒᆞᄂᆞᆫ情이蝶과人이同홀가如何홈을恕라謂ᄒᆞ

ᄂᆞᆫ고

第五十課 愛國愛同種

羣蜂이巢를結ᄒᆞ고會議ᄒᆞ야曰만일、우리巢를伐ᄒᆞ거나、우리同種을殘害ᄒᆞᄂᆞᆫ者ㅣ有ᄒᆞ거던、ᄒᆞᆫ가지、ᄡᅥ르쟈ᄒᆞ얏다니人의國을有홈이蜂

의巢와如ᄒᆞᆫ지라、너의學生덜은、맛당히國을
愛ᄒᆞ며同種을愛ᄒᆞᆯ지어다

問同種과國이、무슴關係가有ᄒᆞ고 愛國
ᄒᆞ고愛種ᄒᆞᄂᆞᆫ者ᄂᆞᆫ、맛당히如何ᄒᆞᆫ고

第五十一課 卑賤의思想

張家의兒가竹杖을、집고、구부령거리며乞人
의形狀을비와人을見ᄒᆞ면哀乞ᄒᆞᄂᆞᆫ지라李
家의兒가戲弄으로一錢을與ᄒᆞᆫᄃᆡ張兒가囊
中에藏ᄒᆞ고去ᄒᆞ거ᄂᆞᆯ李兒가大怒曰男子가
當然히世에盖ᄒᆞᄂᆞᆫ豪傑이되기를自期ᄒᆞᆯ것

이어ᄂᆞᆯ爾ᄂᆞᆫ、엇지
乞人되기를、甘히
녁이ᄂᆞᆫ야

問豪傑과乞兒
가、누가優等인
고 男子ㅣ맛
당이何를自期
ᄒᆞᆯ고

第五十二課 强武

一兒가木으로馬를、민드러鞭으로百番이나、

衝突ᄒᆞᄂᆞᆫ形狀을作ᄒᆞ니此兒ᄂᆞᆫ、비록遊戲로

치되行치아니ᄒᆞ거늘兒가怒ᄒᆞ야日馬를鞭ᄒᆞ야도行치아니ᄒᆞ니엇지써敵兵을退케ᄒᆞ리오ᄒᆞ고手로木馬를驅ᄒᆞ야奮然히敵陣을

데그強武의氣ᄂᆞᆫ嘉尙ᄒᆞ도다

〔問〕某兒가何意로木馬를驅ᄒᆞᄂᆞᆫ고 엇지ᄒᆞ야強武의라謂ᄒᆞᄂᆞᆫ고

第五十三課 任其志

休業日에教師가學徒더러問日學課를復習

ᄒᆞ라ᄂᆞᆫ야遊戲를、ᄒᆞ라ᄂᆞᆫ야皆曰遊戲를ᄒᆞ깃ᄉᆞᆸᄂᆞ이다一學徒ᄂᆞᆫ起曰吾ᄂᆞᆫ學課를復習ᄒᆞ깃ᄉᆞᆸᄂᆞ이다教師曰진실로學規에違ᄒᆞᆷ이無ᄒᆞ면各히其志를從ᄒᆞ야行ᄒᆞᆯ지오、서로强制ᄒᆞᆯ바ᄂᆞᆫ아니니라

〔問〕習課와戲가其志가同ᄒᆞᆯ가 志를可히强制로同케ᄒᆞᆯ가

第五十四課 妄度

劉生이一鬼를畵ᄒᆞ야同學에게示ᄒᆞ니皆曰鬼와、ᄀᆞᆺ다ᄒᆞ거ᄂᆞᆯ劉生曰君等이眞鬼를見ᄒᆞ

얏ᄂᆞᆫ야皆曰見치못ᄒᆞ얏노라劉生曰그러ᄒᆞ면君等이、엇지吾의畵鬼로써ᄀᆞᆺ다ᄒᆞᄂᆞᆫ고此ᄂᆞᆫ鬼의彩狀을虛構ᄒᆞᆫ者ㅣ라其實은鬼라ᄒᆞᄂᆞᆫ者ㅣ無ᄒᆞ니라

問劉生의、그린바鬼가果然鬼와似ᄒᆞᆫ가
世間에果然鬼가有ᄒᆞᆫ가

第五十五課　取用

秋梧가霜을經ᄒᆞ야葉이、다黃ᄒᆞᆫ지라一童이두다려地에셔러지거늘野에버렷더니一童

은葉을、그러가지고家에歸ᄒᆞ야數日의炊를供ᄒᆞ얏다니噫라天下에棄ᄒᆞᆯ材가無ᄒᆞ니人은、맛당히、살피여取用ᄒᆞᆯ지라

問二童에、누가材를善取ᄒᆞᆷ이되ᄂᆞᆫ고　材를取用ᄒᆞ기를、맛당히如何히ᄒᆞᆯ가

第五十六課　依賴

天이旱ᄒᆞ야水가涸ᄒᆞ니魚가能히生活치、못ᄒᆞ야河伯에게水를乞ᄒᆞᆫ디河伯曰天이雨ᄒᆞ지아니ᄒᆞ면吾도能히自生을謀ᄒᆞ기難ᄒᆞ려던奚暇에爾를、도라보랴吾ㅣ汝에게語ᄒᆞ노니

第五十七課 有智

依賴心이有ᄒᆞᆫ者ᄂᆞᆫ、반다시生活키難ᄒᆞ니라

鬪魚가엇지ᄒᆞ야河伯에게水를乞ᄒᆞᄂᆞᆫ고依賴心이有ᄒᆞᆫ者ᄂᆞᆫ엇지ᄒᆞ야生活키難ᄒᆞᆫ고

下學ᄒᆞᆫ後에甲童이諸兒다려謂曰君等이隱密ᄒᆞᆫ處에엽듸엿다가我의、찻기를待ᄒᆞ라諸兒가其言과如히、ᄒᆞ얏더니甲童이個個히、차쟈내고喜曰吾의智가足히偵探隊長이되깃

도다

問 甲童이엇지ᄒᆞ야諸兒를、다、ᄎᆞ쟛ᄂᆞᆫ고
偵探隊ᄂᆞᆫ、무ᄉᆞᆷ用處가有ᄒᆞᆫ고

第五十八課 作僞를可戒

一鼠가小貓皮를입고、同類를駭코져ᄒᆞ랴다가眞貓가見ᄒᆞ고、갓가히來ᄒᆞ야、더부러語ᄒᆞ니鼠가懼ᄒᆞ야奔ᄒᆞ거ᄂᆞᆯ鼠의同類가譏弄ᄒᆞ고嘲笑ᄒᆞ얏다ᄒᆞ니、이것이、엇지鼠만그러ᄒᆞ리오假로써眞을亂케ᄒᆞᄂᆞᆫ者ᄂᆞᆫ、다此鼠와同ᄒᆞ니라

問 鼠가엇지ᄒᆞ야懼ᄒᆞ야奔ᄒᆞ얏ᄂᆞᆫ고 僞로써眞을亂ᄒᆞ면맛당히如何ᄒᆞᆯ고

第五十九課 遊戲

學校內에、一草塲이有ᄒᆞᆫᄃᆡ學生덜이課를畢ᄒᆞ고草塲에、가셔

散步ᄒᆞᆯ셔或은體操法을練習ᄒᆞ야全體를運
動ᄒᆞ며或은空氣를
呼吸ᄒᆞ야精神을爽
快케ᄒᆞ니此ᄂᆞᆫ遊戲
의가장有益ᄒᆞᆫ者니
라

問무엇이有益ᄒᆞᆫ
遊戲뇨　何時가
遊戲ᄒᆞᆯ時뇨

第六十課　義蟲

階下에蟻ㅣ數百이集ᄒᆞ야韭葉一寸을舁去
ᄒᆞ거ᄂᆞᆯ某兒가見ᄒᆞ고師ᄃᆞ려問曰韭葉一寸
이僅히數蟻의食
을供ᄒᆞ깃거ᄂᆞᆯ엇
지ᄒᆞ야數百蟻가
集ᄒᆞ얏ᄂᆞᆫ잇가師
曰蟻ᄂᆞᆫ義蟲이라
穴에出ᄒᆞ야物을
取ᄒᆞᆷ이數百식成
羣ᄒᆞ야써其群을

護衛ᄒᆞ고外侮를防禦ᄒᆞᄂᆞ니라

[問]蟻ᄂᆞᆫ何如ᄒᆞᆫ蟲인고 蟻가成羣ᄒᆞ야何를防ᄒᆞᄂᆞᆫ고

初等小學修身書 終

隆熙二年五月二十日印刷
仝 二年五月三十日發行
仝 二年十二月二十日再版印刷
仝 二年十二月廿五日再版發行

權 有 (版權所有)

初等小學修身書全一冊
定價金廿五錢

著作者 柳瑾
校閱者 張志淵
發行者 金相萬
印刷所 北部觀峴 徽文館
發賣所 皇城中部布屛下三十七統六戶 廣學書舖金相萬

영인

초등수신서

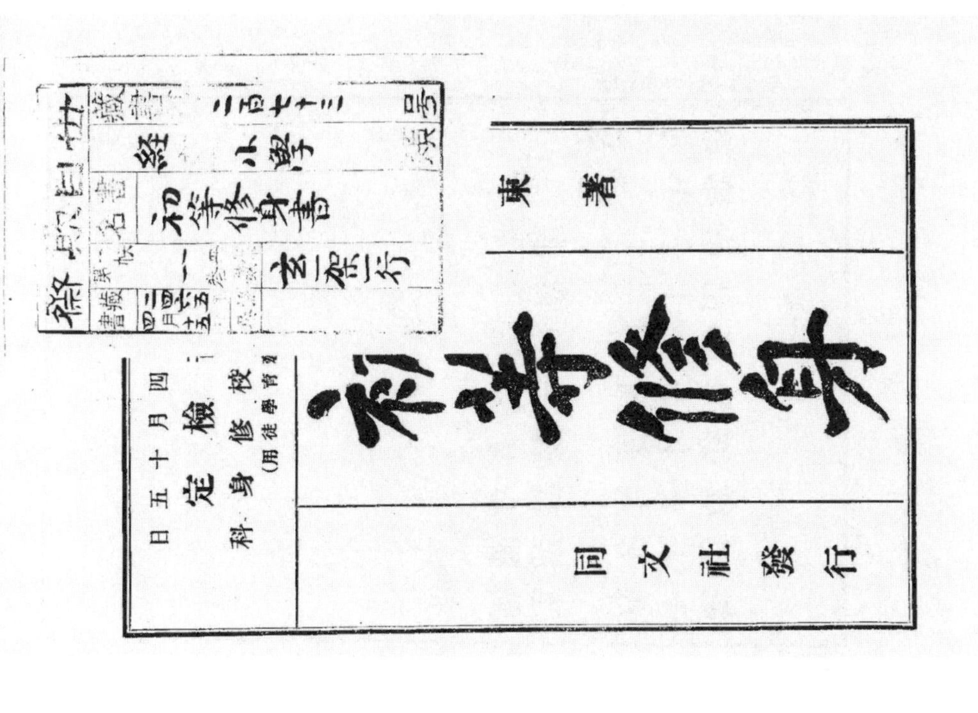
初等修身
同文社發行

初等修身目錄

第一章 身體 …… 一
第一 耳 …… 一
第二 目 …… 二
第三 口 …… 二
第四 鼻 …… 三
第五 面 …… 三
第六 腦 …… 三
第七 項 …… 四
第八 臂 …… 五

第九 手 …… 五
第十 脊 …… 六
第十一 腹 …… 六
第十二 背 …… 七
第十三 脚足 …… 七
第十四 毛髮 …… 八
第十五 齒牙 …… 九
第十六 行步 …… 一〇
第十七 寢眠 …… 一一
第十八 運動 …… 一二

第十九 居處……一四
第二十 飮食……一五
第二十一 衣服……一六
第二十二 沐浴……一七
第二章 倫理……一九
第一 父母……一九
第二 兄弟……二一
第三 姊妹……二二
第四 祖孫……二三
第五 叔侄……二五

第六 族戚……二六
第七 朋友……二六
第三章 雜著……二八
第一 家庭教育……二八
第二 敬師……二九
第三 學問……三〇
第四 社會……三一
第五 公益……三三
第六 他人의名譽……三四
第七 他人의財產……三五

第八 愛人……三六
第九 慈善……三七
第十 智識……三七
第十一 志……三八
第十二 言語……三九
第十三 職業……四〇
第十四 自營……四二
第十五 恩惠……四三
第十六 窮理……四四
第十七 時間……四五

第十八 過失……四七
第十九 禮儀……四八
第四章 嘉言……四九
第一 孝……四九
第二 敬愛……四九
第三 持身……五〇
第四 工夫……五〇
第五章 善行……五一
第一 踐教……五一
第二 學校……五三

第三　清廉……五四
第四　沉靜……五六
第五　格物……五七
第六　踐約……五八
第七　公直……五九
第八　義勇……六一
第九　秉公……六二
第十　自省……六二
第十一　施惠……六三
第十二　治家……六四

第十三　度量……六五

初等修身目錄 終

初等修身

朴晶東 著

第一章 身體

第一 耳

耳ᄂᆞᆫ聲을聽ᄒᆞᄂᆞᆫ機關이라聲은好ᄒᆞᆷ과惡ᄒᆞᆷ이有ᄒᆞ야精神을感動ᄒᆞᄂᆞ니故로好ᄒᆞᆫ聲을聽ᄒᆞ면精神에益ᄒᆞᆷ이有ᄒᆞ고惡ᄒᆞᆫ聲을聽ᄒᆞ면精神에害ᄒᆞᆷ이有ᄒᆞᄂᆞ니라

第二 目

目은物을見ᄒᆞ며色을辨ᄒᆞᄂᆞᆫ機關이라心의使ᄒᆞᆷ을因ᄒᆞ야見ᄒᆞᆷ도有ᄒᆞ며偶然히接ᄒᆞ야心에感ᄒᆞᄂᆞᆫ事도有ᄒᆞᄂᆞ니故로人을斜視치말며又物을偷看치말지니라

第三 口

口ᄂᆞᆫ能히飯을食ᄒᆞ며又言을發ᄒᆞᄂᆞᆫ機關이라吉凶과禍福이口ᄅᆞᆯ隨ᄒᆞ야至ᄒᆞᄂᆞ니故로當치아니ᄒᆞᆫ言을出치말며時아닌飮食을貪치말지니라

第四 鼻

鼻ᄂᆞᆫ氣ᄅᆞᆯ呼吸ᄒᆞ며臭ᄅᆞᆯ分辨ᄒᆞ야身體ᄅᆞᆯ保護ᄒᆞᄂᆞᆫ機關이라故로惡ᄒᆞᆫ氣와毒ᄒᆞᆫ臭ᄅᆞᆯ吸치말지니라

第五 面

耳와目과口와鼻ᄂᆞᆫ面의全部ᄅᆞᆯ組織ᄒᆞᆫ者ㅣ니耳目口鼻ᄂᆞᆫ恒常端正히ᄒᆞ며每日에洗漱ᄒᆞᆯ지니라

第六 腦

腦ᄂᆞᆫ一身의主人이되야知覺이此에由ᄒᆞ며

四肢와百體에電線과如ᄒᆞᆫ神經이有ᄒᆞ야動靜과痛癢을感ᄒᆞᄂᆞ니故로恒常過熱케말지니라

第七 項

項은頭面을運轉ᄒᆞ야能히上下左右로向케ᄒᆞᄂᆞ니라然ᄒᆞᄂᆞ項은恒常正直케ᄒᆞᆯ지니라

第八 臂

臂ᄂᆞᆫ人身의羽翼이되야能히全體ᄅᆞᆯ保護ᄒᆞ며又筋力을主管ᄒᆞᄂᆞᆫ비라故로頻々히運動ᄒᆞ야屈伸ᄒᆞᆯ지니라

臂圖

手圖

第九 手

手ᄂᆞᆫ作用ᄒᆞᆷ에便利ᄒᆞᆫ機械라能히物品을製造ᄒᆞ야生涯를作ᄒᆞ며文字를寫ᄒᆞ야意思를發表ᄒᆞᄂᆞ니故로暫時라도惰慢치말지니라

第十 脊

脊은左右에肋骨이連鎖ᄒᆞ야肺經을保護ᄒᆞ고又呼吸을助ᄒᆞᄂᆞᆫ部位라故로脊은恒常伸張ᄒᆞ야肺經을寬大케ᄒᆞᆯ지니라

第十一 腹

腹은臟腑를包圍ᄒᆞ야能히伸縮ᄒᆞ며又寒暖

을善感ᄒᆞᄂᆞ니故로過食ᄒᆞ야膨脹케말며又外面을露出치말지니라

第十二 背

背는全身의骨格이連絡ᄒᆞᆫ處이오又人身의重心이背에在ᄒᆞᆷ으로筋力도背에在ᄒᆞᄂᆞ니라故로人이臥ᄒᆞᆷ을好ᄒᆞ면力이弱ᄒᆞ고且骨格이軟ᄒᆞᄂᆞ니라

第十三 脚足

脚과足은身體의上部를撑支ᄒᆞ야行步ᄒᆞ는機械라全體를能히動ᄒᆞ고靜ᄒᆞ며遲ᄒᆞ고速

毛髮

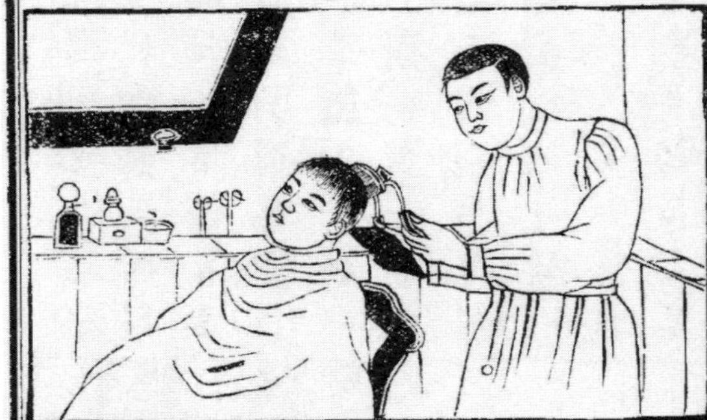

ᄒᆞᆷ을다任意로ᄒᆞᄂᆞ니故로頻々히運動ᄒᆞ야血氣를流通케ᄒᆞᆯ지니라

第十四 毛髮

毛髮은身體의氣血을排泄ᄒᆞ는者ㅣ라草木이地上에生ᄒᆞᆷ과如ᄒᆞ니草木이盛ᄒᆞᆫ處는其土가瘠薄ᄒᆞᄂᆞ니故로

齒牙

髮을頻々히削ᄒᆞ면精神이爽快ᄒᆞ야耳目이聰明ᄒᆞᄂᆞ니라

第十五 齒牙

齒牙ᄂᆞᆫ飮食을嚼下ᄒᆞᄂᆞᆫ機械라然ᄒᆞᆷ으로雜物이付着ᄒᆞ야傷ᄒᆞ가易ᄒᆞ며臭가生ᄒᆞᄂᆞ니故로吾人은壚粉으로頻々히拭ᄒᆞ야雜物을

行步

去ᄒᆞ며臭를除ᄒᆞᄂᆞ니라

第十六 行步

吾人의行步ᄂᆞᆫ全體의重은一足에擔任ᄒᆞ고一足을移動ᄒᆞᆷ에體格이甚히孤危ᄒᆞ야顚沛ᄒᆞ기易ᄒᆞ니라然ᄒᆞᄂᆞ行步ᄂᆞᆫ暫時라도廢치못ᄒᆞ야緩行ᄒᆞᆯ時도有

ᄒᆞ며急行ᄒᆞᆯ時도有ᄒᆞ니만일意ᄅᆞᆯ注치아니ᄒᆞ고但足에任ᄒᆞ야行ᄒᆞᆯ지면顚沛ᄒᆞᆷ을免키難ᄒᆞᆯ지니라

此世界는文明上에進步ᄒᆞ야互相競走ᄒᆞ는時代이니吾人은意ᄅᆞᆯ注ᄒᆞ야一步라도前進ᄒᆞ고一步라도後退치말지니라

第十七 寢眠

寢眠은發揚ᄒᆞ는精神을收斂ᄒᆞ며消耗ᄒᆞᆫ血氣ᄅᆞᆯ榮養ᄒᆞ가爲ᄒᆞ야歸宿ᄒᆞᆷ이니是는天地가晝夜ᄅᆞᆯ分ᄒᆞ야度數ᄅᆞᆯ行ᄒᆞᆷ과如ᄒᆞᆫ지라長

時間을勞働ᄒᆞ며長時間을思慮ᄒᆞ야寢眠치아니ᄒᆞ면血氣와精神이具乏ᄒᆞᆯ지오又寢眠의時間이過長ᄒᆞ면身體가軟弱ᄒᆞ며精神이昏暗ᄒᆞᆯ지라

是以로生理學에言ᄒᆞ되一晝夜에八時間은業을營ᄒᆞ고八時間은遊揚ᄒᆞ고八時間은寢眠ᄒᆞᆷ이適宜ᄒᆞ다ᄒᆞ니라

第十八 運動

運動은血氣ᄅᆞᆯ流通ᄒᆞ야身體ᄅᆞᆯ壯健케ᄒᆞᆷ에第一緊要ᄒᆞᆫ事라大抵人의一身은耳目口鼻

運動

와四肢百體의各種機械로組織됨이니機械는頻々히運轉ᄒᆞ여야病이無ᄒᆞᆯ지라是以로東西洋賢哲의言이一口에出ᄒᆞᆷ과如히其血脈을養ᄒᆞᆫ다ᄒᆞ니라

第十九 居處

居處는身體를休息ᄒᆞ

居處

야心神을愉快케ᄒᆞᆷ이니處所를精潔케ᄒᆞ야陋醜ᄒᆞᆫ氣가人에接치말게ᄒᆞ며又時를隨ᄒᆞ야各種의花草를培養ᄒᆞ야ᄡᅥ新鮮ᄒᆞᆫ空氣를吸ᄒᆞ며和暢ᄒᆞᆫ日氣를當ᄒᆞ면窓戶를開ᄒᆞ야空氣를通케ᄒᆞᆯ지니故로理學士가ᄀᆞᆯ오ᄃᆡ魚

飮食

初等修身 第一章、飮食圖

는水를離치못ᄒᆞ며人
은空氣를離치못ᄒᆞᆫ다
ᄒᆞ니라

第二十 飮食

飮食은專혀口腹만充
ᄒᆞᆯ섇外라元氣를調養
ᄒᆞ야一身을完全케保
護ᄒᆞ는原質이니一日
이라도廢치못ᄒᆞᆯ바이
라然ᄒᆞ나반다시量에

衣服

初等修身 第一章、衣服圖

適當케ᄒᆞ며精潔케ᄒᆞᆯ
지니만일量에過ᄒᆞ면
聰明이減ᄒᆞ고精ᄒᆞ지
못ᄒᆞ면疾病이生ᄒᆞᄂᆞ
니라

第二十一 衣服

衣服은身體를掩護ᄒᆞ
는切近ᄒᆞᆫ物이라東西
洋古今의制度와侈儉
은殊異ᄒᆞᆯ지나其身을

掩ᄒᆞᄂᆞᆫ主義ᄂᆞᆫ一般이라時節의變遷을隨ᄒᆞ야葛을着ᄒᆞᆯ時도有ᄒᆞ며裘ᄅᆞᆯ衣ᄒᆞᆯ時도有ᄒᆞ야身體에適當케ᄒᆞ며頻々히洗濯ᄒᆞ야時々로換着ᄒᆞᆯ지니만일一衣ᄅᆞᆯ長久히着ᄒᆞ면惡臭가生ᄒᆞ야但히衛生上에害가有ᄒᆞᆯ뿐外라人으로더부러交際ᄒᆞᆷ에便치못ᄒᆞᆷ이極ᄒᆞᆯ지라

故로古人이言ᄒᆞ되衣服은儉薄ᄒᆞᄂᆞ精潔ᄒᆞᆷ을要ᄒᆞᆫ다ᄒᆞ니라

第二十二 沐浴

沐浴

沐浴은身體의汚穢ᄒᆞᆷ을除ᄒᆞ야衛生에益ᄒᆞᆫ方法이라人이世에生活ᄒᆞᆷ의天地間萬物의各種塵埃가身體의津液에飛集ᄒᆞ야塵垢가되ᄂᆞ니頻々히洗濯ᄒᆞ야身體의外部ᄅᆞᆯ精潔케ᄒᆞ며又此沐浴ᄒᆞᄂᆞᆫ方法을推ᄒᆞ야心內의

父 母

惡德을洗去ᄒᆞᆷ을思ᄒᆞ
ᄂᆞ니라
是以로古聖이沐浴ᄒᆞ
ᄂᆞᆫ盤에銘호ᄃᆡ日로新
ᄒᆞ며又日로新ᄒᆞᆫ다ᄒᆞ
니라

第二章 倫理

第一 父母

父母ᄂᆞᆫ我를生育ᄒᆞ시
니是ᄂᆞᆫ天地가萬物을

生成ᄒᆞᆷ과如ᄒᆞᆫ지라故로父를天이라謂ᄒᆞ며
母를地라云ᄒᆞᄂᆞ니左로提ᄒᆞ며右로挈ᄒᆞ야
身體를保護ᄒᆞ시며當然ᄒᆞᆫ道理와正大ᄒᆞᆫ言
行으로訓導ᄒᆞ사德行을教育ᄒᆞ시며明哲ᄒᆞᆫ
行爲와特異ᄒᆞᆫ事蹟을指示ᄒᆞ사智慧를發育
ᄒᆞ심으로我가世上에立ᄒᆞ야萬般의事業을
能爲ᄒᆞᄂᆞ니恩이此에大ᄒᆞᆷ이無ᄒᆞ도다
大抵天地가萬物을生ᄒᆞᆷ의禽獸와如ᄒᆞᆫ者도
虎ᄂᆞᆫ父子의情이有ᄒᆞ고烏ᄂᆞᆫ反哺의孝가有
ᄒᆞᄂᆞ니人이父母를孝養치아니ᄒᆞ면禽獸에

兄 弟

도及지못ᄒᆞᆯ지라是故
로孝ᄂᆞᆫ百行의源이되
ᄂᆞ니라

第二 兄弟

兄弟ᄂᆞᆫ我와同히父母
의骨肉을受ᄒᆞ야生ᄒᆞᆷ
이니我보다先ᄒᆞᆫ者ᄂᆞᆫ
兄이오我보다後ᄒᆞᆫ者
ᄂᆞᆫ弟라同ᄒᆞᆫ根에셔生
ᄒᆞ야氣가同ᄒᆞ며枝가

姊 妹

連ᄒᆞᆷ이니故로兄弟ᄂᆞᆫ
一身이라ᄒᆞᄂᆞ니라
大抵兄은友愛ᄒᆞ고弟
ᄂᆞᆫ恭敬ᄒᆞ야和翕ᄒᆞ며
湛樂ᄒᆞ야怒ᄅᆞᆯ藏치말
며怨을宿지말지니라

第三 姊妹

姊妹ᄂᆞᆫ兄弟와同히父
母의骨肉을受ᄒᆞᆫ女兄
弟라我보다年長ᄒᆞᆫ者

를姉라稱ᄒᆞ며我보다年少ᄒᆞᆫ者를妹라呼ᄒᆞᄂᆞ니大抵父母에게生을受ᄒᆞᆷ도同ᄒᆞ며父母가養育ᄒᆞᆷ도異ᄒᆞᆷ이無ᄒᆞᄂᆞ男兄弟에比ᄒᆞ면輕重이差有ᄒᆞ다ᄒᆞᆷ은女兄弟ᄂᆞᆫ一次人에게適ᄒᆞ면父母와兄弟를遠히ᄒᆞᆷ이니라

第四 祖孫

祖孫은即父子의淵源이라父의父가祖가되며子의子가孫이되ᄂᆞ니祖ᄂᆞᆫ父의根本이오父ᄂᆞᆫ我의根本이며孫은子의枝葉이오子ᄂᆞᆫ我의枝葉이라譬컨ᄃᆡ木이根本이無ᄒᆞ면枝

祖孫

葉이生치못ᄒᆞᆷ은自然ᄒᆞᆫ定理이ᄂᆞ根本이有ᄒᆞ고도枝葉이凋殘ᄒᆞ면根本ᄭᆞ지腐敗ᄒᆞᆯ지니人의子孫된者ᄂᆞᆫ當世의事業을熱心ᄒᆞ야祖先의基業을失치말며子孫의前程을開導ᄒᆞᆯ지니라

是故로古人이言호ᄃᆡ

爾의祖先을忝치말며又後昆의裕를垂ᄒᆞ라
ᄒᆞ니라

第五 叔侄

叔侄은間接으로親密ᄒᆞᆫ者이니父의兄弟가叔이되며兄弟의子가侄이되ᄂᆞ니此로由ᄒᆞ야路人ᄉᆞ지疎遠ᄒᆞᆷ에至ᄒᆞ는初路라父母와兄弟를愛ᄒᆞ는者는맛당히此를思ᄒᆞ야叔을敬ᄒᆞ며侄을懷ᄒᆞᆯ지니
是故로叔을猶父라ᄒᆞ며侄을猶子라ᄒᆞᄂᆞ니라

第六 族戚

族戚은父黨과母黨이니同姓의親을族이라稱ᄒᆞ며異姓의親을戚이라云ᄒᆞᆷ이니族을愛ᄒᆞ야戚에及ᄒᆞ며戚을愛ᄒᆞ야隣里鄕黨에及ᄒᆞᄂᆞ니이럼으로家族이和睦ᄒᆞ고鄕里가親睦ᄒᆞᆷ은모다愛情으로되는바이니라

第七 朋友

朋友는我와同等의人이라其言語가正直ᄒᆞ며品行이端正ᄒᆞ야我가진실노效則ᄒᆞᆯ事이有ᄒᆞ면此는益友가될지오其言語가輕薄ᄒᆞ

朋友

며品行이方正치못ᄒᆞ
야我가진실노效則ᄒᆞᆯ
事이無ᄒᆞ면此는損友
가되지라然ᄒᆞ나世에
立ᄒᆞ야人을交際ᄒᆞᆷ에
는決코人의長短을評
論ᄒᆞ야愛憎을妄加치
못ᄒᆞᆯ지며又人을交ᄒᆞᆷ
에親密ᄒᆞᆯ수록恭敬ᄒᆞ
면永久히親密ᄒᆞᆯ지니

家庭教育

라

第三章 雜著

第一 家庭教育

教育은人生의必要ᄒᆞᆫ
点이라學生이幼穉ᄒᆞᆫ
야學校에入ᄒᆞ기前에
는父母에게教訓을受
ᄒᆞ야諸般의行爲를先
知ᄒᆞ며學校에入ᄒᆞᆫ後
에는教師의教育을受ᄒᆞ

ᄂᆞ니譬컨ᄃᆡ木을養ᄒᆞ야材를成ᄒᆞᆷ과如ᄒᆞ니其栽培ᄒᆞ며養育ᄒᆞᆷ은教師와父母가擔任ᄒᆞᆯ지ᄂᆞ內에賢ᄒᆞᆫ父兄이有ᄒᆞ며外에嚴ᄒᆞᆫ師友가有ᄒᆞ고學問을成치못ᄒᆞᆷ은子弟의罪니라

第二 敬師

人生이家庭에在ᄒᆞ야ᄂᆞᆫ父母의命令을從ᄒᆞ고學校에入ᄒᆞ야ᄂᆞᆫ教師의命令을從ᄒᆞᄂᆞ니父母가我를生ᄒᆞ샤學齡에及ᄒᆞ면學校에送ᄒᆞ야學問을修케ᄒᆞ심이師가受ᄒᆞ야勞苦를憚치아니ᄒᆞ고我를愛護ᄒᆞ며我를教育ᄒᆞ야

敬師

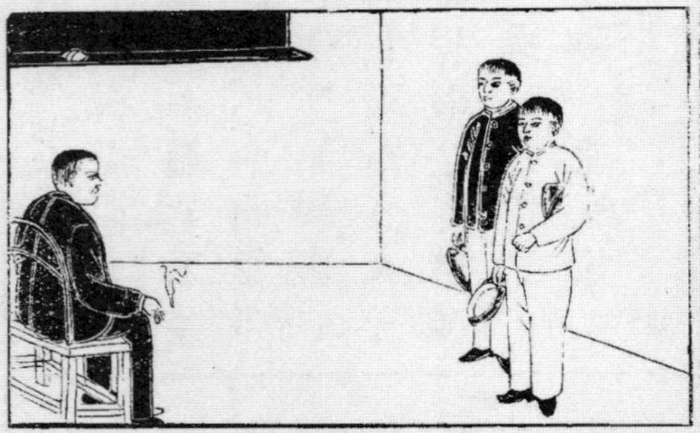

善良ᄒᆞᆫ人이되기를希望ᄒᆞᄂᆞ니其勤念ᄒᆞᆷ이父母와如ᄒᆞ며且學問을成就ᄒᆞᆷ이一身의名譽가有ᄒᆞ야父母를顯ᄒᆞᆷ이皆師의功이라其恭敬ᄒᆞᆷ을엇지父母보다少케ᄒᆞ리오

第三 學問

學問이란者ᄂᆞᆫ學ᄒᆞ고.

學問

問홈을云홈이니學호야能치못홈을措치말며問호야知치못홈을措치말고他人이一에能히호거든我는百으로뻐호며他人이十에能히호거든我는千으로뻐홀지니天下에學問이種類가多호나一이라도易得홀學問은

無훈지라맛당히誠力을持有호야勞苦를厭치말고歲月을積累훈然後에야透徹홈이有홀지니라

第四 社會

社會는人民의一團體를謂홈이니家族의社會로부터諸般의社會가成立호야各種의利益이有호나니第一注意홀者는共同力이라社會의成立됨도共同力이오社會를維持홈도共同力이니我가世에生호야共同力을失호면譬컨디家屋에柱가折호며車에輪이無홈

과如ᄒᆞᆯ지라是故로人은맛당히自已의本分을修ᄒᆞ야社會의共同力을完全케ᄒᆞᆯ지니라

第五 公益

公益은何人이던지其身의相當ᄒᆞᆫ力을出ᄒᆞ야公衆의利益을圖ᄒᆞᆷ이니例컨ᄃᆡ工業을學ᄒᆞᆫ人이善良ᄒᆞᆫ物品을創造ᄒᆞ야工學이達發ᄒᆞ면世에大利益이有ᄒᆞᆯ지며教育家가世에有益ᄒᆞᆫ書籍을著述ᄒᆞ야風俗을改良ᄒᆞ며青年을教授ᄒᆞ야人才를成就ᄒᆞ면是ᄂᆞᆫ公益됨이少치아니ᄒᆞ니라然ᄒᆞ나自己의力을量치

못ᄒᆞ고慣熟지못ᄒᆞᆫ事業에着手ᄒᆞ야失敗를當ᄒᆞᆷ은決코譽事가아니오但自己의可爲ᄒᆞᆯ事에從ᄒᆞ야自身과社會에利益됨을圖謀ᄒᆞᆯ지니라

第六 他人의名譽

他人의名譽를重히ᄒᆞᆷ은即自己의名譽를重히ᄒᆞᆷ이니만일他人의過失을指摘ᄒᆞ야名譽를損傷케ᄒᆞ면此로부터嫉妬의心이生ᄒᆞ며當派의禍가起ᄒᆞ야同類의共生ᄒᆞᄂᆞᆫ義가絕ᄒᆞᆯ지니엇지文明의面目을觀ᄒᆞ리오然則吾

人이此世에在ᄒᆞ야自身의名譽ᄅᆞᆯ重코자ᄒᆞᆯ진ᄃᆡ몬져他人의名譽ᄅᆞᆯ重히녁일지니라

第七 他人의財產

財產은人의生活ᄒᆞᄂᆞᆫ命脈이라自己의財產을愛ᄒᆞᄂᆞᆫ者ᄂᆞᆫ몬져他人의財產을輕히녁이지말지니만일他人의承諾을得지못ᄒᆞ고其財產을使用ᄒᆞ거ᄂᆞ或他人의物을借ᄒᆞ야返치아니ᄒᆞ면此로從ᄒᆞ야爭鬪라訴訟이라盜賊이라ᄒᆞᄂᆞᆫ問題가起ᄒᆞᆯ지니此ᄂᆞᆫ即自己의財產을自棄ᄒᆞᆷ이라엇지社會上에信用을得ᄒᆞ야安全히生活ᄒᆞ리오

第八 愛人

凡人이相愛ᄒᆞᆷ은自然ᄒᆞᆫ理니獨히兄弟만是愛ᄒᆞᆯ뿐外라비록相識지못ᄒᆞᄂᆞᆫ路人이라도其源을泝求ᄒᆞᆯ지면皆我의同胞라엇지相愛치아니ᄒᆞ리오幼稚의依托ᄒᆞᆯ바이無ᄒᆞᆫ者와貧寒ᄒᆞ야資生치못ᄒᆞᄂᆞᆫ者와身体不具ᄒᆞᆫ者等을見ᄒᆞ면惻隱의心이自然히發ᄒᆞᄂᆞ니我ᄂᆞᆫ반다시力을出ᄒᆞ야適當ᄒᆞᆫ方法으로保護ᄒᆞᆯ지니라

第九 慈善

人이世에生ᄒᆞᆷ이疾病으로身體가完全치못ᄒᆞᆫ者도有ᄒᆞ며或天灾時變과鰥寡孤獨의困窮으로丐乞에陷落ᄒᆞᆫ者도有ᄒᆞ니此等에對ᄒᆞ야慈善을施ᄒᆞᆷ은世界의普通ᄒᆞᆫ事業이오生의當然ᄒᆞᆫ義理라故로我國에도古時에惠民署와活人署가有ᄒᆞ얏스며近年에濟衆院과惠民院과廣濟院과孤兒院과大韓醫院과赤十字社等이卽此이니라

第十 知識

知識은人生의前程을開導ᄒᆞ는基礎라何事業을營爲ᄒᆞ던지其知識의程度를隨ᄒᆞ야成ᄒᆞᄂᆞ니天下事業의種類가極繁ᄒᆞ야一人의心力으로盡爲ᄒᆞ기難ᄒᆞᆷ인즉맛당히時勢의必要ᄒᆞᆫ學問을講究ᄒᆞ야他日의事業을做成ᄒᆞ는基礎가되게ᄒᆞᆯ지니라少年時에는心力이全盛ᄒᆞ야記憶ᄒᆞ는力이多ᄒᆞᄂᆞ니만일此好時를當ᄒᆞ야學問을講究치아니ᄒᆞ면知識이無ᄒᆞᆯ지니何로ᄡᅧ前程을開導ᄒᆞ리오

第十一 志

志ᄂᆞᆫ氣의帥오念의焦点이라人이何事業을營爲ᄒᆞ던지志를立지못ᄒᆞ면半途의廢홈을免치못ᄒᆞᆯ지니學業을修ᄒᆞᄂᆞᆫ者ᄂᆞᆫ몬져其志를確立ᄒᆞ야奮發의思想과忍耐의能力을持有ᄒᆞᆫ然後에야外物의牽動홈을被치아니ᄒᆞ며諸般의困難을當ᄒᆞ드ᄅᆡ도强固ᄒᆞᆫ志氣가挫折치아니ᄒᆞ고能히其目的地에到達ᄒᆞᆯ지니라

第十二 言語

言語ᄂᆞᆫ人生의最大ᄒᆞᆫ無形樞機라此機關을

一發홈이吉凶과榮辱이即地에應ᄒᆞᄂᆞ니言語를發ᄒᆞᆯ時에十分詳審치아니ᄒᆞ면妄發의弊가無치못ᄒᆞᆯ지며又語音이低殘模糊ᄒᆞ면聽ᄒᆞᄂᆞᆫ者이誤解ᄒᆞ기易ᄒᆞᆯ지오高叫燥妄ᄒᆞ면聽ᄒᆞᄂᆞᆫ者이衝突ᄒᆞ기易ᄒᆞᆯ지며他人의對話홈이可否를察치못ᄒᆞ고是非를妄議ᄒᆞ거ᄂᆞ人을對ᄒᆞ야他人의長短을妄論홈은言語의最忌ᄒᆞᆯ者이니라

第十三 職業

職業은人의生活上에一日이라도無치못ᄒᆞᆯ

職業

者이니士農工商에何를服從ᄒᆞ던지一次職業의方向을定ᄒᆞᆫ後에ᄂᆞᆫ輕率히變改치말고一心으로勤實ᄒᆞ야困難을忍耐ᄒᆞ면天下萬事에何를成치못ᄒᆞ리오만일恒心이無ᄒᆞ야今日此業에從事ᄒᆞ

다가明日에變改ᄒᆞ야分外의事를妄做ᄒᆞ면失敗ᄒᆞᆷ을免키難ᄒᆞᆯ지니맛당히몬져自己의才力을量ᄒᆞᆫ後에一業을擇定ᄒᆞ야一身의營爲를圖ᄒᆞ며社會上公益에進步케ᄒᆞᆯ지니라

第十四 自營

人이自身의生活을自身의力으로營ᄒᆞᆷ은天然ᄒᆞᆫ公理라天이人을生ᄒᆞ야四肢百體를具備ᄒᆞ얏슴은各其生活을經營케ᄒᆞᆷ이니만일我의四肢百體를荒廢ᄒᆞ고妄히他人에게依賴ᄒᆞᆯ지면但히事業만成치못ᄒᆞᆯ쌴外라天의

賦與ᄒᆞ신本分을失ᄒᆞᆯ지니라

第十五 恩惠

人이他人에게恩惠를受ᄒᆞᆷ이感謝의心이有ᄒᆞᆷ은自然ᄒᆞᆫ理라然ᄒᆞ나其感謝의心을肺腑에銘刻ᄒᆞ야一生을忘치아니ᄒᆞᄂᆞᆫ者도有ᄒᆞ며或當場에ᄂᆞᆫ感謝히녁이다가因ᄒᆞ야忘却ᄒᆞᄂᆞᆫ者도有ᄒᆞ나니人의恩惠를受ᄒᆞ고報ᄒᆞ기를忘ᄒᆞᆷ은可치아니ᄒᆞ니라

大抵恩을施ᄒᆞᄂᆞᆫ者ᄂᆞᆫ비록報ᄒᆞᆷ을望치아니ᄒᆞᆯ지나恩을受ᄒᆞᆫ者ᄂᆞᆫ決코報ᄒᆞᆷ을忘치못ᄒᆞᆯ지라

故로古人이言ᄒᆞ되太上은德을貴히녁이고其次ᄂᆞᆫ施ᄒᆞ며報ᄒᆞᆷ을務ᄒᆞᆫ다ᄒᆞ니라

第十六 窮理

窮理라ᄒᆞᆷ은何物을對ᄒᆞ던지其理를窮究ᄒᆞᆷ이니廣泛히言ᄒᆞ면天地間動植及鑛物이各其眞理를具有ᄒᆞᆷ이나近小히言ᄒᆞᆯ진ᄃᆡ一器械를對ᄒᆞ야如何ᄒᆞ면動ᄒᆞ고如何ᄒᆞ면靜ᄒᆞᆷ을觀ᄒᆞ야其理를窮究ᄒᆞᆯ바라此로由ᄒᆞ야何等學問을硏究ᄒᆞ던지其眞理를發明ᄒᆞ야世

界에利用을作ᄒᆞᆯ지면엇지文明社會에上等의人이되지못ᄒᆞ리오

第十七 時間

時間은人生의最惜ᄒᆞᆯ者라人이世에生存ᄒᆞᄂᆞᆫ期限이百年에過치못ᄒᆞᆯ지니百年間에憂患疾病과幼穉老耄의時間을除ᄒᆞ면事業ᄒᆞᆯ時間이短ᄒᆞ도다此와如히短ᄒᆞᆫ時間으로限이無ᄒᆞᆫ事業을成立코자ᄒᆞᆯ진ᄃᆡ엇지暫時間인ᄃᆞᆯ虛浪히消費ᄒᆞ리오今日의此時間은一送ᄒᆞ면復見치못ᄒᆞᄂᆞᆫ者이라學問을修ᄒᆞᄂᆞᆫ

時間

青年은時間을貴重히녁이여分陰을當惜ᄒᆞᆯ지며又他人에對ᄒᆞ야도時間을浪費치말ᄂᆞᆫ.勸告ᄒᆞᆯ지니만일閑談說話로時間을虛送ᄒᆞ거ᄂᆞ他人을訪問ᄒᆞ야緊急ᄒᆞᆫ事가無ᄒᆞ고久坐ᄒᆞᆷ은己의惡行이人에及ᄒᆞᆷ이니라

第十八 過失

過失은無心ᄒᆞᆫ中에서出ᄒᆞ야事體에違反ᄒᆞᆷ이니世上의萬般事爲에容易히有ᄒᆞᆯ者라其過失됨을自覺ᄒᆞ던지或人의告ᄒᆞᆷ을因ᄒᆞ야覺ᄒᆞ던지覺ᄒᆞᆫ後에ᄂᆞᆫ곳칠지니過ᄅᆞᆯ改ᄒᆞ면初無ᄒᆞᆷ과同ᄒᆞ거니와만일過ᄅᆞᆯ知ᄒᆞ고改치아니ᄒᆞ면此ᄂᆞᆫ惡行을故作ᄒᆞ야下等에自歸ᄒᆞᆷ이니人이己過ᄅᆞᆯ言ᄒᆞ거든반다시心을虛ᄒᆞ야省ᄒᆞᆯ지니라

第十九 禮儀

禮儀ᄂᆞᆫ適當ᄒᆞᆫ容儀ᄅᆞᆯ保有ᄒᆞ야他人을尊ᄒᆞ며自己ᄅᆞᆯ敬ᄒᆞᆷ이니我邦今日에必要ᄒᆞᆫ問題라

大抵人을交際ᄒᆞᆷ에弊衣垢面으로儉約을藉托ᄒᆞ며踈狂放蕩ᄒᆞᆷ으로闊達ᄒᆞ다自處ᄒᆞ야大丈夫가맛당히小節에拘치아닐지라엇지區々ᄒᆞᆫ禮貌ᄅᆞᆯ餙ᄒᆞ리오ᄒᆞᄂᆞ니此ᄂᆞᆫ平素에適當ᄒᆞᆫ儀容을修養치못ᄒᆞ야庵率ᄒᆞᆫ習慣이라엇지文明社會에入ᄒᆞ리오吾人은此世에在ᄒᆞ야人을對ᄒᆞᆷ이適當ᄒᆞᆫ禮儀가無ᄒᆞ면可

치못ᄒᆞᆯ지니라

第四章 嘉言

第一 孝

栗谷先生李珥가로ᄃᆡ人子ᄂᆞᆫ生ᄒᆞᆷ을受ᄒᆞᆷ이性命과血肉이皆父母의遺ᄒᆞᆫ바이라엇지敢히其身을自有ᄒᆞ리오ᄒᆞ니라

第二 敬愛

退溪先生李滉이가로ᄃᆡ吾의親을尊ᄒᆞᆷ과吾의長을敬ᄒᆞᆷ으로붓터其餘에推及ᄒᆞ야但其敬ᄒᆞᄂᆞᆫ禮가或其人을隨ᄒᆞ야差等은有ᄒᆞᆯ지

ᄂᆞ同胞의義로言ᄒᆞ면凡天下高年의人은皆吾一家의長이라엇지吾兄을事ᄒᆞᄂᆞᆫ心을推ᄒᆞ야事치아니ᄒᆞ리오ᄒᆞ니라

第三 持身

靜菴先生趙光祖가로ᄃᆡ己를持ᄒᆞᆷ은맛당히嚴ᄒᆞᆫ中에恭이有ᄒᆞ고恭ᄒᆞᆫ中에嚴이有케ᄒᆞᆯ다ᄒᆞ니라

第四 工夫

文良公姜希孟이가로ᄃᆡ玉을琢磨치아니ᄒᆞ면器를成치못ᄒᆞ고金을鍛鍊치아니ᄒᆞ면劒

을鑄치못ᄒᆞᄂᆞ니玉을琢磨ᄒᆞᆷ에ᄂᆞᆫ반다시沙石으로벼ᄒᆞ며金을鍛鍊ᄒᆞᆷ에ᄂᆞᆫ반다시爐炭으로벼ᄒᆞᄂᆞ니玉과金이만일沙石과爐炭의麁惡ᄒᆞᆷ을恥ᄒᆞ야居치아니ᄒᆞ면玉은璞에蘊ᄒᆞᆯᄲᅮᆫ이오金은鑛에秘ᄒᆞᆯᄲᅮᆫ이라엇지瑚璉을成ᄒᆞ며龍泉을鑄ᄒᆞ야世에奇貨가되리오ᄒᆞ니라

第五章 善行

第一 踐敎

貴山은新羅眞平王時人이라少時에嘗項으

踐敎

로同히其師의戒ᄅᆞᆯ受ᄒᆞ니一은君을忠으로事ᄒᆞᆷ이오二ᄂᆞᆫ親을孝로事ᄒᆞᆷ이오三은友ᄅᆞᆯ信으로交ᄒᆞᆷ이오四ᄂᆞᆫ戰에臨ᄒᆞ야退치아님이오五ᄂᆞᆫ身을殺호ᄃᆡ擇ᄒᆞᆷ이有ᄒᆞᆷ이라及百濟가來侵ᄒᆞᆷ의貴山

初等修身 第五章、學校圖

과箒項이少監이되야拒홀서羅兵이力困ᄒᆞᆫ
야引退코쟈ᄒᆞ거ᄂᆞᆯ貴山이가로ᄃᆡ吾가師의
戒ᄅᆞᆯ受ᄒᆞᆷ이戰에臨ᄒᆞ야退치말나ᄒᆞ얏스니
엇지敎ᄅᆞᆯ墜ᄒᆞ리오ᄒᆞ고箒項으로더부러ᄒᆞᆷ
게力戰ᄒᆞ다가節에死ᄒᆞ니라

第二 學校

晦軒先生安裕ᄂᆞᆫ高麗忠肅王時人이라學校
가日衰ᄒᆞᆷ을憂ᄒᆞ야兩府에建議ᄒᆞ되請컨ᄃᆡ
百官으로ᄒᆞ야금錢穀을出ᄒᆞ야學費ᄅᆞᆯ贍케
ᄒᆞ쟈ᄒᆞᆫᄃᆡ兩府가從ᄒᆞ야王께聞ᄒᆞ니王이ᄯᅩ

五三

初等修身 第五章、學校圖、清廉圖

學校

ᄒᆞᆫ內帑錢을出ᄒᆞ사
助ᄒᆞᄂᆞᆫ지라이에學
校ᄅᆞᆯ廣設ᄒᆞ야人才
ᄅᆞᆯ敎育ᄒᆞ니라

第三 清廉

崔碩은高麗順孝王
時人이라嘗히昇平
府에知ᄒᆞ얏더니府
의故俗이邑倅가遞
還ᄒᆞ면八馬ᄅᆞᆯ贈ᄒᆞ

五四

淸廉

야良ᄒᆞᆫ者를擇케ᄒᆞ
는지라碩이還ᄒᆞᆯ시
邑人이例를依ᄒᆞ야
八馬를進ᄒᆞ고擇ᄒᆞ
라ᄒᆞᆫᄃᆡ碩이笑ᄒᆞ야
曰何馬라도能히京
에至ᄒᆞᆯ지니何必良
馬를擇ᄒᆞ리오牝馬
를乘ᄒᆞ고家에至ᄒᆞ
니馬가駒를生ᄒᆞ거

沉靜

ᄂᆞᆯ其駒를並ᄒᆞ야邑
人에게還ᄒᆞ니是로
自ᄒᆞ야馬를贈ᄒᆞ는
弊가逐絶ᄒᆞ니라

第四 沉靜

圃隱先生鄭夢周는
嘗히海에航ᄒᆞ야支
那에使ᄒᆞᆯ시風濤가
危險ᄒᆞᆷ이舟中人이
驚動ᄒᆞ야皆所爲를

格物

莫知ᄒᆞ되先生은意思가愈整ᄒᆞ고精神이愈淸ᄒᆞ야衿을斂ᄒᆞ고高히拱ᄒᆞ야室中에坐ᄒᆞᆷ과如ᄒᆞ더라

第五 格物

徐敬德은兒時에家貧ᄒᆞ야田間에往ᄒᆞ야蔬를採ᄒᆞᆯ셰每日

遲歸ᄒᆞ되蔬가筐에盈치못ᄒᆞᆫ지라父母가其故를問ᄒᆞᆫ디가로ᄃᆡ田間에鳥가有ᄒᆞ야一日에ᄂᆞᆫ地를去ᄒᆞ기一寸이오二日에ᄂᆞᆫ二寸이오三日에ᄂᆞᆫ三寸이라漸次로上을向ᄒᆞ야飛ᄒᆞᆷ이此鳥를觀ᄒᆞ고其理를竊想ᄒᆞᆷ으로每日遲滯ᄒᆞᆷ을致ᄒᆞ오며蔬가筐에盈치못ᄒᆞ얏ᄂᆞ이다ᄒᆞ니其鳥ᄂᆞᆫ名이從々이라春을當ᄒᆞᆷ이地氣에上升ᄒᆞᆷ을隨ᄒᆞ야漸次高飛ᄒᆞᆷ이러라

第六 踐約

文貞公曹植은俗離山에入ᄒᆞ야成悌元을訪

踐約

ᄒᆞ고明年八月十五日에伽倻山海印寺에會ᄒᆞ기로期ᄒᆞ얏더니期에及ᄒᆞᆷ이大雨가日을連ᄒᆞ야降ᄒᆞᄂᆞᆫ지라曹公이雨ᄅᆞᆯ冒ᄒᆞ고行ᄒᆞ야寺門에至ᄒᆞ니悌元이已到ᄒᆞ야蓑衣ᄅᆞᆯ方脫ᄒᆞ더라

公直

第七 公直

忠武公李舜臣은鉢浦萬戶로在ᄒᆞᆯ時에左水使成鏄이官庭에梧桐을斫取코쟈ᄒᆞ거ᄂᆞᆯ公이從치아니ᄒᆞ야曰此ᄂᆞᆫ公家의物이어ᄂᆞᆯ私欲으로伐ᄒᆞᆷ이엇지可ᄒᆞ리오ᄒᆞᆫᄃᆡ成鏄이비

록心으로怒ᄒᆞᄂᆞ遂行치못ᄒᆞ고其後殿最에公을貶下코쟈ᄒᆞᆫᄃᆡ都事趙憲이闊ᄒᆞ야曰李舜臣의蹟이一道의冠ᄒᆞ니寧히列鎭을盡貶ᄒᆞᆯ지언뎡舜臣은可貶치못ᄒᆞᆫ다ᄒᆞ야乃止ᄒᆞ니라

第八 義勇

忠翼公郭再祐ᄂᆞᆫ壬辰亂에諸道가連陷ᄒᆞ야列鎭主將과方伯守宰가皆深山으로避ᄒᆞᆷ을聞ᄒᆞ고乃奮罵ᄒᆞ야曰 聖朝께오셔臣庶를休養ᄒᆞ신지二百餘年이라一朝에急ᄒᆞᆷ이有

ᄒᆞᆷ이皆自全의計를爲ᄒᆞ고國家의亂을顧치아니ᄒᆞ니今에草野에서起치아니ᄒᆞ면全國에一男子가無ᄒᆞ다ᄒᆞᆯ지니엇지萬古의羞가아니리오ᄒᆞ고兵을起ᄒᆞ야大功을成ᄒᆞ니라

第九 秉公

文淸公李後白은宰相이됨의公道를崇尙ᄒᆞ고請托을受치아니ᄒᆞ야每一官을擬ᄒᆞ면반다시其人의當否를廣問ᄒᆞ며或合치못ᄒᆞᆫ人을誤除ᄒᆞ면夜가終토록寢치못ᄒᆞ야曰我가國事를誤ᄒᆞ얏다ᄒᆞ더라

施惠

第十　自省

黃宗海ᄂᆞᆫ人으로더부러交ᄒᆞᆷ의其善치못ᄒᆞᆷ이有ᄒᆞ면반다시言호ᄃᆡ改치아니ᄒᆞ면自反ᄒᆞ야가로ᄃᆡ言을信치아니ᄒᆞᆷ은吾의過라ᄒᆞ고誠意로ᄡᅥ自勉ᄒᆞ더라

第十一　施惠

文康公李之菡은毛山守에게贅ᄒᆞᆯ서醮ᄒᆞᆫ翌日에出ᄒᆞ얏다가暮還ᄒᆞᆷ의家人이其新袍가無ᄒᆞᆷ을見ᄒᆞ고問ᄒᆞᆫᄃᆡ答ᄒᆞ야가로ᄃᆡ私濟橋를過ᄒᆞ다가乞兒가凍病ᄒᆞᆷ을見ᄒᆞ고割ᄒᆞ야三兒를衣ᄒᆞ얏다ᄒᆞ니라

第十二　治家

柳鼎模ᄂᆞᆫ書를讀ᄒᆞ고家를治ᄒᆞᆷ의華를去ᄒᆞ고實에就ᄒᆞ야簾을織ᄒᆞ고索을撚ᄒᆞ며茄子一畦와葡萄一架를種ᄒᆞ야時로賣ᄒᆞ며家人十口가其壯弱을隨ᄒᆞ야職業이皆有ᄒᆞᆷ으로

各其生을資ᄒᆞ니家事가井々히法度가有ᄒᆞ
야窶ᄒᆞᄂᆞ飢치아니ᄒᆞ더라

第十三 度量

河璿은晉州人이라兒時에同學兒가一忿爭
을因ᄒᆞ야公의屨ᄅᆞᆯ奪ᄒᆞ야井에投ᄒᆞ거ᄂᆞᆯ公
이慍色이少無ᄒᆞ고人이問ᄒᆞᆫ즉此事가初無
ᄒᆞ다ᄒᆞ더라

初等修身終

영인

초등여학독본

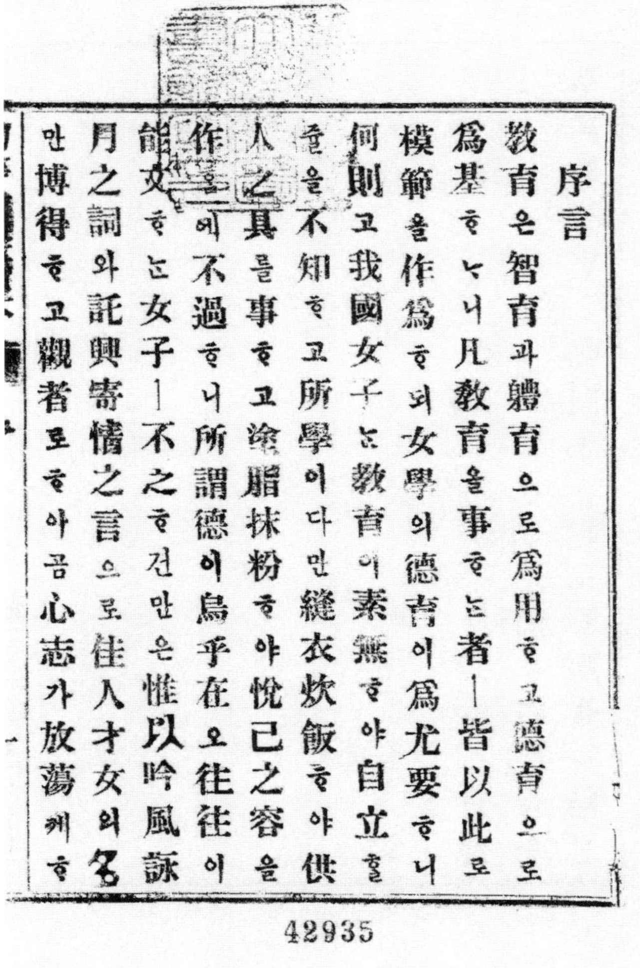

序言

教育은智育과體育으로爲用ᄒᆞ고德育으로爲基ᄒᆞᄂᆞ니凡教育을事ᄒᆞᄂᆞᆫ者ㅣ皆以此로模範을作爲ᄒᆞ되女學의德育이爲尤要ᄒᆞ니何則고我國女子ᄂᆞᆫ教育이素無ᄒᆞ야自立ᄒᆞᆯ줄을不知ᄒᆞ고所學이다만縫衣炊飯ᄒᆞ야供人之具를事ᄒᆞ고塗脂抹粉ᄒᆞ야悅己之容을作ᄒᆞᆷ에不過ᄒᆞᄂᆞ니所謂德이烏乎在오往往이能文ᄒᆞᄂᆞᆫ女子ㅣ不之ᄒᆞ건만은惟以吟風詠月之詞와託興寄情之言으로佳人才女의名만博得ᄒᆞ고觀者로ᄒᆞ야곰心志가放蕩케ᄒᆞ

1

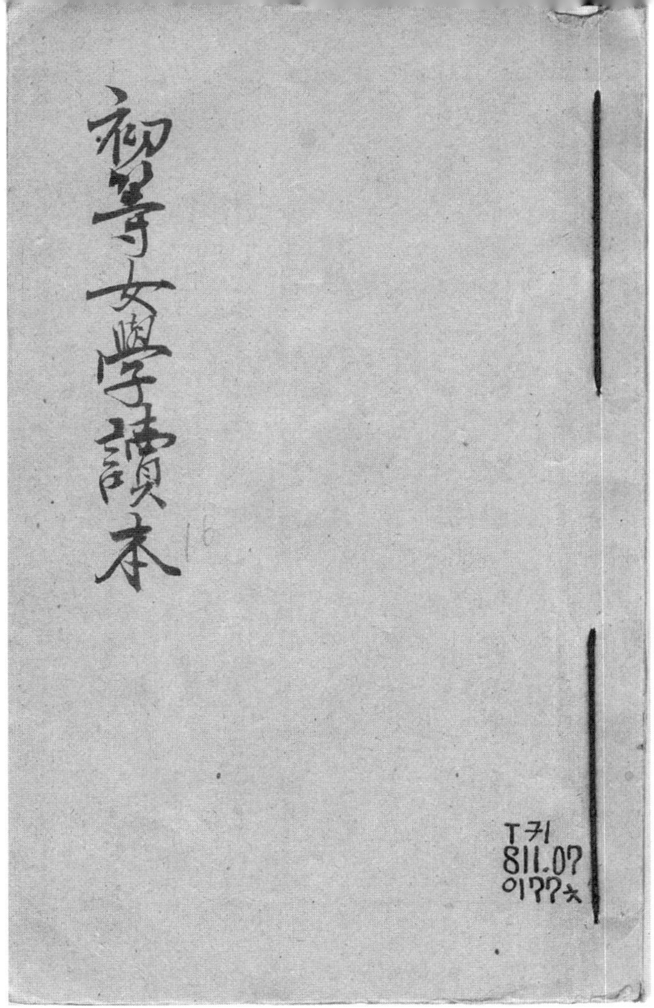

니無益홀ᄲᅮᆫ이아니라適足以風化를傷ᄒᆞᄂᆞᆫ
故로乃曰女子無才ㅣ便是德이라ᄒᆞ야遂使
女子로幽閉ᄒᆞ야二千萬民族에半數ᄂᆞᆫ無用
之人을作ᄒᆞ니嗚呼라現今에風氣가大開ᄒᆞ
고女權이釋放ᄒᆞ미女學이男學보담急ᄒᆞ니
入學之初에修身을宜先敎之ᄒᆞ야德育으로
爲基ᄒᆞ고他日學成에智育과體育이相輔以
行ᄒᆞ면女子界進化가將與男子로同權矣리
니不佞이所以로女誡와內則과家訓에女子
의日用常行之道를採取ᄒᆞ야女學讀本을編
成ᄒᆞ니每課所言이皆切實可行이오古人에

言行만呆叙홈이아니라固陋를不揣ᄒᆞ고女
校의一助를窃望ᄒᆞ노라

隆熙二年二月上澣 著者識

初等女學第一年一學期讀本

目次

明倫章

第一課　人倫

第二課　上同

第三課　人權

立教章

第四課　姆教

第五課　貞烈

第六課　家本

第七課　學禮

女行章
第八課　四行
第九課　上同
第十課　女德
第十一課　女言
第十二課　女容
第十三課　女功
專心章
第十四課　專心
第十五課　上同
第十六課　內外

第十七課　修心
第十八課　修身
事父母章
第十九課　孝敬
第二十課　食飲
第二十一課　養志
第二十二課　獨女
第二十三課　有愼
第二十四課　有責
第二十五課　不怨
第二十六課　驕憨

事夫章
第二十七課 夫婦
第二十八課 于歸
第二十九課 敬順
第三十課 不敬
第三十一課 不順
第三十二課 侮夫
第三十三課 夫言
第三十四課 夫怒
第三十五課 夫病
第三十六課 夫征

第三十七課 懶婦
第三十八課 賢婦
第三十九課 有行
第四十課 依賴
事舅姑章
第四十一課 問安
第四十二課 曲從
第四十三課 姑愛
第四十四課 女憲
第四十五課 冢婦
第四十六課 主饋

第四十七課 虐婦
第四十八課 無禮
和叔妹章
第四十九課 叔妹
第五十課 體敵
第五十一課 謙順

初等女學第一年第一學期讀本

李源兢 著
邊瑩中 校

明倫章

第一課

人道의有五倫ᄒᆞ니父子有親ᄒᆞ며君臣有義ᄒᆞ며夫婦有別ᄒᆞ며長幼有序ᄒᆞ며朋友有信ᄒᆞ니是謂五倫이라蓋人倫이始于夫婦ᄒᆞ니太初에上帝ㅣ造一男一女ᄒᆞ시고祝之曰生育이衆多ᄒᆞ야昌盛於地ᄒᆞ라ᄒᆞ시니라

ᄉᆞ람、도에、다섯、린륜이、잇스니、부ᄌᆞ는、친이、
잇스며、군신은、의가、잇스며、부부는、분별이、
잇스며、장유는、차례가、잇스며、붕우는、신이、
잇스니、이를、오륜이라、일음이라、ᄃᆡ개、린륜
이、부부에비로섯스니、ᄐᆡ초의、하ᄂᆞ님ᄭᅴ서、
일남、일녀를、만드시고、비러、갈ᄋᆞᄉᆞᄃᆡ、ᄉᆡᆼ육
이、만코、만아、ᄯᅡ의셔、챵셩ᄒᆞ라、ᄒᆞ시니라

第二課

君義臣忠ᄒᆞ며父慈子孝ᄒᆞ며夫和婦順ᄒᆞ며
兄友弟恭ᄒᆞ며朋友ᄂᆞᆫ輔仁ᄒᆞᄂᆞ니五倫者ᄂᆞᆫ
天賦之良性이오人有之懿德이라人而不知

有五常이면其違禽獸ㅣ不遠矣리라
인군은、오르시고、신하는、츙셩ᄒᆞ며、아비는、
ᄌᆞ랑ᄒᆞ고、아달은、효도ᄒᆞ며、지아비는、화ᄒᆞ
고、지어미는、순ᄒᆞ며、형은、우애ᄒᆞ고、아우는、
공손ᄒᆞ며、벗은、어진거스로、돕ᄂᆞ니、오륜은、
하나님이、쥬신、어진、셩품이오、ᄉᆞ람의、잇는、
아람다온、덕이라、ᄉᆞ람이、오륜을、모르면、새
와、김성에、가가가、머지、아니리라

第三課

陰陽이殊性ᄒᆞ고男女ㅣ異行ᄒᆞᄂᆞ니男子ᄂᆞᆫ陽
剛爲德ᄒᆞ고女子ᄂᆞᆫ陰柔爲用이라然이ᄂᆞ生

民之初에人權은男女同等ᄒᆞ야原有自由ᄒᆞ고知能은男女同具ᄒᆞ야各有所長이어ᄂᆞᆯ重男而不重女ᄒᆞ니不亦蔽乎아

음양이、셩품이、다르고、남녀가、힝홈이、다르니、남ᄌᆞ는、양의、굿센거ᄉᆞ로、덕을숨고、녀ᄌᆞ는、음의부드러운거ᄉᆞ로、쓰임을숨으나、그러나、빅셩을、닉든、초에、ᄉᆞ람의、권리는、남녀가、동등ᄒᆞ야、본ᄃᆡ、ᄌᆞ유가、잇고、지능은、남녀가、동구ᄒᆞ야、각각、소쟝이、잇거ᄂᆞᆯ、남ᄌᆞ만、둥히녁이고、녀ᄌᆞ는、둥히、아니녁이니、또한、편폐치、아니냐

立教章

第四課

禮에曰男女六歲의敎以數目方名ᄒᆞ며七歲에男女不同食ᄒᆞ며不同席ᄒᆞ고八歲에女就姆敎ᄒᆞ야訓以禮讓ᄒᆞ며十五而笄ᄒᆞ고二十而嫁ᄒᆞᄂᆞ니未嫁之前에須學女範ᄒᆞ라幼而學之ᄂᆞᆫ長而行之니라

례긔에、갈오ᄃᆡ、남녀ㅣ、여셧살의、슈와、방위、일홈을、가르치고、일곱슐에、남녀ㅣ、갓치、먹지아니며、ᄌᆞ리를、갓치아니ᄒᆞ고、여ᄃᆞᆲ슐에、녀ᄌᆞ는、례양으로、가르치며、열、다섯실에。비

녀ᄅᆞᆯ ᄭᅩᆺ고、ᄉᆞ무 술에、시집、가ᄂᆞ니。시집、가기
젼에、모롬이、녀범을、ᄇᆡ올지라、어려서、ᄇᆡ오
ᄂᆞᆫ、거ᄉᆞᆫ、장셩ᄒᆞ야、ᄒᆡᆼᄒᆞ라ᄂᆞᆫ、거시니라

第五課

凡爲女子者ㅣ先學立身이니立身之法은惟
貞與烈이라貞則志一ᄒᆞ고烈則行全ᄒᆞᄂᆞ니
古來女士의貞操烈行이載在靑史ᄒᆞ니是則
是傚ᄒᆞ야勉而行之ᄒᆞ라

무릇、녀ᄌᆞ된ᄌᆞㅣ、몬져、닙신을、ᄇᆡ올지니、닙
신ᄒᆞᄂᆞᆫ、법은、다만、졍렬、ᄲᅮᆫ이라、졍ᄒᆞᆫ즉、ᄯᅳᆺ지、
한결갓고、렬ᄒᆞᆫ즉、ᄒᆡᆼ실이、온젼ᄒᆞᄂᆞ니、녯적、

녀ᄌᆞ의、졍ᄒᆞᆫ、지됴와、렬ᄒᆞᆫ、ᄒᆡᆼ실이、ᄉᆞ긔에、잇
ᄉᆞ니、법、밧고、본、밧아、힘써、ᄒᆡᆼᄒᆞ라

第六課

國之本은在民ᄒᆞ고家之本은在女ᄒᆞ니女子、
不學이면家無賢妻ᄒᆞ고家無賢妻면亦無賢
母ᄒᆞ야家庭教育을無所於受ᄒᆞ리니是以女
學이急於男學이니라

나라、근본은、ᄇᆡᆨ셩에、잇고、집、근본은、녀ᄌᆞ의
게、잇ᄉᆞ니、녀ᄌᆞ가、ᄇᆡ오지、아니면、집에、어진、
안ᄒᆡ가、업고、어진、안ᄒᆡ가、업시면、ᄯᅩᄒᆞᆫ、어진、
어머가、업셔、가졍교육을、밧을데가、업ᄉᆞ리

니、이렵으로녀ᄌᆞ의、학문이、남ᄌᆞ의、학문보
담、급ᄒᆞ니라

第七課

女年漸長에行將適人이니失今不學이면歲不我予ㅣ니라不受姆訓ᄒᆞ며不學婦禮ᄒᆞ고嫁入他門ᄒᆞ야損失體貌ᄒᆞ며不達事理면受侮己身ᄒᆞ고貽辱父母ᄒᆞᄂᆞ니嗟嗟女子ᄂᆞᆫ何莫學夫오

녀ᄌᆞ의、나히、점점、ᄌᆞ라미、쟝ᄎᆞ、시집、갈이시、지금、아니ᄇᆡ오면、세월이、날을、쥬지、안ᄂᆞ니、모훈을밧지、안으며、부례를、ᄇᆡ오지、안코、남의、집에、드러가、쳬모를、일으며、ᄉᆞ리를、통달치、못ᄒᆞ면、몸이、업슈이、넉임을、밧고、부모의게、욕을、씨치리니、ᄎᆞ흡다、녀ᄌᆞ들은、엇지、ᄇᆡ오지、아니ᄒᆞᄂᆞ뇨

女行章

第八課

女子大節이厥有四行ᄒᆞ니一曰女德이오二曰女言이오三曰女容이오四曰女功이라心之所施曰德이니不可不順이오口之所宣曰言이니不可不愼이오貌之所飾曰容이니不可不莊이오身之所務曰功이니不可不勤이

니라
녀ᄌᆞ의,힝실이,넷시잇스니,일왈,녀덕이오,
이왈,녀언이오,ᄉᆞᆷ왈,녀용이오,ᄉᆞ왈,녀공이
라.마음의,베푸ᄂᆞᆫ,거시,덕이니,불가불,순ᄒᆞᆯ
거시오,닙의,베푸ᄂᆞᆫ거시,말이니,불가불,ᄉᆞᆷ
갈,거시오,모양의,ᄭᅮ미ᄂᆞᆫ,거시,얼골이니,불
가불,씩씩ᄒᆞᆯ거시오,몸의,힘쓰ᄂᆞᆫ,거시,공이
니,불가불,부지런ᄒᆞᆯ,것시니라

第九課

才慧聰明이非女德이니才勝則德薄이오利口辯辭ㅣ非女言이니多言則多失이오顏色

美麗ㅣ非女容이니甚美者ᄂᆞᆫ必有甚惡이오技術精巧ㅣ非女功이니一針雙龍이未免窮相이니라

지조와,지혜가,총명ᄒᆞᆫ거시,녀덕이,아니니,
지조가,승ᄒᆞᆫ즉,덕이,엷고,닙이,지고,말,잘ᄒᆞ
ᄂᆞᆫ거시,녀언이,아니니,말이,만은즉,실슈가,
만코,안식이,아름답고,고은,거시,녀용이,아
니니,심히,아름다,온ᄌᆞᄂᆞᆫ,심히,악ᄒᆞᆫ거시,잇
고,슈지가,정교ᄒᆞᆫ거시,녀공이,아니니,바늘,
하ᄂᆞ로,쌍룡을,슈,노아도,궁상을,면치,못ᄒᆞ
ᄂᆞ니라

第十課

幽閒貞靜은性之德也오孝敬柔順은行之德
也니禮節을恪守ᄒᆞ야規模ㅣ整齊ᄒᆞ며處身
은克恭ᄒᆞ야行止有度ㅣ是謂女德이니有德
者ᄂᆞᆫ有福ᄒᆞ야一生이平康ᄒᆞᄂᆞ니라

깁고,한가ᄒᆞ고,곧고,고요ᄒᆞᆫ거슨,셩품에,덕
이오,효도ᄒᆞ고,공경ᄒᆞ고,부드럽고,순ᄒᆞᆫ거
슨,ᄒᆡᆼ실에,덕이니,례졀을,각근이,직혀,규모
가,졍졔ᄒᆞ고,처신을,극히공손ᄒᆞ야,ᄒᆡᆼᄒᆞ고,
긋치ᄂᆞᆫ거시,법도,잇ᄂᆞᆫ거시,녀덕이니,덕이
잇ᄂᆞᆫ,ᄌᆞᄂᆞᆫ,복이잇서,일ᄉᆡᆼ이,평강ᄒᆞᄂᆞ니라

第十一課

擇言而發에不道惡言ᄒᆞ며緘口內修ᄒᆞ야非
禮勿言ᄒᆞ고言必中節이是謂女言이니故로
曰言者ᄂᆞᆫ心之聲也라善人心은積善而著於
善ᄒᆞ고惡人心은積惡而著於惡ᄒᆞᄂᆞ니라

말을,갈ᄒᆡ여ᄒᆞ되,악ᄒᆞᆫ,말은,ᄒᆞ지,아니ᄒᆞ며,입
을,봉ᄒᆞ고,안으로,닥거,례가,아니어든,말을
안코,말을ᄒᆞ면,반ᄃᆞ시,졀조에,맛ᄂᆞᆫ거시,녀
언이니,그런고로,갈아ᄃᆡ,말은,마음에,소ᄅᆡ
라,착ᄒᆞᆫ,ᄉᆞ람의,마음은,착ᄒᆞᆫ거시,ᄡᅡ이여,착
ᄒᆞᆫ거시,낫타나고,악ᄒᆞᆫ,ᄉᆞ람의,마음은,악ᄒᆞᆫ

거시、쓰이여、악ᄒᆞᆫ거시、낫타나ᄂᆞ니라

第十二課

沐浴以時ᄒᆞ야身無垢汚ᄒᆞ며澣濯以時ᄒᆞ야衣常鮮潔ᄒᆞ고不施脂粉에容光粹然이是謂女容이니是故로女不矜色이오其容在德이라無鹽이雖陋ᄂᆞ言用於齊ᄒᆞ야國以大治ᄒᆞ니라

목욕을、ᄯᅢ로、ᄒᆞ야、몸에、ᄯᅢ가、업고、ᄲᆞᆯ내를、ᄯᅢ로、ᄒᆞ야、옷시、항상、ᄭᆡᆺ긋ᄒᆞ고、조촐ᄒᆞ며、분을、아니、발ᄂᆞ도、얼골이ᄭᆡᆺ긋ᄒᆞᆫ거시、이녀용이니、이런고로、녀ᄌᆞᄂᆞᆫ、ᄉᆡᆨ을、자랑치、안코、그얼골이、덕에、잇ᄂᆞᆫ지라、무염이、비록、더러우나、말이、졔ᄉᆞ나라에、쓰여、나라이、크게、다ᄉᆞ리니라

第十三課

精五飯ᄒᆞ며冪酒漿ᄒᆞ며縫衣裳ᄒᆞ야但有閨門之修ᄒᆞ고而無梱外之志ㅣ是謂女功이니凡女子在家에廣學女事ᄒᆞ야箕箒井臼之役을無所不能이라야異日出嫁ᄒᆞ야可以治產이니라

다섯、가지、밥을、정히、ᄒᆞ며、술과、쟝을、더푸며、의상을、지옹ᄒᆞ야、다만、도장안만、닥고、문밧、

뜻이、업ᄂᆞᆫ거시、녀공이니、무릇、녀ᄌᆞㅣ、본、집
에、잇슬적의、넙펴、일을、비와、키질、비질、물、깃
기、절구질、ᄶᅡ지라도、다、릉히、ᄒᆞ여야、시집、가
셔、살림을、잘ᄒᆞ리라

專心章

第十四課

女子所貴ᄂᆞᆫ專一其心ᄒᆞ며端正其貌ᄒᆞ야耳
不竊聽ᄒᆞ며目不偷視ᄒᆞ며出無冶容ᄒᆞ며入
無廢飾ᄒᆞ며勿聚會女伴ᄒᆞ야諧浪笑語ᄒᆞ며
勿閑行鄰里ᄒᆞ야妄談是非ᄒᆞ라

녀ᄌᆞ의、귀ᄒᆞᆫ、바ᄂᆞᆫ、그、마음을、젼일이、ᄒᆞ며、그、

모양을、단정이、ᄒᆞ야、귀ᄂᆞᆫ、엿、듯지、말며、눈은、
엿、보지、말며、나들이에、모양을、내지、말며、드
러와、장식을、폐치말며、동무를、모다、갈락질
과、웃고、써드지말며、이웃、동니로、다니며、시
비를、망녕도이、말、ᄒᆞ지말나

第十五課

行莫回頭ᄒᆞ며語莫掀唇ᄒᆞ며坐莫動膝ᄒᆞ며
立莫搖裙ᄒᆞ라此ᄂᆞᆫ女子之賤相이오喜莫大
笑ᄒᆞ며怒莫高聲ᄒᆞ라此ᄂᆞᆫ女子之輕相이니
小心謹愼ᄒᆞ야切勿有此ᄒᆞ라

단일제、머리를、두루지、말며、말ᄒᆞᆯ제、넙쓸을、

드러,내지말며,안져셔,무릅을,움ᄌᆞㄱ이지말며,서셔,치마를,만지지,말며,깃버도,크게,웃지말며,셩이,ᄂᆞ도,놉히,쇼ᄅᆡ를,말나,이,여러가지ᄂᆞᆫ,다,녀ᄌᆞ의,쳔상이오,경상이니,됴심ᄒᆞ여,여긔,범치말지어다

第十六課

男子ᄂᆞᆫ居外ᄒᆞ며女子ᄂᆞᆫ居內ᄒᆞ니男女異群이오內外各處라女子無事에不出外庭ᄒᆞ며有客臨門에勿窺門隙ᄒᆞ고遇有外出커든低頭顧步ᄒᆞ야毋失其儀ᄒᆞ고夜行秉燭이니無燭則止ᄒᆞᄂᆞ니라

남ᄌᆞᄂᆞᆫ,밧게,거ᄒᆞ며,녀ᄌᆞᄂᆞᆫ,안에,거ᄒᆞ니,남녀ㅣ,무리가,다르고,ᄂᆡ외,각쳐ᄒᆞᄂᆞᆫ지라,녀ᄌᆞㅣ,일,업시,외졍의,나가지。아니며,손이,잇스면,문,틈으로,엿,보지말고,만일,밧게,나갈,일이,잇거든,고ᄀᆡ를,숙이고,거름만,도라,보아,의용을,일치말며,밤나드리에ᄂᆞᆫ,촉ᄇᆞᆯ을,잡ᄂᆞ니,촉ᄇᆞᆯ이,업시면,그만,두ᄂᆞ니라

第十七課

心猶首面ᄒᆞ니首不飾則亂ᄒᆞ고面不洗則醜라心不修則惡은曷不自思오對鏡拭面에思潔其心ᄒᆞ며傅粉에思和其心ᄒᆞ며澤髮에思

潤其心ᄒᆞ며梳髮에思理其心ᄒᆞ며立齒에思
正其心ᄒᆞ며攝鬢에思整其心ᄒᆞ라

마암이、머리와、낫과、갓ᄒᆞ니、머리ᄂᆞᆫ、ᄯᅳᆺ、미지、
아니면、어질엽교、낫슨、씻지、아니면、더려운
지라、마암을、닥지、아니면、악ᄒᆞᆫ、줄은、엇지、싱
각지、못ᄒᆞᄂᆞ뇨、거울을、디ᄒᆞ야、낫、씨슬제、그、
마음、ᄭᆡᆺ긋ᄒᆞ기를、싱각ᄒᆞ며、분、발을제、그、마
음、화ᄒᆞ기를、싱각ᄒᆞ며、머리에、기름、발을제、
그、마음、윤택ᄒᆞ기를、생각ᄒᆞ며、머리、빗슬제、
그、마음、다ᄉᆞ리기를、생각ᄒᆞ며、ᄯᅳᆫ、머리、세울
졔、그、마음、바르기를、생각ᄒᆞ며、술족셥을제、

그、마음、졍대ᄒᆞ기를、생각ᄒᆞ라

第十八課

三時澡浴이非修身이오五采盛服이非修身
이라楙德謹言ᄒᆞ며修容勤功이是爲修身이
니四行에闕一ᄒᆞ면女行不備라欲備女行이
면宜修其身이오欲修其身인ᄃᆡᆫ宜專其心이
니라

숨시로、목욕ᄒᆞᄂᆞᆫ거시、슈신이、아니오、오치
로、셩복、ᄒᆞᄂᆞᆫ거시、슈신이、아니라、덕을、힘쓰
며、말을、숨가며、얼골을、닥그며、녀공을、부지
런니、ᄒᆞᄂᆞᆫ것이、슈신이니、ᄉᆞ힝에、ᄒᆞ나이、결

ᄒᆞ면、녀힝이、가초지、못ᄒᆞᆯ지라、녀힝을、가초
고ᄌᆞ、ᄒᆞ거든、맛당이、슈신、ᄒᆞᆯ거시오、슈신코
ᄌᆞ、ᄒᆞ면、맛당이、젼심、ᄒᆞᆯ지니라

事父母章

第十九課

孝敬父母ᄂᆞᆫ男女無間ᄒᆞ니女子在家에事父母호ᄃᆡ雞鳴盥櫛ᄒᆞ고敬問寢安ᄒᆞ며疾痛苛癢에敬抑搔之ᄒᆞ며戶庭出入에敬扶持之ᄒᆞ며奉水進盥ᄒᆞ고盥卒授巾ᄒᆞ며

부모를、효경、ᄒᆞ기ᄂᆞᆫ、남녀가、간격이、업ᄉᆞ니、녀ᄌᆞㅣ、집에、잇서、부모를、셤기되、ᄃᆞᆰ이、울거든、세슈ᄒᆞ고、머리、빗고、부모、침소에、가셔、문안ᄒᆞ며、압흔、데와、가려운、데를、쥬물으고、글거、드리며、호졍출립、ᄒᆞᆯ졔、붓들어、들이며、ᄃᆡ야의、물을、밧드러、세슈를、나오고、세슈、다、ᄒᆞ신、후에、슈건을、드리며

第二十課

問何食飮ᄒᆞ야飯饘酒醴와毛羹菽水를敬進所欲ᄒᆞ며斂衾褥ᄒᆞ며掃室堂ᄒᆞ고父母ㅣ將坐어시든奉席請何向ᄒᆞ며將臥어시든奉衽請何趾ᄒᆞ고父母의枕几杖屨를置有常處ᄒᆞ야不移ᄒᆞᄂᆞ니라

初等女學讀本 事父母章 十二

무엇을、잡슈시며、마시깃ᄂᆞ、물어、밥과、미음과、술과、단술과、잡탕과、슈슈를、소욕ᄃᆡ로、나와、드리며、이불과、뇨를、깃키며、방과、말우를쓸며、부모ㅣ 안지랴、ᄒᆞ시거든、방석을、밧들고、어ᄃᆡ로、향ᄒᆞ기를、청ᄒᆞ며、누으랴、ᄒᆞ시거든、ᄌᆞ리ᄶᅡᆷ을밧들고、어ᄃᆡ로、발、ᄲᅥᆺ기를、청ᄒᆞ며、부모의、벼ᄀᆡ와、안셕과、집행이와、신을、두ᄂᆞᆫ、곳시、잇셔、옴기지、안ᄂᆞ니라

第二十一課

飮食은養口體ᄒᆞ고承順은養親志니食而不敬이면徒食非養이오事而不順이면徒養非孝라飮食은供甘旨ᄒᆞ고應對ᄂᆞᆫ順指使ᄒᆞ라奉侍父母ᄂᆞᆫ女勝於男ᄒᆞ니라

음식은、구테를、길으고、승순은、ᄯᅳᆺ슬、기르ᄂᆞ니、먹이고、공경치、아니면、ᄒᆞᆫ갓、먹이기만、ᄒᆞ고、길으ᄂᆞᆫ、거시、아니오、셤기고、승순치、아니면、ᄒᆞᆫ갓、길으기만ᄒᆞ고、효도ᄒᆞᄂᆞᆫ、거시아니라、음식은、달고、맛ᄂᆞᆫ、거스로、이바지ᄒᆞ며、응ᄃᆡᄂᆞᆫ、가라치고、시기ᄂᆞᆫᄃᆡ로、승순ᄒᆞ라、부모를、밧들어、뫼시기ᄂᆞᆫ、ᄯᆞᆯ이、아ᄃᆞᆯ보담、나흐니라

第二十二課

初等女學讀本 事父母章 十三

身爲獨女ᄒᆞ야終鮮兄弟면父母所依ㅣ惟我一女ㅣ니尤當竭力ᄒᆞ야以事父母니라古有至老不嫁ᄒᆞ고以養父母者ᄒᆞ니不必效此로ᄃᆡ在家爲女之日은少ᄒᆞ고出嫁爲婦之年은多ᄒᆞ니라

몸이、외、ᄯᆞᆯ이、되야、다른、형뎨가、업스면、부모의、의지、ᄒᆞ시ᄂᆞᆫ바ᄂᆞᆫ、오직、ᄯᆞᆯ、ᄒᆞᆫ아、ᄲᅮᆫ이니、더욱、맛당이、힘을、다、ᄒᆞ야、부모를、셤길지라、녯적의、늙도록、시집、아니가고、부모를、길은ᄌᆞㅣ、잇스니、반다시、이를、본、밧을거시아니로ᄃᆡ、집에、잇셔、ᄯᆞᆯ、노릇ᄒᆞᆯ、날은、적고、출가ᄒᆞ야、며ᄂᆞ리、노릇ᄒᆞᆯ、히ᄂᆞᆫ、만으니라

第二十三課

父母ㅣ有愼이어시든不離牀側ᄒᆞ야夜不解衣ᄒᆞ며睡不交睫ᄒᆞ고湯藥을手煎ᄒᆞ며冷熱을唇嘗ᄒᆞ야溫語勸進ᄒᆞ며深更密室에切禱上帝ᄒᆞ야冀復安康ᄒᆞ라至誠은感神이니라

부모ㅣ、병환이、게시거든、ᄌᆞ리、것을、ᄯᅥᄂᆞ지말고、밤에、옷슬벗지、아니며、눈을감고、졸지아니ᄒᆞ고、탕약을、손슈、다려、ᄎᆞ고、더운것을닙으로、맛보아、졉슈시기를、권ᄒᆞ며、깁흔、밤、골방에셔、ᄒᆞ나님ᄭᅴ、간졀히、긔도ᄒᆞ야、회복

ᄒᆞ시기를、바라라、지극ᄒᆞᆫ졍셩은、ᄒᆞ나님이、
감동、ᄒᆞ시ᄂᆞ니라

第二十四課

父母ㅣ有責이어시든愼勿勃怒ᄒᆞ고低首微
聽ᄒᆞ며亦勿慌忙ᄒᆞ야轉致誤事ᄒᆞ고自問自
心ᄒᆞ되如何無過며如何免責ᄒᆞ야悔改己罪
ᄒᆞ며仰慰母心ᄒᆞ라

부모ㅣ、ᄭᅮ지람、ᄒᆞ시거든、부ᄃᆡ、발ᄭᅥᆫ、셩、ᄂᆡ지、
말고、머리를、슈기고、공경이、들으며、ᄯᅩᄒᆞᆫ、황
망ᄒᆞ야、일을、져질지、말나、ᄂᆡ、마음을、스스로、
물어보되、엇지ᄒᆞ면、허물이、업시며、엇지ᄒᆞ

면、ᄭᅮ지람을、아니ᄒᆞ시게ᄒᆞ고、ᄒᆞ야、졔、죄를、
회개ᄒᆞ고、어머님、마음을、안위ᄒᆞ라

第二十五課

父母ㅣ惡之어시든懼而不怨ᄒᆞ며父母ㅣ愛
之어시든喜而不忘ᄒᆞ라父母所命을敬遵毋
違ᄒᆞ고勿爲覆逆ᄒᆞ야自作聰明ᄒᆞ라或有未
解면從容問母ᄒᆞ야聽其方便ᄒᆞ라

부모ㅣ、믜워、ᄒᆞ시거든、두려워、ᄒᆞ고、원망을、
아니며、부모ㅣ、ᄉᆞ랑、ᄒᆞ시거든、깃버ᄒᆞ고、잇
지、말나、부모의、명령을、순종ᄒᆞ야、어긔지말
며총명ᄒᆞᆫ체、ᄒᆞ고、복역、ᄒᆞ지말나、혹、아지、못

할일이、잇거든、종용이、어머님게、물어、방편을、들으라

第二十六課

貴養之女ᄂᆞᆫ驕慾成性ᄒᆞ야父母之言을不肯聽從ᄒᆞ며偶有責言이면泣而反唇ᄒᆞ고每當歲時에貪取衣資ᄒᆞ야以充嫁具ᄒᆞ며私殖貨財ᄒᆞ야不顧父母ᄒᆞᄂᆞ니如此之女ᄂᆞᆫ愼勿效之ᄒᆞ라

귀히、길은、ᄯᆞᆯ은、교만과、음셕이、셩품을、일우어、부모의、말ᄉᆞᆷ을、듯지、아니ᄒᆞ며、우연이、ᄭᅮ지람이、잇스면、울며、말ᄃᆡ답ᄒᆞ고、매양、세시

를、당ᄒᆞ면、옷、감을、탐ᄒᆞ야、시집、옷만、장만ᄒᆞ고、ᄉᆞ져를、식리ᄒᆞ야、부모를、도라보지、아니ᄒᆞᄂᆞ니、이갓흔、녀ᄌᆞᄂᆞᆫ、부듸、본밧지、말지어다

事夫章

第二十七課

夫惟一婦오婦惟一夫ᄂᆞᆫ上帝所命이시니女子從夫ᄂᆞᆫ一身之主라義同君臣ᄒᆞ고服喪三年ᄒᆞ니親比父子오父母를共事ᄒᆞ니情若兄弟오異姓이相合ᄒᆞ니誼兼朋友라是故로人之五倫이備于夫婦ᄒᆞ니라

지아비ᄂᆞᆫ、다만、지어미、ᄒᆞᆫ아이오、지어미ᄂᆞᆫ、
다만、지아비、ᄒᆞᆫ아인거슨、하나님의、명ᄒᆞᆫ신、
바이니、녀ᄌᆞ의、남편、좃ᄂᆞᆫ거슨、녀몸에、쥬인
이라、의가、군신과、갓고、삼년상을、닙으니、친
홈이、부ᄌᆞ의、비ᄒᆞ고、부모를、갓치、섬기니、졍
이、형뎨와、갓고、이셩이、서로、합ᄒᆞ엿ᄉᆞ니、의
가、붕우를、겸ᄒᆞᆫ지라、그런고로、사람의、오륜
이、부부에、갓초앗ᄂᆞ니라

第二十六課

女子于歸에母ㅣ臨門送之曰必敬必戒ᄒᆞ야毋違丈夫ᄒᆞ며善事舅姑ᄒᆞ라ᄒᆞ시니婦當服

夫오夫亦愛妻如己라婦不得自主其身ᄒᆞ고惟夫主之ᄒᆞ니婦不可離夫오夫亦不可離婦니라

녀ᄌᆞㅣ、신힝ᄒᆞ야、올졔、어마니가、문에셔、보
너며、갈ᄋᆞᄉᆞ뎌、반드시、공경ᄒᆞ고、반드시、경
계ᄒᆞ야、쟝부를、어긔지、말며、구고를、잘、섬기
라、ᄒᆞ셧ᄉᆞ니、안히가、맛당히、남편을、복종ᄒᆞᆯ
거시오、남편도맛당히、안히、ᄉᆞ랑ᄒᆞ기를、몸
과、갓치、ᄒᆞᆯ지라、안히가、그、몸을、ᄌᆞ쥬치、못ᄒᆞ
고、오직、남편이、쥬쟝ᄒᆞ니、안히가、가히、남편
을、쎄지、못ᄒᆞᆯ거시오、남편이、가이、안히를、쎄

지、못홀지니라

第二十九課

敬順은爲婦之道오事夫之本이라敬待如賓則恩愛不衰ᄒᆞ고順服如君則情意相孚ᄒᆞ야家或食貧이라도糟糠을不厭ᄒᆞ며身雖勞悴ᄂᆞ井臼ᄅᆞᆯ不辭ᄒᆞᄂᆞ니是故로夫婦好合이如鼓瑟琴이니라

공경과、유순ᄒᆞᆫ것은、부녀된、도리오、남편、셤기ᄂᆞᆫ、근본이라、손님처럼、경디ᄒᆞᆫ즉、은이가、불쇠ᄒᆞ고、인군처럼、슌복ᄒᆞᆫ즉、정의가、샹부ᄒᆞ야、집이、혹、간난ᄒᆞ여도、지겸이ᄅᆞᆯ、시려、ᄒᆞ

지아니며、몸이、비록、로췌ᄒᆞ여도、정구지역을、ᄉᆞ양치、안ᄂᆞ니、이런고로、부부호합이、금슬과、갓타니라

第三十課

夫婦之好ㅣ終身不離ᄒᆞᄂᆞ房室周旋에易生狎侮ㅣ니狎侮ㅣ旣生이면語言이過矣오語言旣過면放恣必作이오放恣旣作이면侮夫之心이生矣니此由不敬이니라

부부에、조흔것이、종신토록、셔ᄂᆞ지、아니ᄒᆞᄂᆞ、한방에셔쥬션ᄒᆞ매、너무、친압ᄒᆞ고、셜만ᄒᆞ니、친압과、셜만이、싱기면、언어의、허물이、

잇고、어언의、허물이、쇠ᄒᆞ면、방쟈ᄒᆞ고、방쟈ᄒᆞ면、남편、엽슈히、녀이는、마음이、생기ᄂᆞ니、이는不敬ᄒᆞᆫ데셔、말매암ᄂᆞ니라

第三十一課

夫不能作業ᄒᆞ며婦不克持家ᄒᆞ야柴米無儲어ᄂᆞ衣服無着이면空然生嗔ᄒᆞ야打兒罵女에語輒侵夫ᄒᆞ야使夫忿怒ᄒᆞᄂᆞ니此由不順이니라

남편이、룽히、실업을、못ᄒᆞ고、안히가、룽히、살림을、못슬어、나무와、쌀이、써러지고、의복이、닙을것이、업스면、공연이、셩을닉여、아달을、치며、ᄯᆞᆯ을、ᄭᅮ지저、말겻치、남편을、침노ᄒᆞ면、남편이、또ᄒᆞᆫ、분이、나고、셩이、나게ᄒᆞ니、이는、불순ᄒᆞᆫ데셔、말매암ᄂᆞ니라

第三十二課

侮夫不已면呵責必至오忿怒不止면毆罵必至니呵責旣宣이면何義之有며毆罵旣行이면何恩之有리오不敬不順이終乃不和ᄒᆞ야不孝父母ᄒᆞ며獲罪上帝니라

남편、엽슈이녁이기를、마지아니면、ᄭᅮ지지고、책망이、반드시、일을거시오、분과、로홈이、곳치지、아니면、쥬여박고、욕ᄒᆞᄂᆞᆫ거시、반드시、

일으리니、쑥짓고、책망ᄒᆞ면、무슨、의가、잇스며、쥬여박고、욕ᄒᆞ면、무슨、은혜가、잇스리오、불경과、불순이、맛ᄎᆞᆷ닉、불화ᄒᆞ야、부모의게、불효ᄒᆞ고、하나님씌、죄를、엇ᄂᆞ니라

第三十三課

是故로夫婦之言은謹於微細ᄒᆞ며夫婦之禮ᄂᆞᆫ愼於終始니夫有所言이면靡有不從ᄒᆞ되如行非禮면殷殷諫止ᄒᆞ야勿使吾夫로陷於罪惡ᄒᆞ라聖經에曰婦焉不救夫ᄒᆞ며夫焉不救婦오ᄒᆞ니夫婦相救ᄂᆞᆫ夫婦之義니라

어련고로、부부의、말은、미세ᄒᆞᆫ데、삼가고、부

부의、례는、종시를、삼갈지니、남편이、말이、잇거든、좃지아님이、업스되、만일、비례를、횡ᄒᆞ거든、은온이、간ᄒᆞ야。나의、남편으로、ᄒᆞ야곰、죄악에、세지지、말게ᄒᆞ라、성경에、갈오ᄉᆞ되、안히가、엇지、남편을、아니、구원ᄒᆞ며、남편이、엇지、안히를、아니、구원ᄒᆞ리오、ᄒᆞ얏스니、부부상구는、부부에、의니라

第三十四課

夫ㅣ若發怒어든倍加小心ᄒᆞ야婉容柔色으로低頭供事ᄒᆞ며慇勤勸餐ᄒᆞ야願止其怒ᄒᆞ라止怒之方은莫如無辨이니라誰家潑婦ᄂᆞᆫ

每自尋端ᄒᆞ야與夫爭鬪ᄒᆞ니如此之婦ᄂᆞᆫ可以爲戒이라

남편이、만일、셩을、내거든、비나、조심ᄒᆞ야、순ᄒᆞᆫ、얼골에、부드러운、빗스로、머리를、숙이고、슌종ᄒᆞ며、은근이、밥을、권ᄒᆞ면서、그만、지로ᄒᆞ기를、원ᄒᆞ라、로를、그치기는、발명、업는、것시、묘방이니라、뉘집、난봉의、계집은、매양、ᄉᆞ단을、고심ᄒᆞ야、서방과、싸오나니、이런、계집은、가이、경계ᄒᆞᆯ진져

第三十五課

夫ㅣ若有病이면蚤夜勞焦ᄒᆞ야問議醫藥ᄒᆞ며禱求神明ᄒᆞ야夫病이稍愈어든飮食衣服을益加謹愼ᄒᆞ야調理安全을小心勿怠ᄒᆞ라誰家愚婦ᄂᆞᆫ任夫臥病ᄒᆞ고全不經心ᄒᆞ도다

남편이、만일、병이、잇시면、쥬야로、초조ᄒᆞ야、의약을、문의ᄒᆞ며、신명에、긔도ᄒᆞ야、병이、조곰、낫거든、음식과、의복을、더욱、근신ᄒᆞ야、조리안젼、ᄒᆞᆯ동안에、조심ᄒᆞ야、게을게말나、뉘집、못난、계집은、서방의、병을、버려、두고、젼연이、관심치、안는도다、

第三十六課

夫ㅣ若遠征ᄒᆞ야久客未還이면兼治外事ᄒᆞ

야整頓家務ᄒᆞ며近出城鎭에日暮不歸어든停燈溫飯ᄒᆞ고等候叩門ᄒᆞ라誰家懶婦ᄂᆞᆫ夫出未返에吹燈先眠ᄒᆞ야不啓其門ᄒᆞ며不問夫飯이로다

남편이、만일、멀리、가셔오리、도라오지、아니면、밧것、일을、겸치ᄒᆞ야、집안을、정돈ᄒᆞ며、갓가이、츌입ᄒᆞ야、날이、져무러도、도라오지、안커든、등ᄲᅮᆯ을、도두고、밥을、ᄡᅡᆺ듯시、뭇어노코、문、소리를、기다리라、뉘집、게으른、지어미ᄂᆞᆫ、셔방이、나가、도라오지、안닌데、등ᄲᅮᆯ을、ᄭᅳ고、몬져、ᄌᆞᄂᆞᆫ또다

第三十七課

懶婦之性은只顧耽睡ᄒᆞ야黃昏閉戶에日高不起ᄒᆞ야每遭夫譴ᄒᆞ며亦被姑嗔ᄒᆞ야慵起無力ᄒᆞ고梳洗靡遑이라黽勉入厨ᄒᆞ니手脚이慌忙ᄒᆞ야炊飯失時ᄒᆞ고烹飪昧方이로다

게을은、지어미에、셩품은、다만、ᄌᆞᆷ만、탐ᄒᆞ야、황혼에、문을、닷고、히가、놉도록、이러나지、아니매、남편이、남으라고、시어미가、ᄭᅮ지지니、ᄌᆞᆷ을、ᄭᆡ여、무력ᄒᆞ고、소세ᄒᆞᆯ、겨를이、업ᄂᆞᆫ지라、간신이、부억에、드러가니、슈각이、황망、ᄒᆞ야、밥짓ᄂᆞᆫ、거슨、실시ᄒᆞ고、찬슈도、졍치못ᄒᆞ

니라

第三十八課

嗟哉賢婦ᄂᆞᆫ每日早起ᄒᆞ야盥面櫛髮에薄施淡粧ᄒᆞ고入廚洗鼎ᄒᆞ며揀柴吹火ᄒᆞ야爲飯爲羹에克潔克精ᄒᆞ고一日三飧을不失其時ᄒᆞ며不辭其勞ᄒᆞ고習以爲常이로다

ᄎᆞ흡다、현철ᄒᆞᆫ、부인은、매일、일즉이려나셔、낫、씻고、머리、빗고、담장을、잠간ᄒᆞ고、부억에、드러가、솟슬、씻스며、나무를、집어、불을、불며、밥을、짓고、국을、ᄭᅳ리미、극히、졍ᄒᆞ고、극히、ᄭᆡ긋ᄒᆞ며、ᄒᆞ루、세ᄭᅵ를、실시치、안코、슈고를、ᄉᆞ양치아니ᄒᆞᄂᆞᆫ도다

第三十九課

女子有行이遠父母兄弟니一入夫家에莫頻覲行ᄒᆞ라說辛道苦ᄒᆞ야貽憂父母ᄒᆞ며率來送往에致勞兄弟니라治產之婦ᄂᆞᆫ況離離家오家貧萬事ㅣ惟賴賢妻니라

녀ᄌᆞ、유힝이、부모와、형뎨를、물리ᄒᆞᄂᆞ니、ᄒᆞᆫ번、부가에、드러가미、근친길을、ᄌᆞ조、말나、미우니、쓰니、이야기ᄒᆞ야、부모ᄭᅴ、이우ᄒᆞ고、다려오고、보니ᄂᆞᆫ데、형뎨의게、슈고를、깃치ᄂᆞ니라、살림ᄒᆞᄂᆞᆫ、부인은、ᄒᆞ물며、셰날슈、엽고、

간난ᄒᆞᆫ집、만ᄉᆞᄂᆞᆫ、오직、현처를、생각ᄒᆞᄂᆞ니
라

第四十課

女子之心은常多依賴ᄒᆞ야夫或不貴어나家
或不富면詈其媒妁ᄒᆞ며怨其父母ᄒᆞ야曰奚
爲嫁余오ᄒᆞᄂᆞ니嗟今之世ᄂᆞᆫ男女同權이라
女子有學이면可以商矣오可以仕矣니何須
靠夫리오

녀ᄌᆞ의、마음은、의뢰가、만아、남편이、귀ᄒᆞ지、
못ᄒᆞ거나、시집이、견듸지、못ᄒᆞ면、중매를、ᄭᅮ
ᄶᅵ지며、부모를、원망ᄒᆞ여、왈、엇지ᄒᆞ여、날을

시집、보냇소、ᄒᆞᄂᆞ니、이졔、세상은、남녀동권
이라、녀ᄌᆞ라도、학문만、잇스면、가히、장ᄉᆞ도
ᄒᆞ고、가히、벼슬도、ᄒᆞᆯ거이니、엇지、남편만、의
뢰ᄒᆞ리오

事舅姑章

第四十一課

女子從夫에事舅姑를如事父母니舅姑之所
의朝夕問安ᄒᆞ며舅姑所諭之言을少勿拒逆
ᄒᆞ며舅姑所使之事를奉行勿滯ᄒᆞ야樂其心
ᄒᆞ며順其志ᄒᆞ고每事를必問ᄒᆞ야唯命是從
이니라

녀ᄌᆞㅣ、남편을、좃ᄎᆞ미、구고、섬기기를、부모
와、갓치、ᄒᆞᆯ지니、구고의게、조셕、문안ᄒᆞ며、구
고의、일으는、말ᄉᆞᆷ을、조곰도、거역지、말며、구
고의、시기는、일을、곳、ᄒᆞ야、지체ᄒᆞ지、말고、그、
마음을、질겁게、ᄒᆞ며、그、ᄯᅳᆺ을、순이ᄒᆞ야、미ᄉᆞ
를、반드시、물어、구고의ᄯᅳᆺ더로、좃ᄂᆞ니라

第四十二課

事舅姑有法ᄒᆞ니每事를必曲從ᄒᆞ라姑ㅣ以非爲是라도知其非而從其是ᄒᆞ며姑ㅣ以曲爲直이라도知其曲而從其直ᄒᆞ야是非曲直을勿與姑爭이면可得姑心이니라

구고、섬기는、법이、잇ᄉᆞ니、미ᄉᆞ를、반드시、ᄯᅳᆺ
을、굽혀、곡종ᄒᆞ라、시어머니가、그른거을、가
지고、올타、ᄒᆞ거든、그른걸、알고도、올타는거
슬、좃치며、굽은거을、가지고、곳다、ᄒᆞ거든、굽
은걸、알고도、곳다는、거을、좃치라、시비곡직
을、시어머니와、더부러、닷토지、아니면、시어
머니、마음을、가히、어들지니라

第四十三課

姑ㅣ若愛婦면舅自愛婦오舅姑ㅣ愛婦면夫自愛妻니欲得夫愛면舅姑之愛를務得이오舅姑之愛를欲得이면舅姑之意를曲從ᄒᆞ라

舅姑ㅣ不愛ᄒᆞ면夫愛難保ㅣ니라
시어머니가、며ᄂᆞ리를、ᄉᆞ랑ᄒᆞ면、시아버지
는、졀노、며ᄂᆞ리를、ᄉᆞ랑ᄒᆞ고、구고가、ᄉᆞ랑ᄒᆞ면、
남편은、졀노、안해를、ᄉᆞ랑ᄒᆞᄂᆞ니、남편의、ᄉᆞ
랑을、엇고ᄌᆞ、ᄒᆞ면、구고의、ᄉᆞ랑을、아모조록、
엇을거시오、구고의、ᄉᆞ랑을、엇고ᄌᆞ、ᄒᆞ면、구
고의、ᄯᅳᆺ을、부ᄃᆡ、극종ᄒᆞ라、구고가、ᄉᆞ랑치、아
니ᄒᆞ면、남편의、ᄉᆞ랑을、보젼ᄒᆞ기、어려우니라

第四十四課

女憲에曰順從舅姑를若影隨形ᄒᆞ며如響應
聲ᄒᆞ면焉有不得이며焉有不賞이리오ᄒᆞ니
舅姑所愛를婦亦愛之ᄒᆞ며舅姑所好를婦亦
好之ᄒᆞ면可爲孝婦ㅣ니라
녀헌에、갈오ᄃᆡ、구고、순종ᄒᆞ기를、그림ᄌᆞ가、
형상을、ᄯᆞ르는것、갓고、운향이、음셩을、응ᄒᆞ
드시、ᄒᆞ면、엇지、상득지、아니ᄒᆞ며、엇지、칭찬치、
아니ᄒᆞ리오、ᄒᆞ니、구고의、ᄉᆞ랑ᄒᆞᄂᆞᆫ、바를、며ᄂᆞ
리도、ᄉᆞ랑ᄒᆞ며、구고의、조아ᄒᆞᄂᆞᆫ、바를、며ᄂᆞ
리도、조아ᄒᆞ면、가히、효부가、되리라

第四十五課

爲人家婦ᄒᆞ면婦職이尤重ᄒᆞ니衣服은以備
輕煖ᄒᆞ며飮食은以供嗜好ᄒᆞ되悉經婦手ᄒᆞ

고勿誘他人ᄒᆞ며又掌內政ᄒᆞᄂᆞ니日用粮饌을務要撙節ᄒᆞ고叔妹妯娌와宗族賓客을善視善待ᄒᆞ라

남의、맛、며ᄂᆞ리가、되면、며ᄂᆞ리、작분이、더욱、죵ᄒᆞ니、구고의、의복은、가뷔얍고、더운、것으로、예비ᄒᆞ며、음식은、질기고、조아、ᄒᆞᄂᆞᆫ거스로、이바지、ᄒᆞ되、다、ᄂᆡ손으로、ᄒᆞ고、타인의게、미루지、말며、ᄂᆡ졍을、맛타스니、일용냥찬을、아무조록、존절ᄒᆞ고、시동싱、신누의、동세들과、종족과、빈긱을、잘、그늘으며、잘、ᄃᆡ접ᄒᆞ라

第四十六課

敬主中饋ᄂᆞᆫ婦之所司ㅣ니盤床器皿을務要潔淨ᄒᆞ며飯飧羹菹를務要馨香ᄒᆞ라飯宜軟蒸이오肉宜亂擣ㅣ니大抵老人은易飢易飽ㅣ라午餐夜膳을勿失其時어다

중궤를、공경ᄒᆞ야、쥬장、ᄒᆞᄂᆞᆫ것이、며ᄂᆞ리、맛ᄒᆞᆫ바이니、반상과、긔명을、아모조록、결졍이、ᄒᆞ며、밥과、국과、김치를、아모조록、얌젼이、ᄒᆞ라、밥은、맛당히、무루게、지을지오、고기ᄂᆞᆫ、맛망히、나른히、다질지니、늙은、구고ᄂᆞᆫ、비가、쉬、곱푸고、비가、쉬、부르ᄂᆞ니、오찬과、야션을、ᄯᅢ를、일치、말지어다

第四十七課

世之爲姑者ㅣ類多虐婦ᄒᆞ야言言事事에吹毛覓疵ᄒᆞᄂᆞ니遇姑如此면曷以事之오爲婦之道에惟有忍耐ᄒᆞ니愈虐愈恭ᄒᆞ야至誠事之ᄒᆞ라今日之婦ㅣ後日之姑니以此爲鑒ᄒᆞ야懲前毖後어다

세상에、시어미된、ᄌᆞㅣ、만이、며ᄂᆞ리를、학더ᄒᆞ야、언언사사에、털을、불고、흉을、찻ᄂᆞ니、이런、시어미를、맛ᄂᆞ면、엇지、섬길이오、며ᄂᆞ리된、도리에、오직、참고、견딜、ᄲᅮᆫ이니、학디홀슈록、더욱、공슌ᄒᆞ야、지셩으로、섬기라、오날、며ᄂᆞ리가、후일、시어미니、일로、거울을、삼아、압을、증계ᄒᆞ고、뒤를、삼갈지어다

第四十八課

無禮之婦ᄂᆞᆫ放恣無憚ᄒᆞ야舅姑之前에道是說非ᄒᆞ며舅姑命令을頑不聽從ᄒᆞ며舅姑飢寒을全然不保ᄒᆞ고惟夫是愛ᄒᆞ야是食是衣ᄒᆞᄂᆞ니라

버릇업ᄂᆞᆫ、며ᄂᆞ리ᄂᆞᆫ、방ᄌᆞᄒᆞ고、긔탄이、업셔、구고의、압헤、오르니、그르니、지거리며、구고의、명령을、드른체도、아니ᄒᆞ며、구고의、긔한을、젼연히、알은체、아니ᄒᆞ고、다만、셔방만、ᄉ

랑ᄒᆞ야,먹이고,닙히ᄂᆞ니,이갓흔,며ᄂᆞ리ᄂᆞᆫ,
가히,경계ᄒᆞᆯ진져

和叔妹章

第四十九課

叔妹幼少ᄒᆞ야常在親側ᄒᆞ니體敵分尊이오
恩疎義親이라睚眦之嫌과語言之過를一一
往愬ᄒᆞ야隱善揚惡ᄒᆞ니諺曰三歲兒言을勿
踰耳聽이라舅姑在堂에安得不信이리오

어린,시동성과,시누의가,항상,어버이,겻헤,
잇스니,체제ᄂᆞᆫ,디적ᄒᆞ고,명분은,놉흐며,은
혜ᄂᆞᆫ,셩글고,분의ᄂᆞᆫ,친ᄒᆞᆫ지라,눈,흙인,혐의
와,어언의,허물을,낫낫이,하소ᄭᅧ려,착ᄒᆞᆫ것
은,숨기고,악ᄒᆞᆫ것은,드러너니,샹말에,갈오
ᄃᆡ,세살,먹은,아희,말도,귀,넘어,듯지,말나,ᄒᆞ
엿스니,우에,계신,구고ᄭᅦ서,엇지,아니,밋으
시리오

第五十課

叔妹譽嫂ᄒᆞ면舅姑愛婦ᄒᆞ고舅姑愛婦ᄒᆞ면
其夫愛妻ᄒᆞᄂᆞ니由此觀之컨ᄃᆡᆫ兄嫂의臧否
毁譽ᄂᆞᆫ專在叔妹ᄒᆞ고叔妹의毁譽是非ᄂᆞᆫ專
在兄嫂ᄒᆞ니大抵叔妹之心은不可失也니라

시동셩과,시누의가,형슈를,기리면,구고가,

며ᄂᆞ리를、ᄉᆞ랑ᄒᆞ고、구고ᄭᅴ셔、며ᄂᆞ리를、ᄉᆞ
랑ᄒᆞ면、남편이、안히를、ᄉᆞ랑ᄒᆞᄂᆞ니、일노、말
ᄆᆡ암아、불진된、형슈의、착ᄒᆞ고、착지、아닌것
과、훼담ᄒᆞ고、기리ᄂᆞᆫ、것은、젼혀、시동싱과、시
누의게、잇고、시동셩、시누의에、흠담ᄒᆞ고、기
리ᄂᆞᆫ、것과、올코、그른것은、젼혀、형슈의게、잇
ᄉᆞ니、대져、시동싱과、시누의、마음을、일치、못
ᄒᆞᆯ것이니라

第五十一課

敬待媤叔ᄒᆞ야毋失禮貌ᄒᆞ며友愛媤妹ᄒᆞ야
情若同己ᄒᆞ라惟謙與順이得其歡心이니叔

妹既和면人無間言ᄒᆞ야姑婦之間에其樂融
融ᄒᆞ리니事姑事夫者ᄂᆞᆫ善事叔妹ㄴ뎌
시동싱을、경디ᄒᆞ야、례모를、일치、말고、시누
의를、우익ᄒᆞ야、정이、동긔、갓ᄒᆞᆯ지라、겸손、ᄒᆞ
고、공슌ᄒᆞᆫ것이、그질거운、마음을、엇ᄂᆞ니、시
동싱과、시누의를、임의、화ᄒᆞ면、ᄉᆞ람의、간언
이、업셔、고부、ᄉᆞ이에、그、질거움이、륭륭ᄒᆞ리
니、구고와、남편을、셤기ᄂᆞᆫ、자ᄂᆞᆫ、몬져、시동싱
과、시누의를、잘、셤길진뎌

初等女學第一年第一學期讀本終

영인

녀자소학슈신서

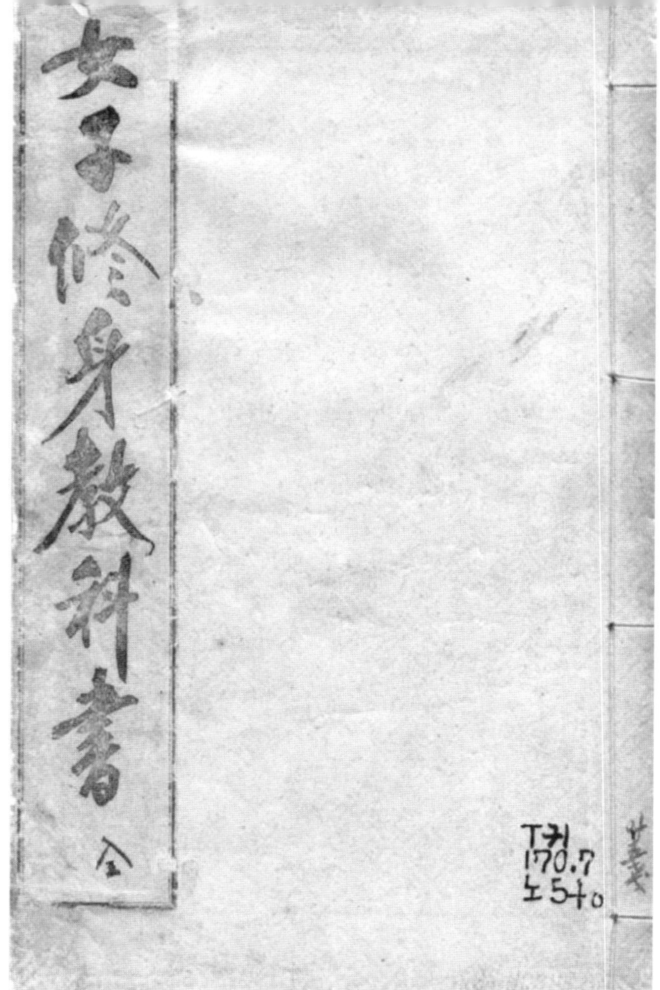

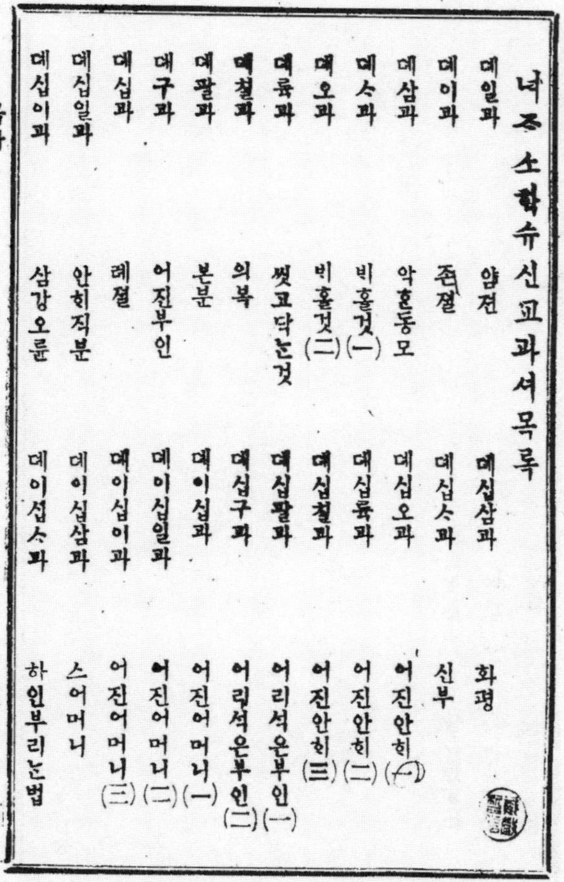

녀ᄌ소학슈신교과셔목록

데일과	얌젼	데십삼과	화평
데이과	존졀	데십ᄉ과	신부
데삼과	악혼동모	데십오과	어진안히(一)
데ᄉ과	비홀것(一)	데십륙과	어진안히(二)
데오과	비홀것(二)	데십칠과	어진안히(三)
데륙과	씻고닥는것	데십팔과	어리석은부인(一)
데칠과	의복	데십구과	어리석은부인(二)
데팔과	본분	데이십과	어진어머니(一)
데구과	어진부인	데이십일과	어진어머니(二)
데십과	례졀	데이십이과	어진어머니(三)
데십일과	안히직분	데이십삼과	ᄉ어머니
데십이과	삼강오륜	데이십ᄉ과	하인부리는법

목차 일

뎨이십오과 죄에형벌(一)
뎨이십륙과 죄에형벌(二)
뎨이십칠과 본밧올일(一)
뎨이십팔과 본밧올일(二)
뎨이십구과 교ᄉᆞ를공경(一)
뎨삼십과 교ᄉᆞ를공경(二)
뎨삼십일과 시간
뎨삼십이과 운동
뎨삼십삼과 어른을공경
뎨삼십ᄉᆞ과 학교
뎨삼십오과 친구사괴ᄂᆞᆫ것
뎨삼십륙과 약죠
뎨삼십칠과 말ᄒᆞᄂᆞᆫ것
뎨삼십팔과 계으른것
뎨삼십구과 즐거운것
뎨ᄉᆞ십과 가정
뎨ᄉᆞ십일과 참ᄂᆞᆫ것
뎨ᄉᆞ십이과 씻긋ᄒᆞᆫ것
뎨ᄉᆞ십삼과 손님ᄃᆡ졉
뎨ᄉᆞ십ᄉᆞ과 편지(一)
뎨ᄉᆞ십오과 편지(二)
뎨ᄉᆞ십륙과 용셔
뎨ᄉᆞ십칠과 교육
뎨ᄉᆞ십팔과 공부
뎨ᄉᆞ십구과 학문
뎨오십과 마음
뎨오십일과 겸손
뎨오십이과 나라
뎨오십삼과 권ᄒᆞᄂᆞᆫ말

목차죵

녀ᄌᆞ소학슈신셔

뎨일과 얌젼

대뎌 녀ᄌᆞ(女子)의 ᄒᆡᆼᄒᆞᄂᆞᆫ것과 안ᄂᆞᆫ것과 눕ᄂᆞᆫ것과 일어나ᄂᆞᆫ것은 남ᄌᆞ(男子)와 다름이 만으니 맛당이 얌젼ᄒᆞ고 쳬셰ᄒᆞ며 단졍(端正)ᄒᆞ게ᄒᆞ되 머리를 자조 빗으며 웃옷과 얼에 치마를 보ᄇᆡᆼ일소록 ᄭᆡᆺ긋이ᄒᆞ고 미ᄉᆞ를 ᄒᆞᆷ유이 말고 서기와 안기를 기울게말며 거만ᄒᆞᆫ 모양(貌樣)을 드러내지말며 크게 웃지말며 크게 소리질으지 말고 셩품(性品)대로 공연(空然)이 심술내며 셩내지 말고

음식먹을 ᄯᆡ에 이리 저리 옴겨 다니지 말고 존졀히ᄒᆞ며 무ᄉᆞᆷ일이든지 처음과 나죵이 여일(如一)ᄒᆞ게ᄒᆞ며 말ᄉᆞᆷ 한마듸라도 헛되이 말고 ᄒᆡᆼ뎌를 재어 말과 ᄒᆡᆼᄒᆞᄂᆞᆫ것이 서로 합당(合當)ᄒᆞ게ᄒᆞ고 몸을 조심(操心)ᄒᆞ여 켜고 쉬ᄂᆞᆫ 시간을 직히며 문을 신칙ᄒᆞ여 닷고 여ᄂᆞᆫ 규모(規模)를 살펴 의외(意外)의 재앙과 경망ᄒᆞ다ᄂᆞᆫ 책망을 면케ᄒᆞ라

뎨이과 존졀

이 세상(世上) 물졍(物情)대로 괴로운것과 즐거운것을 살펴지니

쌀 한낫과 물 한 방울이 비록 적으나 만당이 앗겨 쓰고 자고 깨ᄂᆞᆫ 것을 명ᄒᆞᆫ 시간대로 ᄒᆞ라 자고 먹ᄂᆞᆫ 것이 그 ᄯᅢ를 어기면 몸에 해(害)가 만을ᄲᅮᆫ더러 위ᄉᆡᆼ(衛生)에도 해(害)가 되ᄂᆞ니라 술과 담배ᄂᆞᆫ 맛도 보지 말라 술과 담배를 즐기면 위ᄉᆡᆼ에 해로을ᄲᅮᆫ더러 형용(形容)이 츄ᄒᆞ여지며 몸이 상(傷)ᄒᆞ고 ᄒᆞ지리으며 정신(精神)이 흐리며 일에 해(害)가 적지 아니ᄒᆞ니라 골패나 투전이나 쟝긔나 바독이나 무ᄉᆞᆷ 노름이든지 배호지 말라 남ᄌᆞ(男子)도 부지럽거든 ᄒᆞ물며 녀ᄌᆞ(女子)리오 니야기ᄎᆡᆨ은 올은 글이

안이라 그 즁에 망령된 말과 거즛 말이 만이 잇고 음란(淫亂)ᄒᆞᆫ 것과 방탕(放蕩)ᄒᆞᆫ 말이 잇으니 닑지도 말고 듯지도 말고 보지도 말라 아름답지 안인 행실(行實)은 본밧기가 쉬으니라

뎨삼과 화ᄒᆞᆫ동모

괴로은 일이 잇거든 피(避)ᄒᆞ며 망령된 말과 부즈럽슨 의론(議論)을 듯지 말며 어질지 못ᄒᆞ고 황잡(荒雜)ᄒᆞᆫ 이가 잇거든 동모를 짓지 말고 조흔 이웃을 ᄐᆡᆨ(擇)ᄒᆞ며 서로 ᄉᆞ괴고 란잡(亂雜)ᄒᆞᆫ 일을 삼가 피ᄒᆞ라 ᄡᅥ 글에 닐럿으되 유(有)

익(益)ᄒᆞ게、ᄒᆞᄂᆞᆫ벗이、셋이요、해(害)롭게、ᄒᆞᄂᆞᆫ벗이、셋이라ᄒᆞ엿으나 유익케、ᄒᆞᄂᆞᆫ쟈가、적고、해롭게、ᄒᆞᄂᆞᆫ쟈가만으니、삼가ᄒᆞ여、동모를、ᄊᆡᆨᄒᆞ라

뎨ᄉᆞ과 녀ᄌᆞ(女子)의배홀것

녀ᄌᆞ(女子)의、힘쓸것은、방적(紡績)과、침션(針線)이니、각석(各色)실、만ᄃᆞᄂᆞᆫ것과、의복(衣服)말으기와、슈놋기와、ᄢᅵ어매기와、깁ᄂᆞᆫ것을얌전이、ᄒᆞ여。남에게、칭찬(稱讚)을、밧고、치소(嗤笑)를면ᄒᆞ라녀ᄌᆞ(女子)가、뎡(定)ᄒᆞᆫ、규모(規模)가、업으면、먹기나、질겨ᄒᆞ고、게을러、살님에、셔어ᄒᆞ여지ᄂᆞ니、그런고로、음식(飮食)만ᄃᆞᆯ기와、용졍(舂精)

ᄒᆞ기와、쌀너ᄒᆞ기와、쟝、담ᄂᆞᆫ、모든、일은、빈한(貧寒)ᄒᆞ나、부(富)ᄒᆞ나、귀(貴)ᄒᆞᆫ이나、쳔(賤)ᄒᆞᆫ이나、무론(勿論)ᄒᆞ고、맛당이、힝(行)ᄒᆞᆯ직(職)분(分)이라、비록、사나희、죵과、계집、죵이、잇어、셔로、도아주나、범빅ᄉᆞ(凡百事)를、모도、살펴ᄒᆞ여、손님을、졉ᄃᆡ(接對)ᄒᆞ고、친쳑(親戚)에게、화목(和睦)ᄒᆞᄂᆞᆫ、례졀(禮節)에、어으러짐이、업게ᄒᆞ라、

뎨오과 배홀것(련쇽)

음식(飮食)을、삶고、지지고、굽고、복으며、ᄶᅵ고、고이ᄂᆞᆫ、것이、각각다르니、불가불、다섯가지맛이、젹당(適當)ᄒᆞ도록、힘써ᄒᆞ라、보고、힝ᄒᆞᄂᆞᆫ、경력(經歷)이、업으면、단、맛과、쓴、맛과、ᄶᅡᆫ맛

과 신 맛과 매운 맛이 합당치 못ᄒᆞ며 남의 조롱ᄒᆞᄂᆞᆫ 것과 웃음을 면치 못ᄒᆞᄂᆞ니 맛당이 보고 배호고 친히 만들어 보라 어려서 음식을 만들어 보지 못ᄒᆞ면 커서도 못 만ᄃᆞᄂᆞ니 괴롭고 귀치 안타 ᄒᆞ고 범연이 넘기면 어룬이 되여도 또ᄒᆞᆫ 조은 음식을 만들지 못ᄒᆞᄂᆞ니 부모나 싀부모의 식셩을 엇더케 이바지ᄒᆞ리오 그런즉 음식 손씨ᄂᆞᆫ 불가불 조아야 ᄒᆞᆯ것이라

뎨륙과 씻고닥ᄂᆞᆫ과

날마다 쓰ᄂᆞᆫ 그릇은 솟과 남비와 사발과 대졉등 모

든 져고 큰 그릇을 모도 졍결이 씻ᄂᆞᆫ것이 가장 요긴ᄒᆞ고 방과 부억과 마루와 ᄯᅳᆯ을 ᄊᆡᄊᆡ로 치우고 쓸며 입던 의복을 여기저기 버려두고 걷지 말고 안ᄂᆞᆫ 교의와 탁ᄌᆞ와 책과 벼루집과 공부ᄒᆞᄂᆞᆫ 졔구에 몬지를 자조 ᄯᅥᆯ고 틈이 잇ᄂᆞᆫ대로 글을 보고 닑고 배호며 산슐을 배호고 글시를 닉히라 씻고 ᄯᅥᆯ고 닥ᄂᆞᆫ것이 무엇이든지 졍결케 ᄒᆞᄂᆞᆫ 근본이니라

뎨칠과 의복

귀ᄒᆞ든지 부ᄒᆞ든지 의복을 넘어 사치ᄒᆞ게 입지 마라

의복(衣服)이、화려(華麗)ᄒᆞ면、ᄌᆞ연、교만(驕慢)ᄒᆞᆫ、마ᄋᆞᆷ이、나서、남을업
슈이녁이기쉬우니、이러케、되면、나도、용렬(庸劣)ᄒᆞᆫ、사람
이、될ᄲᅮᆫ더러、남의、손가락질을、면(免)치못ᄒᆞ고、또ᄒᆞᆫ、의(衣)
복(服)에、돈을、만이、들여、히입고、욕을、사면、인심을、일어
ᄇᆞ리ᄂᆞ니、무엇이、유익(有益)ᄒᆞ리오、엇던셔양부인(西洋夫人)、한분이
조은、비단、의복(衣服)에、금강셕(金剛石)과、진쥬(眞珠)로、단장ᄒᆞ여、입고、
다니매、세상(世上)사람이、칭찬(稱讚)안는、이업더니、하로는、그친(親)
구(舊)、한분을、찻아가서、니야기ᄒᆞᆯ、즈음에、그부인(夫人)이、ᄌᆞ(自)
긔(己)、옷、입은것을、칭찬(稱讚)ᄒᆞᆯ가、ᄒᆞ엿더니、아모、말도、업ᄂᆞᆫ

지라、괴이녀여물어、갈ᄋᆞ되세상(世上)、사람이、다、나의의(衣)
복(服)을、보고、좃다、안이ᄒᆞ는쟈、업는되、ᄒᆞᆯ로、그되는、아
모、칭찬(稱讚)이、업으니、나의、의복(衣服)、보담、더큰、보비가、잇
ᄂᆞ뇨、ᄒᆞ니、그、쥬인부인(主人夫人)이、디답(對答)ᄒᆞ되、과연(果然)、그러ᄒᆞ로
라ᄒᆞ고、공부(工夫)ᄒᆞ는아ᄃᆞᆯ한아와、ᄯᆞᆯ형뎨(兄弟)를、불러내여압
에세우고、말ᄒᆞ기를、이것이다、나의、보비라、ᄒᆞ니、그、
손님、된부인(夫人)이、무료이、가더라、ᄒᆞ니、더욱、학도(學徒)에게
ᄂᆞᆫ、조은 의복이、부질업ᄂᆞ니라

뎨팔과 본분

간난ᄒᆞ고 군ᄉᆡᆨᄒᆞ다고 ᄒᆞᆫ탄ᄒᆞ며 슬어ᄒᆞ지말고 ᄎᆞᆷ고
ᄎᆞᆷ아 본분을 직희고 부자 사ᄅᆞᆷ을 맛나면 아쳠ᄒᆞ고
아당ᄒᆞ지 마라 이것은 부졀업시 몸만 쳔히지고 비
루ᄒᆞᆫ 사ᄅᆞᆷ이 되ᄂᆞ니 간난ᄒᆞ나 부자나 사ᄅᆞᆷ 디졉ᄒᆞ기
ᄅᆞᆯ 편벽되이 말고 부모의 ᄉᆞ랑ᄒᆞ심을 밋고 형뎨간
이간붓이지 말고 형이나 동ᄉᆡᆼ이나 올아비를 ᄎᆞᆷ소ᄒᆞ
지 마라 부모에게 효도ᄒᆞ고 형뎨를 ᄉᆞ랑ᄒᆞ고 ᄌᆞ미에
게 우ᄋᆡᄒᆞ고 친쳑에게 화목ᄒᆞ고 어룬을 공경ᄒᆞ며 열
어 사ᄅᆞᆷ을 용납ᄒᆞ라 능히 이ᄀᆞᆺ치ᄒᆞ면 녀즁군ᄌᆞ가 의

심업게 되ᄂᆞ니 그런즉 ᄋᆞ히ᄯᆡ붓허 어진부녀를 본밧
을지라

뎨구과 어진부인들

반쇼비는 녀ᄌᆞ로되 그 올아비 반고를 디신ᄒᆞ며 한나
라 ᄉᆞ긔를 긔록ᄒᆞ엿고 쥬셰의 쳐ᄂᆞᆫ 경셔와 ᄉᆞ긔를 능
통ᄒᆞᆫ지라 그 소문이 조뎡에 들니매 학ᄉᆞ벼ᄉᆞᆯ을 시
켯고 위나라 뎡후는 ᄋᆞ홉살에 능히 학문을 조은
[illegible]ᄒᆞᆯ고 배호기를 부즈런이 ᄒᆞ고 게으르게 안이ᄒᆞ며
경셔와 ᄉᆞ긔를 보아 흥ᄒᆞ고 망ᄒᆞ고 셩ᄒᆞ고 쇠ᄒᆞᄂᆞᆫ것

을알고、죠아(曹娥)는、또ᄒᆞᆫ계집ᄋᆞ히(兒孩)로、그부친(父親)이、물에ᄲᅡ
져、시톄(屍體)가、물에가라안잣거늘、강을돌아다니며、울
고、여러날을、슬어ᄒᆞ다가、물에들어가、그、시톄(屍體)를、찻
앗으며、목난은、가장긔이ᄒᆞ니、본릐녀ᄌᆞ(女子)로、거즛남
ᄌᆞ(男子)가되어그、아비를、ᄃᆡ신(代身)ᄒᆞ여、열두해를、수자리살되
사람이다아지못ᄒᆞ엿으며、졔영은、슌우의ᄯᆞᆯ이라슌
우의죄를범ᄒᆞ여、형벌을밧을새、졔영이상소(上疏)ᄒᆞ여、아
비의졍상(情狀)을、변명(卞明)ᄒᆞ니、남군이、불샹히녁이샤、형벌(刑罰)을
감ᄒᆞ여주셧으니、엇던녀ᄌᆞ(女子)든지、이ᄀᆞᆺ히아름다은、

일을ᄒᆡᆼ(行)ᄒᆞ엿으면、싀집가기에、니르어도、비ᄒᆞᆯ더업는
조은녀ᄌᆞ가되리라

뎨십과 례졀

어진부인(婦人)을、위ᄒᆞ여、특별(特別)히、그례졀(禮節)을、다시、별로이、
들으라、미양친부모(親父母)에게、ᄒᆡᆼᄒᆞ던도리(道理)로、싀부모(父母)를섬
기여、불슌ᄒᆞ지말며、거ᄉᆞ리지말라、싀부모(媤父母)가、부르시
거든、공슌(恭順)히공경(恭敬)ᄒᆞ여、ᄃᆡ답(對答)ᄒᆞ며、먹을、음식(飮食)이、잇거
든、몬저、들여공경ᄒᆞ고、일이잇을새에는、그음셩(音聲)을
살피며、피로움이잇드래도、셩내지말고、얼골、빗을

화평(和平)히ᄒᆞ며、말을、공슌(恭順)히ᄒᆞ여、부드러운긔운과、참는마음으로、그당ᄒᆞᆫ일을、참아지내며、근심과、걱정과우환(憂患)이、잇거든、슈고를앗기지말고、약(藥)과、미음(米飮)을、셩심(誠心)으로、만들어、ᄯᅢ를ᄯᅡᆯ아、구완ᄒᆞ며、ᄌᆞ긔(自己)도ᄯᅩᄒᆞᆫ、쟝ᄅᆡ(將來)에、남의싀어머니될것을、ᄉᆡᆼ각(生覺)ᄒᆞ여、아모조록잘ᄒᆞ라

뎨십일과 안해의직분

남편을、셤기되거ᄉᆞ리지안키를、심써ᄒᆞ여、간난(艱難)ᄒᆞ여도、서로、직히며、부(富)ᄒᆞ여도、서로ᄯᅡᆯ을지어다、남편이어질면、부녀(婦女)에게、하ᄂᆞᆯ이니、모양(良樣)이、비록、츄(麁)ᄒᆞᆯ지라

도、혐의ᄒᆞ지말고、사나회가、어리석고、어두운、일이잇거든、함ᄭᅦ참예치말고、반듯이、권(勸)ᄒᆞ여、화(和)ᄒᆞ고、새눌어듯기를、바라며、그른것은、경계(警戒)ᄒᆞ고、올은것은도아서、ᄒᆞᆼ상(恒常)남편을、의지ᄒᆞ라、일시라도、부녀(婦女)의、도리(道理)를、직히고、부녀(婦女)의、말을삼가지안이ᄒᆞ여、서로눈을、흘기면、다듬이ᄭᅳᆫ어지지안이ᄒᆞ고、필경(畢竟)집안이、망ᄒᆞᄂᆞ니라、하ᄂᆞ님의、명령(命令)으로、음양(陰陽)을、난호여、남녀(男女)가、되어、비필(配匹)이된후에는、서로불화(不和)ᄒᆞ면、하ᄂᆞ님에게、죄(罪)를、범(犯)홈이니라

뎨십이과 삼강(三綱)과오륜(五倫)

세、가지、벼리와、다섯、가지、륜긔(倫氣)가、잇으니、맛당이 조온뜻으로、직히어야、하ᄂᆞᆯ에잇는、영원(永遠)ᄒᆞᆫ、복(福)과、록(祿)울、즐겁게、누릴지니、대뎌(大抵)님군은、신하(臣下)의、벼리가되고、아비는、ᄌᆞ식(子息)의、벼리가되며、남편은안히의、벼리가되ᄂᆞ니、님군과、신하(臣下)와、아비와、ᄌᆞ식(子息)과、남편과、안히가、서로마음이、합(合)ᄒᆞ여야、만가지、일이다、일우고、또한、다섯가지륜긔(倫氣)는、님군과、시하(臣下)는、의(義)가잇으며、아비와、ᄌᆞ식(子息)은친(親)홈이잇으며、제아비는、제어미는

분별(分別)이、잇으며、어른과、어린이는、차례(次例)가잇으며、벗과벗은밋붐이잇어야、ᄒᆞᄂᆞ니、이것이몸을、닥고、집을、가즉이ᄒᆞ는、근본(根本)이니라

뎨십삼과 화평(和平)

알에사람과、웃사람을、화목(和睦)ᄒᆞ게ᄒᆞ여、모든싀누와、싀형(媤兄)을、사랑ᄒᆞ고、싀숙(媤叔)을、공경(恭敬)ᄒᆞ고、싀부모(媤父母)를、즐겁게ᄒᆞ며、동셔를화ᄒᆞ여、ᄆᆡᄉᆞ(每事)를공번되이결단(決斷)ᄒᆞ고、능히겸손(謙遜)ᄒᆞ면、집안의、마음이굿어져、다정제(整齊)ᄒᆞ고、죠츌ᄒᆞ여、난화다톰을、면(免)ᄒᆞ고、문호(門戶)가、길(吉)ᄒᆞ며、식구(食口)가

、번셩(蕃盛)ᄒᆞ리라、안방과、사랑(舍廊)과、대쳥(大廳)을、슈리(修理)ᄒᆞ고、대(大)쇼하인(小下人)을、다깃부게、디접(待接)ᄒᆞ라、집일을、다ᄉᆞ리ᄂᆞᆫ、바른도에、속일수、업ᄂᆞ니、불평(不平)ᄒᆞᆫ일이、잇으면、뭇사람이다아ᄂᆞ니라、모든친쳑(親戚)을、례(禮)로、디접(待接)ᄒᆞ고、웃사람과、알에사람과、놉고、낫은이를、분별(分別)ᄒᆞ여、남의글은것을、녀그러은말로、칙망ᄒᆞ라、녯말에、일럿으되、조은、일도업ᄂᆞᆫ、것만ᄀᆞᆺ지못ᄒᆞ다ᄒᆞ엿으나、살림에화평(和平)홈을쥬장홈이、가장귀(貴)ᄒᆞᆫ일이니라

대셥ᄉᆞ과　신부(新婦)

신부(新婦)가、며ᄂᆞ리노릇홀새에、억울(抑鬱)ᄒᆞ고、분(忿)ᄒᆞᆫ、일이、만이잇ᄂᆞ니、몬저참고、견디면、후에、큰복이、되ᄂᆞ니라、혹존고(尊姑)와、동셔들이、공연ᄒᆞᆫ、말로、나를、칙잡을지라도、그、ᄒᆞᆫ단을、잡아、서로、악(惡)으로、디뎍(對敵)지말라、저사람을、해(害)ᄒᆞᄂᆞᆫ것이곳ᄌᆞ긔(自己)를、해(害)ᄒᆞᄂᆞᆫ것이니、무ᄉᆞᆷ일이든지、급(急)히ᄒᆞ지마라、마ᄋᆞᆷ에、불평(不平)ᄒᆞᆫ것은ᄌᆞ연(自然)、발명(發明)ᄒᆞᄂᆞᆫ、날이、잇ᄂᆞ니라、능(能)히、덕(德)을세우면、반ᄃᆞ시、복(福)이되리라、가ᄅᆞ칠말이허다(許多)ᄒᆞ나、그즁긴요(緊要)ᄒᆞᆫ말로간단(簡單)이、가ᄅᆞ치라、무릇녀ᄌᆞ(女子)들은、맛당이스ᄉᆞ로삼가서、말을

만히ᄒᆞ지말며、셩픔을、젼혀슌ᄒᆞ고、공손이만、ᄒᆞᆯ지어다、대기녀ᄌᆞ의、ᄒᆡᆼ위는、젼에임의셜명ᄒᆞ엿거니와여젼부인(婦人)의、말을、이알에다시말ᄒᆞ노라

뎨십오과　어진안히

녯적에、상림(常林)이란사ᄅᆞᆷ은、글을닑은여가에、미양밧에가세김맬새、그안히가、점심(点心)을갓다가디졉(待接)ᄒᆞ되、졈잔온손님처럼、공경(恭敬)ᄒᆞ고、밍광(孟光)은、양홍(羊弘)의、안히가、되어능(能)히공경(恭敬)ᄒᆞ고、찰위디ᄒᆞ여、미양(每樣)음식(飮食)을、이바지ᄒᆞᆯ때에、또ᄒᆞᆫ례모(禮模)가잇어、밥상을눈섭에가즉이ᄒᆞ여、들어

가져다、주고、왕쟝이는、겨울에、옷이업어소의덕석을、덥고、ᄒᆞᆼ샹눈물을흘리나、그、안히가、권면(勸勉)ᄒᆞ여、분격(忿激)ᄒᆞᆫ、줄을、알게ᄒᆞᆷ으로、벼슬이경죠(京兆)에、나르게ᄒᆞ엿오나、이는、그、안히의、권면(勸勉)ᄒᆞ는것을、깁히、ᄉᆡᆼ각(生覺)ᄒᆞ여조은마음을、얼으ᄏᆡ학문(學問)과、ᄉᆞ업(事業)을、열심으로ᄒᆞᆫ연고로、필경에영화(榮華)롭게되엇으니、이것이、엇지그안히의어짐이、안이리오、어진、안히가、되고져ᄒᆞ면、이러ᄒᆞᆫ여러부인(婦人)을본밧을것이라、우리학도(學徒)된녀ᄌᆞ(女子)는、더욱이、쟝ᄅᆡ(將來)조은부인(夫人)되기를、힘쓸지어다

뎨십륙과 어진안히(련쇽)

포션의、안히는、부쟈(富者)집에서、성쟝(生長)ᄒᆞ여、금은(金銀)과、보픿(寶貝)와、옥빅(玉帛)을、싀고、비단、옷을、입다가、포션의집으로、싀집가매의복(衣服)을、고쳐、ᄍᆞ른、뵈옷을、입고、부녀(婦女)의직분(職分)을、극진히직히고、포쇼의안히는、존고(舅姑)를잘봉양(奉養)ᄒᆞ여효도(孝道)를、극진(極當)이、홈으로、소문(所聞)이셔울ᄭᆞ지、들려서、숑(宋)나라남군이、알고、그집에졍문(旌門)을、세워녀ᄌᆞ(女子)의조죵(祖宗)이라、칭(稱)ᄒᆞ고、그남편을、영화(榮華)롭게、ᄒᆞ며、양인지의안히라씨(羅氏)는、그남편ᄀᆡ임의、영귀(榮貴)ᄒᆞ되、한결ᄀᆞᆺ이부즈런ᄒᆞ

여、치운겨울에도、ᄒᆞᆼ상일즉이일어나、쥭(粥)을쑤어노비(奴婢)를먹엿으니、빅셩(百姓)의、부녀(婦女)도、이러ᄒᆞ거니와、님군의、후비(后妃)도ᄯᅩᄒᆞᆫ이러ᄒᆞᆫ、어진、이가、잇으니、엇지본밧지안이리오

뎨십칠과 어진안히(련쇽)

쥬(周)나라후비(后妃)는、투긔(妬忌)치안이홈으로、ᄉᆞ방(四方)이화(和)ᄒᆞ고텬하(天下)가크게다ᄉᆞ리매、글ᄒᆞ는사람이、관져(關雎)라ᄒᆞ는、글을지어덕화(德化)를、찬숑(讚頌)ᄒᆞ고。죵ᄉᆞ(螽斯)를읇어 ᄌᆞ손(子孫)에、비(比)ᄒᆞ엿으며、공쥬(公主)들은、현슉(賢淑)ᄒᆞ여、제후(諸侯)에게、싀집가서、극

히、겸손(謙遜)ᄒᆞ고、귀(貴)ᄒᆞᆷ으로、싀집에서、교만(驕慢)치、안이ᄒᆞ고、
다만、부인(婦人)의、도리(道理)를、닥을ᄲᅮᆫ、이요、졔(齊)나라 무렴은 용(容)
모(貌)가극히、츄ᄒᆞᆫ。녀ᄌᆞ(女子)라。그부모(父母)의。명을、좃아、길겻에
서、나물을캘새、맛참、님군이。거동(擧動)ᄒᆞ시되、도모지돌
아보지안이ᄒᆞ거늘、불러들여、그연고(然故)를、무른ᄃᆡ、그
졔야、비로소、말ᄒᆞᄂᆞᆫ지라、왕(王)이그、어진줄을、알고
후비(后妃)를삼으니、왕(王)을도아、그나라를잘다ᄉᆞ렷고、당(唐)나
라황후(皇后)쟝손시ᄂᆞᆫ、츙직(忠直)ᄒᆞᆫ신하(臣下)를、치하(致賀)ᄒᆞ여、친(親)히옷을
ᄲᆞᆯ며、굵은필육으로、치마를ᄒᆞ엿으니、져님군의。후(后)

비(妃)로도、이갓이ᄒᆞ엿거든、너희범상(凡常)ᄒᆞᆫ、사람이야、엇
지본밧지안이ᄒᆞ리오

뎨십팔과 (어리석은부인)

어리석은、녀ᄌᆞ(女子)를、ᄯᅩ말ᄒᆞ노니、녀ᄌᆞ(女子)들은、귀를기우
려들으라、뎐시집에지어미ᄂᆞᆫ、그、남편을、ᄭᅴ여각각(各各)
살다가、남편이누우쳐그、안히를、쫏아내어、돌아갈
곳이、업어、맛참내、곤궁(困窮)ᄒᆞ엿고、쥬미신(朱買臣)의、안히ᄂᆞᆫ、남
편의간난ᄒᆞᆷ을원망ᄒᆞ여、다시、싀집갓다가、ᄯᅩ한합의(合意)
치못ᄒᆞ여、살지못ᄒᆞ더니、그、본남편이영귀(榮貴)ᄒᆞ여、돌

아오거늘、다시살기를、청ᄒᆞ되허락지안이ᄒᆞ엿으니
업지른물을다시담지못ᄒᆞ는지라、한을품고죽엇으
며、소진의형수는、불량ᄒᆞ여、소진의곤궁이돌아옴을
보고、박ᄃᆡᄒᆞ더니、그후에죠나라에、니르어、영귀ᄒᆞ
여、돌아오매、그、형수가、공경ᄒᆞ여、영졉ᄒᆞ거늘、그、연
고를무른ᄃᆡ、돈이、만아서、두렵다ᄒᆞ엿으니、가장부
그러은일이오、쇼인의마음이로다、후세에이러ᄒᆞᆫ、녀
ᄌᆞ들을、침밧는쟈만으니、엇지부그럽지안으리오、사
람사람이、맛당이、깁이경계ᄒᆞᆯ지어다

뎨십구과 어리석은부인 (련쇽)

한고조는、미쳔ᄒᆞᆯ새에그형수가、국을쇼리다가、고조
의오는것을、보고、솟올긁어국업는모양을、보이는지
라고조가、알고、돌아보지안이ᄒᆞ엿다가、황뎨가되어
그、친쳑으로、왕을、봉ᄒᆞᆯ새、그젼일를、싱각ᄒᆞ고、그、형
수를、한ᄒᆞ여、그아ᄃᆞᆯ로、알깅후(국쇼리는벼술)를봉
ᄒᆞ여、이것으로、그、형수를、붓그럽게ᄒᆞ엿고、하나라
걸의왕후말희와、샹나라쥬의왕후달긔는、츙신을죽
이고、하놀리치를거ᄉᆞ려、나라를、망ᄒᆞ엿고、쥬나라、유

왕은、포ᄉᆞ(褒姒)에게、혹(惑)ᄒᆞ여졔후(諸侯)를、희롱(戲弄)ᄒᆞᆷ으로、큰、일을、
그르드렷고、진(秦)나라헌공(獻公)은、려비(呂妣)의말을듯고、젼아ᄃᆞᆯ
을、죽여、나라를문어트렷으니、이는、다、불량(不良)ᄒᆞᆫ녀ᄌᆞ(女子)
와악(惡)ᄒᆞᆫ내음새가、만년(萬年)이나젼(傳)ᄒᆞᆫ、일이라、나라에、이러
ᄒᆞᆫ、일과、집에어러ᄒᆞᆫ、일로、거울을삼으면、폐단(弊端)이업
으리라

뎨어섭과 어진어머니

녀ᄌᆞ(女子)에게교훈(敎訓)ᄒᆞᆯ것을、다시、말ᄒᆞ노니、바른、도로、배
화、녀즁군ᄌᆞ(女中君子)가、되고、불량(不良)ᄒᆞ고、불졍(不正)ᄒᆞ여유취만년(遺臭萬年)ᄒᆞ

지마라、녯적에、어진、어머니들은、태즁(胎中)에서、붓어、ᄌᆞ(子)
녀(女)를가르치되ᄌᆞ긔(自己)의보고듯고、안고、서고、먹는것을、
삼가ᄒᆞᆷ으로、ᄌᆞ식(子息)이、나서장셩(長成)ᄒᆞ여、셩현(聖賢)이、안이면、
군ᄌᆞ(君子)가、되고、그、어머니의、일홈을、텬하(天下)가공경(恭敬)ᄒᆞ엿
ᄂᆞ니、올은것으로、ᄌᆞ녀(子女)를가르쳐、례(禮)와、의(義)를、밝히고
쳐옴과、나죵을、알게ᄒᆞ라、ᄆᆡᆼᄌᆞ(孟子)의、어머니는、이웃이
착ᄒᆞ지못ᄒᆞ여、세번이나、이사ᄒᆞ면서、이웃을퇴(擇)ᄒᆞ고、
아ᄃᆞᆯ이배호지안이ᄒᆞ매、뵈틀에서、뵈、날을、끈어가면
서、그아ᄃᆞᆯ의공부(工夫)가늘어、감이、업음을、경계(警戒)ᄒᆞ여、필(畢)

경셩현(聖賢)이되어 공ᄌᆞ(孔子)와ᄀᆞᆺ은이가 되고 로(魯)나라 문ᄇᆡᆨ(文伯)
은 ᄇᆡ슬이 대부(大夫)로되고 그 어머니 경강은 ᄒᆞᆫ갈ᄀᆞᆺ치 부조
런ᄒᆞ여 ᄒᆞᆼ샹(恒常) 뒤 동산(東山) 초당(草堂)에서 질삼ᄒᆞ며 잠시(暫時)도 한(閑)
가(暇)ᄒᆞ고 쉬기를 즐거ᄒᆞ지 안키는 아니ᄒᆞ니 민망히 너여
쉬지기를 간(諫)ᄒᆞᆫᄃᆡ 그 어머니가 깃부게 너이지 안코
아ᄃᆞᆯ 문ᄇᆡᆨ(文伯)에게 슈고ᄅᆞᆸ고 평안(平安)ᄒᆞᆫ리치를 낫낫이 셜명(說明)
ᄒᆞ여 알아 듯게 ᄒᆞ엿ᄂᆞ니라

뎨이십일과 어진어머니(련쇽)

도간(陶侃)의어머니는 그 집이 극히 간난(艱難)ᄒᆞᆫ지라 머리 털

ᄋᆞᆯ 베어 팔아 손님을 ᄃᆡ졉(待接)ᄒᆞᆫ고로 그 일홈이 고을과
감영(監營)에 들리고 서울ᄭᆞ지 밋어와서 그아ᄃᆞᆯ로 유명(有名)ᄒᆞ
게ᄒᆞ고 도간(陶侃)이 슈령(守令)이 되어 그 골을 ᄉᆡᆼ션(生鮮)으로 봉친(奉親)
ᄒᆞᆯᄯᆡ 그 어머니가 깃버ᄒᆞ지 안코 ᄇᆡᆨ셩(百姓)의 죄가 하ᄂᆞᆯ
리치(理致)를 샹(傷)ᄒᆞᆯ가 두렵다ᄒᆞ여 일으ᄃᆡ 쳐ᄉᆞ가 고기보
다 낫다ᄒᆞ엿고 쥰불의(雋不疑)는 ᄌᆡ판관(裁判官)이 되어 옥(獄)을 공평(公平)
히 다ᄉᆞ리지 못ᄒᆞ거든 그 어머니가 노(怒)ᄒᆞ여 불의(不疑)로
ᄒᆞ여곰 아ᄒᆞ지 못ᄒᆞ게 ᄒᆞ엿슴으로 그 ᄌᆞ손(子孫)이 만여 복(福)
을 밧엇고 류중영은 어려서 배호기를 조아ᄒᆞ매 그

어머니가、깃버ᄒᆞ고、공부(工夫)ᄒᆞ다가、즁간(中間)에폐(廢)ᄒᆞᆯ가、념(念)
려(慮)ᄒᆞ여、웅담환(熊膽丸)이라ᄒᆞᄂᆞᆫ、환약(丸藥)을、먹여、부즈런케ᄒᆞ여
필경유명(畢竟有名)ᄒᆞᆫ선비가、되고、나라에、기동과、들보ᄀᆞᆺ은、
신하가、되게ᄒᆞ엿ᄂᆞ니라

뎨이십이과 어진어머니(련쇽)

진요부ᄂᆞᆫ、활과살을조아ᄒᆞ여、비록활잘쏘ᄂᆞᆫ사람이、
되엇으나、그、어머니가、츙셩(忠誠)과、효도(孝道)ᄒᆞᄂᆞᆫ도리(道理)로、인
도(引導)ᄒᆞ여、나라를돕게、홈으로、후(後)에、크게귀(貴)이되엇고、
구양슌(歐陽洵)의、어머니ᄂᆞᆫ、글시、쓸、졔구(諸具)를、사서、줄、형세(形勢)가

녀ᄌᆞ소학수신셔 삼삼

못되어、갈대를、취(取)ᄒᆞ여、새새로、ᄯᅡ에그어서、글도、짓
고、글시도、쓰게ᄒᆞ여、부즈런이그아ᄃᆞᆯ을、공부(工夫)식혀
일홈이빗나게ᄒᆞ엿으니、이ᄀᆞᆺ이지금(至今)ᄭᆞ지、젼(傳)ᄒᆞᄂᆞᆫ모
든、셔진、어머니들의、아름다온일홈을、쳥년녀ᄌᆞ학(青年女子學)
ᄉᆡᆼ(生)에게、권면(勸勉)ᄒᆞ노니、마음에、긔렴(紀念)ᄒᆞ고、간(肝)과창ᄌᆞ에、
삭여、이후(以後)에、모도어진어머니、되기를、원(願)ᄒᆞ노라

뎨이십삼과 셔어머니

늙은부인(夫人)들에게、다시말ᄒᆞ노니、남의、셔어머니、되기
가、더욱、괴롭고、어려으니、며ᄂᆞ리를、취(取)ᄒᆞᆷ은、아ᄃᆞᆯ을

위(爲)홈이어늘、몬저자극히、사랑ᄒᆞ면、후에、반듯이섬
기기가쉬으니、그릇、됨이잇거든、맛당이、너그럽게、
용서(容恕)ᄒᆞ라、둥뒤에、말은、리로온말이라홀수、업으니
스ᄉᆞ로새돌아、그、마음을、뉘우치게ᄒᆞ라、늙은이
의、잔、말은、졂은이가、다조아ᄒᆞ지안이ᄒᆞᄂᆞ니라、집
에、잇는어린ᄯᆞᆯ을、ᄉᆡᆼ각(生覺)ᄒᆞ지말고、겻에、잇는、어리석
은、며ᄂᆞ리를、ᄉᆡᆼ각(生覺)ᄒᆞ라、효ᄌᆞ(孝子)를、구ᄒᆞ랴ᄒᆞ여도몃사
람이못되리니、효부(孝婦)는더욱어려으니라、며ᄂᆞ리의어
질고、어리석음은、ᄌᆞ식(子息)이、스ᄉᆞ로、알것이니、ᄌᆞ긔(自己)ᄉᆡᆼ

각(覺)으로헤알이지말고、늙은이와、졂은、이가、함게즐기
가를、일삼으라、싀어머니노릇ᄒᆞ랴면、어리석고、귀먹
은체ᄒᆞᄂᆞ니。며ᄂᆞ리잇는것이、갓분일이라、큰、일이든
지、적은、일이든지、눈익혀、보지말고、귀넘겨들으라
빈(貧)ᄒᆞ나부(富)ᄒᆞ나、어지나、어리석으나、도모지며ᄂᆞ리요、
ᄌᆞ식(子息)이나、부귀(富貴)를、ᄉᆡᆼ각(生覺)ᄒᆞ면、악(惡)인의마음이요、며ᄂᆞ
리의、효도(孝道)를、바랄진ᄃᆡ、ᄌᆞ긔(自己)몸을살필지니、맛당이
마음을、발리ᄒᆞ라、하ᄂᆞᆯ도가、증거ᄒᆞ여、우뢰소리와、
번개불로、갑으시ᄂᆞ니라

데이십ᄉ과 하인부리는법

하인(下人)도ᄯᅩ한, 사람이라, 무슴일을, 식히든지, 맛기고, 거쳐(居處)범절(凡節)에, 더옵게, 입히고, 배불리, 먹이며, 힘에, 겨운, 일을, 식히고, ᄉᆞ구짓지, 말것이요, ᄉᆞ구짓지안이홀것을, ᄉᆞ구짓지말라, 사람의미련ᄒᆞ고, 표독홈이, 여러가지라, 혹(或)은하인(下人)을, 혹석히, 부려, 치워도, 입히지, 안코, 주려도, 먹이지, 안이ᄒᆞ여, 날마다, 편(便)치, 못ᄒᆞ고, 밤에, 쉬지, 못ᄒᆞ게ᄒᆞ다가, 조금ᄯᅳᆺ과, ᄀᆞᆺ지못ᄒᆞᆫ일이잇으면, 일히와, 호랑(虎狼)이ᄀᆞᆺ이, 한독(狠毒)ᄒᆞ여, 몽동이로, ᄲᆞ리고, 송

곳으로, ᄶᅵ르고, 칼로점이고, 불로지지누것ᄀᆞᆺ이ᄒᆞ여, 압뒤를, 도라보지안타가, 실슈ᄒᆞ여, 후회(後悔)ᄒᆞᄂᆞ니라, 하늘리치가, 도로돌아, 옴은, ᄌᆞ연(自然)ᄒᆞᆫ, 도라, 녜로, 붓어지금(至今)ᄭᆞ지다, 보응(報應)이, 잇ᄂᆞ니, 그럼으로, 하인(下人)을, 부리되, ᄌᆞ식(子息)과, ᄀᆞᆺ이명령(命令)ᄒᆞ며, 슌(順)ᄒᆞ게인도(引導)ᄒᆞ여, 쥬인(主人)이나, 하인(下人)사이에, 홍상(恒常)화평(和平)ᄒᆞ기를, 쥬쟝(主張)ᄒᆞ며, 하인(下人)을, 부리되, 마음으로, 복종(服從)케ᄒᆞᄂᆞᆫ것이뎨일(第一)귀(貴)ᄒᆞ니라

데이십오과 죄에형벌

례씨가의、며느리는、그、남편의、악(惡)ᄒᆞᆫ것을、도아닭을
삶아먹고、싀어머니에게는、ᄲᅢ만주엇더니、하ᄂᆞᆯ이열
리고、우뢰소리와、번개불이、크게나서、큰、바외롤문
어트려、그、몸을ᄶᅡ려、ᄉᆞ지가、ᄶᅧ어지고、두골(頭骨)이、ᄲᅢ어
져、구렁을메고、시톄(屍體)도、업어젓으며、언위씨는、세동
셔가、다어질지못ᄒᆞ고、붓그러음이업게、악ᄒᆞᆫ、말로、
그、남편에게、거즛、말ᄒᆞ여、싀모(媤母)의반찬(飯饌)을、감ᄒᆞ고싀(媤)
모(母)죽기롤바라더니、하로는、홀연이번개와、우뢰소릐
가、그들의불효(不孝)홈을、칙망ᄒᆞ엿으며、량씨의며ᄂᆞ리리

씨는、죵을ᄶᅡ려、골(骨)이샹에솟아지게ᄒᆞ더니、하ᄂᆞᆯ이、ᄯᅩ
ᄒᆞᆫ이ᄀᆞᆺ이、리씨에게、갑으사、골(骨)이헤어져고치지못ᄒᆞ
고、죽엇으며、왕가(王家)의지어미는、호랑(虎狠)이ᄀᆞᆺ이악(惡)ᄒᆞ여、죵
의눈에、약(藥)을너어ᄲᅢ어、보지、못ᄒᆞ게ᄒᆞ더니、그、후(後)에
ᄌᆞ긔(自己)는、병(病)으로、두、눈이、멀어、십년(十年)을、주리고、얼며、고(苦)
생(生)ᄒᆞ엿으니、엇지두렵지안이리오

뎨이십륙과　죄에형벌（련쇽）

대뎌(大抵)죄악(罪惡)은、분명(分明)이보응(報應)이잇ᄂᆞ니、여러가지로、공부(工夫)
ᄒᆞ는、학ᄉᆡᆼ(學生)에게、경계(警戒)ᄒᆞ노라、션(善)ᄒᆞ고악(惡)ᄒᆞᆫ、부녀(婦女)에게、

젼(傳)ᄒᆞ는、힝실(行實)이、다、후세(後世)사람에게、거울이、되엿으니
이 최(冊)에、말대로、본밧을것은본밧고、증계(懲戒)홀것은증계
ᄒᆞ면、덕(德)이날로새로아지리라、녀ᄌᆞ(女子)들은、젼심(專心)으로배
화、죄악(罪惡)을범(犯)ᄒᆞ지말고、이세샹(世上)에서、어진녀ᄌᆞ(女子)가、되
고、일홈을만만세(萬萬世)에、젼(傳)ᄒᆞ라、녀ᄌᆞ(女子)는、나라ᄇᆡᆨ셩(百姓)의、어
머니될쟈니、어머니될쟈이、무식(無識)ᄒᆞ고、학문(學問)이업으면、
그나라ᄇᆡᆨ셩(百姓)이、엇더ᄒᆞᆫᄇᆡᆨ셩(百姓)이되리오、실샹(實狀)으로、ᄉᆡᆼ각(生覺)
ᄒᆞ면、녀ᄌᆞ(女子)의직칙(職責)이、남ᄌᆞ(男子)의칙임(責任)보다、몃ᄇᆡ(倍)가더ᄒᆞ니
쳥년(靑年)녀ᄌᆞ(女子)학ᄉᆡᆼ(學生)들아、마음을ᄭᆡ긋이ᄒᆞ고、몸을、단졍(端正)이

가져、후일(後日)에、국민(國民)을、낫고、기르고、가르치는、조은어
머니가、되소서、그리ᄒᆞ면、집에、복(福)이잇고、집에、복(福)이、
잇으면、나라에、큰、ᄒᆡᆼ복(幸福)이、되리로다

데이십칠과　본밧을일

넷적조즁봉(趙重峯)션ᄉᆡᆼ(先生)이다ᄉᆞᆺ살에、동리ᄋᆞᄒᆡ들과、글방에、
가서、공부(工夫)홀새、엇던벼슬、놉은、사람한아가、하인(下人)
을、만이、다리고、글방압으로、지나가며、벽제(擗除)소릐가
요란(搖亂)ᄒᆞ니、글방동모들이、다토아、나아가、구경ᄒᆞ되
조즁봉(趙重峯)은、홀로안어、글만、닑으니、그、지나、가던사

람이 말게 나며, 그 연고를 믈으니, 션생(先生)이 대답ᄒᆞ되
나는 우리 아바지의 명령(命令)대로 글만 공부(工夫)ᄒᆞᆯ ᄲᅮᆫ이오,
다른것은 나의 알 바가 안이라ᄒᆞ니, 그 사람이 칭찬(稱讚)
ᄒᆞ고 일은ᄃᆡ, 이 ᄋᆞᄒᆡ가 후일(後日)에 큰 그릇을 일우리라
ᄒᆞ엿스니, 우리 공부(工夫)ᄒᆞ는 학생(學生)들은 공부(工夫)ᄒᆞᆯ ᄯᆡ에 잡(雜)된
마음을 두지 말고, 공부(工夫)에만 착심(着心)ᄒᆞᆯ것이라

뎨이십팔과 본밧을일 (련쇽)

리충무공(李忠武公)이 어렷슬 ᄯᆡ에 병조판서(兵曹判書)가 공(公)이 ᄂᆞᆷ지 안
이ᄒᆞᆫ 사람이 될줄을 알고, ᄌᆞ긔(自己) 사위 되기를 청(請)ᄒᆞ니

공(公)이 대답(對答)ᄒᆞ되, 대쟝부(大丈夫)가 세샹(世上)에 처(處)ᄒᆞ며, 큰 ᄉᆞ업(事業)을 일우
는것이 셩ᄉᆡᆼᄒᆞᆫ 일이어늘, 엇지 세도(勢道)ᄒᆞ는 집에 의지
ᄒᆞ며, 부샹ᄒᆞ게 살기를 구ᄒᆞ리오 ᄒᆞ고, 듯지 안이ᄒᆞ
엿스니, 싀집가고 쟝가가면, 가업(家業)에 매여 큰 ᄉᆞ업(事業)은
과연(果然) 일우기가 어려우리라, 고샹(高尙)ᄒᆞᆫ 생각(生覺)이 잇고 ᄯᅩᄒᆞᆫ
텬하(天下)를 위(爲)ᄒᆞ는 쟈는 집 일을 돌아보지 못ᄒᆞᆫ다 ᄒᆞ는
말이 녜로붓허 잇ᄂᆞ니라

뎨이십구과 교ᄉᆞ공경

학도(學徒)가 학교(學校)에 잇서 교ᄉᆞ(敎師)의 명령(命令)을 잘 복죵(服從)ᄒᆞᆯ지니

생각ᄒᆞ여보라、우리부모가、나를낫고기르사、공부를
식히지안이ᄒᆞ면、즘싱에갓갑다ᄒᆞ여、나를학교에보
내사、교사를ᄲᅡᆯ아、학문을、배호게ᄒᆞ시매、교사가、피
로옴을、싱각지、안이ᄒᆞ고、나를사랑ᄒᆞ며、나를가ᄅᆞ
처、착ᄒᆞᆫ、사람、되기를、바라시니、그념려ᄒᆞ고、싱각ᄒᆞ
심이、부모와무엇이다르리오、공부ᄒᆞᆫ후조은일홈을
내고、부모를깃부게홈이、다교사가잘가ᄅᆞ친연고니、
학교에서、공부를맛치고、나아가서、무ᄉᆞᆷ일을ᄒᆞ든지、
잠시나、교사의은공을、잇으리오、그런고로、님군과、

스승과、아비는、ᄒᆞᆫ갈ᄀᆞᆺ이섬기라ᄒᆞ엿ᄂᆞ니라

뎨삼십과　교사공경 (련쇽)

어렷을ᄯᆡ에、가ᄅᆞ치는교사나、커서가ᄅᆞ치는교사가
조곰다르나、어렷을ᄯᆡ에、가ᄅᆞ치는、교사가안이면、
엇더케、지혜를、열어、큰、선싱에게、나아가게ᄒᆞ리오、
어렷을ᄯᆡ에、가ᄅᆞ치는、교ᄉᆞ의、슈고가、더욱、크니、몸
이、맛도록、공경홀것이어늘、사람이、혹、커셔는어렷
올ᄯᆡ、교사를、싱각지、안이ᄒᆞ고、당쟝가ᄅᆞ치는、교사
만、잇는줄로아니、여겻은、그근본을、잇어ᄇᆞ림이라、

바록 공부(工夫)를、잘ᄒᆞ엿슨들、엇지 조은 학ᄉᆡᆼ(學生)이라 칭ᄒᆞ리오、우리 학ᄉᆡᆼ(學生)들은、학문(學問)에、나아갈ᄉᆞ록、어렷을、ᄯᅢ에 가르치던 교사(敎師)의、슈고로음을、ᄉᆡᆼ각(生覺)ᄒᆞ여、존경(尊敬)ᄒᆞ는、마음을、잠시(暫時)라도、잇어ᄇᆞ리지 안이ᄒᆞᆷ이、올으니라

뎨삼십일과 시간

사람이、어려서、공부(工夫)ᄒᆞᆯ ᄯᅢ에、가장 앗길 것은、시간(時間)이나、사람의 명(命)은、한뎡(限定)이 잇고、학문(學問)은、한(限)이 업ᄂᆞᆫ 것이라 이 자른 세월(歲月)을、가지고、한(限)업ᄂᆞᆫ、학문(學問)을、배호고 저ᄒᆞᆯ진댄、시간(時間)을、쓸ᄃᆡ업이、허비(虛費)치 말고、겨를이、잇거든

공부(工夫)ᄒᆞ는ᄃᆡ 채우라、돈은、허비(虛費)ᄒᆞ더래도、다시 벌거니와、시간(時間)은 한번 허비(虛費)ᄒᆞ면、다시 엇지、못ᄒᆞᄂᆞ니、시간(時間)과 ᄀᆞᆺ이 귀(貴)ᄒᆞ고、즁(重)ᄒᆞᆫ 것이 어ᄃᆡ 잇으리오、시간(時間)이 공부(工夫)ᄒᆞ는ᄃᆡ、귀(貴)ᄒᆞ고、즁(重)ᄒᆞᆷ이、이ᄀᆞᆺ으니、우리는、다른 사람을 ᄃᆡ(對)ᄒᆞ여도、시간(時間)을、허랑(虛浪)이、허비(虛費)치 말라고、권(勸)ᄒᆞᆯ 것이어ᄂᆞᆯ、엇던 사람은、공연(空然)이、남을 찻아、다니면서、쓸ᄃᆡ업ᄂᆞᆫ、말로、시간(時間)을、보내니、이것은、제 시간(時間)만、허비(虛費)ᄒᆞᆯ ᄲᅮᆫ 안이라、남의 시간(時間)도、허비(虛費)ᄒᆞ니、이런 사람은、시간도(時間盜)적(賊)놈이라、ᄒᆞᆷ이、올으니라

뎨삼십이과 운동(運動)

운동(運動)이라、ᄒᆞ는것은、몸을놀리는것이니、사람이、만일
가만이안엇거나、누엇거나ᄒᆞ면、마음과、몸이、쾌활(快豁)치
못ᄒᆞ며、입맛이업어지고、피가쇠(衰)ᄒᆞ고、긔운(氣運)이업어、쉬
죽ᄂᆞ니、정신(精神)을만이웃고、시간(時間)을앗기는사람은특(特)
별(別)이운동(運動)을、계을리안이ᄒᆞᄂᆞ니、운동(運動)에허비(虛費)ᄒᆞ는시(時)
간(間)을、잠간보면、유익(有益)홈이、업을뜻ᄒᆞ나、공부(工夫)ᄒᆞ는학도(學徒)
에게요긴(要緊)홈은、모군군(募軍軍)이종일(終日)토록일ᄒᆞ다가、쉬는것
과ᄀᆞᆺ으니라、그런즉、운동(運動)에본뜻은、사람의힘줄과、새

를、활동(活動)ᄒᆞ고、긔운(氣運)을、기르게홈이니、그러나、과(過)이ᄒᆞ
여、몸을곤(困)케홈은、결단코、가(可)ᄒᆞ지안이ᄒᆞ니라

뎨삼십삼과 어룬공경

아버자와、어머니와、형(兄)과누의를、공경(恭敬)ᄒᆞ는、마음을、
미루어、남의부형(父兄)도、공경(恭敬)ᄒᆞ여、섬길것이니、어룬을ᄃᆡ(對)
ᄒᆞ거든、몬저절ᄒᆞ고、몸을、단정(端正)히ᄒᆞ여、ᄃᆡ답(對答)을정성(精誠)스
러이ᄒᆞ며、음식(飮食)을、몬저먹지、말며、길을몬저、가지、말
며、말을、가볍게、말것이요、나보다나가우면、극(極)히공(恭)
경(敬)ᄒᆞ여、섬길지라로인(老人)이、혹넘어늙어、망녕(妄佞)된말과망(妄)

ᄉᆡᆼ편 모양이 보이ᄂᆞ니 ᄯᅩ 웃고 흉ᄇᆡ치 말고 가히

ᄒᆡᆼ이 ᄇᆡ올것이니라

뎨삼십ᄉᆞ과 ᄒᆞᆨ교

ᄒᆞᆨ교라ᄒᆞᄂᆞᆫ것은 사ᄅᆞᆷ의 ᄌᆡ조를 기르ᄂᆞᆫ 곳이니 나라가 셩ᄒᆞ고 쇠ᄒᆞᄂᆞᆫ것이 ᄒᆞᆨ교가 일어나고 폐ᄒᆞᄂᆞᆫᄃᆡ 달녓ᄉᆞ니 그런고로 녯적에ᄂᆞᆫ 집에 슉(塾)이 잇고 마을에 샹(庠)이 잇고 골에 셔(序)가 잇고 나라에 ᄒᆞᆨ(學)이 잇섯더니 지금은 유치원과 소ᄒᆞᆨ교와 즁ᄒᆞᆨ교와 대ᄒᆞᆨ교와 ᄉᆞ범ᄒᆞᆨ교가 잇서 온나라 ᄇᆡᆨ셩이 다 교

녀ᄌᆞ소학수신서 오일

녀ᄌᆞ소학수신서 오이

육을 밧은 연후에야 그 몸을 세우며 집을 보젼ᄒᆞ며 나라를 부ᄒᆞ고 강ᄒᆞ게 ᄒᆞᆯ지라 그럼으로 문명ᄒᆞᆫ 나라는 비록 조곰아ᄒᆞᆫ 동ᄂᆡ라도 ᄒᆞᆨ교가 잇서 어린ᄋᆞᄒᆡ들을 가르쳐 마음을 기르며 님군에게 충셩ᄒᆞ며 나라를 사랑ᄒᆞᄂᆞᆫ 졍신을 발달케ᄒᆞᄂᆞ니라

뎨삼십오과 친구사괴ᄂᆞᆫ것

친구를 사괴ᄂᆞᆫ것은 밋븜으로 도를 삼ᄂᆞ니 그런고로 부득이ᄒᆞᆫ 연고가 업스면 친구를 ᄯᅥᄂᆞᄂᆞᆫ것이 가ᄒᆞ지 안이ᄒᆞ고 착ᄒᆞᆫ일로 권ᄒᆞ여 그가 발달ᄒᆞ여 나아가ᄂᆞᆫ

것을、조케녁일지라、친구(親舊)는、대단(大端)이、소중(所重)ᄒᆞ나 깃분、일이잇을새에、벗이、오면、그、깃붐이、더、깃부고、슬픈、일이、잇을、새에、벗이오면、그슬픔이、덜려ᄂᆞ니、그런즉、벗을가리여사괴는것이、엇지、유익(有益)지、안이리오

뎨삼섭륙과 약죠(約條)

약죠(約條)라ᄒᆞ는것은、사람마다、반ᄃᆞ시、직힐것이라、조곰도가볍게、녁이지、말것이나、무ᄉᆞᆷ、일이든지、가(可)치안임으로、ᄉᆡᆼ각(生覺)ᄒᆞ든지、ᄒᆡᆼ(行)ᄒᆞ거가、어려옴으로、ᄉᆡᆼ각(生覺)ᄒᆞ는

일은、당초(當初)에、약죠(約條)ᄒᆞ지、말것이요、약죠(約條)ᄒᆞᆫ것을、파(破)ᄒᆞ기가、가(可)치안이ᄒᆞ나、그약죠(約條)ᄒᆞᆫ것이、법(法)에범(犯)ᄒᆞ거나、도덕상(道德上)에、억으러지면、ᄒᆡᆼ(行)ᄒᆞ지、안는것이、가(可)ᄒᆞ고、ᄯᅩ졍당(正當)ᄒᆞᆫ약죠(約條)라도、ᄉᆡᆼ각(生覺)지안이ᄒᆞᆫ、변(變)이、일어나서、어긔는것은、부득(不得)이ᄒᆞᆫ、일이니라、조문졍공(趙文貞公)과、셩동쥬가、서로맛낫다가、그、다음、해팔월십오일(八月十五日)에、가야산(伽倻山)해인사(海印寺)(졀)로、맛나기로、약죠(約條)ᄒᆞ더니、약죠(約條)ᄒᆞᆫ、새를、당(當)ᄒᆞ여、큰비가、날마다오는지라、조공(趙公)이、비를、무릅쓰고、졀문에니르니、셩동쥬가、발서와서、우구(雨具)를、벗더라ᄒᆞ

니、녜ᄉᆞ적사람들은、심상(尋常)ᄒᆞᆫ、약됴(約條)도、이러케직혓ᄉᆞᄂᆞ니
라

、 뎨삼십칠과 말ᄒᆞ는것

말ᄒᆞᆯ대를、당(當)ᄒᆞ여는、그새일과、그세형편(形便)을、살펴조심(操心)ᄒᆞ여、말ᄒᆞᆯ것이요、가(可)코불가(不可)ᄒᆞᆫ것을、살피지안이ᄒᆞ고밍세지거리나、ᄒᆞ는것은、낫은사람의일이요、남의、말은、듯지、안이ᄒᆞ고、제、말만、세우지、말며、조은、일에、흉(凶)ᄒᆞᆫ、말과、부질업이、긔롱ᄒᆞ는、말은、입밧에내지、말것이라、로경임이、닐ᄋᆞ되、남이、내게、업수이、녁이는、

말을、ᄒᆞᆯ지라도、내가、용납ᄒᆞ여、되답(對答)ᄒᆞ면、업수이녁이는쟈、공슌(恭順)ᄒᆞᆯ것이요、남이、내게、박절(迫切)ᄒᆞᆫ、말을、ᄒᆞᆯ지라도、나는디졉(待接)ᄒᆞ여、말ᄒᆞ면、도로켜、후(厚)ᄒᆞ게ᄒᆞᆯ것이요남이、내게、로여은、말을、ᄒᆞᆯ지라도、나는참아、말을、삼가ᄒᆞᆫ즉、필경(畢竟)은、탄복(歎服)ᄒᆞᆯ지니라

뎨삼십팔과 계으른것

게른것은、사람의、셩픔(性品)을、둑(毒)ᄒᆞᆫ、약(藥)으로、먹여、여러가지、악(惡)ᄒᆞᆫ것을、비져내는것이니、녯말에닐ᄋᆞ되、쇼인(小人)은한가(閑暇)이、잇서、좃히안이ᄒᆞᆫ、열을、ᄒᆞᆫ다、ᄒᆞ니、사람에

일이、업고、공연(空然)이、시간을、허비(虛費)ᄒᆞ면、노ᄂᆞᆫ듸、세져、셩(性)
픔(品)이、어진、사람이라도、졈졈(漸漸)게러져、용렬(庸劣)ᄒᆞᆫ듯과、불(不)
량(良)ᄒᆞᆫ싱각(生覺)이、그름을、타서、마음을、익ᄉᆞᄂᆞ니、그런고
로、사람이、조은ᄉᆞ업(事業)을、ᄒᆞᆼ샹(恒常)ᄒᆞᄂᆞᆫ쟈ᄂᆞᆫ、그마음이、졍(精)
ᄒᆞ고、부졍(不精)ᄒᆞᆫ、ᄯᅳᆺ이、일어나지、안이ᄒᆞᄂᆞ니라、그런고
로、사람이ᄇᆡᆨ년(百年)을、살지라도、게르게、지나면、오래、살
앗다、ᄒᆞᆯ수가、업고、단(單)이십(二十)을、못살아실지라도괴이(奇異)ᄒᆞᆫ
ᄉᆞ업(事業)이、멸(滅)ᄒᆞ지、안일진듸、그、사람의、명(命)이、ᄶᅡ르다、ᄒᆞᆯ
수가、업ᄂᆞ니라、그런즉、부즈런ᄒᆞᆫ것이、엇지일만(一萬)가지

일에、근본(根本)이、안이되리오

뎨삼십구과　즐거운것

사람이락(樂)은、조아ᄒᆞ고、고로(苦勞)은、것은、실여ᄒᆞᄂᆞᆫ것은、
ᄯᅧᆺᄯᅧᆺᄒᆞᆫ졍(情)이라、그러나、즐거운것도、유익(有益)ᄒᆞᆫ것과、해(害)로
운것이、만으니、즐거운것이、과ᄒᆞᆫ듸、지나면、해가、되
ᄂᆞ니、녯적사람이、말ᄒᆞ기를、락(樂)이、극진(極盡)ᄒᆞ면、슬픔이、
싱(生)긴다ᄒᆞ엿ᄂᆞ니라、세샹(世上)에、마시고먹ᄂᆞᆫ것과、누리
ᄒᆞ고、편안(便安)ᄒᆞᆫ것만、락(樂)으로、알고、학문(學問)과、조은、ᄉᆞ업(事業)ᄒᆞ
ᄂᆞᆫ쟈이、락(樂)으로、아지、못ᄒᆞᄂᆞᆫ쟈잇으니、이러ᄒᆞᆫ사람은

락에、참뜻을、ᄭᆡ닷지、못ᄒᆞ는쟈라、잠간즐거음과、평
싱즐거음이、엇던것、이참、즐거음이뇨、그런고로、밍ᄌᆞ
잘ᄋᆞ사ᄃᆡ、텬하에、영웅스러은、ᄌᆡ조를엇어、공부를
가ᄅᆞ침이、큰락이라、ᄒᆞ셧ᄂᆞ니라

뎨ᄉᆞ십과　가뎡

온집안사람이、각각그직업에、힘을다ᄒᆞ여、그몸을귀
즁이ᄒᆞ면、그집안이、ᄌᆞ연화합ᄒᆞ리니、그、즐거음이、
엇더ᄒᆞ리오、집에잇어는、ᄒᆞᆼ상그부모와、조부모에게
공경ᄒᆞ며、명을、어긔지말며、그부모의일을도으며형

뎨와、ᄌᆞ미를사랑ᄒᆞ며、하인을잘보호ᄒᆞᆯ지니、한、집
안이、화목ᄒᆞ여살면、그、집안에만、복이될ᄲᅮᆫ、안이라、
나라에、큰、복이、되리니、그런고로、녯、글에、닐럿스되
한、집이、어질면、한、나라가흥ᄒᆞᆫ다ᄒᆞ엿ᄂᆞ니라

뎨ᄉᆞ십일과　참는것

사람이、무ᄉᆞᆷᄉᆞ업을、일우고져ᄒᆞᆯ진ᄃᆡ、곤ᄒᆞ고、어려은
일을、맛나ᄂᆞ니、그러ᄒᆞ드ᄅᆡ도、그、뜻을、굽히지、말고
참고、참아야、그、ᄉᆞ업을、얼우ᄂᆞ니、녯、적사람이、닐ᄋᆞ
ᄃᆡ、간난ᄒᆞᆫ것은사람을、옥이되게ᄒᆞᄂᆞᆫ、틀이라ᄒᆞ니

라、참는、힘은、큰、일을、일우는ᄃᆡ만、요긴(要緊)ᄒᆞᆯ섇안이라、날마다、힝동(行動)ᄒᆞ는ᄃᆡ도、또ᄒᆞᆫ요긴(要緊)ᄒᆞ니、무릇우리학도(學徒)는、참는、버릇을、가져、쟝ᄅᆡ(將來)에、큰、ᄉᆞ업(事業)을、일우기로、마옴을、쓸지니라

뎨ᄉᆞ십이과　ᄭᅢᄭᅳᆺᄒᆞ게ᄒᆞᆯ것

병(病)이、업어、몸이、강건(强健)ᄒᆞ랴면、ᄭᅢᄭᅳᆺᄒᆞ게ᄒᆞ는것이、뎨(第)一일이라、집안과、쓰는、그릇이、한아라도、ᄭᅢᄭᅳᆺ지안이ᄒᆞ더래도、좃히안커든、몸은、더욱ᄭᅢᄭᅳᆺ지안이ᄒᆞ여서는、크게、해(害)가、되ᄂᆞ니、날마다、세슈ᄒᆞ는것은、의례이

ᄒᆞ려니와、자조목욕(沐浴)ᄒᆞ며、의복(衣服)을、자조ᄲᅡᆯ아입으며、쓰는것과、신는것을、자조、손질ᄒᆞ며、얼골에、더러은、것이、잇거든、곳、씻을지니、이러케ᄒᆞ면、어려서、붓어、습관(習慣)이되어、어른이되드래도、ᄭᅢᄭᅳᆺᄒᆞ기를、일삼으리라

글닑ᄂᆞᆫ선ᄇᆡ를、간혹(間或)보니、의복(衣服)에、이가기어다니고、갓에、몬지가、ᄲᅩ야케、케케로싸엿어도、ᄒᆞ는、말이、나는선ᄇᆡ니、ᄭᅢᄭᅳᆺᄒᆞᆫ것은나의귀이녁이는、바가、안이라、ᄒᆞ니、이것이、무ᄉᆞᆷ、글、닑은、선ᄇᆡ라、ᄒᆞ리오

뎨ᄉᆞ십삼과　손님ᄃᆡ졉(對接)

쥬인이 손님을 디졉ᄒᆯ셰에 만당이 삼가고 겸손ᄒ며 화

ᄒ고 즐거온 빗으로 보일것이며 뭇고 디답ᄒᄂᆫ 말

을 낫으기ᄒ며 손님의 ᄆᆞᄋᆞᆷ을 깃부게ᄒ며 맛날

셰나 작별ᄒᆯ셰 셔지 한갈ᄀᆞᆺ치 ᄒᆯ것이라 귀ᄒᆫ손님이

나 하등손님이라도 손님되기ᄂᆫ 일반이니 넘어분

등이 잇게 디졉말것이오 어른이든지 동도든지 실수

ᄒᄂᆫ 일이 잇슬지라도 귀에 ᄯᅳᄒ고 손가락으로 가

르치지 말지니라 졂은 녀ᄌᆞ와 남ᄌᆞ가 부득이ᄒᆫ일

이 잇어 마조안아 말ᄒᆯ지라도 오래ᄒ지 말고 졍당

ᄒᆫ말로 간단이ᄒ고 피ᄒ여셔 아모리 친졀ᄒᆫ 쥬긱

의사이라도 남녀유별을 각별이 지힐지니라

뎨ᄉᆞ십ᄉᆞ과 편지

편지라 ᄒᄂᆫ것은 바로 맛나 말ᄒ지 못ᄒ고 피ᄎᆞ에

멀리잇서 그 졍을 통ᄒᄂᆫ것이니 그말을 간략히ᄒ

여 알아보기 쉽게ᄒᆯ것이라 우리나라 풍쇽은 말과

문ᄌᆞ가 서로 달라서 어던이ᄂᆫ 그 실샹ᄒᆯ 말은 한두

가진ᄃᆡ 공연이 글지례ᄒ노라고 알아 보기어렵도록

ᄒᄂᆞ니 이것은 그 실샹은 바리고 쓸ᄃᆡ업이 번거이

ᄒᆞ여、편지ᄒᆞ는、사람이나、밧아보는、사람의、시간(時間)만、허비(虛費)ᄒᆞ는것이니、뎡녕(丁寧)코、ᄒᆞᆯ말만ᄒᆞ고、글치레만낼것이안이요、또ᄒᆞᆫ、넷、말에、남의、편지는、보고저ᄒᆞ지、말나、ᄒᆞ엿으니、비밀(秘密)ᄒᆞᆫ、셔간(書簡)은、비록친밀(親密)ᄒᆞᆫ사이라도、쳔단이뗴어보지、말라、남의、편지를、뗴어보는것은、법(法)에、엄금(嚴禁)ᄒᆞ는바니라

뎨ᄉᆞ십오과 편지(便紙)(련쇽)

편지에、초셔(艸書)를쓸지라도、글ᄌᆞ모양을바르게ᄒᆞ고、빗들빗들ᄒᆞ게、말것이요、초셔(艸書)를、쓰지못ᄒᆞ거든、구차(苟且)이

써서、남을、알아보지、못ᄒᆞ게、말라、편지、밧아、보는사람이、그릇알아보면、그、일을、그르치기、쉬으니、동모간이라도、또ᄒᆞᆫ、공경(恭敬)ᄒᆞ는뜻을、표(標)ᄒᆞᆯ것이어든、하믈며、어른에게、ᄒᆞ는、편지는、더욱、히졍(諸精)ᄒᆞ게、ᄒᆞᆯ지니라、우리、나라에서는、남ᄌᆞ(男子)의、편지、ᄉᆞ연과、녀ᄌᆞ(女子)의、편지가、조곰달라서、녀ᄌᆞ(女子)의、편지는、알아보기가、좀、어려으니、아조、녀ᄌᆞ(女子)들은、편지、쓰는디매우삼갈지니라

뎨ᄉᆞ십륙과 용셔(容恕)

사람이、세상(世上)에나서、허물업는쟈업으나、미양(每樣)남을책

망ᄒᆞ기는 쉽고 ᄌᆞ긔허물은 ᄭᆡᄃᆞᆺ는이가 드므니 고
런즉 남의잘못ᄒᆞᄂᆞᆫ것을 볼ᄯᅢ에 몬저 ᄌᆞ긔의몸을살
펴보라 셔양셩인의말ᄉᆞᆷ에 닐ᄋᆞᆺ으되 ᄌᆞ긔눈의 들보
잇는것은 보지 못ᄒᆞ고 남의 눈의 티글잇ᄂᆞᆫ것은 잘
본다 ᄒᆞ엿스니 과연이 셰샹에는 사ᄅᆞᆷ이 허물업는
자 도모지 업ᄂᆞ니 허물 잇는ᄃᆡ로 그사ᄅᆞᆷ을ᄇᆞ리면
어느겨를에 친고를사괴리오 친구를사괴랴면 용서
ᄒᆞᆷ이 귀ᄒᆞ니라

뎨ᄉᆞ십칠과 공부

공부라ᄒᆞᄂᆞᆫ것은 학교에 가서만 공부ᄒᆞᄂᆞᆫ것이 안
이라 집에서도 공부ᄒᆞᄂᆞᆫ것이 적지안이ᄒᆞ니 집재 부
모의 말ᄉᆞᆷ 잘복종ᄒᆞᄂᆞᆫ것도 공부오 밧게서 배호ᄂᆞᆫ
것을 집에 와서 ᄒᆡᆼᄒᆞᄂᆞᆫ것이 큰공부가되ᄂᆞ니 비유
컨ᄃᆡ 미장이가 담을 ᄡᆞᄂᆞᆫᄃᆡ 한사ᄅᆞᆷ은 밧게 잇고
한사ᄅᆞᆷ은 안에 잇서 안밧에서 서로 돌을 놋고 ᄡᆞ
기로 아리아 그 담이 되는것ᄀᆞᆺ치 밧게서는 교
ᄉᆞ에게 배호고 집에서는 부모의 교훈을 밧지 안이
ᄒᆞ면 십년을배화도 셩공ᄒᆞ기가 어려으니 그런고

로、밍ᄌᆞ(孟子)의、어머니가、세번을、이ᄉᆞ(移舍)ᄒᆞ면서、그、아ᄃᆞᆯ밍ᄌᆞ(孟子)를、가ᄅᆞ쳐、셩인(聖人)이되게ᄒᆞ시니라

뎨ᄉᆞ십팔과　공부

학문(學問)이라、ᄒᆞᄂᆞᆫ것은、배호고、뭇ᄂᆞᆫ것이니、글을닑을새에、입으로만、외올것이、안이라、글、가온ᄃᆡ、리치를밝히분별(分別)ᄒᆞ며、글을닑지안이ᄒᆞᆯ、새라도、눈으로보ᄂᆞᆫ것은、무삼물건(物件)이든지그、리치(理致)를、ᄌᆞ세(仔細)히、궁구(窮究)ᄒᆞ여、보고、의심(疑心)이、잇거든、부형(父兄)에게나、교ᄉᆞ(敎師)에게나、어른에게나、물을지니、롱ᄉᆞ(農事)ᄒᆞᄂᆞᆫ것은、롱부(農夫)에게물으며、쟝ᄉᆞ

ᄒᆞᄂᆞᆫ、일은、상고(商賈)에게물으며、긔계(機械)ᄂᆞᆫ、쟝공(匠工)에게、물어보ᄂᆞᆫ것도、나의공부(工夫)니、그러ᄒᆞᆫ즉、아ᄂᆞᆫ것이、가삼에、가득차면、그사람은、공부(工夫)를、만히ᄒᆞᆫ사람이라、ᄒᆞᄂᆞ니라

뎨ᄉᆞ십구과　학문(學問)

텬하(天下)에、얻기어려온것이、학문(學問)이니、마음에쥬쟝(主張)이잇ᄂᆞᆫ쟈라야、학문(學問)을、얻ᄂᆞ니、비유(比喩)컨ᄃᆡ、물은、지극(至極)히、물으고、돌은、지극(至極)히、단단ᄒᆞ여도、물、방울이、돌、우에、밤과、낫으로、ᄯᅥᆯ어지면、필경(畢竟)에ᄂᆞᆫ、구멍이、ᄉᆡᆼ기ᄂᆞ니、이

와 ᄀᆞᆺ치, 마음이, 만만ᄒᆞᆫ 사ᄅᆞᆷ은, 날로 배호고, 해로 배화, 쉬지 아니ᄒᆞ면, 학문(學問)은, 엇고야 마ᄂᆞ니, 만일 누구든지, 오ᄂᆞᆯ 배호고, ᄅᆡ일 쉬며 ᄒᆞ고, 금년(今年)에 배호고, ᄅᆡ년(來年)에 버리면, 어ᄂᆞ 거를에, 학문(學問)을, 엇으리오, 그런 고로, 녜젼 박학ᄉᆞ(博學士)들은, 여러 십년(十年) 배운 공부(工夫)가, 잇는 고로, 오ᄂᆞᆯᄭᆞ지도, 학ᄉᆞ(學士)라, 칭숑(稱誦)ᄒᆞᄂᆞ니라

뎨오십과 마음

사ᄅᆞᆷ의, 마음은, 물과 ᄀᆞᆺᄒᆞ야, 동(東)으로 인(引)도(導)ᄒᆞ면, 동(東)으로 흘러 가고, 서(西)으로, 인(引)도(導)ᄒᆞ면, 서(西)로 흘러, 가ᄂᆞ니, 이런고

로, 이 세샹(世上)에, 방탕(放蕩)ᄒᆞᆫ, 남ᄌᆞ(男子)와, 방탕(放蕩)ᄒᆞᆫ, 녀ᄌᆞ(女子)가, 만이, 졍직(正直)ᄒᆞᆫ 군ᄌᆞ(君子)의, 비평(批評)을 면(免)치 못ᄒᆞᄂᆞ니라, 이것은, 사ᄅᆞᆷ마다, 제 마음을 제가, 작뎡(作定)치, 못ᄒᆞ고, ᄌᆞ긔(自己) 마음의, ᄒᆞ고져 ᄒᆞ는 바대로, ᄒᆞᄂᆞᆫ 연고라, 김유신(金庾信)은, 신라(新羅) 문무왕(文武王) 때 사ᄅᆞᆷ이라, 어렷을 ᄯᆡ에, 그, 어머니가, 날로 엄ᄒᆞ게 가르치고, 방탕(放蕩)ᄒᆞ게 놀기를, 허락(許諾)지, 아니ᄒᆞ더니, 하로는, 우연(偶然)이, 챵녀(娼女)의, 집에, 가서 논지라, 그 어머니가, 칙망ᄒᆞ여 일으되, 나의, 나가 늙으매, 밤낫으로 네가 셩취(成就)ᄒᆞ기를, ᄇᆞ라거늘, 이제, 네가, 더러운 집에서, 노나냐,

ᄒᆞ고、울기를、마지、안이ᄒᆞ거ᄂᆞᆯ、유신(庾信)이、마ᄋᆞᆷ에、작뎡(作定)
ᄒᆞ여、어머니압에서、다시ᄂᆞᆫ창녀(娼女)의집、압이라도、지
나지、안케ᄉᆞ다、ᄌᆞ복(自服)ᄒᆞ더니、하로ᄂᆞᆫ、술이、취(醉)ᄒᆞ여、집으
로、돌아올새、말이、그릇창녀(娼女)의、집압길에이른지라、
김유신(金庾信)이、깨듯고、탓던말의허리를、칼로、베고、말안(鞍)
장(粧)은버리고、집에돌아왓다、ᄒᆞ니、그마ᄋᆞᆷ이、엇더ᄒᆞ
뇨

뎨오십일과　겸손(謙遜)

겸손(謙遜)이라ᄒᆞᄂᆞᆫ것은、ᄌᆞ긔(自己)가、더위(地位)가놉고、학문(學問)이잇드

래도ᄌᆞ랑치、말며、남이、부족ᄒᆞᆫ、일이、잇드래도、업수
이녁이지、말것이라、ᄌᆞ긔(自己)가、넉넉ᄒᆞ면、ᄌᆞ랑치、안이
여도、ᄌᆞ연(自然)그、힝실(行實)에、나타나ᄂᆞ니、이、세상(世上)사람을、보
면、ᄌᆞ긔(自己)가、무ᄉᆞᆷ일이든지、조곰、잘ᄒᆞ엿으면、그것을、이
써、일홈을、들어내고져、ᄒᆞ여、교만(驕慢)ᄒᆞᆫ마ᄋᆞᆷ이、가득ᄒᆞ
여、다른사람을、업수이、넉이매、부모(父母)업시잘아ᄂᆞᆫ、ᄌᆞ(子)
식(息)이라ᄒᆞᄂᆞᆫ、일홈을、면치못ᄒᆞᄂᆞ니라、김문경공안국(金文敬公安國)
이、아ᄃᆞᆯ을、가ᄅᆞ치되、겸손(謙遜)홈과、공슌(恭順)홈은、군ᄌᆞ(君子)의、셩(盛)
ᄒᆞᆫ、덕(德)이니、몸이、맛도록、직히라、ᄒᆞ고、내가、평싱(平生)에、교(驕)

만(慢)ᄒᆞᆫ、마ᄋᆞᆷ을、다른사람에게、보엿으며、남의、허물을
말ᄒᆞᆷ을、네가。보앗ᄂᆞ냐、나ᄂᆞᆫ、죽을지언정、ᄌᆞ손(子孫)의、교(驕)
만(慢)ᄒᆞᆫ、마ᄋᆞᆷ이잇고、겸손(謙遜)ᄒᆞᆫ마ᄋᆞᆷ이업다ᄒᆞᄂᆞᆫ、말은、듯기
를원(願)ᄒᆞ지、안이ᄒᆞ노라、ᄒᆞ엿ᄂᆞ니라

뎨오십이과 나라

사람은、집에매이고、집은、나라에、매엿으니、그런고
로、나라가업은즉、집이、업고、집이、업으면、몸이의지
ᄒᆞᆯ바가업ᄂᆞ니라、유태국(猶太國)사람이、쟝ᄉᆞ를잘ᄒᆞ여、사람
사람이、부ᄒᆞ되、그、나라가、망(亡)ᄒᆞᆫ고로、아라사국(俄羅斯國)에간즉

아라사사람이、죽이며、법국(法國)에간즉、법국(法國)사람이、욕(辱)ᄒᆞ
여、넓고넓은、텬디(天地)에、돌아갈、곳이、업으니、심(甚)ᄒᆞ도다
나라망(亡)ᄒᆞᆫ、ᄇᆡᆨ셩(百姓)의신세(身勢)여、파란국(波蘭國)과、인도국(印度國)은、나라가
망(亡)ᄒᆞ매、억천만ᄇᆡᆨ셩(億千萬百姓)이、종이、되어、평ᄉᆡᆼ(平生)에、락(樂)을、누리
ᄂᆞᆫ쟈、업도다、그런고로、몸을、사랑ᄒᆞᄂᆞᆫ쟈ᄂᆞᆫ、그、집을
사랑ᄒᆞ고、집을사랑ᄒᆞᄂᆞᆫ쟈ᄂᆞᆫ、그、나라를、반ᄃᆞ시이사랑
ᄒᆞᆯ지니라、나라를、사랑ᄒᆞᆫ다ᄒᆞᆷ은、사람마다、각기、그、
당(當)ᄒᆞᆫ、직분(職分)을힘써ᄒᆞ면、그、나라ᄂᆞᆫ、ᄌᆞ연부강(自然富强)ᄒᆞᆫ、나라
가되ᄂᆞ니라

데오십삼과　녀ᄌᆞ슈신총론(女子修身總論)

사람이、이세샹(世上)에나매、맛당이、힝(行)홀본무(本務)는、도(道)와덕(德)이라、그러나、도덕(道德)을닥는공부(工夫)가、업스면、도(道)와덕(德)을、엇어、힝(行)ᄒᆞ기가、어려온고로、인륜(人倫)에、ᄭᆡ닷아、힝(行)ᄒᆞ는것을、궁구(窮究)ᄒᆞ고、ᄉᆡᆼ각(生覺)ᄒᆞ여、그방법(方法)을、긔록(記錄)ᄒᆞ여、녀ᄌᆞ학(女子學)교(校)에、교과셔(敎課書)가、될가ᄒᆞ노니、조은녀ᄌᆞ(女子)가、되랴ᄒᆞ여도이칙(冊)을、공부(工夫)홀것이요、남의조은、어머니와、조은식모(媤母)와、조은、며ᄂᆞ리와、조은동셔와、조은올케와、조은ᄌᆞ녀가、되랴ᄒᆞ여도、이칙(冊)을、공부(工夫)홀것이라、그러나、이

것이、엇지、본인(本人)의、의견(意見)을、망녕(妄佞)되이、잡아、져슐(著述)ᄒᆞᆫ것이라ᄒᆞ리오、넷적에、어진녀ᄌᆞ(女子)와、어진남ᄌᆞ(男子)의、금(金)ᄀᆞᆺ은、말과、향긔(香氣)로온、힝실(行實)을、들어긔록(記錄)홀ᄲᅮᆫ이로라

대뎌、일이라、ᄒᆞ는것은、몬져、힝(行)홀것도잇고、나죵에、힝(行)홀것도、잇스나、몬져마음을、바르게ᄒᆞ고、몸을、닥아야、쳔만(千萬)가지힝(行)ᄒᆞ는、일에、단단ᄒᆞᆫ긔초(基礎)가、될지라、그런고로、오륜(五倫)에ᄃᆡᄒᆞᆫ도리(道理)를、간략(簡略)히、써、녀ᄌᆞ(女子)로ᄒᆞ여곰、못된것은、버리고、조은것은、취(取)ᄒᆞ는、한도움이、되기를、깁이바라노라

녀ᄌᆞ소학슈신셔종

영인

보통교육 국민의범

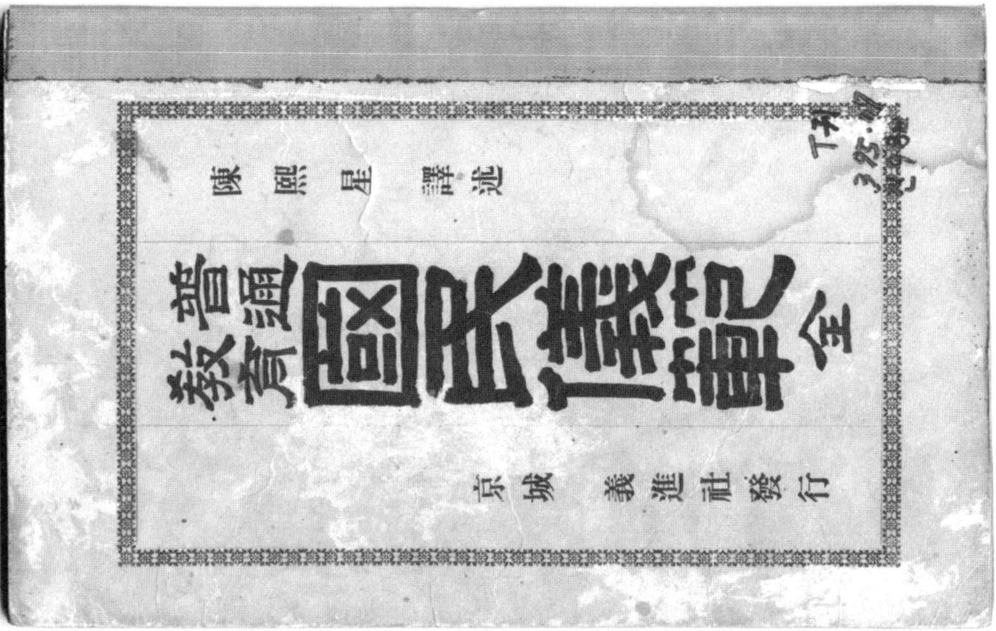
陳熙星 譯述
普通教育 國民儀範 全
京城 義進社發行

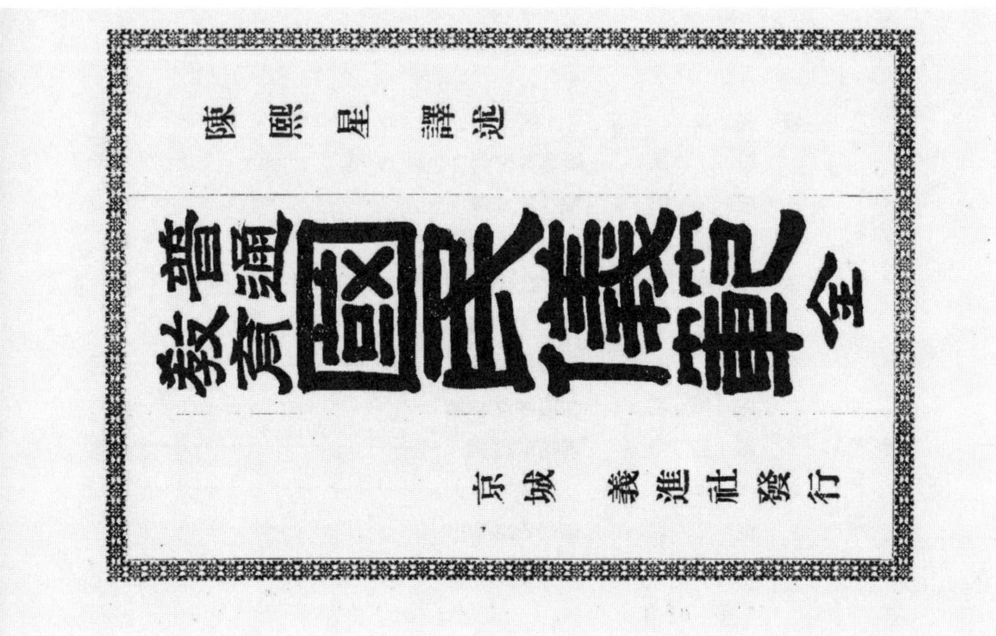
陳熙星 譯述
普通教育 國民儀範 全
京城 義進社發行

國民儀範

目次

頁

第一章 總論……一

第二章 禮儀의必要……三

第三章 禮儀는古禮古實에만依홈이不可ᄒᆞ니라……五

第四章 禮儀에關ᄒᆞ야一般注意……八

第五章 身體……一二

第一節 頭髮과鬚髯……仝

第二節 目과鼻와耳……一三

第三節 口와齒……一四

第四節 手足과爪……一五

第六章 服裝……一六

第一節 服裝의方法……一七

第二節 禮服……二〇

第三節 制服……二一

第七章 言語……仝

第一節 對話……二三

第二節 接語의材料……二四

第三節 接語홀時에避홀事……二五

第四節 演說과討論……二九

第八章 姿勢……三〇

第一節 直立姿勢……三一

第二節 正座姿勢……三二

目次

第三節 着椅姿勢……三三
第四節 步行姿勢……三四
第九章 敬禮……三五
第一節 立禮……三六
第二節 坐禮……三八
第三節 握手禮……三九
第四節 敬禮時에注意홀事……四〇
第五節 人의前을過ᄒᆞᄂᆞᆫ境遇의禮……四一
第六節 我의前을他人이過코ᄌᆞᄒᆞᄂᆞᆫ境遇에禮……四二
第七節 途中에서對ᄒᆞᆫ禮……仝
第八節 答禮……四六
第十章 訪問과接客……四七

目次

第一節 訪問의種類……四八
第二節 訪問의時刻……五〇
第三節 名帖……仝
第四節 家人과出迎……五二
第五節 着席……五三
第六節 茶碗과菓子器와烟草匣과其他에對ᄒᆞ야注意홀事 五四
第七節 訪問의時間……五七
第八節 辭去와送客……五八
第九節 答禮……五九
第十節 男女間의訪問……六〇
第十一章 饗應……仝
第一節 請帖……六一

目次

第二節 叅會時刻……仝
第三節 服裝……六二
第四節 着席……六三
第五節 食事……六四
第六節 退散……七六
第七節 答禮……七七
第十二章 居宅……仝
第一節 居宅의掃除와整頓……七八
第二節 客室의裝飾……七九
第十三章 障子와窓戶의開閉……仝
第十四章 物品의進흠과撤ᄒᆞᄂᆞᆫ法……八〇
第一節 一般方法……八一

目次

第二節 火爐와烟草盒을進ᄒᆞᄂᆞᆫ法……八三
第十五章 物品을授受ᄒᆞᄂᆞᆫ法……八五
第十六章 物品의貸借……八八
第十七章 書簡……八九
第一節 用紙……九〇
第二節 文字와文法……九一
第三節 書ᄒᆞᄂᆞᆫ法……仝
第四節 捲ᄒᆞᄂᆞᆫ法……九三
第五節 注意……仝
第十八章 贈品……九五
第一節 贈品ᄒᆞᄂᆞᆫ人의注意……仝
第二節 贈品을受ᄒᆞᄂᆞᆫ人의注意……九七

目次

第十九章 集會……九八
第一節 叅會時刻……仝
第二節 席次……九九
第三節 座上談話……一〇〇
第四節 開會辭와答辭……仝
第五節 宴會……一〇一
第二十章 紹介……一〇三
第一節 言語로要ᄒᆞᄂᆞᆫ紹介……仝
第二節 書簡으로要ᄒᆞᄂᆞᆫ紹介……一〇四
第二十一章 儀式……一〇五
第一節 式場……仝
第二節 儀式時間……一〇六

目次

第三節 儀式順序……一〇六
第四節 勅語奉讀과國歌를奏ᄒᆞᄂᆞᆫ時의禮法……一〇七
第五節 告辭와祝辭……一〇八
第二十二章 公衆에對ᄒᆞᆫ禮法……一〇九
第一節 數多人이集會ᄒᆞᆫ境遇에對ᄒᆞᆫ禮法……一一〇
第二節 公共物에對ᄒᆞᆫ禮法……一一五
第三節 雜件……一一七
第二十三章 葬儀……一二〇
第二十四章 雜件……仝
第一節 賀壽……一二一
第二節 學校에對ᄒᆞᆫ禮……仝
第三節 旅中의注意……一二三

第四節 平生寢食에注意……一三

普通教育 國民儀範目次 終

普通教育 國民儀範

陳熙星 譯述
尹泰榮 校閱

第一章 總論

古人이云ᄒᆞ되衣冠을正齊ᄒᆞ야威儀를不乱ᄒᆞ며上을尊敬ᄒᆞ고下에不驕ᄒᆞ야人을先ᄒᆞ고己를後ᄒᆞ며身에行ᄒᆞᄂᆞᆫ바ㅣ皆、規矩에合ᄒᆞ야秋毫라도自由를失ᄒᆞ거나或、踈略ᄒᆞ야緩怠ᄒᆞᆷ이無ᄒᆞᆷ을禮라云ᄒᆞᄂᆞ니即、禮라ᄒᆞᆷ은心에恭敬ᄒᆞᄂᆞᆫ德이有ᄒᆞ야視聽言動에顯ᄒᆞᄂᆞᆫ外儀가善美ᄒᆞᆷ을云ᄒᆞᆷ이라

大凡、何事를不問ᄒᆞ고其本을得ᄒᆞ면末은自然히來ᄒᆞᄂᆞ니即、樹木의根이堅固ᄒᆞ면其枝葉이生ᄒᆞ되根을失ᄒᆞ고枝葉

만繁茂ᄒᆞ는者ㅣ無홈과如ᄒᆞ니故로恭敬은禮의本이오外儀는禮의末이니라本이無ᄒᆞ고末만修코ᄌᆞᄒᆞ면寧히末에는缺處가有ᄒᆞ야도本이完全홈만不如홀지니此는外部에虛飾만多ᄒᆞ고內心에恭敬이無홈에比ᄒᆞ면勝ᄒᆞ다홀쌴이오決코末을輕ᄒᆞ게홈이아니라本、末兩者를、다完全히홈이必要ᄒᆞ니故로內心에恭敬ᄒᆞ는德을修ᄒᆞ야도外儀에缺處가有ᄒᆞ면禮에適合ᄒᆞ다云치못ᄒᆞ며又、如何히外儀에謙讓을顯ᄒᆞ야도內心에傲慢ᄒᆞᆫ心이有ᄒᆞ면外面의虛飾은極히排斥홀지니然則一面으로는內心에美德을硏磨ᄒᆞ며一面으로는視聽言動에顯ᄒᆞ는바外儀를修홈이可ᄒᆞ니라外儀는智識이아니오技能인故로技能에熟達ᄒᆞ라면反覆練習홈만不如ᄒᆞᄂᆞ니外儀를反覆練習ᄒᆞ야自得치아니ᄒᆞ면內

心이如何히優美ᄒᆞ야도或은傲慢ᄒᆞᆫ風과不遜ᄒᆞᆫ容을生홈에至홀지라內心을既整ᄒᆞ고外儀를練習ᄒᆞ면心은形을抑ᄒᆞ며形은心을制ᄒᆞ야自然히禮의本旨에適合홀지니라

第二章　禮儀의必要

社會의秩序를維持ᄒᆞ라면法律의力과道德、宗敎의力이必要ᄒᆞᄂᆞ니禮儀의關係도亦大ᄒᆞᄂᆞ니即、禮儀는元來法庭이無ᄒᆞᆫ故로制裁가無ᄒᆞᆫ듯ᄒᆞᄂᆞ此에違背ᄒᆞ는者ㅣ有ᄒᆞ면衆人의輕蔑을受ᄒᆞ며交際社會에擯斥되는等、制裁가有ᄒᆞ야社會의秩序를維持ᄒᆞ는實力이有ᄒᆞ니故로國이有ᄒᆞ면、반ᄃᆞ시習慣上에一定ᄒᆞᆫ禮儀가有ᄒᆞ야國民의坐作進退를律ᄒᆞᄂᆞ니即、長幼가互相應接ᄒᆞ는時와吉凶에互相慶吊ᄒᆞ는際

에도國民된者ㅣ擧皆、此等禮儀를守ᄒ면其社會의秩序가整齊ᄒ야風俗이自然히教厚ᄒ고且、人々이相交ᄒᆯ時에各其本分을守ᄒ야言語動作이優美ᄒ고無禮와混雜과不便이無ᄒ면交際場裡에春風과如ᄒᆫ溫情이生ᄒ야其交際가便利ᄒ며圓滿ᄒ게될지니禮儀ᄂᆞᆫ實로社會의秩序를整齊ᄒ며交際를圓滿히ᄒᄂᆞᆫ바力이大有ᄒ다可謂ᄒᆯ지니라

我國의文物制度를外部로見ᄒ면整齊ᄒ야威儀禮容이完全ᄒᆫ人과如ᄒᄂᆞ其、內部를細究ᄒ면風俗과習慣이此와伴行치못ᄒᄂᆞᆫ지라所謂文明이라ᄒᄂᆞᆫ者ᄂᆞᆫ、다만國이富ᄒ며兵이強ᄒᆫ것만云홈이아니며、또ᄒᆫ外部的文物과制度가整齊ᄒᆫ것만云홈이아니라實로德義를重視ᄒ며禮儀를崇尙ᄒ야社會의風俗을教厚ᄒ고高尙優美홈이實로文明에欠

缺치못ᄒᆯ要素가되ᄂᆞ니故로國民된者ㅣ禮儀를修ᄒ야各其品位를保全ᄒ며社會의風俗을高尙케ᄒ야文明國의體面을完全케홈이可ᄒ니라然이나一面으로ᄂᆞᆫ日進의學業을勉勵ᄒ야世界大勢에落后치아니홈을勉勵ᄒᄂᆞᆫ此世에一面으로ᄂᆞᆫ文明의要素되ᄂᆞᆫ禮儀를輕視ᄒᄂᆞᆫ傾向이有ᄒ야特別히將來、大望을屬ᄒᆯ青年學生間에此傾向이甚ᄒ니實로可嘆ᄒᆯ事ㅣ라此輩ᄂᆞᆫ獨히個人의品位를墮ᄒᆯ뿐아니라、또ᄒᆫ國家의體面을汚ᄒᄂᆞᆫ者ㅣ라云ᄒᆯ지니深戒ᄒᆯ지어다

第三章　禮儀ᄂᆞᆫ古禮古實에만依홈이不可ᄒ니라

古來로世人이我國을君子國이라稱ᄒ얏스ᄂᆞ現今에ᄂᆞᆫ禮儀가頹廢ᄒ야無禮無儀가極度에達ᄒ얏스니禮法을講ᄒ

야振興을圖ᄒᆞᆷ이極히必要ᄒᆞᆫ지라光武維新以來로古來의文物、制度를一變ᄒᆞᆷ과同時에風俗、習慣을破壞ᄒᆞ야、ᄯᅡ만舊를賤ᄒᆞ며新을貴ᄒᆞᄂᆞᆫ風이成ᄒᆞᆷ으로禮儀와作法도固陋ᄒᆞ다稱ᄒᆞ야全然히不顧ᄒᆞ니此亦、社會가變革ᄒᆞᄂᆞᆫ時代에免치못ᄒᆞᆯ現象이라維新ᄒᆞᆫ後로十有餘年을已經ᄒᆞ얏스되尙且、過渡의時代요、아직整頓ᄒᆞᆫ時代에至치못ᄒᆞ얏스ᄂᆞ然이ᄂᆞ社會에萬般事物이漸次로整頓코ᄌᆞᄒᆞᄂᆞᆫ時에ᄂᆞᆫ禮儀도亦、振興케ᄒᆞᆯ지니禮儀ᄂᆞᆫ元來、時代的生産物로時代가異ᄒᆞᆷ을從ᄒᆞ야禮儀도亦異ᄒᆞᆷ은自然ᄒᆞᆫ數라故로古時代의禮儀로ᄡᅥ今日의禮法을作ᄒᆞ야國民을教코ᄌᆞᄒᆞᆷ은無理ᄒᆞᆫ事ㅣ라云ᄒᆞᆯ지라大蓋、外國과通商을開ᄒᆞ야萬國이交通ᄒᆞ면吾人의交際ᄂᆞᆫ獨히內國人間에만不止ᄒᆞ고廣히世界의人과

文明的交際를行ᄒᆞᆷ에至ᄒᆞᄂᆞᆫ故로交際의規則과形式도多少의變更ᄒᆞᆷ을不免ᄒᆞᆯ지라故로禮儀의精神되ᄂᆞᆫ바ᄂᆞᆫ古今과東西를勿論ᄒᆞ고毫末도變化ᄒᆞᄂᆞᆫ理由가無ᄒᆞ되其、風俗의變遷과世의推移를伴ᄒᆞ야改良ᄒᆞᆯ것은、다만形式에不過ᄒᆞᆯ뿐이라彼、峨冠博帶ᄒᆞᆫ者와金線을附ᄒᆞᆫ大禮服을着ᄒᆞᆫ者를比ᄒᆞ며又、握手ᄒᆞᄂᆞᆫ禮와拜揖ᄒᆞᄂᆞᆫ禮를比ᄒᆞ면其差가霄壤과如ᄒᆞᄂᆞ恭敬의誠을盡ᄒᆞ며交誼의情을厚ᄒᆞᆷ에至ᄒᆞ야ᄂᆞᆫ一般이라此、差違가生ᄒᆞᆫ所以ᄂᆞᆫ、다만衣服의製法과家屋의構造가彼、我가相異ᄒᆞ며古今이不同ᄒᆞᆯ뿐아니라然則、禮儀가頹廢ᄒᆞᆷ을憂ᄒᆞᄂᆞᆫ士ᄂᆞᆫ古禮와故實에泥치말고普通簡易ᄒᆞ야我國現時의衣、食、住에適合ᄒᆞᆫ國民禮儀를振興ᄒᆞᆯ지니라

第四章 禮儀에關ᄒᆞ야一般注意

一、禮ᄂᆞᆫ本、末이다、完全ᄒᆞᆷ을要ᄒᆞ야本을養ᄒᆞ면末을自得ᄒᆞᄂᆞᆫ者ㅣ됨은既爲論述ᄒᆞᆫ지라故로禮儀를修ᄒᆞᄂᆞᆫ者ᄂᆞᆫ決코形式만拘泥치말고、먼저內心을修養ᄒᆞᆷ에盡力ᄒᆞᆯ지니內心을怠惰히修養ᄒᆞ고外儀만研究코ᄌᆞᄒᆞᆷ은本、末을轉倒ᄒᆞᄂᆞᆫ者ㅣ라云ᄒᆞᆯ지라禮儀의要領은言語와動作을高尙優美케ᄒᆞ야人으로ᄡᅥ愉快를感케ᄒᆞ며又、擧動이外態를故作ᄒᆞ지勿ᄒᆞ야自然的이되게ᄒᆞᆯ지니此亦注意ᄒᆞᆯ點이니라

二、禮儀를特別ᄒᆞᆫ者로思ᄒᆞᆷ은最大ᄒᆞᆫ誤謬라日常에坐作進退가擧皆禮儀에在ᄒᆞᆫ故로日常行爲間에禮儀에適

合ᄒᆞ도록注意ᄒᆞᆷ이可ᄒᆞᆯ지라平日에ᄂᆞᆫ思慮가無ᄒᆞ다가必要ᄒᆞᆫ境遇에만卒然히優美圓滿ᄒᆞᆫ禮儀를行코ᄌᆞᄒᆞᆷ은譬컨ᄃᆡ矢를射ᄒᆞᄂᆞᆫ者ㅣ平日에ᄂᆞᆫ姿勢를不顧ᄒᆞ다가射禮를行ᄒᆞᄂᆞᆫ時에만正確ᄒᆞᆫ姿勢를取코ᄌᆞᄒᆞᆷ과同一ᄒᆞ니、엇지正鵠을得ᄒᆞᆯ理가有ᄒᆞ리오

三、諺에云ᄒᆞ얏스되知키ᄂᆞᆫ易ᄒᆞ고行키ᄂᆞᆫ難ᄒᆞ다ᄒᆞ니禮儀의事項은元來、高尙難遠ᄒᆞᆫ理論이無ᄒᆞᆫ故로此를知ᄒᆞ기ᄂᆞᆫ不難ᄒᆞᄂᆞ、다만實行ᄒᆞ기가難ᄒᆞᄂᆞ니禮儀를修ᄒᆞᄂᆞᆫ者ᄂᆞᆫ日常坐臥間이라도此를實踐코ᄌᆞᄒᆞᆷ을注意ᄒᆞᆯ지니라

四、諺에云ᄒᆞ되法으로브터入ᄒᆞ야法을見치못ᄒᆞᆫ다ᄒᆞ니禮儀도亦然ᄒᆞ지라假令、各種事項에對ᄒᆞᆫ禮儀ᄂᆞᆫ學ᄒᆞ

얏스ᄂᆞ實際에臨ᄒᆞ야ᄂᆞᆫ時期와境遇ᄅᆞᆯ應ᄒᆞ야臨機의變更을要ᄒᆞᄂᆞᆫ事가多ᄒᆞᄂᆞ니設或變更을不要ᄒᆞᆯ事라도法式에만拘泥ᄒᆞ야窮屈澁滯ᄒᆞ야完全圓滿치못ᄒᆞ면此亦適宜ᄅᆞᆯ不得ᄒᆞᆫ者ㅣ라云ᄒᆞᆯ지니라

五、諺에云ᄒᆞ되人의動止ᄅᆞᆯ見ᄒᆞ야我의動止ᄅᆞᆯ改ᄒᆞ라ᄒᆞ얏스니恒常人의坐作進退ᄅᆞᆯ見ᄒᆞ야我의不足ᄒᆞᆫ處ᄅᆞᆯ補ᄒᆞᆯ지며又或境遇ᄅᆞᆯ因ᄒᆞ야坐作進退ᄒᆞᄂᆞᆫ方法에疑訝가生ᄒᆞᄂᆞᆫ時에ᄂᆞᆫ先輩의行ᄒᆞᄂᆞᆫ바ᄅᆞᆯ見ᄒᆞ야依倣ᄒᆞ면最大ᄒᆞᆫ過失이無ᄒᆞᆯ지니要之컨ᄃᆡ恒常禮儀ᄅᆞᆯ修코ᄌᆞᄒᆞᄂᆞᆫ心만有ᄒᆞ면過誤ᄅᆞᆯ生ᄒᆞᆷ이不尠ᄒᆞᆯ지니라

六、禮儀ᄅᆞᆯ修코자ᄒᆞᄂᆞᆫ者ᄂᆞᆫ恒常心을沈靜케ᄒᆞ야從容ᄒᆞ고寬裕ᄒᆞᆷ을要ᄒᆞ되優柔ᄒᆞᆷ은不可ᄒᆞ며又氣ᄅᆞᆯ凜凜히

ᄒᆞ야敢히犯치못ᄒᆞᆯ威重을具ᄒᆞᆯ것이로ᄃᆡ決코驕慢ᄒᆞᆷ은不可ᄒᆞᆫ故로溫嚴을兼備ᄒᆞ며愛敬이完全ᄒᆞᆷ을要ᄒᆞᆯ저니라

七、世間에서一般히男子禮法이라云치아니ᄒᆞ며다만女子禮法이라稱ᄒᆞ야禮法을女子의專有物과如히思料ᄒᆞᄂᆞᆫ者ㅣ有ᄒᆞ니是ᄂᆞᆫ最大ᄒᆞᆫ誤謬라大盖禮儀와作法의本旨ᄂᆞᆫ旣爲前述ᄒᆞᆷ과如ᄒᆞᆫ즉其必要ᄒᆞᆫ度ᄂᆞᆫ男女間에些少ᄒᆞᆫ差別이無ᄒᆞ되다만男女ᄂᆞᆫ其性質이異ᄒᆞ며職分이不同ᄒᆞᆷ을因ᄒᆞ야其態度方法에多少差違가有ᄒᆞᆯ뿐이니男子된者ᄂᆞᆫ決코作法을輕히ᄒᆞᆷ이不可ᄒᆞ니라

八、總히男子ᄂᆞᆫ活潑嚴肅ᄒᆞ고ᄌᆞᄒᆞ야反히輕躁驕慢에陷

ᄒᆞ기易ᄒᆞᆫ弊가有ᄒᆞ며女子ᄂᆞᆫ怜悧謹直ᄒᆞ고ᄌᆞᄒᆞ야緩慢窮屈에流ᄒᆞᄂᆞᆫ傾向이有ᄒᆞ니此亦、注意ᄒᆞᆯ要件이니라

第五章 身體

身體ᄂᆞᆫ清潔히ᄒᆞ야容姿ᄅᆞᆯ端正ᄒᆞ게ᄒᆞᆯ지니身體가不潔ᄒᆞ며容姿가不正ᄒᆞ면人의輕侮ᄅᆞᆯ不免ᄒᆞᆯ뿐아니라人을對ᄒᆞ야無禮ᄒᆞᆷ이되ᄂᆞᆫ지라大凡、身體ᄂᆞᆫ心意의所在라故로心德이進ᄒᆞ면外貌도亦、高尙ᄒᆞ며邪惡의心이熾ᄒᆞ면外貌도亦、邪惡ᄒᆞᆫ形狀이顯ᄒᆞ야決코隱匿ᄒᆞ기不能ᄒᆞᄂᆞ니然則容儀와風采ᄅᆞᆯ善良케ᄒᆞ랴면、먼저精神의修養을不怠ᄒᆞᆯ지니라

第一節 頭髮과鬚髯

一、頭髮은少ᄒᆞ야도每月에一回ᄅᆞᆯ剃ᄒᆞ야恒常、清潔케ᄒᆞᆯ지라然이나彼、香油와香水ᄅᆞᆯ塗抹ᄒᆞ야嬌治ᄒᆞᆫ風을作ᄒᆞᆷ은卑陋ᄒᆞ며女子의髮은不潔不整ᄒᆞᆫ故로頻頻히洗ᄒᆞ며梳ᄒᆞᆷ을不怠히ᄒᆞᆯ지니라

二、鬚髯의存不存은任意로되、만일存ᄒᆞᄂᆞᆫ時에ᄂᆞᆫ顏容에適合ᄒᆞ게ᄒᆞ야恒常、清潔ᄒᆞᆷ을注意ᄒᆞᆯ지며存치아니ᄒᆞᄂᆞᆫ時ᄂᆞᆫ剃ᄒᆞ기ᄅᆞᆯ不怠히ᄒᆞᆷ이可ᄒᆞ되、다만學生等은鬚髯을存치아니ᄒᆞᆷ이適當ᄒᆞ니라

第二節 目과鼻와耳

一、目은恒常、正面으로注ᄒᆞᆷ이可ᄒᆞᄂᆞ니人의顏을無故히諦視ᄒᆞ거ᄂᆞ側目으로四面을見ᄒᆞ거ᄂᆞ或은眉와上瞼

을蹙ᄒᆞᄂᆞᆫ等、習慣은外儀에不美ᄒᆞᆫ故로注意ᄒᆞ야矯正ᄒᆞᆯ지며又、目脂가出ᄒᆞᆷ을銘心치아니ᄒᆞ면怠惰ᄒᆞᆫ人이라云ᄒᆞᆯ지니라

二、鼻를頻吸ᄒᆞ며鼻를蹙寄ᄒᆞᄂᆞᆫ習慣이有ᄒᆞᆫ人이多ᄒᆞ니此ᄂᆞᆫ元來注意ᄒᆞᆯ事ㅣ며又、每朝에顔을洗ᄒᆞᆯ時에ᄂᆞᆫ鼻에水를通ᄒᆞ야鼻中의不潔物을除ᄒᆞ야感寒을防ᄒᆞᆯ지니라

三、耳의內外에垢가着ᄒᆞᆷ은醜劣ᄒᆞᆫ故로此를注意ᄒᆞᆯ지니라

第三節　口와齒

四、口ᄂᆞᆫ恒常、閉ᄒᆞᆷ이可ᄒᆞ니口를閉치아니ᄒᆞᆷ은心을閉치아니ᄒᆞᆷ을顯ᄒᆞᄂᆞᆫ者오又、人의前에서欠伸ᄒᆞ거나張口

大笑ᄒᆞ거나手爪를嚙ᄒᆞᄂᆞᆫ等은元來不美ᄒᆞᆫ事ㅣ니라

五、齒ᄂᆞᆫ少ᄒᆞ야도每日에二回式刷子와治牙로磨ᄒᆞ며又、食後에ᄂᆞᆫ水로洗ᄒᆞᆯ지니齒가不潔ᄒᆞᆷ은、다만外見에醜ᄒᆞᆯ뿐아니라衛生上에도害가有ᄒᆞ며臭氣가發ᄒᆞᆷ으로人을對ᄒᆞ야無禮ᄒᆞᆷ이되ᄂᆞ니라虫齒ᄂᆞᆫ健康을害ᄒᆞ며又、臭氣를發ᄒᆞᆷ이多ᄒᆞ야天然의美麗를損ᄒᆞᄂᆞᆫ事가有ᄒᆞᆫ故로醫療를受ᄒᆞᆷ을不怠ᄒᆞᆯ지니라

第四節　手足과爪

一、手足은起立着坐를應ᄒᆞ야適當ᄒᆞᆫ位置에在케ᄒᆞᆷ이可ᄒᆞᆯ지니手로鬚髯을弄ᄒᆞ며面을摩ᄒᆞ며鼻垢를摘ᄒᆞ며或、扼腕負手及「포킷트」洋服에着ᄒᆞᆫ囊)ᄂᆞᆫ周衣挾口에手

ᄅᆞᆯ入ᄒᆞ며或은足을搖動ᄒᆞ며橫坐와立膝ᄒᆞᄂᆞᆫ習慣이有ᄒᆞ니此ᄂᆞᆫ甚히無禮ᄒᆞ며不正ᄒᆞᆫ行爲라注意ᄒᆞᆯ지니라

二、爪ᄂᆞᆫ一週間에一回式、切ᄒᆞᆯ지니爪가長ᄒᆞ야其間에垢가有ᄒᆞ면外見에甚히醜劣ᄒᆞ며又、爪間에積ᄒᆞᆫ垢에ᄂᆞᆫ無數ᄒᆞᆫ黴菌을含有ᄒᆞᆫ故로注意ᄒᆞᆷ이可ᄒᆞᆯ지니라世間에서小指의爪ᄅᆞᆯ、짐짓延長케ᄒᆞᄂᆞᆫ者ㅣ有ᄒᆞ니此ᄂᆞᆫ何如ᄒᆞᆫ理由ᄅᆞᆯ因ᄒᆞᆷ인지不知ᄒᆞ거니와穩當ᄒᆞᆫ事ㅣ아니니라

第六章 服裝

衣服은質素ᄒᆞ되清潔ᄒᆞᆷ이貴ᄒᆞ며不潔不整ᄒᆞᆷ은無禮ᄒᆞᆷ이

되ᄂᆞᆫ奢侈華麗ᄒᆞᆷ도亦、不美ᄒᆞ며又、異樣의服裝을着ᄒᆞᆷ은、더욱忌ᄒᆞᆯ지라大凡、衣服의制度와色은風采와品格에關ᄒᆞᆫ者인故로男女의區別과身分、年齡의差違及時勢을應ᄒᆞᆷ에適合ᄒᆞᆫ者ᄅᆞᆯ要ᄒᆞᄂᆞ니槪論ᄒᆞ면衣服에特異ᄒᆞᆫ制度와色等은甚히下品이오賤ᄒᆞ니此ᄅᆞᆯ注意ᄒᆞ야選擇ᄒᆞᆯ지며衣服을着ᄒᆞᆷ은單히寒暑만防禦ᄒᆞᆯ뿐아니라容儀ᄅᆞᆯ修ᄒᆞᄂᆞᆫ故로西洋의諺에裁縫師ᄂᆞᆫ衣服을造成ᄒᆞᆯ뿐아니라人도造成ᄒᆞᄂᆞᆫ者ㅣ라云ᄒᆞ얏ᄉᆞ니衣服은人의品格이如何ᄒᆞᆷ에關係가有ᄒᆞᆷ을知ᄒᆞᆯ지니라

第一節 服裝의方法

一、衣服을着ᄒᆞᄂᆞᆫ時에ᄂᆞᆫ襟을正ᄒᆞᆫ后에釦(단츄)ᄂᆞᆫ或、紐로

結ᄒᆞᆷ이可ᄒᆞᄂᆞ니衣의釦(단츄)가脫ᄒᆞ거ᄂᆞ紐가垂ᄒᆞᆷ은外見에甚히不美ᄒᆞ며又、袖를捲ᄒᆞ야脛을顯ᄒᆞ면此等은擧皆、品位가落ᄒᆞᄂᆞᆫ故로人의게對ᄒᆞ야不正ᄒᆞᆫ行爲가되ᄂᆞ니라

二、洋服을着ᄒᆞᄂᆞᆫ時에ᄂᆞᆫ「칼라」와「카우쓰」와「렉타이」等의附屬品을、반다시用ᄒᆞᆯ지니此等은洋服에相離치못ᄒᆞᆯ者며胴着(조끼)의釦(단츄)가脫ᄒᆞᆷ과襟飾이一方으로斜ᄒᆞᆷ은不美ᄒᆞ되洋服袴의釦(단츄)가脫ᄒᆞᆷ은特別히不正ᄒᆞᆫ行爲가되ᄂᆞ니라

三、帽子ᄂᆞᆫ外出ᄒᆞᄂᆞᆫ時에ᄂᆞᆫ、반ᄃᆞ시用ᄒᆞᆯ지니其形과色은各々相應ᄒᆞᆫ者를要ᄒᆞ되時體를隨ᄒᆞ야風化를變ᄒᆞᆷ은不美ᄒᆞ며又、帽子를左右로橫着ᄒᆞ거ᄂᆞ或、目을蔽ᄒᆞ도

록前面으로傾ᄒᆞᆷ이不可ᄒᆞ며帽子를脫ᄒᆞᆫ時에ᄂᆞᆫ其裡를人의게示치아니ᄒᆞ도록注意ᄒᆞ되室內에서ᄂᆞᆫ、반ᄃᆞ시脫ᄒᆞᆯ지며女子도洋服을着ᄒᆞᆫ時에ᄂᆞᆫ帽子를着ᄒᆞ며室內에入ᄒᆞ야도此를脫ᄒᆞᆷ에不及ᄒᆞᆯ지니라

四、靴를單히着ᄒᆞᄂᆞᆫ物로만思ᄒᆞᆷ은最大ᄒᆞᆫ誤謬라此ᄂᆞᆫ洋服에離치못ᄒᆞᆯ者ㅣ되ᄂᆞᆫ故로恒常、磨ᄒᆞ야奇麗ᄒᆞ게ᄒᆞᆯ지며泥靴를着ᄒᆞᆫᄃᆡ로無難히室內에入ᄒᆞᆷ은無禮ᄒᆞᆷ이되ᄂᆞ니라

五、襪도防寒ᄒᆞᄂᆞᆫ物로만思ᄒᆞᆷ은不可ᄒᆞᄂᆞ니氣候의寒暑를勿論ᄒᆞ고人前에出ᄒᆞᄂᆞᆫ時에ᄂᆞᆫ、반ᄃᆞ시着ᄒᆞᆯ지며裸足은元來野鄙ᄒᆞᆫ習俗으로人을對ᄒᆞ야無禮ᄒᆞᆷ이되ᄂᆞ니라

六、時計의鎖(사슬)와眼鏡과襟飾과手巾等은質素ᄒᆞᆫ者를用ᄒᆞᆯ지며指環等은男子가用치아니ᄒᆞᆷ이反好ᄒᆞᄂᆞ니라

七、襟卷(목도리)은漢服과洋服에皆着ᄒᆞᆷ을禁ᄒᆞᆯ지니病이有ᄒᆞ야醫師의勸告로用ᄒᆞᆫ時에ᄂᆞᆫ人의게對ᄒᆞ야其旨를說明ᄒᆞᆯ지니라

八、平常洋服과運動帽子等은手上人을訪問ᄒᆞ거ᄂᆞ或은學校와官廳에出入ᄒᆞᄂᆞᆫ時ᄂᆞᆫ用치아니ᄒᆞᆷ이禮가되며又、內衣와襪과襟飾(洋服목도리)과「카우쓰」(洋服吐手)等의汚穢ᄒᆞᆫ者를用ᄒᆞᆷ은皆、外儀와品格을損ᄒᆞᄂᆞᆫ것이니라

第二節 禮服

一、洋服 公用ᄒᆞᄂᆞᆫ最上禮服은大禮服의制度가有ᄒᆞᄂᆞ一般國民의必要ᄒᆞᆫ者ㅣ아니오正式의通常禮服으로用ᄒᆞᆯ者ᄂᆞᆫ通常禮服(燕尾服과厚緣高套)을用ᄒᆞᄂᆞᆫ境遇를因ᄒᆞ야或、大禮服을代用ᄒᆞᆷ도得ᄒᆞ며又、白色襟飾(洋服목도리)과白色「카우쓰」(洋服吐手)ᄂᆞᆫ通常禮服(燕尾服과厚緣高套)以上에用ᄒᆞ되大禮服에ᄂᆞᆫ用ᄒᆞᆷ이不、可ᄒᆞ니라

勳章은大禮服과通常禮服을着ᄒᆞᄂᆞᆫ時에만佩ᄒᆞᆷ이可ᄒᆞ되厚緣高套에ᄂᆞᆫ不可ᄒᆞ니勳章의略章을左襟의鈕孔(단추구멍)에佩ᄒᆞᆷ이無妨ᄒᆞ니라

第三節 制服

陸海軍과警察官等은制服이有ᄒᆞ야着用ᄒᆞᆷ은勿論ᄒᆞ고學校에도制服이有ᄒᆞᆫ즉職員과生徒ᄂᆞᆫ此ᄅᆞᆯ着ᄒᆞᆯ지라然이ᄂᆞ學校의制服은厚祿高套ᄅᆞᆯ代用ᄒᆞᆷ이一般規定이된故로制服을着用ᄒᆞ면自然ᄒᆞᆫ禮되며又、學校의制服을着用ᄒᆞᄂᆞᆫ時ᄂᆞᆫ學校生徒의名譽와特權이되ᄂᆞᆫ故로恒常、淸潔ᄒᆞ게着用ᄒᆞ야學校生徒된品格을損치아니케注意ᄒᆞᆯ지니라

第七章 言語

古語에曰言語ᄂᆞᆫ心의聲이라云ᄒᆞ니實로言語ᄂᆞᆫ我의思量ᄒᆞᆷ과感動ᄒᆞᄂᆞᆫ事ᄅᆞᆯ發表ᄒᆞᆫ符號가되며其、內容과形式의整否ᄂᆞᆫ卽性質의賢不賢과修養의有無ᄅᆞᆯ顯ᄒᆞ야其品格에最大ᄒᆞᆫ關係가되ᄂᆞᆫ故로決코泛忽케ᄒᆞᆷ이不可ᄒᆞ며又、往々히

言語로感情을害ᄒᆞ야平素에敦睦ᄒᆞᆫ誼도忽然히仇敵이되ᄂᆞᆫ事가有ᄒᆞᆫ지라古人이云ᄒᆞ되駟馬도舌을不及ᄒᆞᆫ다ᄒᆞ얏ᄉᆞ니一言을濫發ᄒᆞ면駟馬도及ᄒᆞ기難ᄒᆞᆫ故로、반ᄃᆞ시心을安케ᄒᆞ야思量ᄒᆞᆫ後에語ᄒᆞᆷ이可ᄒᆞᆯ지니라

第一節 對話

人과接語ᄒᆞᆯ時ᄂᆞᆫ對人의게正面으로ᄒᆞ며眼을低ᄒᆞ야對手의胸邊으로顔間을注視ᄒᆞ되其態度ᄅᆞᆯ謹嚴케ᄒᆞᄂᆞᆫ中에、또ᄒᆞᆫ和樂ᄒᆞᆫ心을持ᄒᆞ며其、音聲은不高不低ᄒᆞ며沈着莊重ᄒᆞ야輕躁浮薄ᄒᆞᆷ이無케ᄒᆞ며又、言語ᄂᆞᆫ不速不遲ᄒᆞ야明瞭圓滿ᄒᆞᆷ을要ᄒᆞ되其、言語ᄂᆞᆫ地方의俚語ᄅᆞᆯ避ᄒᆞ며高尙優美ᄒᆞ야廣大히通用ᄒᆞᄂᆞᆫ者와鄭重ᄒᆞᆫ者ᄅᆞᆯ撰用ᄒᆞᆯ지라鄭重ᄒᆞᆫ言

語ᄂᆞᆫ恒常敬語ᄅᆞᆯ用ᄒᆞ라ᄒᆞᆷ이아니오但、敬意ᄅᆞᆯ失치아니ᄒᆞᆷ을云ᄒᆞᆷ이니假令、同等以下ᄅᆞᆯ對ᄒᆞ야敬意ᄅᆞᆯ不失ᄒᆞᄂᆞᆫ時ᄂᆞᆫ敬語가無ᄒᆞ야도平日의交情을害ᄒᆞᆷ이無ᄒᆞᆫ者ㅣ되ᄂᆞ니人과接語ᄒᆞᆯ時ᄂᆞᆫ上下貴賤의區別을明白히ᄒᆞ야手上人과同輩와其以下와混同이無ᄒᆞ게注意ᄒᆞᆷ이可ᄒᆞᆯ지니라

應對ᄒᆞᆯ時ᄂᆞᆫ言語ᄅᆞᆯ簡畧히ᄒᆞ야其要點을失치아니ᄒᆞᆯ지니其言語의順序ᄂᆞᆫ寒温을叙ᄒᆞ며健康을問ᄒᆞᆫ後에所關ᄒᆞᆫ事件을說ᄒᆞᆷ이可ᄒᆞ되其家의動靜을考察ᄒᆞ야慰問ᄒᆞᆯ事가有ᄒᆞ면慰問ᄒᆞ며祝賀ᄒᆞᆯ事가有ᄒᆞ면祝賀ᄒᆞ되、아즉明白히顯치아니ᄒᆞᆫ事ᄅᆞᆯ、ᄉᆞᄉᆞ로是出ᄒᆞᆷ은無禮ᄒᆞᆷ이되ᄂᆞ니라

第二節 接語의材料

接語의材料ᄂᆞᆫ所關ᄒᆞᆫ事件이第一이되ᄂᆞ其外의各種事件은對人의心에協ᄒᆞᆯ話題ᄅᆞᆯ選ᄒᆞᆷ이可ᄒᆞ되接語人과其、子女의善美ᄒᆞᆫ事件은、더욱對人을欣悅케ᄒᆞ며其他ᄂᆞᆫ土地에在ᄒᆞᆫ名所와舊跡과物產의事件과動物의飼養法과植物의裁培法과現時에對ᄒᆞᆫ社會의形便等은適當ᄒᆞᆫ材料가될지ᄂᆞ對人의身分과職業과勇女와年齡等을應ᄒᆞ야材料가自異ᄒᆞ니라

第三節 敎語ᄒᆞᆯ時에避ᄒᆞᆯ事

一、接語ᄒᆞᆯ時에喋々利口로對人의尊稱을述ᄒᆞ야恒常敬語ᄅᆞᆯ用ᄒᆞᆷ은阿詔ᄒᆞᄂᆞᆫ樣으로見ᄒᆞᄂᆞᆫ故고決코此ᄅᆞᆯ行치아니ᄒᆞᆯ지니라

二、他人의談話中에喙를容ᄒᆞᆷ은如何ᄒᆞᆫ境遇를不問ᄒᆞ고決코行치아니ᄒᆞᆯ지니만일不得已ᄒᆞᆫ事件이有ᄒᆞ면談話가畢了ᄒᆞᆷ을待ᄒᆞ야簡單히述ᄒᆞᆯ지라西洋서는他人의談話를中途에防遮ᄒᆞ야妨害ᄒᆞᆷ은市街를同行ᄒᆞ면서不意에其前을遮ᄒᆞ야進行ᄒᆞᆷ을妨害ᄒᆞᆷ과同樣의罪가됨으로此를擯斥ᄒᆞᆫ다云ᄒᆞᄂᆞ니라

三、對人의談話에誤謬가有ᄒᆞ거나或은自己의意見이相異ᄒᆞ거나議論이不美ᄒᆞᆫ時는自己의게利害의關係가無ᄒᆞᆫ外는直時에話頭를他로移ᄒᆞᆯ지니라

四、自己의門閥과富貴와技能等을自負ᄒᆞ야或他人을誹謗ᄒᆞ며批評ᄒᆞ며秘密을談ᄒᆞ는人이往々히有ᄒᆞᄂᆞ此는甚히無禮ᄒᆞᆷ이되는故로決코行ᄒᆞᆷ이不可ᄒᆞ니라

五、對人의口癖된事를談話ᄒᆞ며講義ᄒᆞᆷ과如ᄒᆞᆫ口調를用ᄒᆞ며或難解ᄒᆞᆫ文字와慣習치못ᄒᆞᆫ外國語를用ᄒᆞᆷ은人을對ᄒᆞ야愚弄ᄒᆞᆷ과又學者의模樣으로見ᄒᆞ는故로가장審愼ᄒᆞᆯ지니라

六、卑俗의語와淫亂ᄒᆞᆫ話는決코話頭에出ᄒᆞᆷ이不可ᄒᆞᆯ지니만일此를口에出ᄒᆞ면品位와品格을失ᄒᆞᆷ이不少ᄒᆞ니라

七、酬酌ᄒᆞ는言語는반다시誤錯이無케ᄒᆞᆯ지니만일誤錯이有ᄒᆞᆫ時는自然히曖昧ᄒᆞᆷ을免치못ᄒᆞ는事가多ᄒᆞᆫ故로金錢上의事와後日에證據될事와約束上의事와黑白을辦斷ᄒᆞᆯ事는明確히語ᄒᆞ야他日의患이無ᄒᆞ게注意ᄒᆞᆯ지니라

八、人의게接近ᄒᆞ야談話ᄒᆞᆯ必要가有ᄒᆞᆫ時ᄂᆞᆫ氣息이他處에着치안케ᄒᆞᆯ지며又、言語가長ᄒᆞ야自己만談話ᄒᆞᆷ과如ᄒᆞᆷ이無케ᄒᆞᆯ지니此를注意치아니ᄒᆞᄂᆞᆫ者ᄂᆞᆫ口角에涎泡를飛ᄒᆞ며獨히得意ᄒᆞ야喋喋히語ᄒᆞᄂᆞᆫ事가有ᄒᆞ니此ᄂᆞᆫ不美ᄒᆞᆫ行爲가되ᄂᆞ니라

九、人과耳語ᄒᆞᆷ은他로ᄒᆞ야금感情을惡케ᄒᆞᄂᆞᆫ根本이되ᄂᆞᆫ지라故로、만일高聲으로語ᄒᆞ기未能ᄒᆞᆫ事情이有ᄒᆞ면他所에서語ᄒᆞᆯ지니라

十、처음으로面會ᄒᆞᆫ人을對ᄒᆞ야過熱ᄒᆞ게談話ᄒᆞᆷ은不美ᄒᆞᆫ行爲로見ᄒᆞ나無語ᄒᆞᆷ도、또ᄒᆞᆫ無禮ᄒᆞᆷ이되ᄂᆞ니中庸을得ᄒᆞ야適宜ᄒᆞᆫ事를要ᄒᆞᆯ지니라

十一、他人의談話를立聽ᄒᆞᆷ은其心情이甚히卑劣ᄒᆞ야道德

上의罪人이되ᄂᆞ니注意ᄒᆞ야行치아니ᄒᆞᆯ지니라

第四節 演說과討論

演說과討論ᄒᆞᆯ時ᄂᆞᆫ愼重ᄒᆞᆫ態度와沈着ᄒᆞᆫ口辯으로淸朗ᄒᆞᆫ聲音을發ᄒᆞ야陳述ᄒᆞᆯ지니、만일傲慢ᄒᆞ거ᄂᆞ輕躁ᄒᆞ거ᄂᆞ或、發音에不明ᄒᆞ야誤謬가有ᄒᆞ면其說이如何히價値가有ᄒᆞ야도人으로써感動케ᄒᆞ며自己의說과贊同케ᄒᆞ기未能ᄒᆞᆯ지며又、其陳述ᄒᆞᄂᆞᆫ바를簡單ᄒᆞ고明瞭ᄒᆞ게順序를定ᄒᆞ야句絶을明白지아니ᄒᆞ게ᄒᆞ면聽者로ᄒᆞ야금倦厭ᄒᆞᄂᆞᆫ情을生케ᄒᆞᄂᆞᆫ故로特別ᄒᆞᆫ良說도贊同을求치못ᄒᆞᆷ에至ᄒᆞᆯ지니라要之컨된言言이擧皆、肺腑에서出ᄒᆞ야輕浮ᄒᆞᆷ이無ᄒᆞᆫ時ᄂᆞᆫ假令、流暢치아니ᄒᆞ야도能히人을感動ᄒᆞᄂᆞ니라

他人의說을攻擊ᄒᆞᄂᆞᆫ時ᄂᆞᆫ決코罵詈의言語를用홈이不可ᄒᆞ니靜肅ᄒᆞ고正齊ᄒᆞᆫ面目과恭順ᄒᆞᆫ言語를用ᄒᆞ야、다만彼此의相異ᄒᆞᆫ点을明케ᄒᆞ야趣旨가有ᄒᆞᆫ處를主張ᄒᆞᆯ지며又、討論ᄒᆞᆯ時ᄂᆞᆫ自己의主張ᄒᆞᆫ說이誤홈을覺悟ᄒᆞ면서此를墨守홈도不美ᄒᆞ며又、輕率히豹變홈도不美ᄒᆞᆫ故로兩者를十分考慮ᄒᆞ야決코人의笑를取치안토록注意ᄒᆞᆯ지니라

他人이陳述ᄒᆞᆯ時ᄂᆞᆫ靜聽ᄒᆞᆯ지니或、冷評ᄒᆞ야妨害를加ᄒᆞ며或、倦厭ᄒᆞᆫ模樣을行ᄒᆞ야席을離ᄒᆞ며或、坐睡ᄒᆞ며扇子를使用ᄒᆞᄂᆞᆫ等、事ᄂᆞᆫ無禮ᄒᆞᆫ行爲가되ᄂᆞ니라

第八章 姿勢

一、姿勢ᄂᆞᆫ、ᄀᆞ장緊切ᄒᆞᆫ者ㅣ니端正히ᄒᆞ면品位가高ᄒᆞ며

惰容을作ᄒᆞ면鄙陋ᄒᆞ며又、他人을對ᄒᆞ야無禮홈이되ᄂᆞᆫ故로威儀가華麗ᄒᆞᆫ中에和氣가溫有홈은甚히希望ᄒᆞᄂᆞᆫ바ㅣ라大凡、立홈에法이有ᄒᆞ며動홈에法이有ᄒᆞ야坐作進退의態度와姿勢가此等法에適合치아니ᄒᆞ면如何ᄒᆞᆫ禮服을着ᄒᆞ야도不足論이라故로西洋哲學者가云ᄒᆞ되態度와姿勢가粗俗홈은美服을汚ᄒᆞᄂᆞᆫ泥土보다甚ᄒᆞ다ᄒᆞ얏ᄉᆞ니是ᄂᆞᆫ至言이라云ᄒᆞᆯ지니라

第一節 直立姿勢

二、體ᄂᆞᆫ十分正直ᄒᆞ야頸을曲치이니ᄒᆞ고脊骨과腰와膝을屈치아니ᄒᆞ며眼은前面七八尺의距離를正視ᄒᆞ되左顧右眄치勿ᄒᆞ며肩은左右를同一히高케ᄒᆞ야後方

으로引ᄒᆞ며腰를平ᄒᆞ고腹을前方으로出치아니ᄒᆞ게ᄒᆞ며足은兩踵을合ᄒᆞ야足의爪端을八字形으로踏케ᄒᆞ며體重은爪端에依托ᄒᆞ게홀지니라

第二節 正坐姿勢

一、兩膝을若干開ᄒᆞ며眼은俯仰치아니ᄒᆞ고前方을正視ᄒᆞ며腰를平ᄒᆞ고脊骨을直케ᄒᆞ며胸을前方으로出케ᄒᆞ며兩手의掌을下로向ᄒᆞ야上脚上에左右로互相並列ᄒᆞ거ᄂᆞ左手를右手上에置홀지니라

二、跪坐ᄒᆞᄂᆞᆫ時ᄂᆞᆫ兩足端을同一케ᄒᆞ고膝頭를合ᄒᆞ야膝을屈ᄒᆞ고兩手ᄂᆞᆫ上脚에置ᄒᆞ고目은前面七八尺되ᄂᆞᆫ處를正視ᄒᆞ고靜坐홀지니라

三、坐ᄒᆞ얏다가起立ᄒᆞᄂᆞᆫ時ᄂᆞᆫ兩足을相合ᄒᆞ고腰를屈ᄒᆞ며下坐의膝頭를擧ᄒᆞ야靜立홀지니此境遇에ᄂᆞᆫ足端을前面으로踏出치아니ᄒᆞ게注意홀지니라

第三節 着椅姿勢

一、顏은俯仰치아니ᄒᆞ게ᄒᆞ며上體와上脚은垂直ᄒᆞ며兩膝은相接ᄒᆞ며足蹠ᄂᆞᆫ床板에平着케ᄒᆞ고兩手ᄂᆞᆫ上脚上에置홀지나、만일帽子를持ᄒᆞᆫ時에ᄂᆞᆫ兩緣을左右의手로持홀지며過度히疲困ᄒᆞᆫ時에ᄂᆞᆫ兩足을膝에交ᄒᆞ야도關係가無ᄒᆞᄂᆞ靴裡를顯出홈이不可ᄒᆞ며又、手上人의前에서ᄂᆞᆫ足을交홈이不可ᄒᆞ니라

二、椅子에坐ᄒᆞ되尊敬홀人의前이면椅子의下坐側에立

ᄒᆞ야敬禮ᄒᆞᆫ后에靜肅히坐ᄒᆞᆯ지며同輩의前이면椅子
의前에서一禮ᄒᆞᆫ后에坐ᄒᆞᆯ지니라

三、着椅ᄒᆞ얏다가起立ᄒᆞ랴면、먼저兩足을正齊ᄒᆞ며兩手
ᄅᆞᆯ膝에置ᄒᆞ면서聲이無ᄒᆞ게立ᄒᆞᆯ지니라

第四節 步行姿勢

一、眼은正面으로七八尺되ᄂᆞᆫ處ᄅᆞᆯ見ᄒᆞ며體ᄅᆞᆯ十分直ᄒᆞ
게ᄒᆞ야左右로、動搖치勿ᄒᆞ며兩手ᄂᆞᆫ天然히垂下ᄒᆞ야
恒常動치아니ᄒᆞ며肩과臂도亦、天然으로ᄒᆞ고緩步와
速步ᄅᆞᆯ不爲ᄒᆞ며或、聲이高치아니ᄒᆞ게ᄒᆞ며閾과席의
緣과物品을踏ᄒᆞ거ᄂᆞ越去ᄒᆞᆷ이不可ᄒᆞ니라

二、式場으로進ᄒᆞᆯ時ᄂᆞᆫ下坐로ᄒᆞ며退ᄒᆞᆯ時ᄂᆞᆫ上坐로ᄒᆞᆯ지

며回旋ᄒᆞ야退ᄒᆞᄂᆞᆫ時ᄂᆞᆫ、먼저兩足端을正齊히ᄒᆞ야右
로回旋ᄒᆞᄂᆞᆫ時ᄂᆞᆫ、右의足端을左踵의處ᄭᆞ지斜形으로
引ᄒᆞᆫ後에左足을右方으로回ᄒᆞ야斜面으로下坐ᄅᆞᆯ向
케ᄒᆞ되右足브터步ᄒᆞ야退ᄒᆞᆯ지며左로回旋ᄒᆞᄂᆞᆫ時ᄂᆞᆫ
此와反對가되게ᄒᆞᄂᆞ니回旋ᄒᆞᄂᆞᆫ時에ᄂᆞᆫ上坐의方面
에脊을向차아니ᄒᆞ게ᄒᆞᆯ지니라

第九章 敬禮

敬禮ᄂᆞᆫ人을對ᄒᆞ야敬意ᄅᆞᆯ表ᄒᆞᄂᆞᆫ道라故로敬意가外貌에
顯치아니ᄒᆞ면其、目的을達ᄒᆞ얏다云치못ᄒᆞᆯ지라故로敬禮
ᄅᆞᆯ行ᄒᆞᆯ時에ᄂᆞᆫ、반다시衷心으로敬意을顯ᄒᆞᆷ이可ᄒᆞᆫ지라然
니ᄂᆞᆫ、문일恭順히敬禮ᄅᆞᆯ行ᄒᆞᄂᆞᆫ者ᄅᆞᆯ見ᄒᆞ고諂諛의擧動으

로思ᄒᆞ며卑屈의所爲로誤解ᄒᆞᄂᆞᆫ者ㅣ有ᄒᆞ면禮의本意를知치못ᄒᆞᆷ이甚ᄒᆞᆫ者ㅣ라云ᄒᆞᆯ지오又、敬禮에立禮와坐禮의區別과最敬禮와普通禮의二種으로分ᄒᆞ니最敬禮라ᄒᆞᆷ은皇室、皇族、御眞影을對ᄒᆞ거나勅語를奉讀ᄒᆞᆯ時에行ᄒᆞᄂᆞᆫ것시니、ᄀᆞ장尊敬의意를表ᄒᆞᆫ者며普通禮라ᄒᆞᆷ은一般의人民을對ᄒᆞ야行ᄒᆞᄂᆞᆫ敬禮를云ᄒᆞᆷ이오又、特別히握手의禮가有ᄒᆞ니對人의身分과位置와境遇를應ᄒᆞ야相當ᄒᆞᆫ者를選擇ᄒᆞᆫ後에行ᄒᆞᆯ지니라

第一節 立禮

一、普通禮　姿勢를正直히ᄒᆞᆫ後에兩足을正齊히ᄒᆞ야兩手를上腿의中間許에下ᄒᆞ고同時에體의上部를天然히傾ᄒᆞᆷ이可ᄒᆞ되、다만尊長과同輩와其以下를對ᄒᆞᄂᆞᆫ時에ᄂᆞᆫ斟酌ᄒᆞ야行ᄒᆞ며又、帽子를着ᄒᆞᆫ時ᄂᆞᆫ右手로行ᄒᆞᆯ지니라

二、最敬禮　姿勢를正直히ᄒᆞᆫ後에兩足을正齊히ᄒᆞ고體와上部를前으로傾ᄒᆞ면서頭를下ᄒᆞ며同時에兩手를膝頭에達ᄒᆞ기ᄭᆞ지下ᄒᆞᆯ지라頭를下ᄒᆞᄂᆞᆫ法은徐徐히ᄒᆞ고一呼吸間에前과如히徐徐히上ᄒᆞ면서同時에體를復ᄒᆞᆯ지며帽子에關ᄒᆞ야ᄂᆞᆫ普通禮를行ᄒᆞᆯ時와同一히知ᄒᆞᆯ지니라

今에拜謁ᄒᆞᄂᆞᆫ境遇를對ᄒᆞ야陳述코ᄌᆞᄒᆞ면、먼저引導者를同伴ᄒᆞ야徐徐히進ᄒᆞ야玉座의圍外에서兩足을正齊히ᄒᆞ야此處에서磬ᄒᆞ게敬禮ᄒᆞ고其次에ᄂᆞᆫ圍內에入ᄒᆞ야、低ᄒᆞᆫ

兩足을整頓ᄒᆞᆫ後에若干、軆를前으로傾ᄒᆞ야謹愼ᄒᆞᄂᆞᆫ形狀을表ᄒᆞ면서三步를進ᄒᆞ되兩足을正齊히ᄒᆞ야最敬禮를行ᄒᆞ며拜謁을終ᄒᆞ면三步를退ᄒᆞ야闔際에서兩足을正齊히ᄒᆞᆫ後、闔을出ᄒᆞ야此處에서最初와如히敬禮를行ᄒᆞ며再次三步를退行ᄒᆞᆫ然后에退ᄒᆞᆯ지며御眞을拜謁ᄒᆞᆯ時도右를準ᄒᆞᆯ지나但、式場의境遇를依ᄒᆞ야ᄂᆞᆫ多少의斟酌을要ᄒᆞᄂᆞ니라

第二節　坐禮

一、普通禮　兩手間을三四寸許를隔ᄒᆞ야膝前에八字形으로着ᄒᆞ고軆의上部를前으로傾ᄒᆞ야席에서二三寸되ᄂᆞᆫ處ᄭᆞ지頭를下ᄒᆞᆯ지니但、尊長과同輩와其以下를

對ᄒᆞᄂᆞᆫ時에ᄂᆞᆫ斟酌ᄒᆞ야行ᄒᆞᆯ지니라

二、最敬禮　兩手를膝前에離치안케ᄒᆞ고指端을合ᄒᆞ야八字形을作ᄒᆞ며臂를席에着ᄒᆞ고頭를指端의上ᄭᆞ지下ᄒᆞᆯ지라頭를下ᄒᆞᄂᆞᆫ法은徐徐히ᄒᆞ고一呼吸間에前과如히徐徐히上ᄒᆞᆯ지니라

第三節　握手禮

內國人은互相間에行치아니ᄒᆞᄂᆞᆫ禮法이ᄂᆞ外國人과交際가漸多ᄒᆞᆫ今日에ᄂᆞᆫ一般히注意ᄒᆞᆯ지니其方法은右手로對人의右手를適中히握ᄒᆞᆯ지라(全指를用ᄒᆞᆷ이可ᄒᆞ며二三指를用ᄒᆞᆷ은無禮ᄒᆞ니라)然이ᄂᆞ過度히强ᄒᆞ게握ᄒᆞᆷ과緩ᄒᆞ게握ᄒᆞᆷ은適宜치못ᄒᆞ며、또ᄒᆞᆫ對人이掌甲을着ᄒᆞᆫ되로握手를求ᄒᆞᄂᆞᆫ時에ᄂᆞᆫ自己도掌甲을着ᄒᆞᆫ

ᄃᆡ로應ᄒᆞ야도無妨ᄒᆞᄂᆞᆫ對人이掌甲을脫ᄒᆞ얏스되自己ᄂᆞᆫ
掌甲을着ᄒᆞᆫᄃᆡ로握手ᄒᆞᆷ은甚히無禮ᄒᆞᆫ故로是ᄂᆞᆫ注意ᄒᆞᆯ지
니라
握手의禮ᄂᆞᆫ地位가卑ᄒᆞᆫ人이無難히請ᄒᆞᆷ은禮가아니며또
ᄒᆞᆫ男女間에ᄂᆞᆫ男子가請ᄒᆞᆷ도禮가아니니라

第四節 敬禮時에注意ᄒᆞᆯ事

一、敬禮의前后에ᄂᆞᆫ반다시對人의게注目ᄒᆞᆷ이可ᄒᆞᆯ지니
注目이無ᄒᆞᆫ敬禮ᄂᆞᆫ眞實ᄒᆞᆫ敬意를表ᄒᆞᆫ者ㅣ라云치못
ᄒᆞᆯ지니라
二、敬禮를行ᄒᆞᄂᆞᆫ時에ᄂᆞᆫ手指를展ᄒᆞ야指와指間이離치
안케注意ᄒᆞᆯ지니라

三、立禮를行ᄒᆞᆯ時ᄂᆞᆫ膝과臂를屈치안케注意ᄒᆞᆯ지니라
四、坐禮를行ᄒᆞᆯ時ᄂᆞᆫ腰를高치아니ᄒᆞ게ᄒᆞ며臂를張치勿
ᄒᆞ며肩을下치아니ᄒᆞ게注意ᄒᆞᆯ지니라
五、帽子를着ᄒᆞ거나手를拱ᄒᆞ며襟卷을着ᄒᆞᆫᄃᆡ로禮를行
ᄒᆞᆷ은禮意를表ᄒᆞ면서失禮를免치못ᄒᆞᆯ지니라

第五節 人의前을過ᄒᆞᄂᆞᆫ境遇의禮

一、定坐ᄒᆞᆫ人의前으로過ᄒᆞᆯ時에尊長의게ᄂᆞᆫ大凡、壹間許
되ᄂᆞᆫ前에서斜面으로其處을向ᄒᆞ야從容히膝을着ᄒᆞ
야一禮ᄒᆞᆫ后에立ᄒᆞ야體를屈ᄒᆞ고徐徐히過ᄒᆞᆯ지며同
輩間에ᄂᆞᆫ若干、小腰를屈ᄒᆞ고目禮ᄒᆞᆫ后에過ᄒᆞᆯ지니라
二、椅子에坐ᄒᆞᆫ人의前으로過ᄒᆞᆯ時에尊長의禮ᄂᆞᆫ其處를

向ᄒᆞ야一禮ᄒᆞᆫ后에過ᄒᆞᆯ지며同輩間에ᄂᆞᆫ若干、目禮만ᄒᆞ야도可ᄒᆞ니라

第六節　我의前을他人이過코ᄌᆞᄒᆞᄂᆞᆫ境遇의禮

一、定坐ᄒᆞᆫ境遇　尊長이自己의前으로近ᄒᆞᆫ時에ᄂᆞᆫ兩手ᄅᆞᆯ膝의兩側에付ᄒᆞ고頭ᄅᆞᆯ下ᄒᆞ야敬意ᄅᆞᆯ表ᄒᆞᆯ지며同輩間이면輕ᄒᆞ게答禮ᄒᆞ야도無妨ᄒᆞ니라

二、椅子에坐ᄒᆞᆫ境遇　尊長이過ᄒᆞ면椅子左便으로離ᄒᆞ야近來ᄒᆞᆯ時에敬禮ᄒᆞ되尊長이過去ᄒᆞᆷ을待ᄒᆞ야椅子에坐ᄒᆞᆯ지며同輩가過ᄒᆞ면椅子에坐ᄒᆞᆫ디로答禮ᄒᆞᆯ지니라

第七節　途中에서對ᄒᆞᄂᆞᆫ禮

一、最敬禮ᄅᆞᆯ行ᄒᆞᆯ境遇에ᄂᆞᆫ大凡、三間內外되ᄂᆞᆫ處에近ᄒᆞᆷ을度ᄒᆞ야男子ᄂᆞᆫ帽子ᄅᆞᆯ脫ᄒᆞᄂᆞᆫ同時에注目ᄒᆞᆫ然后에最敬禮ᄅᆞᆯ行ᄒᆞ며、또ᄒᆞᆫ三間內外되ᄂᆞᆫ處에過去ᄒᆞᆷ을度ᄒᆞ야復舊ᄒᆞᄂᆞ니라

二、尊長을遇ᄒᆞᆫ時ᄂᆞᆫ大凡、一間許ᄅᆞᆯ隔ᄒᆞ야左便에避立ᄒᆞ야(男子ᄂᆞᆫ脫帽ᄒᆞᆷ이라)敬禮ᄅᆞᆯ行ᄒᆞ되通過ᄒᆞᆷ을待ᄒᆞ야步ᄅᆞᆯ始ᄒᆞᆯ지니라

一日에二三次ᄅᆞᆯ遇ᄒᆞᄂᆞᆫ境遇가有ᄒᆞ면最初의一回ᄂᆞᆫ前述ᄒᆞᆷ과如히敬禮ᄅᆞᆯ行ᄒᆞ며其他ᄂᆞᆫ目禮만ᄒᆞ야도可ᄒᆞᆯ지니라

三、同輩와其以下ᄅᆞᆯ逢ᄒᆞᆫ時ᄂᆞᆫ步ᄅᆞᆯ止ᄒᆞᆷ에不及ᄒᆞ고左로避ᄒᆞ야大凡、一間許되ᄂᆞᆫ處에서敬禮ᄅᆞᆯ行ᄒᆞᆫ后、過去ᄒᆞ

ᄂᆞ니라

四、途上에서尊長을遇ᄒᆞ야或、顔을避ᄒᆞ며或、知치못ᄒᆞᆫ模樣으로過去ᄒᆞᆷ은甚히無禮ᄒᆞᆷ이되ᄂᆞᆫ故로尊長으로知ᄒᆞ면距離의遠近을不拘ᄒᆞ고相當ᄒᆞᆫ敬禮ᄅᆞᆯ行ᄒᆞᆯ지니라

五、車ᄂᆞ馬ᄅᆞᆯ乘ᄒᆞᆫ時에最敬禮ᄅᆞᆯ行ᄒᆞᆯ境遇가有ᄒᆞ면依例히下ᄒᆞᆯ지며又、尊長이라도亦下ᄒᆞ야敬禮ᄒᆞᆷ이禮요或停止ᄒᆞ고敬禮ᄒᆞᆷ도可ᄒᆞ되同輩間이면、그ᄃᆡ로敬禮ᄅᆞᆯ行ᄒᆞᆫ后에過去ᄒᆞᆷ이可ᄒᆞ니라

右ᄂᆞᆫ對人이車ᄂᆞ馬ᄅᆞᆯ乘ᄒᆞᆫ時와步行ᄒᆞᄂᆞᆫ時ᄅᆞᆯ應ᄒᆞ야多少間、酬酌ᄒᆞ야行ᄒᆞᆷ을要ᄒᆞᆯ지니라

六、途上에서尊長과談話ᄒᆞᄂᆞᆫ時에男子ᄂᆞᆫ반다시帽子ᄅᆞᆯ

脫ᄒᆞᆷ이可ᄒᆞᄂᆞ니만일帽子ᄅᆞᆯ着ᄒᆞ라勸ᄒᆞ면着ᄒᆞ고作別ᄒᆞᆯ時에更히帽子ᄅᆞᆯ脫ᄒᆞᆫ后에敬禮ᄒᆞᆯ지니라但、女子ᄂᆞᆫ帽子ᄅᆞᆯ脫ᄒᆞᆷ에不及ᄒᆞᄂᆞ니라

七、層階中間에서尊長을逢ᄒᆞᆫ時에ᄂᆞᆫ左方으로避ᄒᆞ고步ᄅᆞᆯ止ᄒᆞ야腰ᄅᆞᆯ屈ᄒᆞ얏다가尊長이行過ᄒᆞᆫ后에步ᄒᆞᆷ이可ᄒᆞ며最上階에在ᄒᆞᆫ時에尊長이昇ᄒᆞ면一步ᄅᆞᆯ退ᄒᆞ야階上에서待ᄒᆞᆯ지며下階近處에降ᄒᆞᆯ時에尊長이昇코ᄌᆞᄒᆞ면某條록速降ᄒᆞ야階下에서禮ᄅᆞᆯ行ᄒᆞᆯ지며同輩ᄅᆞᆯ對ᄒᆞ야도此ᄅᆞᆯ準行ᄒᆞᆯ지니라

八、途上에서葬式을遇ᄒᆞᆫ時에ᄂᆞᆫ敬禮ᄅᆞᆯ行ᄒᆞᄂᆞ니特別히社會에公益을與ᄒᆞ며國家에功이有ᄒᆞᆫ人의葬式에對ᄒᆞ야然ᄒᆞ니라

九、尊長을引導ᄒᆞᄂᆞᆫ時에ᄂᆞᆫ前方左便으로就홀것이오單히同行ᄒᆞᄂᆞᆫ時에ᄂᆞᆫ後方이나後方左便으로就홀지니라

第八節 答禮

禮ᄒᆞ야答지아니홈은甚히無禮ᄒᆞᆫ故로반다시相當ᄒᆞᆫ敬禮로答홀지라西洋에서ᄂᆞᆫ答禮를行치아니홈은絕交를宣告홈과同一ᄒᆞ다云ᄒᆞ야大戒ᄒᆞᄂᆞᆫ바이라然이나敬禮의方法과程度ᄂᆞᆫ同等으로行홀것으로思홈은不可ᄒᆞ니相當ᄒᆞᆫ敬禮로써行홈이適宜ᄒᆞᆫ故로貴賤의區別과長幼의次序를從ᄒᆞ야適宜히斟酌홀지라假令、年少者가兩足을正齊히ᄒᆞ고帽子를脫ᄒᆞᆫ后、兩手를垂ᄒᆞ야恭順히敬禮ᄒᆞ면長者ᄂᆞᆫ僅히

帽子를脫ᄒᆞ고步行ᄒᆞ면서答禮ᄒᆞ야도敢히無禮라云홈을不得홀지니라

第十章 訪問과接客

訪問ᄒᆞᄂᆞᆫ目的은有事外에交情을溫厚케홈에在ᄒᆞᆫ故로禍福吉凶이有ᄒᆞᆫ時에ᄂᆞᆫ勿論ᄒᆞ고不然ᄒᆞᆫ時라도往々히訪問ᄒᆞ홈이可ᄒᆞ되特別히親戚間에ᄂᆞᆫ決코不怠히홀지라訪問ᄒᆞᄂᆞᆫ目的이如斯ᄒᆞᆫ故로來訪者가有ᄒᆞᆫ時ᄂᆞᆫ歡悅히迎接ᄒᆞ야溫和ᄒᆞᆫ顔、容으로應對ᄒᆞ야來客으로ᄒᆞ야금窮屈과不快ᄒᆞᆫ感情이無케홀지며或、數多ᄒᆞᆫ來客을應接ᄒᆞᄂᆞᆫ時에ᄂᆞᆫ決코偏頗가無홈을要홀지니甲의게厚ᄒᆞ며乙의게薄케홈은接客의本旨가無ᄒᆞ니라

第一節 訪問의種類

一、祝賀의訪問　新年과生産의祝賀가有ᄒᆞᆫ時의訪問이니新年의祝賀에는名帖을出ᄒᆞ야家人의게祝詞만述ᄒᆞ야도無妨ᄒᆞ고生産의祝賀에는生産ᄒᆞᆫ지一週間以上을過ᄒᆞᆫ後에訪問ᄒᆞ야祝詞를述ᄒᆞᆯ지니라

二、慰問　疾病과火災와水害等을慰問ᄒᆞ는時에는名帖만出ᄒᆞ야도無妨ᄒᆞ나疾病이有ᄒᆞᆫ境遇에는醫師의許可가有ᄒᆞ야病者가面接홈을望ᄒᆞ면內로入ᄒᆞ야患者를慰問ᄒᆞᆯ지며火災와水害가有ᄒᆞᆫ境遇에는時宜를因ᄒᆞ야助役을執ᄒᆞ고慰問도速行ᄒᆞᆯ지니라

三、吊問　死者가有ᄒᆞᆫ家에吊辭를述ᄒᆞ기爲ᄒᆞ는訪問이

니聞知ᄒᆞ거든即時吊問홈이可ᄒᆞ되名帖만出홈이無妨ᄒᆞ니라

四、通常訪問　積阻ᄒᆞ면交誼가自疎ᄒᆞᆫ故로機를見ᄒᆞ야時々로訪問ᄒᆞᆯ지니此時에는內로入ᄒᆞ야主人과面會홈을要ᄒᆞᄂᆞ니라

五、有事訪問　事故를爲ᄒᆞ야訪問ᄒᆞ는者ㅣ니依例히主人과面會ᄒᆞᆯ지니라

六、披露及告別訪問　披露와告別은普通으로名帖만出ᄒᆞ야도可ᄒᆞ나將來에特別히斗護가될者와或은從前브터斗護가된時는親切히面會를乞ᄒᆞ야其厚情을願ᄒᆞ며或은鳴謝ᄒᆞᆯ지니라

七、何如ᄒᆞᆫ境遇에訪問ᄒᆞ던지決코酒氣를帶ᄒᆞᆫ時에는行

치아니ᄒᆞ되特別히日中에酒氣를帶ᄒᆞ야人을訪問홈은甚히無禮홈으로紳士의行홀바이아니니라

第二節　訪問의時刻

日와長短을因ᄒᆞ야相異홈으로써一槪로論홈을不得ᄒᆞᄂᆞ午前八時頃브터同十一時頃과午后一時頃브터同五時頃ᄭᆞ지가可ᄒᆞ며早朝와夕刻과或食事의時刻을避치아니ᄒᆞ면無禮홈이되ᄂᆞ니但,至急ᄒᆞᆫ事故가有ᄒᆞᆫ境遇에ᄂᆞᆫ例外로行ᄒᆞ야도食事의時間에만반다시避홀지니라

第三節　名帖

訪問ᄒᆞᄂᆞᆫ時ᄂᆞᆫ普通으로名帖을出ᄒᆞᄂᆞ니普通으로使用ᄒᆞ

ᄂᆞᆫ名帖은氏名만寫ᄒᆞ거ᄂᆞ或은左下隅에住所를添寫ᄒᆞ며職務에用ᄒᆞᄂᆞᆫ者ᄂᆞᆫ官職等을添加홀지니此二種은各々相當ᄒᆞᆫ境遇에使用홈이可ᄒᆞ며名帖의用紙ᄂᆞᆫ白色을用ᄒᆞ되決코金緣을用치말며其大홈은制限이無ᄒᆞᄂᆞ身分을應ᄒᆞ야適大케ᄒᆞ며文字의體ᄂᆞᆫ漢字ᄂᆞᆫ楷書요英字ᄂᆞᆫ草書로印刷ᄒᆞ야用ᄒᆞ되學生等은明白히自書ᄒᆞ야用홈이도로혀適宜ᄒᆞ니라

一、名帖을出ᄒᆞᄂᆞᆫ境遇에ᄂᆞᆫ各種折法이有ᄒᆞ되此ᄂᆞᆫ不可不折홀것은아니ᄂᆞ異常ᄒᆞᆫ事를行ᄒᆞ야見過ᄒᆞᄂᆞᆫ것보다寧히不爲홈이宜ᄒᆞᆫ故로叅考ᄒᆞ기爲ᄒᆞ야其折法을示홀지라祝賀訪問에ᄂᆞᆫ右의下隅를表面으로折ᄒᆞ며告別ᄒᆞᄂᆞᆫ時ᄂᆞᆫ左의下隅를表面으로折ᄒᆞ며慘傷의訪

問에ᄂᆞᆫ左의上隅를裡로折ᄒᆞ며其他의訪問에ᄂᆞᆫ右의上隅를表面으로折ᄒᆞ며夜會와集會에參會ᄒᆞᄂᆞᆫ時ᄂᆞᆫ中央으로橫折ᄒᆞ며初面으로會見을求ᄒᆞᄂᆞᆫ時에ᄂᆞᆫ左의上隅에서右의下隅를連ᄒᆞ야折ᄒᆞᄂᆞᆫ習慣이有ᄒᆞ니라

第四節　家人과出迎

一、訪問ᄒᆞᆯ家에至ᄒᆞᆫ時에ᄂᆞᆫ適宜ᄒᆞᆫ步聲을出ᄒᆞᆫ后에進入ᄒᆞ야家人의게名帖을出ᄒᆞ고簡單히其事故를說明ᄒᆞᆫ后에直時辭歸ᄒᆞᄂᆞᆫ事가有ᄒᆞ며或主人과面會를要ᄒᆞᄂᆞᆫ時에ᄂᆞᆫ其旨를述ᄒᆞᆷ이可ᄒᆞ되만일入來ᄒᆞᆷ을請ᄒᆞ면雨傘과杖等의携帶品을妨害되지안ᄂᆞᆫ處에置ᄒᆞ고鞋

를脫ᄒᆞᆷ이可ᄒᆞᆯ지니外國에서ᄂᆞᆫ此等을室內로持入ᄒᆞᄂᆞᆫ事가有ᄒᆞᄂᆞ我國에서ᄂᆞᆫ不然ᄒᆞᆷ이禮가되ᄂᆞ니라

二、來客이尊長이되ᄂᆞᆫ時에ᄂᆞᆫ主人이速히出迎ᄒᆞᆷ이可ᄒᆞ되만일同輩와其以下가되ᄂᆞᆫ時에ᄂᆞᆫ家人으로ᄡᅥ出迎케ᄒᆞ며又、來客의靴와雨傘等을閪失ᄒᆞᆷ이無케注意ᄒᆞᆯ지니라

第五節　着席

一、來客이室內로入ᄒᆞᆯ時에尊長이되면主人은上座로着席ᄒᆞᆷ을勸ᄒᆞᆷ이可ᄒᆞ되만일同輩와其以下가되ᄂᆞᆫ時에ᄂᆞᆫ各々相當ᄒᆞᆫ處에坐ᄒᆞᆷ을勸ᄒᆞᆯ지니其時에ᄂᆞᆫ客이主人의言을從ᄒᆞ야其席에坐ᄒᆞᆷ이可ᄒᆞ되累々히辭讓ᄒᆞᆷ

은不美ᄒᆞ며又、方席과椅子等도主人의言을從ᄒᆞᆷ이禮가되ᄂᆞ니라

第六節　茶碗과菓子器와烟草盒과其他에對ᄒᆞ야注意ᄒᆞᆯ事

一、訪問ᄒᆞᄂᆞᆫ客의게接待ᄒᆞᆯ茶碗과菓子器과烟草盒과火爐等은極히清潔ᄒᆞᆷ을要ᄒᆞ되菓子의種類ᄂᆞᆫ卽坐에서食ᄒᆞ기易ᄒᆞᆫ者가甚好ᄒᆞ니라

二、烟草와菓子等을勸ᄒᆞ거든頭ᄅᆞᆯ下ᄒᆞ야致謝ᄒᆞᆷ이可ᄒᆞᆯ지니萬若、默然히知치못ᄒᆞᄂᆞᆫ模樣을見ᄒᆞᆷ은外儀에不美ᄒᆞᆷ이니라

三、人을訪問ᄒᆞ야茶菓와其他、接待ᄅᆞᆯ受ᄒᆞᆯ時에主人의强

勸ᄒᆞᆷ을不拘ᄒᆞ고過度히辭讓ᄒᆞ야接口치아니ᄒᆞᆷ은主人의好意ᄅᆞᆯ無케ᄒᆞᄂᆞᆫ者ㅣᄂᆞ또ᄒᆞᆫ自己의任意로食ᄒᆞᆷ은不美ᄒᆞᆫ行爲가되ᄂᆞᆫ故로適宜ᄒᆞᆷ을從ᄒᆞᆯ지라菓子ᄅᆞᆯ食ᄒᆞᄂᆞᆫ時에ᄂᆞᆫ紙ᄅᆞᆯ出ᄒᆞ야其上에서指로써切食ᄒᆞ며果實에核가有ᄒᆞᆫ者ᄂᆞᆫ紙로包ᄒᆞ야懷ᄒᆞ며茶ᄅᆞᆯ飮ᄒᆞᄂᆞᆫ時ᄂᆞᆫ右手로茶碗을取ᄒᆞ야左手에執ᄒᆞ고右手로傾ᄒᆞ되茶碗의緣에指가接지안케ᄒᆞᆷ이可ᄒᆞ며又、茶碗의底에茶ᄅᆞᆯ少許라도殘置ᄒᆞᆷ은不美ᄒᆞ며茶ᄅᆞᆯ飮ᄒᆞᆫ后에ᄂᆞᆫ茶碗을茶盤上에置ᄒᆞᆷ이可ᄒᆞ고又、尊長의前에서ᄂᆞᆫ扇子의使用과喫烟을辭讓ᄒᆞᆯ지니設或、扇을使用ᄒᆞ며喫烟ᄒᆞ야도尊長보다先行치아니ᄒᆞᆷ을要ᄒᆞᆯ지ᄂᆞ喫烟ᄒᆞᆯ時에烟草의細屑을散ᄒᆞ거ᄂᆞ烟竹으로火爐의緣을叩

ᄒᆞᆷ은決코行ᄒᆞᆷ이不可ᄒᆞ며或硯床을借用ᄒᆞ야도筆端을口로嚙ᄒᆞ거ᄂᆞ鉛筆端을口에入ᄒᆞᆷ은甚히無禮ᄒᆞᄂᆞ니라.

四、人과對坐ᄒᆞᆫ時에鼻液을取ᄒᆞ라면、반다시下坐를向ᄒᆞ야聲이無ᄒᆞ게ᄒᆞᆷ이可ᄒᆞ되特別히、ᄒᆞᄂᆞᆫ時ᄂᆞᆫ厠間이ᄂᆞ人이無ᄒᆞᆫ處에서行ᄒᆞᆯ지며又、夜間에厠間에行ᄒᆞ랴면燈을請ᄒᆞ야過失이無케ᄒᆞᆯ지니라

五、人과對坐ᄒᆞ얏다가席을離ᄒᆞᄂᆞᆫ時에ᄂᆞᆫ對人의게目禮ᄒᆞ며席에返ᄒᆞ야도、ᄯᅩᄒᆞᆫ目禮ᄒᆞᆯ지니라

六、椽端等에痰을吐ᄒᆞᆷ은甚히無禮ᄒᆞᆫ故로準備ᄒᆞ야置ᄒᆞᆫ唾口에吐ᄒᆞ되、만일其唾口가無ᄒᆞᆫ時에ᄂᆞᆫ紙에吐ᄒᆞᆯ지니라

七、主人은顔色을快潤ᄒᆞ게ᄒᆞ야客으로ᄡᅥ不快ᄒᆞᆷ을感치안케注意ᄒᆞᆷ이可ᄒᆞ며又、奴僕으로ᄡᅥ茶菓를持來케ᄒᆞᄂᆞᆫ時에ᄂᆞᆫ身體와衣服을淸潔케ᄒᆞ며動作이靜肅ᄒᆞ게預先敎訓ᄒᆞ야置ᄒᆞᆯ지니라

第七節　訪問의時間

訪問ᄒᆞᄂᆞᆫ時ᄂᆞᆫ過度히久坐ᄒᆞᆷ이不可ᄒᆞᄂᆞ니有事ᄒᆞ야訪問ᄒᆞᄂᆞᆫ時ᄂᆞᆫ要談이畢ᄒᆞᆷ을爲限ᄒᆞ고其他에ᄂᆞᆫ二十分乃至三十分에過치못ᄒᆞᆯ지며又、必要ᄒᆞᆫ事故도無ᄒᆞ고閑談ᄒᆞᆷ은無禮가되ᄂᆞ니라.

特別히主人이出他ᄒᆞᆯ意思가有ᄒᆞ거ᄂᆞ或忽忙ᄒᆞᆫ事件이有ᄒᆞᆫ時에ᄂᆞᆫ速히退歸ᄒᆞᆷ이可ᄒᆞᄂᆞ主人의事情을因ᄒᆞ야或親

友間에ᄂᆞᆫ如斯홈을不要ᄒᆞᄂᆞ니其要ᄂᆞᆫ主人의게未安홈을見치아니홈에在ᄒᆞ니라

第八節 辭去와送客

一、先來ᄒᆞᆫ客은新來ᄒᆞᄂᆞᆫ客이有ᄒᆞ거던自己의談話를斯速히畢了ᄒᆞ고退去홈이可ᄒᆞᆯ지라然이ᄂᆞ新客이着坐ᄒᆞ기前에辭去홈은新客을對ᄒᆞ야失禮홈이되ᄂᆞᆫ故로辭去코ᄌᆞᄒᆞᄂᆞᆫ時에ᄂᆞᆫ下坐에着ᄒᆞ야主人의게辭去홈을請ᄒᆞ며其次에ᄂᆞᆫ客의게도禮를行ᄒᆞᆫ后、室에서出홈이可ᄒᆞᄂᆞ니辭去ᄒᆞᆯ時에閑隙이有ᄒᆞ거든一次、來ᄒᆞ라고云ᄒᆞᄂᆞᆫ것이親友間에ᄂᆞᆫ無妨ᄒᆞᄂᆞ其他에ᄂᆞᆫ訪問이積阻홈을責홈과如ᄒᆞ야無禮홈이되ᄂᆞ니라

二、來客이退去ᄒᆞᄂᆞᆫ時에ᄂᆞᆫ主人이門前ᄭᆞ지出ᄒᆞ야餞送홈이可ᄒᆞ되客을餞送ᄒᆞ고急히入來ᄒᆞ야笑聲을出홈은客을對ᄒᆞ야無禮홈이되며客도自己의身體가主人의게見ᄒᆞᄂᆞᆫ時에ᄂᆞᆫ不美ᄒᆞᆫ擧動이無홈을注意ᄒᆞᆯ지니라

第九節 答禮

訪問에對ᄒᆞ야ᄂᆞᆫ遲緩ᄒᆞ야도一週間內에答禮홈이可ᄒᆞ되、만일疾病의事故를因ᄒᆞ야一週間內에答禮ᄒᆞ기가難ᄒᆞᆫ時에ᄂᆞᆫ其事故를畢了ᄒᆞᆫ后、一週間에答禮ᄒᆞᆯ지니此境遇에答禮ᄂᆞᆫ單히名帖을出ᄒᆞ야家人의게答禮로來ᄒᆞᆫ意를確實히說明홈이可ᄒᆞ되但、有事訪問에對ᄒᆞ야ᄂᆞᆫ答禮홈을不要ᄒᆞ

느니라

第十節 男女間의訪問

男女間의訪問은公務와其他、必要ᄒᆞᆫ事外에ᄂᆞᆫ行치아니ᄒᆞ며又、互相獨身者를訪問치아니홈이禮가되ᄂᆞ、만일不得已ᄒᆞᆫ事故가有ᄒᆞᆫ時에ᄂᆞᆫ確實ᄒᆞᆫ同伴者가有홈을要ᄒᆞᄂᆞ니其要ᄂᆞᆫ世間에서批評을不受케注意홈에在ᄒᆞ니라

第十一章 饗應

吉慶과其他、四季에種々親戚과朋友를請ᄒᆞ야饗應ᄒᆞᄂᆞᆫ事가有ᄒᆞ니是ᄂᆞᆫ交誼를厚케홈에在ᄒᆞᆫ지라故로飮食物은其方便을從홀지라、그런故로善美ᄒᆞᆫ飮食物은要치아니ᄒᆞ되

家의內外를淸潔히掃灑ᄒᆞ며室內를整頓ᄒᆞ야亂雜과汚穢홈이無케ᄒᆞ며又、心을快濶히持ᄒᆞ며顏色을溫和히ᄒᆞ야客으로ᄡᅧ十分歡喜케注意홀지니라

第一節 請帖

宴會에請ᄒᆞᄂᆞᆫ時ᄂᆞᆫ請帖을大凡、一週間前에送홈이普通이되ᄂᆞᆫ지라故로過度히早홈과遲홈이適宜치못ᄒᆞ며又、請帖을受ᄒᆞᆫ以上에ᄂᆞᆫ叅會의與否를速히回答홈이可ᄒᆞ되不得已ᄒᆞᆫ事故가無ᄒᆞ면叅會홈이禮가되ᄂᆞ니라

第二節 叅會時刻

請홈을受ᄒᆞᆫ時刻에ᄂᆞᆫ、반다시叅會홈이可ᄒᆞ되三十分이早

ᄒᆞ거ᄂᆞ五分以上이遲ᄒᆞᆷ은無禮가되며又、定ᄒᆞᆫ時刻보다遲ᄒᆞᆯ念慮가有ᄒᆞᆷ을預知ᄒᆞ면出席치못ᄒᆞᆷ을通奇ᄒᆞᆷ이可ᄒᆞᄂᆞ만일至急ᄒᆞᆫ事務가有ᄒᆞ야不意에定ᄒᆞᆫ時刻에서遲ᄒᆞᆯ事情이有ᄒᆞ면書面으로陳謝ᄒᆞ고出席지아니ᄒᆞᆷ이禮가되ᄂᆞᆫ지라然이ᄂᆞ叅會ᄒᆞᆯ意로回答ᄒᆞᆫ以上에ᄂᆞᆫ決코不叅치아니ᄒᆞᆷ이可ᄒᆞ며時刻을遲케ᄒᆞᆷ은本國料理에도主人의게不安ᄒᆞᆷ을貽ᄒᆞᄂᆞ西洋料理에ᄂᆞᆫ不安ᄒᆞᆷ을貽ᄒᆞᄂᆞᆫ事가多ᄒᆞᆫ故로特別히注意ᄒᆞᆯ지니라

第三節 服裝

服裝은請帖의種類를因ᄒᆞ야相異ᄒᆞᄂᆞ儀式에立ᄒᆞᆯ時ᄂᆞᆫ禮服을用ᄒᆞ며凶事에ᄂᆞᆫ質素ᄒᆞᆫ者를用ᄒᆞᆷ이可ᄒᆞᆯ지라大凡、客

의服裝은主人보다儉略ᄒᆞᆫ者를用ᄒᆞᆷ이可ᄒᆞᆫ故로主人은過度히華麗치아니ᄒᆞᆫ服裝을用ᄒᆞᆯ지ᄂᆞ、만일主客이共히常服을用ᄒᆞᄂᆞᆫ時에ᄂᆞᆫ清潔ᄒᆞᆫ者를要ᄒᆞᄂᆞ니라

第四節 着席

席次ᄂᆞᆫ人의感情에關係됨이大ᄒᆞᆫ故로主人은客의身分과年齡等을叅考ᄒᆞ야定ᄒᆞᆷ이可ᄒᆞ며某境遇를因ᄒᆞ야ᄂᆞᆫ其氏名을書ᄒᆞᆫ紙를席에附置ᄒᆞ야도可ᄒᆞᆫ지라客은主人의勸ᄒᆞᆷ을從ᄒᆞ야快히着席ᄒᆞ되、만일他人이、아족着席ᄒᆞ기前에自己의任意、되로着席ᄒᆞᆷ은最大히審愼ᄒᆞᆯ것이며一同이着席ᄒᆞ야杯膳이終ᄒᆞᆫ時에ᄂᆞᆫ主人이一同의게對ᄒᆞ야謝禮를行ᄒᆞᆯ지니라

第五節 食事

一、從前에ᄂᆞᆫ酒와食物을客의게强勸홈이禮法에適合홈과如히思ᄒᆞ얏스나現今에ᄂᆞᆫ、도로혀不美ᄒᆞᆫ지라又、客은飮食을中히食ᄒᆞ야主人의好意를背치안케注意ᄒᆞ며飮食의方法은人의品位에關係됨이最大ᄒᆞᆫ故로其外儀를心量ᄒᆞ야后悔가無케注意홈이可ᄒᆞᆯ지니라

二、日本風俗으로食事홈에對ᄒᆞ야注意ᄒᆞᆯ事

(一)使喚人이飯床을携來ᄒᆞᄂᆞᆫ時에ᄂᆞᆫ若干、頭를下ᄒᆞ야禮를行ᄒᆞ며同輩以上의人이、만일飯床을携來ᄒᆞᄂᆞᆫ事가有ᄒᆞ면膝下로手를下ᄒᆞ야禮를行ᄒᆞᆯ지니라

(二)箸를取ᄒᆞᄂᆞᆫ時에ᄂᆞᆫ右手의拇指와他의四指로執ᄒᆞ되

拇指를內로ᄒᆞ야箸의中央을持ᄒᆞ고次에ᄂᆞᆫ左手를向上ᄒᆞᆫ后에右手로換持ᄒᆞ되其中央을持홈이可ᄒᆞ며又、箸를置ᄒᆞᆯ時에ᄂᆞᆫ是와反對가되게ᄒᆞᆯ지니라

(三)羹은酒보다先飮ᄒᆞᄂᆞ니右手로蓋를取ᄒᆞᄂᆞᆫ同時에左手를添ᄒᆞ야翻開ᄒᆞ되此를飯床의右便에置ᄒᆞ고兩手로椀을取ᄒᆞ야先飮ᄒᆞᆫ后、左手로持ᄒᆞ고右手로箸를取ᄒᆞ야右手의無名指와小指間으로箸의中央을挾持ᄒᆞ고實을食홈이禮며羹을喫畢ᄒᆞᆫ時에ᄂᆞᆫ、먼저箸를置ᄒᆞ고其次에椀을置홈이可ᄒᆞ며椀을下에置ᄒᆞ면、반다시蓋ᄒᆞᆯ지라然이나一次에汁과實을食盡홈은不美ᄒᆞᆫ禮니라

(四)盞을初受코ᄌᆞᄒᆞᄂᆞᆫ時에ᄂᆞᆫ同坐人의게一禮를行ᄒᆞᆫ后

에盃를左掌으로取ᄒᆞ고右手를添ᄒᆞ야酒를受ᄒᆞ며盃를置ᄒᆞᄂᆞᆫ時에ᄂᆞᆫ食物椀의近傍에置홈이可ᄒᆞ며盃를受ᄒᆞᆯ時에酒의少量을望ᄒᆞ랴면盃를低下ᄒᆞᄂᆞ니라

(五) 盃ᄂᆞᆫ身分이低ᄒᆞᆫ人이高ᄒᆞᆫ人의게呈치못ᄒᆞ며尊長으로서勸ᄒᆞᄂᆞᆫ盃ᄂᆞᆫ兩手로受ᄒᆞ고一禮ᄒᆞᆫ后에酒를受홈이可ᄒᆞᄂᆞ만일盃를返呈ᄒᆞᄂᆞᆫ時에ᄂᆞᆫ手巾이ᄂᆞ或、清潔ᄒᆞᆫ紙로盃緣을洗ᄒᆞᆫ后、掌에載ᄒᆞ고他手를添ᄒᆞ야呈ᄒᆞᆯ지며同輩以下가되ᄂᆞᆫ時에ᄂᆞᆫ手를添치아니ᄒᆞ며又、自己보다品位가最高ᄒᆞᆫ人의게ᄂᆞᆫ盃를返呈치아니홈이禮가되ᄂᆞ彼處에서要ᄒᆞᄂᆞᆫ時에ᄂᆞᆫ盃를返呈ᄒᆞᆯ지니라

(六) 盃를頻數히與受홈은病毒을傳染ᄒᆞᄂᆞᆫ媒介가되고泥醉ᄒᆞ야醜態를演ᄒᆞᄂᆞᆫ原因이되며又、盃盤이狼籍ᄒᆞ야

無禮에陷ᄒᆞᄂᆞᆫ根本이되ᄂᆞ니故로二三次交盃가適宜ᄒᆞ되或、境遇를因ᄒᆞ야ᄂᆞᆫ四五次에超過홈이不可ᄒᆞ니라

(七) 總히宴會ᄒᆞᄂᆞᆫ時에喫烟홈은不美ᄒᆞᆫ行爲가되며談話ᄂᆞᆫ適宜ᄒᆞ게ᄒᆞᆯ지라然이ᄂᆞ食物이口中에在ᄒᆞᆫ時ᄂᆞᆫ談話로止홈이可ᄒᆞ며又、甚히人의게接近히ᄒᆞ야談話홈과不潔物에關ᄒᆞᆫ談話等은大忌ᄒᆞᆯ지니라

(八) 食事ᄒᆞᆯ時에左의諸件은大忌ᄒᆞᆯ지니라

一、箸를各種菜器에混入ᄒᆞ야食홈이不可ᄒᆞ니라

一、著로飯을椀中에塗付홈이不可ᄒᆞ니라

一、箸로食物을口中에押入홈이不可ᄒᆞ니라

一、箸를口中에深入ᄒᆞ야舐홈이不可ᄒᆞ니라

一、箸에附着ᄒᆞᆫ飯粒을齒로剝取홈이不可ᄒᆞ니라

一、一次、菜를食코ᄌᆞᄒᆞ야箸를其方向으로向ᄒᆞ다가空然히停止홈이不可ᄒᆞ니라

一、箸로何物을食ᄒᆞ랴고案ᄒᆞ야躊躇홈이不可ᄒᆞ니라

一、湯을再次、受ᄒᆞᄂᆞᆫ時에ᄂᆞᆫ飯床에置치안코直時에食홈이不可ᄒᆞᄂᆞ니此ᄂᆞᆫ湯뿐아니라何物이던지床에置ᄒᆞ얏다가食홀지며又、食物을供ᄒᆞᄂᆞᆫ時ᄂᆞᆫ箸를止ᄒᆞ며飯을盛ᄒᆞᄂᆞᆫ時ᄂᆞᆫ空椀을兩手에持ᄒᆞ야使喚人의手와或은錚盤에載ᄒᆞ되飯을盛ᄒᆞ야再次持來ᄒᆞ기ᄭᆞ지箸를納ᄒᆞ야待홀지니라

一、飯床의越便에在ᄒᆞᆫ者를箸로ᄡᅧ直時、食홈이不可ᄒᆞ니라

一、椀中에在ᄒᆞᆫ物을食ᄒᆞᄂᆞᆫ時에ᄂᆞᆫ椀上으로睨見홈이不可ᄒᆞ니라

一、器의下層에在ᄒᆞᆫ者를探ᄒᆞ야反覆홈이不可ᄒᆞ니라

一、羹을探ᄒᆞ야湯을廻轉홈이不可ᄒᆞ니라

一、俯向ᄒᆞ야餘念이無ᄒᆞ게食홈이不可ᄒᆞ니라

一、總히飮食을食ᄒᆞᄂᆞᆫ時에ᄂᆞᆫ口聲이無케홀지니라

一、一次、口中에入ᄒᆞ얏던者를再次、器中에出케홈은大忌홀지며又、飯床과食卓을汚穢치안케注意홀지니라

一、食物에噎와咳唾가出코ᄌᆞᄒᆞᄂᆞᆫ時ᄂᆞᆫ急速히手와手巾과袖等으로口를掩홈이可ᄒᆞᄂᆞ니此ᄂᆞᆫ口中의物을吹出ᄒᆞᄂᆞᆫ等의過誤를避코ᄌᆞ홈이니라

一、食事홀時에兩肘를開ᄒᆞ거ᄂᆞ箸를持ᄒᆞᆫ手로更히食

器를持ᄒᆞ거ᄂᆞ又指로食物을取ᄒᆞᄂᆞᆫ事ᄂᆞᆫ不可ᄒᆞ니라

一、食事ᄒᆞᄂᆞᆫ席에서不得已ᄒᆞᆫ境遇外에ᄂᆞᆫ治牙(이ᄡᅮ시ᄀᆡ)를使用치못ᄒᆞᄂᆞ니만일使用ᄒᆞᄂᆞᆫ時에ᄂᆞᆫ右手에持ᄒᆞ고左手로口를掩ᄒᆞ되若干下坐를向ᄒᆞ야用ᄒᆞᆯ지니라

一、食事ᄒᆞᄂᆞᆫ時에ᄂᆞᆫ席에立ᄒᆞᆷ이不可ᄒᆞ며又自己의食事를畢了ᄒᆞ얏스ᄂᆞ他人이아즉畢了치못ᄒᆞᆫ時ᄂᆞᆫ席을離치못ᄒᆞᄂᆞ니假令畢了ᄒᆞᆫ后라도上席의人이立치아니ᄒᆞᆫ時ᄂᆞᆫ着席ᄒᆞᆷ이禮가되ᄂᆞ니라

三、西洋風俗으로食事ᄒᆞᆷ에對ᄒᆞ야注意ᄒᆞᆯ事

(一)食卓에着ᄒᆞᄂᆞᆫ時에ᄂᆞᆫ過遠過近ᄒᆞᆷ이無ᄒᆞ고適當ᄒᆞᆫ距

離에坐ᄒᆞᆯ지니라

(二)身體를卓上에彎曲ᄒᆞ고食物을口에容ᄒᆞ며頭를垂ᄒᆞᆷ은甚히鄙陋ᄒᆞᆫ故로體의上部를正直ᄒᆞ게ᄒᆞᆯ지니라

(三)食卓의手巾은膝上에置ᄒᆞᆷ이可ᄒᆞᄂᆞ니此를腦에垂ᄒᆞᆷ은鄙陋ᄒᆞᆫ所爲가되며又食事를畢ᄒᆞ면食卓上에置ᄒᆞᆯ지니此境遇에ᄂᆞᆫ折치아니ᄒᆞᆷ을要ᄒᆞᆯ지니라

(四)肉汁을飮ᄒᆞᆷ에ᄂᆞᆫ匙의側面으로ᄒᆞ되音響이出치안케ᄒᆞᆷ이可ᄒᆞ며匙를持ᄒᆞᄂᆞᆫ時ᄂᆞᆫ右手로柄의中央을持ᄒᆞ되筆을持ᄒᆞᆷ과如히ᄒᆞ며左手로皿을持ᄒᆞ야飮ᄒᆞᆯ지라啜飮을畢了ᄒᆞᆫ后에ᄂᆞᆫ匙를皿巾의右方에置ᄒᆞᆯ지니라

(五)肉汁과肉菜를食ᄒᆞᄂᆞᆫ時에ᄂᆞᆫ坐客의게配置ᄒᆞ기ᄭᅡ지待ᄒᆞᆷ을要ᄒᆞ며又肉汁의餘汁과麵包의殘片과其他食

物을殘餘가無ᄒᆞ게奇麗히食홀지니라

(六) 麵包ᄂᆞᆫ指로切食홀것이오決코口로囓ᄒᆞ며肉刀로切ᄒᆞ며肉叉로刺홈이不可ᄒᆞ며又、麵包를肉汁에入치못ᄒᆞᄂᆞ니라

(七) 食塩과脂酪等은最初에肉刀로써麵包를盛ᄒᆞᆫ皿偶에置홈이可ᄒᆞ되一次使用ᄒᆞᆫ肉刀를食塩과脂酪等이共通ᄒᆞᆫ者에觸케홈은不美ᄒᆞᆫ事이되ᄂᆞ니라

(八) 肉刀ᄂᆞᆫ右手에持ᄒᆞ며肉叉ᄂᆞᆫ左手에持ᄒᆞ되肉菜를口에入ᄒᆞᄂᆞᆫ時에ᄂᆞᆫ肉叉를用ᄒᆞ며肉을切ᄒᆞᄂᆞᆫ時에ᄂᆞᆫ肉刀를用ᄒᆞ며液體가有ᄒᆞᆫ菓子等에ᄂᆞᆫ菓子匙를用홀지니라

(九) 肉을切코ᄌᆞᄒᆞᄂᆞᆫ時에ᄂᆞᆫ臂를開홈이不可ᄒᆞᆫ故로臂ᄂᆞᆫ

確實히體에附着케홀지니라

(一〇) 肉刀와肉叉를皿上에置ᄒᆞᄂᆞᆫ時와物을切ᄒᆞᄂᆞᆫ時에ᄂᆞᆫ皿에接觸ᄒᆞ야音이無케홀지라總히物을切ᄒᆞᄂᆞᆫ時에ᄂᆞᆫ肉叉로肉을壓ᄒᆞ고肉刀를輕ᄒᆞ게持ᄒᆞ야若干、斜ᄒᆞᄂᆞᆫ模樣으로斜切ᄒᆞ면高音이無ᄒᆞ니라

(一一) 食事中에休息코ᄌᆞᄒᆞᄂᆞᆫ時에ᄂᆞᆫ肉刀의柄을前으로ᄒᆞ야其刃을左方으로向케ᄒᆞ며肉叉를上으로向케ᄒᆞ야八字形으로皿中에置홀지니라

(一二) 肉菜를食了ᄒᆞᆫ時에ᄂᆞᆫ肉刀와肉叉의柄을前으로ᄒᆞ야直ᄒᆞ게皿中에置ᄒᆞ거ᄂᆞ或은端을若干、交叉ᄒᆞ야置홀지니라

(一三) 肉刀와肉叉를落下홈이不可ᄒᆞ니、만일誤落ᄒᆞᆫ時ᄂᆞᆫ秘

密히使喚人의게請ᄒᆞ야代品을要求홀지니라
(二四)事故가有ᄒᆞ야使喚人을呼ᄒᆞ라면目으로呼홈이可ᄒᆞ되,만일使喚이無ᄒᆞᆫ時에ᄂᆞᆫ卓上의鈴을鳴홀것이오手掌을拍ᄒᆞᄂᆞᆫ事ᄂᆞᆫ甚히鄙陋ᄒᆞᆫ故로行치아니홀지니라
(二五)口中에入ᄒᆞᆫ骨과其他를棄ᄒᆞ랴면口로直時皿中에出치아니ᄒᆞ며唇頭로送ᄒᆞ야肉乂로受ᄒᆞᆫ后,皿上에移홀지며菓實의核를取ᄒᆞ라면手指로取ᄒᆞ야도可ᄒᆞᄂᆞ此를口에入지안케홀지니라
(二六)酒를飮홀時에ᄂᆞᆫ盃底를高擧치아니ᄒᆞ며又,多少의餘滴을殘置홀지니라
(二七)三鞭酒ᄂᆞᆫ使喚人이其時機를計ᄒᆞ야盃에滿酌ᄒᆞᄂᆞ니正式의會에ᄂᆞᆫ恒常,主人이此盃를取ᄒᆞᆫ后에立起ᄒᆞ야

衆客의게恒常,謝辭를述ᄒᆞᄂᆞ니此時에ᄂᆞᆫ衆客도,또ᄒᆞᆫ立起ᄒᆞ야禮意를表ᄒᆞᆫ后에飮홈이例가되ᄂᆞᆫ지라故로此酒ᄂᆞᆫ盃에滿酌ᄒᆞ야도直時에飮홈이不可ᄒᆞ니라
(二八)食事를畢了ᄒᆞ면洗面器를出ᄒᆞ야適宜ᄒᆞ게指頭를洗ᄒᆞ며又,手巾의一隅를濕ᄒᆞ야口를洗홀것이오決코口를嗽ᄒᆞᆫ水를器中에吐ᄒᆞᄂᆞᆫ事ᄂᆞᆫ不美ᄒᆞᆫ禮法이되ᄂᆞ니라
(二九)匙를茶와珈琲의茶碗에入置홈이不可ᄒᆞᄂᆞ니此ᄂᆞᆫ茶를往往히反覆홈이有ᄒᆞᆫ緣故ㅣ니라
(三〇)以上의外,喫烟에關ᄒᆞᆫ事와治牙(이ᄊᆞ쉬기)에關ᄒᆞᆫ事와食事后,席을離ᄒᆞᄂᆞᆫ時의注意와噫口,咳唾가出ᄒᆞᄂᆞᆫ時에注意홀事等은日本風俗으로食事홀時에記載ᄒᆞᆫ者

로參考ᄒᆞᆯ지니라

第六節 退散

宴會를畢ᄒᆞ야退散ᄒᆞᄂᆞᆫ時刻이되면主人의게謝禮ᄒᆞᆫ后、適宜ᄒᆞ게退散ᄒᆞᆷ이可ᄒᆞ되但、上客과長老보다先次로退散ᄒᆞᆷ은禮가아니며又、宴會를畢치아니ᄒᆞ야不得已、辭去ᄒᆞᆯ必要가有ᄒᆞ면他人의게見치안케主人의게謝ᄒᆞ고退去ᄒᆞ거ᄂᆞ某境遇를因ᄒᆞ야ᄂᆞᆫ暗히退席ᄒᆞᆫ后、他室에至ᄒᆞ야家內人의게謝ᄒᆞ고退去ᄒᆞᆯ지니此ᄂᆞᆫ他客의退出ᄒᆞᆷ을催促ᄒᆞᄂᆞᆫ念慮가有ᄒᆞᆫ緣故ㅣ며又、坐中의上客과長老等이退散ᄒᆞᆫ后에落後ᄒᆞ야酒興을貪ᄒᆞᆷ은甚히醜態가되ᄂᆞᆫ故로極히注意ᄒᆞᆯ지니라

第七節 答禮

請帖을受ᄒᆞ야宴會에參列ᄒᆞᆫ時에ᄂᆞᆫ一週間以內로答禮의訪問을行ᄒᆞᆷ이可ᄒᆞ며、만일事故가有ᄒᆞ야參列치못ᄒᆞᆫ時라도謝禮ᄒᆞ기爲ᄒᆞ야訪問ᄒᆞᄂᆞᆫ事ᄂᆞᆫ宴會에參列ᄒᆞᆫ時와同一히ᄒᆞ되遠處가되ᄂᆞᆫ時에ᄂᆞᆫ謝函을送致ᄒᆞᆯ지니라

第十二章 居宅

居宅은淸潔히整齊ᄒᆞ야他人의輕侮ᄒᆞᆷ을避ᄒᆞᆷ이可ᄒᆞᄂᆞᆫ身分에適當치못ᄒᆞᆫ事ᄂᆞᆫ行치아니ᄒᆞᆯ것이오人人이各其身分을應ᄒᆞ야相當ᄒᆞᆫ裝飾으로善히整頓ᄒᆞᆷ은紳士의體面을保全ᄒᆞᆷ에必要ᄒᆞᆫ事가되ᄂᆞᆫ지라然이ᄂᆞ家庭의最貴ᄒᆞᆫ바ᄂᆞᆫ居

宅의整否에不在ᄒᆞ며一家가團欒ᄒᆞ야도互相和樂홈에在ᄒᆞᆫ故로家庭의管理가紊亂ᄒᆞ야夫婦가相和치못ᄒᆞ며親子가相親치못ᄒᆞ야兒ᄂᆞᆫ泣叫ᄒᆞ며下婢ᄂᆞᆫ不美ᄒᆞᆫ行爲等이有ᄒᆞ면如何히居宅을裝飾ᄒᆞ야도不足見이니라

第一節 居宅의掃除와整頓

居宅의內外를掃除ᄒᆞ야清潔整頓케홈이可ᄒᆞᄂᆞ니即、庭園의雜草를除去ᄒᆞ며墻垣과窓戶의破損을修繕ᄒᆞ며各種物品을整頓ᄒᆞ야來客으로써不快홈을感치안케ᄒᆞ되特別히厠間은清潔ᄒᆞ게掃除ᄒᆞᆯ지며又、客室의四隅에蚊帳을懸ᄒᆞᄂᆞᆫ紐가垂홈은體制가不好ᄒᆞᆫ故로此等은恒常、主婦된者의十分注意ᄒᆞᆯ바이니라

第二節 客室의裝飾

客室에ᄂᆞᆫ書畫幅과或은植木盆으로裝飾ᄒᆞ되第一은分內에適當케ᄒᆞᆯ지니奢侈ᄒᆞ야裝飾홈은甚히賤ᄒᆞᆫ事가되며第二ᄂᆞᆫ上品으로雅致ᄒᆞᆫ者를撰ᄒᆞᆯ지니博覧會와如히數多ᄒᆞᆫ物品을陳列홈은不可ᄒᆞ며第三은時節과日字와來客을應ᄒᆞ야變化ᄒᆞᆯ지니라

第十三章 障子와窓戶의開閉

一、障子와窓戶를開ᄒᆞᄂᆞᆫ時에ᄂᆞᆫ、먼저開ᄒᆞᄂᆞᆫ方面으로若干、開ᄒᆞ며(만일右로開ᄒᆞ랴면左手를着ᄒᆞ야右手를用ᄒᆞ며左로開ᄒᆞ랴면其反對가되ᄂᆞ니라)其次에ᄂᆞᆫ下로

서大凡三四寸되ᄂᆞᆫ處에手ᄅᆞᆯ着ᄒᆞ야從容히開ᄒᆞ며閉ᄒᆞᄂᆞᆫ時에ᄂᆞᆫ其反對의順序로行ᄒᆞᆯ지니라

二、總히障子와窓戶ᄅᆞᆯ旣爲開ᄒᆞᆫ者ᄂᆞᆫ開ᄒᆞᆫᄃᆡ로置ᄒᆞ며閉ᄒᆞᆫ者ᄂᆞᆫ出入ᄒᆞᆯ時마다、반다시閉ᄒᆞᆯ지니假令、如何히急促ᄒᆞᆫ時라도完全히閉ᄒᆞ야間隙이無케ᄒᆞ며又、壁欌과舌盒等도閉ᄒᆞᆯ時에ᄂᆞᆫ間隙이無케ᄒᆞᆯ지니라

三、閉室에入코ᄌᆞᄒᆞᄂᆞᆫ時에ᄂᆞᆫ障子와窓前에至ᄒᆞ야音聲을出ᄒᆞᆫ后에開ᄒᆞ되、만일障子와窓이閉ᄒᆞᆫ時에ᄂᆞᆫ指頭로叩ᄒᆞ야音을出ᄒᆞᆫ后에開ᄒᆞ야房內人의許可ᄅᆞᆯ得ᄒᆞᆫ然后에入ᄒᆞᆯ지니此ᄂᆞᆫ秘密ᄒᆞᆫ談話ᄂᆞ或은調査ᄒᆞᄂᆞᆫ事件이有ᄒᆞᆫ지知치못ᄒᆞᄂᆞᆫ緣故ㅣ니라

第十四章 物品의進ᄒᆞᆷ과撤ᄒᆞᄂᆞᆫ法

總히物品을進ᄒᆞ거ᄂᆞ或、撤ᄒᆞᄂᆞᆫ時에ᄂᆞᆫ敬意ᄅᆞᆯ失치안케ᄒᆞᆯ지라故로何如ᄒᆞᆫ物品이던지、먼저不潔ᄒᆞ거ᄂᆞ破損ᄒᆞᆫ處가無ᄒᆞᆷ을調査ᄒᆞ야不潔ᄒᆞᆫ者ᄂᆞᆫ清潔케ᄒᆞ며破損ᄒᆞᆫ者ᄂᆞᆫ交換ᄒᆞᆯ지라現今、左에一般히通用ᄒᆞᄂᆞᆫ方法을槪括ᄒᆞ야論述ᄒᆞ며次에普通物品에對ᄒᆞ야注意ᄒᆞᆯ事ᄅᆞᆯ記ᄒᆞᆯ지라

第一節 一般方法

一、物品을執ᄒᆞᄂᆞᆫ模樣은何品을勿論ᄒᆞ고、먼저體ᄅᆞᆯ正齊히ᄒᆞ야兩手로(品을因ᄒᆞ야隻手로執ᄒᆞᄂᆞᆫ者ㅣ有ᄒᆞ니라)臂ᄅᆞᆯ開치안케ᄒᆞ고胸의高와如히執ᄒᆞᆫ后에手ᄅᆞᆯ前으로向ᄒᆞ며(物을因ᄒᆞ야重ᄒᆞᆫ者ᄂᆞᆫ自然히低ᄒᆞ게執ᄒᆞᆯ지라)眼을半은物品으로向ᄒᆞ며半은席上으로注ᄒᆞ면

서從容히步ᄒᆞᆷ이可ᄒᆞ며長ᄒᆞᆫ物品은橫面으로執ᄒᆞ며重ᄒᆞᆫ者ᄂᆞᆫ二人이執ᄒᆞᆷ도有ᄒᆞᆫ지라二人이執ᄒᆞᄂᆞᆫ時에ᄂᆞᆫ斜面으로客의게對ᄒᆞᄂᆞᆫ模樣으로呈ᄒᆞᆯ지니라

二、物品을呈ᄒᆞᄂᆞᆫ模樣은客의前、大凡三尺許되ᄂᆞᆫ處에着坐ᄒᆞ야持ᄒᆞᆫ者ᄅᆞᆯ下에置ᄒᆞ고其物品이我의前으로近ᄒᆞᆫ處에兩手의指端을添ᄒᆞ야從容히三寸許가되게呈ᄒᆞ고一膝을退ᄒᆞ야立ᄒᆞᆫ后에廻ᄒᆞ야退去ᄒᆞᆯ지니라

三、物을退ᄒᆞᄂᆞᆫ模樣은進ᄒᆞᄂᆞᆫ時와同一ᄒᆞ게客의前、大凡三尺許되ᄂᆞᆫ處에着坐ᄒᆞ고一膝을進ᄒᆞ야其物品이我의前으로近ᄒᆞᆫ處에手ᄅᆞᆯ着ᄒᆞ야三寸許가되ᄂᆞᆫ我의前으로引ᄒᆞ며一膝을退ᄒᆞ야立ᄒᆞᆫ后、廻ᄒᆞ야退去ᄒᆞᆯ지니라

四、右ᄂᆞᆫ坐禮의境遇ᄅᆞᆯ述ᄒᆞᆫ것시ᄂᆞ立禮의時에도大凡、右와同一ᄒᆞ게ᄒᆞᆯ지라但、卓上에ᄂᆞᆫ床褓가有ᄒᆞᆷ을因ᄒᆞ야物品을其上에置ᄒᆞ얏다가更히呈ᄒᆞᄂᆞᆫ時에ᄂᆞᆫ床褓ᄅᆞᆯ捲ᄒᆞᄂᆞᆫ事가有ᄒᆞᆫ故로卓上에서ᄂᆞᆫ客의前、適當ᄒᆞᆫ處에置ᄒᆞᆫᄃᆡ로行ᄒᆞᆯ지니라

第二節 火爐와烟草盒을進ᄒᆞᄂᆞᆫ法

一、火爐ᄂᆞᆫ緣이有ᄒᆞᆫ者ᄂᆞᆫ緣의左右ᄅᆞᆯ執ᄒᆞ며三足이有ᄒᆞᆫ者ᄂᆞᆫ二足을客의前으로向케ᄒᆞ되火箸ᄅᆞᆯ客의左便으로當ᄒᆞᆫ處에置ᄒᆞ고客의正面으로呈ᄒᆞᆯ지니라

二、烟草盒은兩手로其兩側을執ᄒᆞ야呈ᄒᆞ되火ᄅᆞᆯ盛ᄒᆞᆫ小器ᄂᆞᆫ客의左便으로置ᄒᆞ며灰ᄅᆞᆯ落ᄒᆞᄂᆞᆫ桶은客의右便

으로置ᄒᆞ야客의正面으로置ᄒᆞᆯ지니、만일火爐가有ᄒᆞᆫ後에尙且、烟草盒을呈ᄒᆞᄂᆞᆫ時에ᄂᆞᆫ火爐의左便에置ᄒᆞ되灰ᄅᆞᆯ落ᄒᆞᄂᆞᆫ桶을淸潔히掃除ᄒᆞ고少許의水ᄅᆞᆯ注ᄒᆞᆯ지니라

三、茶ᄂᆞᆫ茶碗을茶盤에載ᄒᆞ야右手로茶盤의緣을執ᄒᆞ고左手로其裡面을執ᄒᆞ야客의前、相當ᄒᆞᆫ處에坐ᄒᆞ되茶盤을我의前에置ᄒᆞ고一膝을進ᄒᆞ야右手로茶盤의右緣을執ᄒᆞ고左手ᄅᆞᆯ着ᄒᆞ야隻手로呈ᄒᆞᆯ지니其位置ᄂᆞᆫ火爐와或、烟草盒의左便으로ᄒᆞ며珈琲茶ᄅᆞᆯ呈ᄒᆞᄂᆞᆫ時에ᄂᆞᆫ其把手ᄅᆞᆯ客의左便으로ᄒᆞ고小匙ᄅᆞᆯ皿上에置ᄒᆞᆫ后에客의前으로置ᄒᆞ되茶盤을執ᄒᆞᄂᆞᆫ時와同一히呈ᄒᆞᆯ지니라

四、菓子ᄂᆞᆫ菓子鉢이나或은菓子盒에盛ᄒᆞ고箸ᄅᆞᆯ客의右便이되게置ᄒᆞᆫ后에進ᄒᆞ야置ᄒᆞ며茶ᄅᆞᆯ酌ᄒᆞ야下便으로置ᄒᆞ고其次에火爐와烟草盒을右便으로移置ᄒᆞᆫ后、菓子ᄅᆞᆯ客의正面으로置ᄒᆞ며酌ᄒᆞᆫ茶碗은茶ᄅᆞᆯ交換ᄒᆞ야呈ᄒᆞ되此時에ᄂᆞᆫ菓子의左便으로置ᄒᆞᆯ지니라

第十五章 物品을授受ᄒᆞᄂᆞᆫ法

一、辭令書(普通四折로貼ᄒᆞᄂᆞ니라)와卷ᄒᆞᆫ卒業證書ᄅᆞᆯ授ᄒᆞᄂᆞᆫ時에ᄂᆞᆫ其字頭ᄅᆞᆯ我의前으로ᄒᆞ며彼處로正向ᄒᆞ야其紙端을右手로執ᄒᆞ고授ᄒᆞ되受ᄒᆞᄂᆞᆫ人이禮ᄒᆞᄂᆞᆫ時에ᄂᆞᆫ答禮ᄒᆞᆷ이可ᄒᆞ며開展ᄒᆞᆫ卒業證書가되ᄂᆞᆫ時에

는左右의手로授ᄒᆞᆯ지니라受ᄒᆞ는人은自已의氏名을呼ᄒᆞᆷ을應ᄒᆞᆫ后에進ᄒᆞ야授ᄒᆞ는人의三步되는前에서兩足을整頓ᄒᆞ야一禮를行ᄒᆞ고三步를進ᄒᆞ야辭令書와卒業證書를兩手로取ᄒᆞᆫ后、三步를退ᄒᆞ야兩足을整頓ᄒᆞ야其中間을手에執ᄒᆞ고一禮를行ᄒᆞᆫ后에退去ᄒᆞᆷ이可ᄒᆞ며開展ᄒᆞᆫ卒業證書를授ᄒᆞ는時에는其兩緣의中間以下를左右手로持ᄒᆞ고領受ᄒᆞᆫ后、三步를退ᄒᆞ야兩足을整頓ᄒᆞ고折痕이無ᄒᆞ게兩折ᄒᆞ야其中間을右手로持ᄒᆞ고一禮ᄒᆞᆫ后、退去ᄒᆞ며或은開展ᄒᆞᆫᄃᆡ로持ᄒᆞ야兩折치아니ᄒᆞ야도無妨ᄒᆞ니라

二、總히何品을勿論ᄒᆞ고受ᄒᆞ기에適當ᄒᆞᆫ模樣으로出ᄒᆞᆯ지라故로即時、授受ᄒᆞᆯ것이면授ᄒᆞ는人은其物品을前

으로向ᄒᆞ야上部를右手에持ᄒᆞ고(重ᄒᆞᆫ物品이면左右手를用ᄒᆞᄂᆞ니라)授ᄒᆞ면受ᄒᆞ는人은一禮ᄒᆞᆫ后에領受ᄒᆞ며授ᄒᆞ는人도答禮ᄒᆞᆷ이可ᄒᆞ고又、彼人의机上에物品을置ᄒᆞ는時에는彼處로向ᄒᆞ야音響이無ᄒᆞ게置ᄒᆞᆯ지니라

坐ᄒᆞᆫ人의게物品을出ᄒᆞ랴면坐ᄒᆞᆷ이可ᄒᆞ되立ᄒᆞ야出ᄒᆞᆷ은甚히無禮ᄒᆞᆫ者ㅣ되ᄂᆞ니라

三、物品을領受ᄒᆞᆯ時에極히注意치아니ᄒᆞ면后日에誤錯이有ᄒᆞ야互相感情을害ᄒᆞ는지라故로本人이ᄂᆞ本人의委托을受ᄒᆞᆫ確實ᄒᆞᆫ人이아니면此를輕率히給與ᄒᆞᆷ이不可ᄒᆞ되特別히金錢을給與ᄒᆞ는時에는、반다시數爻를檢査ᄒᆞ되后日에誤錯이有ᄒᆞᆯ念慮가有ᄒᆞᆫ者는領

收證을受置홀지며又、金錢을領收호人은此를檢查호后에特別히領收證을給與홀지며遠方에서換으로金錢을送來호時에는即時、領收證을送致홀지니라

第十六章 物品의貸借

一、物品의貸借는行치아니홈이宜호나、만일不得已호必要가有호면貸借호야도關係가無호되未成年者는父母와兄弟의許諾을得호后에行홀지오但、筆墨과書册等을暫時貸借호는者는此限에不在호니라

二、償還홀可望이無호면金錢을決코借與치아니홀지니此는彼人의게對호야不美호義理를生호는根本이되는緣故ㅣ니라

三、貸借호는物品을領收호는時에는其量數와破損과個數의有無等을兩處에서極히檢查호后에行홀지며又、期限을定호야借與호되其期限에達호면違期치안코還送홀지니라

四、借來호物品은完全히看守호며貸主의게通奇가無호고他人의게貸與호거나又、汚損치안케홀지니、만일誤過호야汚損호時에는完全히修理호야其罪를謝홈이可호며某境遇를因호야는代金으로償還홀지니라。

第十七章 書簡

書簡은訪問치못호境遇에面會호야陳述홀事를書送호는者ㅣ라故로書簡을封호는時에는彼人과對話홈과如히稱

呼ᄅᆞᆯ愼ᄒᆞ야一語一句라도禮意ᄅᆞᆯ表ᄒᆞ야不美ᄒᆞᆫ語句ᄅᆞᆯ用치못ᄒᆞ며又、師父와朋友의게送ᄒᆞᄂᆞᆫ書簡은情愛ᄅᆞᆯ溫厚케ᄒᆞᆷ이第一이되ᄂᆞᆫ지라然이ᄂᆞ書簡은送ᄒᆞᄂᆞᆫ目的을因ᄒᆞ야各種이ᄂᆞ皆、張皇ᄒᆞ거ᄂᆞ簡略ᄒᆞᆷ을不要ᄒᆞ며言辭ᄅᆞᆯ通ᄒᆞᆷ이第一要件이되ᄂᆞ니라

第一節　用紙

用紙ᄂᆞᆫ普通周紙ᄅᆞᆯ用ᄒᆞᄂᆞ니尊長의게對ᄒᆞ야ᄂᆞᆫ奉書ᄅᆞᆯ用ᄒᆞᆷ이禮가되며封套도亦然ᄒᆞᄂᆞ特別히喪禮에關ᄒᆞᆫ境遇에ᄂᆞᆫ決코此等을不用ᄒᆞᆯ지며郵便葉書ᄅᆞᆯ用ᄒᆞᄂᆞᆫ時에도此注意가有ᄒᆞᆯ지오又、公用의簡單ᄒᆞᆫ事務에ᄂᆞᆫ郵便葉書ᄅᆞᆯ用ᄒᆞ야도可ᄒᆞ며又、私用에公用事務用紙ᄅᆞᆯ用ᄒᆞᆷ은彼人의게對ᄒᆞ야失禮가되ᄂᆞ니라

第二節　文字와文法

一、書簡의文字와文法의巧拙은其人의品格에關係가有ᄒᆞᆫ故로明白히書ᄒᆞᆯ지며又、誤字、落書、抹消等은彼人의게對ᄒᆞ야無禮ᄒᆞᆷ이되ᄂᆞ니라

二、文法은平易ᄒᆞ게ᄒᆞ야意味ᄅᆞᆯ通ᄒᆞᆷ이貴ᄒᆞᄂᆞ니但、難字難句ᄅᆞᆯ用ᄒᆞᆷ은學者의模樣으로見ᄒᆞ야禮에適合ᄒᆞ다云치못ᄒᆞᆯ지니라

第三節　書ᄒᆞᄂᆞᆫ法

一、紙前後ᄅᆞᆯ空置ᄒᆞ고又、上下도空ᄒᆞ게ᄒᆞᆷ은古式에謙讓

ᄒᆞᄂᆞᆫ意에適ᄒᆞ다云ᄒᆞ며字列의高ᄂᆞᆫ一定ᄒᆞ야高低가
無케ᄒᆞᆷ이必要ᄒᆞᄂᆞ니彼人의姓名에逼近ᄒᆞ야紙端을
裁斷ᄒᆞᆷ은不遜ᄒᆞᄂᆞᆫ嫌이有ᄒᆞᄂᆞ니라

二、第一行은最大ᄒᆞ며次ᄂᆞᆫ若干、少ᄒᆞ며第三行은亦大ᄒᆞ게書ᄒᆞ되字行의間은廣狹을一定케ᄒᆞᆯ지니라

三、書體ᄂᆞᆫ行草로書ᄒᆞᆯ것이오決코亂書體를用ᄒᆞᆷ이不可ᄒᆞ며又、墨色은濃ᄒᆞᆷ이禮가되ᄂᆞ니라(喪禮에ᄂᆞᆫ不然ᄒᆞ니라)

四、姓名은尊長이되ᄂᆞᆫ時에ᄂᆞᆫ大ᄒᆞ게書ᄒᆞ며自己에名은小ᄒᆞ게書ᄒᆞ되其間을恒常、隔ᄒᆞᆷ을要ᄒᆞ며又、姓名의位置를普通에ᄂᆞᆫ月日과高를同一케ᄒᆞ되尊長이되ᄂᆞᆫ時에ᄂᆞᆫ月日보다若干、高ᄒᆞ게書ᄒᆞᆯ지라、그러ᄂᆞ姓名은通稱으로ᄒᆞ고自己ᄂᆞᆫ雅號를用ᄒᆞ되彼人은名만書ᄒᆞ며

自己ᄂᆞᆫ姓만用ᄒᆞᆷ은共히無禮ᄒᆞ며又、官職上에姓만加ᄒᆞᆷ은尊長의게對ᄒᆞᄂᆞᆫ禮가되ᄂᆞ自巳의姓下에官職을書ᄒᆞᆷ은不遜ᄒᆞᆫ事가되ᄂᆞ니라

五、數名이連署ᄒᆞᄂᆞᆫ時에ᄂᆞᆫ姓名에近方을上位로ᄒᆞ며姓名이無ᄒᆞᆫ連署ᄂᆞᆫ右方을上位로ᄒᆞ며又、連名의姓名은右方을上位로ᄒᆞᄂᆞ니라

第四節 卷ᄒᆞᄂᆞᆫ法

姓名이折處에在치안케注意ᄒᆞᆯ지라

第五節 注意

一、皮封과郵票를唾로付ᄒᆞᆷ은不美ᄒᆞᆫ事ㅣ니水를用ᄒᆞᆷ이

可ᄒᆞᆯ지니라

二、書簡을發送ᄒᆞᄂᆞᆫ時에ᄂᆞᆫ郵便稅ᄅᆞᆯ不足지안케注意ᄒᆞᆷ이可ᄒᆞᄂᆞ니郵便稅ᄅᆞᆯ不足케ᄒᆞᆷ은彼人의게對ᄒᆞ야無禮ᄒᆞᆷ이되ᄂᆞ니라

三、答書ᄅᆞᆯ要ᄒᆞᄂᆞᆫ書簡等에ᄂᆞᆫ郵票ᄅᆞᆯ封入ᄒᆞᆷ이可ᄒᆞ되但親類와朋友間에ᄂᆞᆫ、도로혀封入치아니ᄒᆞᆷ이適宜ᄒᆞ니라

四、答書ᄅᆞᆯ要ᄒᆞᄂᆞᆫ書簡을接ᄒᆞᆫ時에ᄂᆞᆫ此ᄅᆞᆯ親切히見ᄒᆞ고即時에答書ᄒᆞᆯ지니라

五、書簡은恒常、感情이生ᄒᆞᆫ時와酒가醉ᄒᆞᆫ時에ᄂᆞᆫ裁書치아니ᄒᆞᆷ이可ᄒᆞᄂᆞ니、만일不然ᄒᆞ면意外의失錯과不美ᄒᆞᆫ失禮ᄅᆞᆯ行ᄒᆞᄂᆞᆫ事가有ᄒᆞᆯ지니라

六、他人의卓上에在ᄒᆞᆫ書簡(會計書와其他秘密書類)에手ᄅᆞᆯ着ᄒᆞᆷ이可치아니ᄒᆞ며又、人의書簡을封ᄒᆞᄂᆞᆫ時와又披見ᄒᆞᄂᆞᆫ時에覗見ᄒᆞᆷ은甚히無禮ᄒᆞᆷ이되ᄂᆞ니라(人의讀書와書寫ᄒᆞᄂᆞᆫ時도同一하注意ᄒᆞᆯ지니라)

第十八章 贈品

物品을人의게贈與ᄒᆞᆷ은自己의好意ᄅᆞᆯ表ᄒᆞᆷ과情誼ᄅᆞᆯ厚케ᄒᆞᆷ에適當ᄒᆞᆫ方法이되ᄂᆞᆫ지라然이나其方法과境遇와關係等에注意가無ᄒᆞᆫ時에ᄂᆞᆫ、도로혀彼人의게無禮되ᄂᆞᆫ事가有ᄒᆞᆫ故로假令、物品이略少ᄒᆞ며價額이甚廉ᄒᆞ야도禮ᄅᆞᆯ厚케ᄒᆞ야眞情을表ᄒᆞᆷ이緊要ᄒᆞ니라

第一節 贈品ᄒᆞᄂᆞᆫ人의注意

一、人의게物品을贈與ᄒᆞᄂᆞᆫ時에ᄂᆞᆫ、먼저其地位와境遇와時節과嗜好와其他、貧富의度도考察ᄒᆞᆯ지니라

二、親切ᄒᆞᆫ交誼에ᄂᆞᆫ家計를助ᄒᆞᆯ者를贈與ᄒᆞᆷ이可ᄒᆞ나富貴ᄒᆞ야家事가甚足ᄒᆞᆫ人의게ᄂᆞᆫ奇異ᄒᆞᆫ物과或은嗜好ᄒᆞᆫ品을選ᄒᆞᆯ지니라

三、暑中에食品을贈與ᄒᆞᄂᆞᆫ時에ᄂᆞᆫ腐敗치아니ᄒᆞᆯ者를選ᄒᆞᆷ이可ᄒᆞ며寒中에도其時節에適合ᄒᆞᆫ者를選ᄒᆞᆯ지니라

四、疾病慰問에ᄂᆞᆫ滋養이多ᄒᆞᆫ食品과或은心을慰ᄒᆞᆯ書籍과盆栽等을選ᄒᆞᆯ지니라

五、吉事에ᄂᆞᆫ兆象이善ᄒᆞᆫ者를選ᄒᆞ며凶事에ᄂᆞᆫ質素ᄒᆞ야紀念이될者와火災와水害等에ᄂᆞᆫ即時、其境遇에適合

ᄒᆞᆫ者를選ᄒᆞᆯ지니라

六、他處에서到來ᄒᆞᆫ者를更히熟親ᄒᆞᆫ人의게贈與코ᄌᆞᄒᆞᄂᆞᆫ時에ᄂᆞᆫ、먼저善히改繕치아니ᄒᆞ면惡ᄒᆞᆫ者를贈與ᄒᆞ야、도로혀感情을害ᄒᆞᄂᆞᆫ事가有ᄒᆞᆯ지니라

七、外面만廣大ᄒᆞ고內容이少ᄒᆞᆫ贈品은避ᄒᆞᆯ지니라

八、物品을進ᄒᆞᄂᆞᆫ時에ᄂᆞᆫ器ᄂᆞ或、櫃에入ᄒᆞᆯ지ᄂᆞ通常、紙로包ᄒᆞ야도可ᄒᆞ니라

九、歲暮等에形式的으로物品을贈答ᄒᆞᆷ은善美ᄒᆞᆫ習慣이아닌故로行치아니ᄒᆞ야도可ᄒᆞ니라

第二節 贈品을受ᄒᆞᄂᆞᆫ人의注意

一、好意로贈與ᄒᆞᆫ者를强辭ᄒᆞᆷ은非禮가되ᄂᆞ名儀가업시

不正ᄒᆞᆫ贈品은決코不受ᄒᆞᆯ지니라

二、贈品을受ᄒᆞ면適宜ᄒᆞᆫ處를選ᄒᆞ야置ᄒᆞ며物品을依ᄒᆞ야即時、室內에備置ᄒᆞᆷ도可ᄒᆞ니라

三、物品을受ᄒᆞ고使者의게金을給與ᄒᆞ거ᄂᆞ又、他物品을代贈ᄒᆞᆷ은不美ᄒᆞᆫ慣例가되ᄂᆞ니라

四、物品을贈與ᄒᆞᆫ人은決코其返報ᄒᆞᆷ을期ᄒᆞᆷ이不可ᄒᆞᄂᆞ受ᄒᆞᆫ人은時機를見ᄒᆞ야答禮로物品을贈呈ᄒᆞᆷ을不忘ᄒᆞᆯ지니라

第十九章 集會

第一節 叅會時間

吾人은各種集會에出席ᄒᆞᄂᆞᆫ事가有ᄒᆞᆫ故로集會에對ᄒᆞᆫ禮를注意ᄒᆞᆷ이必要ᄒᆞ니如何ᄒᆞᆫ集會라도定ᄒᆞᆫ時刻에出席ᄒᆞᆷ이第一注意ᄒᆞᆯ事ㅣᄂᆞ我國의習俗이尙今ᄭᅡ지其時刻을確守치안ᄂᆞᆫ者ㅣ多ᄒᆞᆷ은實로可嘆ᄒᆞᆯ事이라然이ᄂᆞ請帖ᄒᆞᄂᆞᆫ處에서도時間을正當히通知치아니ᄒᆞᆷ으로叅會ᄒᆞᄂᆞᆫ者도自然히遲緩ᄒᆞᆷ에至ᄒᆞᆫ즉兩便에서共히十分注意ᄒᆞᆯ事가되ᄂᆞ니라

第二節 席次

如何ᄒᆞᆫ集會라도席次ᄂᆞᆫ幹事가最大히注意ᄒᆞ야叅會者의게不快ᄒᆞᆷ을感치아니케ᄒᆞᆯ지라萬若叅會者의自意로便利ᄒᆞᆫ席次를定ᄒᆞ면各種意見과不平ᄒᆞᆷ이有ᄒᆞᆫ故로定ᄒᆞᆫ處所

를不從ᄒᆞ면集會ᄂᆞᆫ畢竟에成立치못ᄒᆞᄂᆞᆫ지라故로叅會者ᄂᆞᆫ幹事의指揮를從ᄒᆞ야席의高下를勿論ᄒᆞ고快히着席ᄒᆞᆯ지니라

第三節 座上談話

座上의談話ᄂᆞᆫ集會의精神이라云ᄒᆞᆯ者ㅣ니談話가無ᄒᆞ면集會가無ᄒᆞᆷ과同一ᄒᆞ며其談話의態度와材料等은第七章에述ᄒᆞᆫ바를叅考ᄒᆞᆯ지라要之컨ᄃᆡ愉快히談笑ᄒᆞ야互相和樂ᄒᆞᆫ中에集會를終了ᄒᆞᆯ지니라

第四節 開會辭와答辭

送別會와歡迎會와親睦會等에對ᄒᆞ야ᄂᆞᆫ開會初에其主旨

를述ᄒᆞ며又、正賓은此에對ᄒᆞᆫ答辭가有ᄒᆞᆯ지니此等의辭意ᄂᆞᆫ張皇ᄒᆞᆷ이不可ᄒᆞ며又、議論이反覆ᄒᆞᆷ을避ᄒᆞᆯ지라世間에서發起人을代表ᄒᆞ야正賓의게謝禮ᄒᆞᄂᆞᆫ趣旨로開會ᄒᆞᄂᆞᆫ辭를述ᄒᆞᄂᆞᆫ人이有ᄒᆞᄂᆞ此ᄂᆞᆫ誤謬가되며開會ᄒᆞᄂᆞᆫ辭ᄂᆞᆫ叅會者一同을代表ᄒᆞ야正賓의게向ᄒᆞ야ᄒᆞᆯ지니但、發起人을代ᄒᆞ야叅會者의게周旋이普及치못ᄒᆞᆷ을謝ᄒᆞᆷ은禮에適合ᄒᆞᆫ者ㅣ니라

又、宴席에서演說ᄒᆞᄂᆞᆫ境遇에ᄂᆞᆫ簡單ᄒᆞ야輕妙ᄒᆞᆷ을要ᄒᆞᆯ것시오決코議論이紛紜ᄒᆞᆫ事와又、人의感情을害ᄒᆞᄂᆞᆫ事ᄂᆞᆫ不要ᄒᆞᆯ지니라

第五節 宴會

集會라云ᄒᆞ면即、宴會가됨은普通의事이ᄂᆞ茶話會어던茶話會로止ᄒᆞ며宴會ᄂᆞᆫ頻數히ᄒᆞᆷ이不可ᄒᆞ나然이ᄂᆞ宴席에對ᄒᆞᆫ禮ᄂᆞᆫ第十一章에述ᄒᆞᆫ바를叅考ᄒᆞᆷ이可ᄒᆞ되此에添加ᄒᆞᆯ一二件이有ᄒᆞ니彼、醜業者로ᄡᅥ酒席에서周旋케ᄒᆞᆷ을廢ᄒᆞ며宴을開ᄒᆞ기前에高尙ᄒᆞ야趣味가多ᄒᆞᆫ各種技藝를設ᄒᆞ며又、宴會를終了ᄒᆞ고飯과茶菓를出ᄒᆞ야酒盃가終了ᄒᆞᆷ을默示ᄒᆞᆷ이今日에多見ᄒᆞᄂᆞᆫ바니此ᄂᆞᆫ宴席上에不美ᄒᆞᆫ禮라除去ᄒᆞᆷ을得ᄒᆞᆯ지오又、立食ᄒᆞᄂᆞᆫ宴會에對ᄒᆞ야ᄂᆞᆫ往々爭先ᄒᆞ야食品의周圍에相集ᄒᆞ야混雜을極히ᄒᆞᄂᆞᆫ事가有ᄒᆞ니此ᄂᆞᆫ不美ᄒᆞᆫ禮라ᄒᆞᆯ지니라

叅會者ᄂᆞᆫ從容히食ᄒᆞ며和樂히談笑ᄒᆞ야決코紳士의面目을汚損치안케注意ᄒᆞᆯ지니라

茶話會와宴會에ᄂᆞᆫ共히發起人과幹事의게謝禮ᄒᆞ며或은開會ᄒᆞᄂᆞᆫ辭를畢ᄒᆞ기前에ᄂᆞᆫ茶를飲ᄒᆞ며菓를取ᄒᆞᆷ이無禮ᄒᆞᆷ이니라

第二十章 紹介

紹介라ᄒᆞᆷ은甲乙兩人으로ᄡᅥ新交를結케ᄒᆞᄂᆞᆫ媒介가됨을云ᄒᆞᆷ이라故로紹介ᄂᆞᆫ將來에互相交際ᄒᆞ라勸ᄒᆞᄂᆞᆫ者ㅣ라或은后日에至ᄒᆞ야意外의事가生出ᄒᆞᆯᄂᆞᆫ지不可知니其責任이重大ᄒᆞᆷ을思ᄒᆞ야輕率히行치아니ᄒᆞᆷ을要ᄒᆞᄂᆞ니라.

第一節 言語로要ᄒᆞᄂᆞᆫ紹介

紹介를要ᄒᆞᆷ에ᄂᆞᆫ言語와或은書簡으로ᄡᅥ要ᄒᆞᄂᆞᆫ事가有ᄒᆞ

니言語로紹介ᄒᆞ라면下位의人을上位의人과男子를婦人의게紹介홈이禮가되ᄂᆞᆫ지라此를紹介홈에ᄂᆞᆫ、먼저上位人의前에下位人을同伴ᄒᆞ야下坐에着케ᄒᆞ고下位人의氏名과職業과自己의關係를述ᄒᆞ야交際홈을請ᄒᆞᄂᆞ니라

第二節 書簡으로要ᄒᆞᄂᆞᆫ紹介

書簡으로紹介ᄒᆞ랴면簡單ᄒᆞ며鄭重ᄒᆞᆫ文法으로紹介ᄒᆞᄂᆞᆫ意를書홀것이오決코彼人의게强勸ᄒᆞᄂᆞᆫ等、文法을用홈이不可ᄒᆞᄂᆞ니其書簡은封치안고被紹介者를給與홀지니此ᄂᆞᆫ被紹介者로ᄡᅧ一次披見케홈이오或은一次、被紹介者를示케ᄒᆞᆫ后에封홀지며其次에、더욱簡單ᄒᆞᆫ方法은自巳의名帖에紹介ᄒᆞᄂᆞᆫ意旨를簡單히書ᄒᆞ야被紹介者를給與홀지

라然이나此方法은同輩와或은其以下人의게對ᄒᆞ야ᄂᆞᆫ關係가無ᄒᆞ나同輩以上의人의게ᄂᆞᆫ無禮홈이되ᄂᆞ니라

第二十一章 儀 式

第一節 式 場

大凡儀式은謹嚴ᄒᆞ야人이自然히正襟ᄒᆞᄂᆞᆫ感이有코ᄌᆞ홈을要ᄒᆞᄂᆞ니如斯히ᄒᆞ랴면式場의整飾은高尙淡泊ᄒᆞ야華美치아니ᄒᆞ며花甁等은爽快ᄒᆞᆫ樹와或은馥郁ᄒᆞᆫ花卉를用ᄒᆞ되濃厚치안케홀지며又式場의正面에國旗를交义ᄒᆞ야揭ᄒᆞᄂᆞᆫ時에ᄂᆞᆫ式場을嚴肅케ᄒᆞᄂᆞᆫ者ㅣ니라

式場에對ᄒᆞᆫ來賓席은正面을向ᄒᆞ야左便에設홈이常例가

되ᄂᆞᆫ式塲入門의形便을因ᄒᆞ야右便에設ᄒᆞᆷ도關係가無ᄒᆞ되如何ᄒᆞ던지花甁으로來賓의顔을遮치안케注意ᄒᆞᆯ지며最大ᄒᆞᆫ花甁을來賓의面前에置ᄒᆞᆷ은適宜치못ᄒᆞᄂᆞ니라

第二節 儀式時間

儀式은定ᄒᆞᆫ時刻에始作ᄒᆞ야短時間으로終了ᄒᆞ도록順序ᄅᆞᆯ預定ᄒᆞᆯ지니、만일擧行ᄒᆞᄂᆞᆫ時間이長ᄒᆞ면叅列者로ᄡᅧ倦케ᄒᆞ야、스ᄉᆞ로禮ᄅᆞᆯ混亂케ᄒᆞ야靜肅ᄒᆞ기未能ᄒᆞᆫ지라故로卒業證書와褒狀等은特別히總代될者의게授與ᄒᆞ며祝辭等도簡單ᄒᆞᆷ을注意ᄒᆞᆯ지니라

第三節 儀式順序

儀式의順序ᄂᆞᆫ參列者의게預先通奇ᄒᆞ며祝辭ᄅᆞᆯ述ᄒᆞᆯ人의次序도預定ᄒᆞᆷ을要ᄒᆞᄂᆞᆫ지라故로擧行ᄒᆞᄂᆞᆫ主人이來賓의게祝辭ᄅᆞᆯ請ᄒᆞ랴면儀式을始作ᄒᆞ기前에依賴ᄒᆞ며來賓도、ᄯᅩᄒᆞᆫ祝辭ᄅᆞᆯ述코저ᄒᆞ면預히擧行ᄒᆞᄂᆞᆫ主人의게請ᄒᆞᆷ이可ᄒᆞ되式場에서卒然히、來賓을對ᄒᆞ야祝辭ᄅᆞᆯ請ᄒᆞᆷ은無禮ᄒᆞ며來賓이擧行ᄒᆞᄂᆞᆫ主人의게請치안코突然히祝辭ᄅᆞᆯ述ᄒᆞᆷ도不美ᄒᆞᆫ事니라

第四節 勅語奉讀과國歌ᄅᆞᆯ奏ᄒᆞᄂᆞᆫ時의禮法

勅語ᄅᆞᆯ奉讀ᄒᆞᄂᆞᆫ時에ᄂᆞᆫ參列者一同이起立ᄒᆞ야最敬禮ᄅᆞᆯ行ᄒᆞᆫ后에低頭ᄒᆞ야謹聽ᄒᆞ며又、國歌ᄅᆞᆯ唱ᄒᆞᄂᆞᆫ時와國歌의曲調ᄅᆞᆯ奏ᄒᆞᄂᆞᆫ境遇에ᄂᆞᆫ、반다시起立ᄒᆞ야敬禮ᄅᆞᆯ表ᄒᆞᆷ이可

ᄒᆞ되平然히着席ᄒᆞᆷ은無禮ᄒᆞ다云ᄒᆞᆯ지며又、內外國人이集合ᄒᆞ야儀式을擧行ᄒᆞᄂᆞᆫ境遇에外國의國歌를奏ᄒᆞᄂᆞᆫ時에起立치아니ᄒᆞᆷ도失禮가되ᄂᆞᆫ지라勅語를奉讀ᄒᆞᄂᆞᆫ者의服裝은洋服이면厚祿高套를着用ᄒᆞᄂᆞ니라.

第五節 告辭와祝辭

前에論述ᄒᆞᆷ과如히儀式은嚴肅ᄒᆞ게擧行ᄒᆞᆯ者오演說會와ᄂᆞᆫ元來不同ᄒᆞᆫ지라故로其告辭와祝辭等은鄭重ᄒᆞᆫ意旨로簡單ᄒᆞᆷ을要ᄒᆞ되張皇ᄒᆞᆫ演說로參列者의게愉快ᄒᆞᆫ感을與케ᄒᆞ거나或은擧行主의게未安케ᄒᆞᆷ은不美ᄒᆞᆫ禮法이되ᄂᆞᆫ故로常識이有ᄒᆞᆫ者의行ᄒᆞᆯ바이아니며小學校의儀式에對ᄒᆞ야ᄂᆞᆫ兒童이厭ᄒᆞ야式場이混亂ᄒᆞ기易ᄒᆞᆫ故로特別히注

意ᄒᆞᆯ지니라

第二十二章 公衆에對ᄒᆞᆫ禮法

禮儀와公德은親密ᄒᆞᆫ關係가有ᄒᆞ야如何히個人間禮儀에慣熟ᄒᆞ야도公衆에對ᄒᆞᆫ禮儀에ᄂᆞᆫ缺處가有ᄒᆞ거ᄂᆞ或은完全ᄒᆞ다云치못ᄒᆞᆯ지라然이ᄂᆞ公衆에對ᄒᆞᆫ禮法은公德心이發動ᄒᆞᆷ에依ᄒᆞᆫ事가多ᄒᆞᆫ지라由來로我國民은公德心이少ᄒᆞᆷ으로公衆에對ᄒᆞᆫ禮法에缺處가多ᄒᆞ니其原因이何에在ᄒᆞ뇨或은人格을重히ᄒᆞᄂᆞᆫ觀念이乏少ᄒᆞᆷ에依ᄒᆞ다ᄒᆞ며或은自治的精神이無ᄒᆞᆷ에基因ᄒᆞ다云ᄒᆞᄂᆞ今에此를通俗的으로考察ᄒᆞ면其原因은單히禮法이不美ᄒᆞᆷ에基因ᄒᆞᆷ이니一時惡戱에出ᄒᆞᆫ者도有ᄒᆞᄂᆞ大槪ᄂᆞᆫ自己의責任을重히ᄒᆞ야

니ᄒᆞ며他人의權利를輕케ᄒᆞᆷ에서出ᄒᆞᆫ者도有ᄒᆞ고甚ᄒᆞᆷ에至ᄒᆞ야ᄂᆞᆫ吾人으로ᄒᆞ야곰盜尺的根本에서出ᄒᆞᆷ이아닌가疑訝케ᄒᆞᄂᆞᆫ事ㅣ不無ᄒᆞ니此ᄂᆞᆫ實로可嘆ᄒᆞᆫ事라故로我國民의公德心을發揮케ᄒᆞ랴면此等原因을依ᄒᆞ야硏究치아니ᄒᆞ면其目的을達ᄒᆞ기未能ᄒᆞ다信ᄒᆞ나公德에關ᄒᆞᆫ倫理學上의硏究ᄂᆞᆫ本書의目的이아닌故로但、公德心이形에顯ᄒᆞᄂᆞᆫ者卽、公衆에對ᄒᆞᆫ禮法의一班만述ᄒᆞ얏스나然이나其事項은大槪消極的이오積極的이少ᄒᆞ니此ᄂᆞᆫ我國民의缺点되ᄂᆞᆫ者를指摘ᄒᆞ야此等을矯正코ᄌᆞᄒᆞᆷ이目下의急務가되ᄂᆞᆫ緣故니라

第一節 數多人이集會ᄒᆞᆫ境遇에對ᄒᆞᆫ禮法

一、公會와其他數多人이集會ᄒᆞᆫ席上에서忌憚업시喫烟ᄒᆞᆷ은不美ᄒᆞᆫ事ㅣ니此ᄂᆞᆫ集會ᄒᆞᆫ人中에喫烟ᄒᆞᆷ을嗜好ᄒᆞᄂᆞᆫ者도有ᄒᆞ나又、不然ᄒᆞᆫ者도有ᄒᆞᆫ緣故ㅣ니라

二、特別히烟氣를避嫌ᄒᆞᄂᆞᆫ病人이有ᄒᆞᆫ時에ᄂᆞᆫ最大히審愼ᄒᆞᆯ事ㅣ니라

三、演戲場과音樂會와演說會等에ᄂᆞᆫ人々이互相靜肅ᄒᆞᆷ을守ᄒᆞ야公衆의娛樂을妨害치안케ᄒᆞᆷ이可ᄒᆞ나니或은自己의意에不適ᄒᆞᆫ事가有ᄒᆞ면忌憚업시私語를出ᄒᆞ며或은酒興을乘ᄒᆞ야高聲을出ᄒᆞ야毫末도公衆이未安ᄒᆞᆷ을掛念치안ᄂᆞᆫ者ㅣ有ᄒᆞ며又、高ᄒᆞᆫ帽子와廣ᄒᆞᆫ笠(方笠及蒻笠等)을戴ᄒᆞ야后人의弊害됨을不顧ᄒᆞ며其他無禮ᄒᆞᆫ擧動이甚多ᄒᆞ니此ᄂᆞᆫ實로遺憾ᄒᆞᆫ事가되

ᄂᆞ니라

四、停車場의休憩所에備置ᄒᆞᆫ暖爐를占領ᄒᆞ야他人中特히老人과小兒가寒氣에困難ᄒᆞᆫ者ㅣ有ᄒᆞ야도掛念이無ᄒᆞᆷ은公衆을對ᄒᆞᆫ禮儀를不知ᄒᆞᄂᆞᆫ者ㅣ라ᄒᆞᆯ지니라

五、滊車와滊船에乘降ᄒᆞᆯ時와或銀行과郵便局에셔換票를領受ᄒᆞᆯ時와或은集會場에서退散ᄒᆞᄂᆞᆫ境遇에非常ᄒᆞᆫ混雜을作ᄒᆞ야爭先코ᄌᆞᄒᆞᆷ은無禮ᄒᆞᆫ擧動이되ᄂᆞᆫ지라西洋에서ᄂᆞᆫ如斯ᄒᆞᆫ境遇에ᄂᆞᆫ一列을作ᄒᆞ야秩序를正齊히ᄒᆞ며決코他人을排斥ᄒᆞ야順次를亂케ᄒᆞᆷ이無ᄒᆞ다云ᄒᆞ니此ᄂᆞᆫ實로可羨ᄒᆞᆫ美風이니라

六、滊車와滊船을乘降ᄒᆞᆯ時에佛國서ᄂᆞᆫ乘員一同의게辭儀를表ᄒᆞ라敎ᄒᆞ며英國서ᄂᆞᆫ一同의게敬意를表ᄒᆞ라

敎ᄒᆞᆫ다云ᄒᆞ니此ᄂᆞᆫ善美ᄒᆞᆫ習慣이라云ᄒᆞᆯ지라然이ᄂᆞ我國에서ᄂᆞᆫ但禮만行ᄒᆞᆯ뿐아니라互相嫉忿ᄒᆞᄂᆞᆫ顔色을作ᄒᆞᄂᆞᆫ者ㅣ多ᄒᆞ니予輩ᄂᆞᆫ特別히互相敬禮케ᄒᆞ기로改良ᄒᆞᆷ이可ᄒᆞ니라

七、滊車와滊船中에서坐席을不得ᄒᆞ야困難ᄒᆞᆫ者ㅣ有ᄒᆞ야도知치못ᄒᆞᄂᆞᆫ模樣을作ᄒᆞ야自己ᄂᆞᆫ二人의席을占領ᄒᆞ며或은手帶品을傍에置ᄒᆞ고其坐를寢床으로作ᄒᆞᄂᆞᆫ者ㅣ有ᄒᆞ니此ᄂᆞᆫ實로不可ᄒᆞᆫ事가되ᄂᆞ니라

八、滊車와滊船中에서窓의開閉ᄂᆞᆫ自己一人의自由로行ᄒᆞᆷ이不可ᄒᆞᄂᆞ니此ᄂᆞᆫ自己ᄂᆞᆫ開코ᄌᆞᄒᆞᆷ을嗜好ᄒᆞᄂᆞ他人이感冒와其他를因ᄒᆞ야嫌疑ᄒᆞᄂᆞᆫ者ㅣ有ᄒᆞᆫ지不知ᄒᆞᄂᆞᆫ緣故ㅣ니라

九、衆人이雜沓ᄒᆞᆫ中에乘馬와乘車로通過ᄒᆞᆷ은無禮ᄂᆞ急用이有ᄒᆞ면不得已ᄒᆞ야行ᄒᆞ되此ᄂᆞᆫ某條록避ᄒᆞᆯ事ㅣ니라

十、衆人이群集ᄒᆞᆫ時에降雨ᄒᆞ야自己만雨傘을開ᄒᆞᄂᆞᆫ時에ᄂᆞᆫ傘에서滴ᄒᆞᆫ雨滴을因ᄒᆞ야他人의게最大히未安케ᄒᆞᆷ이有ᄒᆞ니此ᄂᆞᆫ無禮ᄒᆞᆫ行爲라云ᄒᆞᆯ지니라

十一、講義와演說과音樂會를終了치아니ᄒᆞ야其坐를退ᄒᆞᆷ은演者의게對ᄒᆞ야無禮ᄒᆞᆷ이되며步聲을高케ᄒᆞ야退席ᄒᆞᆷ은聽衆一般의게對ᄒᆞ야不德의行爲를不免ᄒᆞᄂᆞᆫ故로中途에着席ᄒᆞᄂᆞᆫ者도步聲을低케ᄒᆞ야演者와聽衆을妨害치안케注意ᄒᆞᆯ지니라

十二、溫泉場과沐浴場에서湯桶이不足ᄒᆞ야困難ᄒᆞᆫ者ㅣ有ᄒᆞ되自己ᄂᆞᆫ二三坐를占領ᄒᆞᄂᆞᆫ者ㅣ有ᄒᆞ며或은唾을吐出ᄒᆞ며小便을行ᄒᆞ며甚者ᄂᆞᆫ身體의不潔ᄒᆞᆫ部分을洗치안코直時湯桶으로入ᄒᆞᄂᆞᆫ者ㅣ有ᄒᆞ니此等은擧皆不美ᄒᆞᆫ行爲라云ᄒᆞᆯ지니라

十三、滊車와滊船과遊戲場에서酒를飮ᄒᆞᆷ이不美ᄒᆞ며又菓子類를食ᄒᆞ야도人의게不顯ᄒᆞ게注意ᄒᆞᆯ지니라

第二節　公共物에對ᄒᆞᆫ禮法

一、電信線에草鞋를投掛ᄒᆞ며街燈을破壞ᄒᆞ며又公園의莎草를踏破ᄒᆞ며甚ᄒᆞᆫ者ᄂᆞᆫ人의忍見치못ᄒᆞᆯ戲畵를寫ᄒᆞ며共同厠間을汚穢ᄒᆞ며其他公共物을汚損ᄒᆞᄂᆞᆫ等은公衆의게對ᄒᆞ야間接으로不美ᄒᆞᆫ禮가되ᄂᆞ니라

二、公園의樹木의枝를折ᄒᆞ야其果實을取ᄒᆞ며或은書籍館과學校의器具와又、書冊을麁雜히處理ᄒᆞ며甚ᄒᆞᆫ者ᄂᆞᆫ書類의挿畵를切取ᄒᆞᄂᆞᆫ所爲가有ᄒᆞ니此等은不美ᄒᆞᆫ禮니라

三、通行을禁止ᄒᆞᄂᆞᆫ標木을立ᄒᆞᆫ處로通行ᄒᆞ며靴를着치아니ᄒᆞ고行ᄒᆞᄂᆞᆫ處에泥着ᄒᆞᆫ草鞋를着ᄒᆞ고出入ᄒᆞᄂᆞᆫ者ㅣ有ᄒᆞ며溝、川等에汚物을棄치못ᄒᆞᄂᆞᆫ標木이有ᄒᆞᆷ을不拘ᄒᆞ고汚物을棄置ᄒᆞ되甚ᄒᆞᆫ者ᄂᆞᆫ傳染病患者의汚物을放棄ᄒᆞᄂᆞᆫ者ㅣ有ᄒᆞ니此等은決코不許ᄒᆞᆯ事니라

四、啖을道路에吐ᄒᆞᆷ이不可ᄒᆞᆫ故로반다시路傍의溝中에吐ᄒᆞᆯ지며或은滊車中에啖을吐ᄒᆞ야踏케ᄒᆞᄂᆞᆫ事ᄂᆞᆫ公

衆의게對ᄒᆞ야不可ᄒᆞᆫ事니라

五、滊車와滊船과停車塲과其他、旅店의共用ᄒᆞᄂᆞᆫ厠間은十分注意ᄒᆞ야淸潔케ᄒᆞᆷ이可ᄒᆞ며厠間에人코ᄌᆞᄒᆞᆯ時、其內에人이有ᄒᆞᆷ을認知ᄒᆞ면卽時、去ᄒᆞᆯ것이오厠前에서立待ᄒᆞᄂᆞᆫ事ᄂᆞᆫ不美ᄒᆞ니라

第三節 雜件

一、道路에서人과談話ᄒᆞᆯ必要가有ᄒᆞᆫ時에ᄂᆞᆫ路傍으로寄立ᄒᆞ야通行人의妨害가無ᄒᆞᆷ을要ᄒᆞ며又、道路를通行ᄒᆞᄂᆞᆫ時에互相其左側으로過ᄒᆞᄂᆞᆫ時에ᄂᆞᆫ混雜ᄒᆞᆷ이無ᄒᆞᄂᆞ니此等은公衆의게對ᄒᆞ야必要ᄒᆞᆫ事ㅣ니라

二、道路로步行ᄒᆞ면서食物과烟草를喫ᄒᆞ며歌曲을吟ᄒᆞ

며或、口笛을吹ᄒᆞᄂᆞᆫ事ᄂᆞᆫ自己의品位를墮케ᄒᆞᆯᄲᅮᆫ아니라實로公衆의게對ᄒᆞ야不可ᄒᆞᆫ事ㅣ니라

三、道路에서外國人을奇異ᄒᆞᆫ物과如히其周圍로群集ᄒᆞ며或은異常ᄒᆞᆫ事가有ᄒᆞ면即時群集ᄒᆞ야通行人을妨害케ᄒᆞᄂᆞᆫ者ㅣ有ᄒᆞ니此等은無禮ᄒᆞᆫ行爲가되ᄂᆞᆫ故로決코行치아니ᄒᆞᆯ지니라

四、通行人이路傍의稻、麥과菓實等을踏破ᄒᆞ며狩獵者가田畓을踏ᄒᆞ야所有主의被害를不顧ᄒᆞ며外國輸出品을製造ᄒᆞᄂᆞᆫ者가麁製濫造ᄒᆞ야自己의目前利益만思考ᄒᆞ야同業者의信用이落ᄒᆞᆷ을不顧ᄒᆞ며學校의書籍、等을自己만獨借ᄒᆞ야同輩의不便을不顧ᄒᆞᄂᆞᆫ等事ᄂᆞᆫ最大히注意ᄒᆞ야行치아니ᄒᆞᆯ지니라

五、旅店에서隣室에病人이有ᄒᆞᆷ과就寢時間이過ᄒᆞᆷ을不拘ᄒᆞ고高談과放歌를行ᄒᆞ야他人의게未安케ᄒᆞᄂᆞᆫ行爲ᄂᆞᆫ決코行치아니ᄒᆞᆯ지니라

六、肺病과其他、傳染性에病氣가有ᄒᆞᆫ者ᄂᆞᆫ十分注意ᄒᆞ야他人으로ᄡᅥ不快ᄒᆞᆷ을感ᄒᆞ며又、傳染치아니케ᄒᆞᆯ지며特別히家族에赤痢等의急性傳染病에罹ᄒᆞᆫ者ㅣ有ᄒᆞᆫ時에ᄂᆞᆫ警察官과醫師의指揮를從ᄒᆞ야病毒이傳播치아니케注意ᄒᆞᆯ지며又、寄宿舍와如히多數人이共同生活ᄒᆞᄂᆞᆫ境遇에ᄂᆞᆫ傳染性의病氣에罹치아니케最大히注意ᄒᆞᆯ지라此等注意ᄂᆞᆫ元來로公衆衛生上에必要ᄒᆞᆫ事ㅣ며又、公衆에對ᄒᆞ야必要ᄒᆞᆫ禮니라

右外、公德에違背ᄒᆞᆫ行爲ᄂᆞᆫ不美ᄒᆞᆫ禮가됨을不免ᄒᆞᆫ者로認

知ᄒᆞᆯ지니라

第二十三章 葬儀

一、家에死者가有ᄒᆞᆫ時ᄂᆞᆫ吊客錄을製ᄒᆞ야親戚과知友의吊慰者를一一히記載ᄒᆞ며又、葬儀의時에도會葬者의氏名을記入ᄒᆞ야葬后에答禮ᄒᆞᆯ지며又、葬儀를終了ᄒᆞ야會葬者가退散ᄒᆞᄂᆞᆫ時에ᄂᆞᆫ主人이一一히謝禮ᄒᆞᆯ지니라

二、出棺前과葬ᄒᆞᆫ處所에對ᄒᆞᆫ會葬者、待遇法은當該地方의習慣을參考ᄒᆞ야定ᄒᆞᆯ지니라

第二十四章 雜件

第一節 賀壽

六十一(回甲)七十(古稀)及九十等의年齡에達ᄒᆞᆫ時에ᄂᆞᆫ賀壽라稱ᄒᆞ야恒常祝賀ᄒᆞ며又、誕生日에도心祝ᄒᆞᄂᆞᆫ者ㅣ多ᄒᆞ니皆長命을賀ᄒᆞᄂᆞᆫ衷心으로行ᄒᆞᆯ지니라

第二節 學校에對ᄒᆞᆫ禮

尊長者가教室에臨ᄒᆞᆫ時에尊長者의官職과氏名을生徒의게紹介ᄒᆞᆷ은禮에適合치못ᄒᆞᆫ故로此事ᄂᆞᆫ第二十章第一節에述ᄒᆞᆫ者를參考ᄒᆞᆯ지며又、尊長者가教室에臨ᄒᆞᆫ時에敬禮를行코저ᄒᆞ야教師ᄂᆞᆫ生徒의處로向ᄒᆞ며生徒도또ᄒᆞᆫ教師의處로向ᄒᆞ야禮ᄒᆞᄂᆞᆫ者ㅣ有ᄒᆞᄂᆞᆫ如斯히ᄒᆞᆷ은教師와生徒

間의禮가되ᄂᆞᆫ故로適宜치못ᄒᆞᆫ지라故로敎師와生徒ᄂᆞᆫ共히尊長者의處로向ᄒᆞ야禮ᄅᆞᆯ行ᄒᆞᆷ이可ᄒᆞ며又、尊長者가敎室을出ᄒᆞᄂᆞᆫ時에敎師와生徒가共히平然ᄒᆞᆷ은不可ᄒᆞᆫ故로最初와如히禮ᄅᆞᆯ行ᄒᆞᆷ이禮에適合ᄒᆞᆫ지라或은畧ᄒᆞ야敎師만禮ᄅᆞᆯ行ᄒᆞ야도不可ᄒᆞᆷ이無ᄒᆞ며敎室에臨ᄒᆞᆫ者도ᄯᅩᄒᆞᆫ出入ᄒᆞᆯ時에依例히禮ᄅᆞᆯ行ᄒᆞᆯ지며又儀式과其他平生敎授ᄒᆞᄂᆞᆫ始終에對ᄒᆞ야禮ᄅᆞᆯ行ᄒᆞᆯ時에敎師가、먼저禮ᄒᆞᆫ后、生徒의게答禮ᄅᆞᆯ行케ᄒᆞᆷ은誤謬가되ᄂᆞᆫ故로、먼저生徒로ᄡᅧ禮ᄅᆞᆯ行케ᄒᆞᆫ后에敎師가答禮ᄒᆞᆯ지니라

第三節 旅中에注意

我國의風俗이鄕里에在ᄒᆞᆫ時에ᄂᆞᆫ謹直ᄒᆞᆫ人도旅行中에ᄂᆞᆫ

不好ᄒᆞᆫ行爲ᄅᆞᆯ作ᄒᆞ야意에不介ᄒᆞᄂᆞᆫ傾向이有ᄒᆞ니此ᄂᆞᆫ根本的으로矯正ᄒᆞᆯ誤謬니라

滊車와滊船과其他旅行ᄒᆞᆯ時에男子ᄂᆞᆫ未知ᄒᆞᄂᆞᆫ女者와女者도ᄯᅩᄒᆞᆫ未知ᄒᆞᄂᆞᆫ男子와言語ᄅᆞᆯ行치아니ᄒᆞᆷ이可ᄒᆞ니假令言語ᄅᆞᆯ行ᄒᆞᆯ事가有ᄒᆞ야도決코互相敬意ᄅᆞᆯ失치안케注意ᄒᆞᆯ지니라

第四節 平生寢食의注意

起寢과就寢과三度의食事ᄂᆞᆫ時間을正守ᄒᆞᆯ지니、만일深夜ᄭᆞ지外出ᄒᆞ거나又、外出ᄒᆞ야食事時間에歸來치아니ᄒᆞᆷ은共히適宜치못ᄒᆞ니라

起寢과就寢ᄒᆞᄂᆞᆫ時에ᄂᆞᆫ家族의게禮ᄅᆞᆯ行ᄒᆞ며又、食事의前

后에도少禮를行홈이可ᄒᆞ며又、平生食事에對ᄒᆞ야自己의嗜好ᄒᆞᄂᆞᆫ者만飽食ᄒᆞ고嗜好치안ᄂᆞᆫ者ᄂᆞᆫ殘置ᄒᆞᄂᆞᆫ事ᄂᆞᆫ、甚히不可ᄒᆞᆫ事ㅣ니라

普通教育 **國民儀範** 終

隆熙二年八月六日印刷
隆熙二年八月十日發行

定價金三十五錢

譯述者 陳熙星

發行所 京城南部上茶洞八統一戶 義進社

印刷所 京城南部明洞 日韓印刷株式會社

發賣元 京城南部上茶洞八統一戶 義進社